岗位管理

体系及方法工具

董　烨　姚　旭　程玉坤　陈　浪｜编著

中国石化出版社
HTTP://WWW.SINOPEC-PRESS.COM

内容提要

本书聚焦岗位设计优化、岗位价值评估两个核心环节，从理论层面、操作层面、案例层面系统介绍了岗位管理的体系、方法、工具和应用，支撑岗位运行管理全流程，探讨岗位管理四大应用方向，并结合企业的实践经验总结形成案例，力图全面展示中国石化岗位管理课题研究与应用成果。

在内容设计上，本书的理论体系架构较为完整系统，实务操作方法工具具备较强的可操作性，案例编写兼顾了中国石化不同板块典型企业做法，具有一定的参考价值，方便读者更好地领会与掌握岗位管理的实操要领，以满足开展岗位管理实践的需求。

本书主要适合企业领导、人力资源部门及相关部门工作人员阅读参考。

图书在版编目（CIP）数据

岗位管理体系及方法工具 / 董烨等编著 . — 北京：中国石化出版社，2019.6（2025.9 重印）

ISBN 978-7-5114-5383-9

Ⅰ . ①岗… Ⅱ . ①董… Ⅲ . ①企业管理—人力资源管理 Ⅳ . ① F272.92

中国版本图书馆 CIP 数据核字（2019）第 116236 号

中国石化出版社出版发行

地址：北京市东城区安定门外大街 58 号

邮编：100011　电话：（010）57512500

发行部电话：（010）57512575

http：//www. sinopec-press. com

E-mail：press@ sinopec. com

北京科信印刷有限公司印刷

*

787 毫米 ×1092 毫米　16 开本　26 印张　418 千字

2019 年 6 月第 1 版　2025 年 9 月第 3 次印刷

定价：78.00 元

前 言
preface

为贯彻落实党的十九大精神，中国石化明确了建设具有全球竞争力的世界一流能源化工公司的战略目标。一流的公司必须要有一流的人才队伍、一流的人力资源管理水平。2018年中国石化启动了三项制度改革和人才强企工程，加强队伍建设、加快机制变革。在积极打造专业化、市场化、高效能和高质量的现代人力资源管理体系的进程中，加强人力资源管理专业工具支撑、加强数据分析服务人力资源战略，成为企业的共识和普遍需求。

岗位是业务发展和人力资源开发之间的桥梁和纽带，是员工创造价值的平台。岗位管理是人力资源管理体系建设的基础，人力资源管理的专业化，首先取决于岗位管理的专业化。2018年以来，人事部牵头中原油田、西南石油局、上海石化公司、广东石油分公司、物探技术研究院、工程建设公司等六家试点单位，深入开展岗位管理课题研究，形成了一套可复制、可推广、可借鉴的岗位设置及评价的方法论与工具箱，并结合企业需求不断扩大试点范围，扎实推进研究成果转化应用。为了更好地凝聚岗位管理课题研究取得的成果，课题组组织编写形成此书，希望能与更多企业分享试点应用过程中的经验，不断提升集团公司岗位管理整体专业化水平。

● 本书结构

本书主要分为两篇、共十一章。

第一篇，理论操作篇。主要围绕岗位管理体系的总体架构，从岗位管理体系概述、岗位优化设计、岗位价值评估、岗位运行管理、岗位管理应用方向等五个章节展开论述，系统介绍了岗位管理的完整过程和内在规律，侧重于基本概念、方法工具、操作步骤的介绍，力图全景展示岗位管理课题研究的系列成果。第二篇，实战案例篇。主要选取了油田板块、炼化板块、销售板块、科研板块以及工程建设板块的典型企业案例，结合不同板块、企业的特点，坚持统一与灵活相结合，完整介绍企业的应用实践情况，以便读者对方法和工具的使用能融会贯通，也便于同一类型企业能更好地参考借鉴。

● 本书特点

一是理论创新。本书聚焦岗位管理在人力资源管理中的基础性作用，从构建岗位、能力、绩效三个价值体系出发，以岗位为突破口，促进企业持续深化人事劳动分配制度改革，推进岗位管理向科学化、系统化、差异化转变，达到提高员工素质、提高劳动生产率、提高薪酬管理市场化程度的目标。二是体系创新。本书在研究行业通用做法的基础上，明确了中国石化岗位管理的理念和目标，构建了符合中国石化特点的岗位管理体系，统一了岗位设置原则和方法、岗位分类分级框架、岗位管理流程、岗位价值评估办法，填补了岗位管理工作的盲区或空白，增强了协同性、系统性和整体性，夯实了人力资源管理基础。三是工具创新。本书收录了课题组自主研发的“三单递进”梳理工具、“五维融合”诊断验证工具及定员方法优选工具，优化提升的ESIRA流程诊断工具、ARPCI分析工具、岗位价值评估工具，自主开发的岗位价值评估信息系统，为提升中国石化岗位管理专业水平，打造人力资源管理专业化高地奠定了坚实基础。

● 本书读者对象

中国石化系统内各级企业领导、人力资源部门及相关部门工作人员。如前所述，本书是课题组在岗位管理理论研究和应用实践方面的初步总结，具有体系的完整性和可操作性，旨在理论和方法上对所属企业的岗位管理工作推进及相关制度设计提供指引。

● 致　谢

借此机会，特别感谢人事部领导和相关处室负责人给予的业务指导，六家课题单位主要领导直接参与研讨并提出了意见建议，他们的理论功底、专业知识、敬业精神让我们深受鼓舞。同时还要感谢科技部领导和相关工作人员在课题立项、组织运行等方面提供的鼎力支持，感谢石化出版社认真、严谨、高效的工作，使得本书能够及时与读者见面。

本书在编写过程中，刘兴、刘福全、彭琨、王征苑、吴坛珍、姜明、周颖、安娟、李子嘉、宋子傲、杨应忠、米方、杭广社、张建华、李坤华、史燕、杨鹏、丁咚、胡蓓蓓、柴琳、郭戬夫、陈伟、吴远昌、曹东明、黄骏、毛凌、冷洪海、卞仁杰、李芳等提供了大量的第一手资料并参与编写，全书由姚旭、程玉坤、陈浪编撰审核，由董烨统撰定稿。

编　者

2019年6月

岗位管理体系
及方法工具

目 录

contents

第一篇 理论操作篇

第二篇　实战案例篇

第一篇

理论操作篇

第一章　岗位管理体系概述

第一节　宏观视角下的岗位管理

人力资源作为企业的“第一资源”，传统的人事管理模式已不适应企业的改革转型需要，岗位管理缺位和不到位带来的问题日益凸显。新一轮的国企改革，提出加强以岗位管理为基础的人力资源管理新要求，可以看到越来越多的企业开始重视岗位管理，把大量的精力放在夯实这项基础性工作上。需要强调的是，在开展岗位管理工作过程中，不能就岗位谈管理，要准确把握岗位管理在整个人力资源管理体系中的具体定位，要从宏观视角下，重新认识岗位管理的重要价值。如图1–1所示。

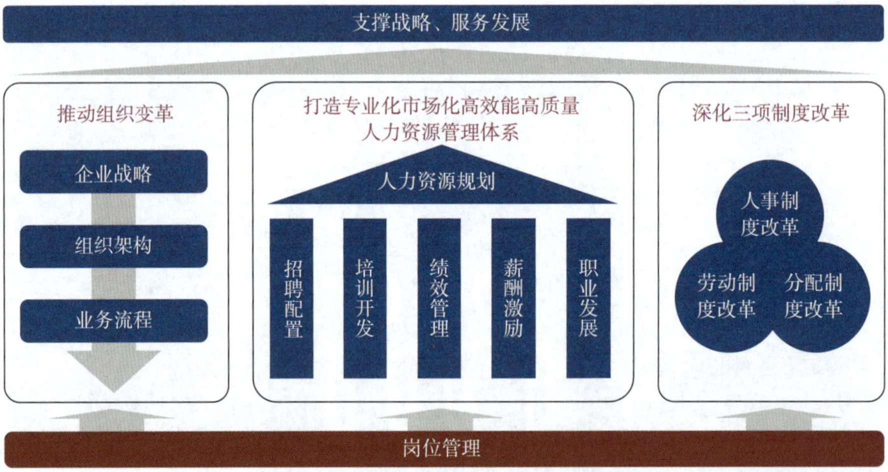

图1–1　宏观视角下的岗位管理

一、岗位管理是承接企业战略、实现企业目标的落脚点

岗位是业务发展和人力资源开发之间的桥梁和纽带，也是组织中业务链与人才链交汇的最小单元，企业战略目标通过组织架构和业务流程的层层分解与

传导，将具体职责权限赋予岗位，并通过人岗匹配实现组织与个人的协同，最终实现价值创造。

二、岗位管理是打造专业化人力资源管理体系的奠基石

通过开展岗位优化、岗位价值评估，建立岗位管理体系，为薪酬分配、绩效考核、招聘培训等提供基本依据，使得人力资源管理成为一个系统的管理过程。同时促进企业建立分层分类的人才标准体系，进而构建动态职业发展机制，引导员工持续提升自身胜任素质，创造高绩效，提升组织的核心竞争力。

三、岗位管理是提升人力资源管理效能的助推器

当前，集团公司上下着力深化三项制度改革，以市场为导向、价值为引领，以健全岗位、能力、绩效管理体系为支撑，突出岗位管理基础性作用，全力推进“三能”机制建设，实现干部能上能下、员工能进能出、收入能增能减，人力资源价值大幅提升，支撑中国石化高质量发展。

第二节　岗位管理的发展和实践

一、岗位管理的发展

（一）岗位的来源与作用

岗位是在企业经营活动中，在特定的生产组织和劳动组织条件下，在一定的时间内，承担若干项工作，具有特定的工作对象和手段以及一定的职务、权限和责任的工作位置。

岗位的实质是专业化分工，亚当·斯密在其1776年所撰写的《国富论》中提出，大生产中社会分工的效率要高于不分工的效率，分工让工作走向专业化，从而带来生产效率和生产技术的提升。分工是现代化大工业时代繁荣的重要因素之一，如果没有分工，也就没有岗位，因此岗位源于分工。

岗位是企业的最小单位，也是企业生产经营、管理运转的细胞。只有将人

在岗位上的活力最大限度地激发出来，从而促进工作效率和质量提升，最终实现企业的战略目标。

（二）工作分析的概念和发展

工作分析是人力资源管理工作的基础，要进行高效的人力资源管理，一个重要的前提是了解各种工作的特点以及能够胜任各种工作的人员的特点。通过工作分析，可以将合适的人放到合适的岗位上，实现“人尽其职”“人岗相宜”。

关于工作分析（Job Analysis），学界和业界主要有三种代表性观点：第一种观点认为“Job即工作”。付亚和、孙建敏从管理活动的角度出发，认为工作分析是全面了解工作并提取有关工作全面信息的基础性管理活动。第二种观点认为“Job即职务”。加里·德斯勒从工作分析的目的角度出发，提出工作分析是确认某一工作的任务和性质，并确认哪些类型的人适合被雇佣从事这一工作，更侧重于对职务特征的描述。第三种观点来源于实务工作者，认为“Job即工作岗位”，这是一种更综合的观点，认为工作分析不仅包括对各项工作特征、规范、要求、流程的分析和描述，还包括对员工承担本岗位任务应具备的知识、技能、素质水平所进行的系统研究，其产出是工作说明书。

综上所述，工作分析至少应该包括两方面的内容，一是对工作本身的分析，包括工作职责、工作任务以及与其他工作之间的关系；二是对人员任职资格的分析，包括胜任工作所必须具有的条件和资格。

1. 工作分析的发展趋势

最早关于工作分析的研究出现在20世纪初，科学管理学之父泰勒在1911年出版的《科学管理原理》一书中指出，要对企业进行科学的管理就必须对企业中的每一份工作进行研究，从而科学地选拔和培养员工。与此同时，吉尔布雷斯夫妇从动作研究的角度进行了实验研究，提出合适的设备可以减少多余的动作，有助于提高劳动效率，更具有里程碑意义的是他们提出的“对于从事同一工作但具有不同特点的工人，应当设计不同的工作方法”。吉尔布雷斯夫妇的动作研究理论为工作分析的人性化、合理化奠定了坚实的理论基础。

关于工作分析的深入研究发展于第一次世界大战和第二次世界大战时期的美国，为了加强军队管理水平，斯科特等人提出“工作分析应服务于前线需要”，在士兵招募中制定使用“军官职业技能说明书”，按照工作任务和所需资格对入伍士兵进行了分类。斯科特发表的《人事管理》一书中详细介绍了工作分析在军队管理中的应用，为工作分析在生产中的转化应用和实践起到了参考作用。20世纪30年代，罗斯福总统授权美国国家就业局设立专门的职位研究委员会（ORP），该委员会编写了《就业指导词典》《职业编码表》《职位名称辞典》，并设计了《人事配置表》，将之广泛应用在各类人员职业安置和培训。此后，美国劳工部发布了标准职业分类系统（SOC）和职位分析系统（O*NET），成为广泛应用的职位分析工具。

工作分析方法在我国的发展起步较晚。1951年，我国纺织企业最早开始实施工作分析评价，通过对各种岗位进行打分式评价，确立了工资等级系数和工资标准，建立了“一岗一薪”的岗位工资制，在持续深入进行工作分析的基础上，颁布了我国纺织业工人劳动规范。此后，伴随国企岗位责任制的建立，工作分析开始逐渐受到重视。随着社会主义市场经济发展、企业经营管理的日臻完善而被企业纷纷引进。岗位责任制首创于大庆油田，倡导“事事有人管、人人有专责、工作有检查”，要求明确各种岗位的工作内容、数量、质量以及应该承担的责任等，以任务定岗位，以岗位定人员，落实责任到人。在落实岗位责任制的过程中，工作分析起到了举足轻重的作用。

2. 工作分析的方法

关于工作分析的方法，基本可以分为两个方向：

一是以人为导向，基于人的工作分析方法，侧重于描述任职者在履行工作职责时所需的知识、技术、能力以及其他特征，代表性方法有职位分析问卷法（PAQ）、关键事件法（CIT）和胜任力需求分析法等；

二是以工作为导向，基于工作的工作分析方法，侧重于描述完成工作组成元素（工作任务）的所需活动、绩效标准和相关任职条件，代表性方法有工作任务清单分析法（TIA）、功能性工作分析法（FJA）和管理职务描述问卷法（MPDQ）等。

下面，对两种应用比较广泛的方法进行介绍。

（1）职位分析问卷法（PAQ）

职位分析问卷法（Position Analysis Questionnaire, PAQ）是一种结构化的工作分析问卷，1972年由普渡大学教授麦考密克（E.J.McCormick）主导设计开发，是目前最普遍的以人为导向的工作分析系统。PAQ问卷包含194个项目，其中187项被用来分析完成工作过程中员工活动的特征（工作元素），其目标在于开发一种通用的以统计分析为基础的方法来建立不同职位的能力模型。

（2）功能性工作分析法（FJA）

功能性工作分析法（Functional Job Analysis, FJA）是美国培训与职业服务中心的研究成果，聚焦于岗位工作本身，是一种以工作为导向、以任务为基本分析单元的分析方法。FJA对岗位的每项工作任务和具体要求进行详细的分析描述，是在分析非管理性工作时最常使用的一种方法。

3. 工作分析的成果

工作分析的成果是岗位说明书，代表了岗位分析的质量。工作说明书是工作描述（Job Description）和任职说明（Job Specification）的综合。其中，工作描述是组织对某项具体工作的要求以及完成工作所必须具备的各种支持性条件，如任务、职责、权力等；任职说明是对从事该项工作的人员所必须具备的资格标准的描述，如知识背景、专业技能和性格兴趣等。岗位说明书是实现岗位评价标准化、科学化的基础，岗位评价所依据的评价要素、指标和标准都需要依据工作分析结果，即岗位说明书内容进行确定。

（三）岗位评价的概念和发展

岗位评价也被称为岗位价值评估。对于这个概念，学者加里·德斯勒认为，岗位评价是判断一个岗位的相对价值，包括确定一个岗位相对于其他岗位的价值所做的正式、系统的比较，并最终确定该岗位的报酬等级。虽然业界对岗位价值有不同的理解和定义，但对于岗位评价已基本达成共识，认为岗位评价即通过判断组织内部岗位相对价值的结构，最终解决薪酬系统的内部公平性问题。因此，岗位评价必须要保证自身的客观性、可靠性和准确性。

1. 岗位评价的发展趋势

回顾岗位评价的发展历程，主要经历了四个时期：

（1）1930年—二战结束前

岗位评价最早起源于美国的文职人员工作分类方法。19世纪末、20世纪初，美国政府文官人数达到30万之多，但最突出的问题就是同工不同酬。首先，担任同样工作的文官，待遇高低差别却很大；其次，同样待遇的文官所担任的工作的轻重程度也有很大的差别。这种现象引起了文官的不满，也引起美国国会的极大关注。1905年，芝加哥市政府首先确定了对职位进行分级分类的原则，解决了同工同酬问题。此后，美国联邦政府分别于1923年和1963年通过职位分类法案和公平报酬法案，推动岗位价值评价在西方国家的推广试用，据有关资料显示，1930年美国各大公司采用工作分析和岗位评价制度的约占39%，到1940年已迅速增长到75%。

（2）二战结束后—20世纪60年代初

二战结束后不久，岗位评价已成为美国的一项基本管理规范，而在欧洲的应用基本上从二战后开始，一些欧洲国家如法国、联邦德国、荷兰、瑞典、英国、丹麦等，纷纷引进岗位评价技术，并在工业中推广使用，以理顺工资结构、提高生产率。

岗位评价技术在欧洲国家经济重建时期得到了迅速发展，并于20世纪50年代在这些国家牢牢扎下了根。这段时期，岗位评价技术的方法得到了进一步研究，四种基本评价方法（排序法、分类法、评分法、要素比较法）日趋成熟，同时也出现了一些新的岗位评价方法，如Hay-MSI方法、自由决策的时间跨度法、决策层次法等。

（3）20世纪60年代—20世纪90年代初

这一时期岗位评价在欧美国家的发展速度有所放缓，但是1979年工作分析理论的提出为岗位价值评价奠定了基础。在20世纪80年代末的中国，最早运用岗位评价的是冶金行业，鞍山钢铁公司、四川特殊钢公司开始进行岗位评价技术的研究和应用，其中，鞍钢对全公司43个厂矿的7000多个生产岗位进行工作分析和岗位评价，制定定额标准，体现岗位差异，建立了科学的工资奖励制度。90年代初，冶金部组织各大钢铁厂投入大量的人力、物力、财力进行全面的岗位评价，从劳动责任、劳动技能、劳动强度和劳动环境4个要素、21个因素方面进行定量测定和评定，利用岗位评价修订了1980年制定的《冶金企业劳动定员定额标准》，为制定劳动定员和岗位档次序列提供了科学依据。

（4）20世纪90年代至今

自20世纪90年代以来，岗位技能工资制就是国有企业改革重点之一。岗位技能工资制从结构上把岗位评价所确定的岗位工资，与根据员工个人工作绩效评价所确定的绩效工资区分开来，即将工资分为岗位工资和绩效工资，是对传统等级工资制的一种制度性改革。岗位工资的确定以岗位评价的结果作为基础，因此，岗位评价为我国工资制度的改革提供了有力保障工具，并逐渐推广开来。

2. 岗位评价方法及其特点

综合目前的研究情况，岗位评价的方法可以通过是否将岗位作为整体衡量而分为两类，排序法、分类法等均是将岗位作为整体进行评价，而要素比较法、因素计点法是通过细分指标、量化评价得出评价结果。对于不同的评价方法，一般根据企业规模、可操作性、评价结果应用方向等实际情况进行选择应用。

当前，岗位评价的研究主要侧重于使该技术更适应时代发展和现代化发展的要求，具体表现为以下几个方面特点：

（1）评价要素更加抽象化

随着经济的发展、技术的进步，岗位的职责和内容发生了巨大的变化，有些岗位的工作不再能进行严格、定量描述，因而对这些岗位进行评价时，必须使用相对抽象的要素，如复杂程度、自主性、创造性等对岗位进行评价。

（2）对评价准确性要求更高

目前，更多的企业运用岗位评价的结果建立体现企业内部公平的工资结构，因此，岗位评价对准确性的要求越来越高。岗位评价的准确性体现在三个方面：要素确定的准确性、评价过程的准确性以及结果处理的准确性。

（3）对评价结果的可接受性要求加强

管理的目的之一就是要充分调动员工的积极性，这要求岗位评价要更易于被员工接受，岗位评价的结果尽可能地反映包括企业高层、管理人员、技术人员以及普通员工在内所有人员的共同意见。因此，要让尽可能多的人员参与到岗位评价中来，包括制订方案、评价打分以及处理数据等全步骤。

二、岗位管理的应用实践情况

（一）央企集团典型做法

1. 某粮油食品企业

为快速响应市场，适应集团多元化战略，总部采取“分层管理、抓大放小”

策略，整体倾向于逐步放权，给予下属单位更大的自主性和灵活性。总部突出对关键岗位的管理，对所有经理人岗位采用美世IPE方法进行评级，将所属一级经营单位经理人划分为三类，即：集团公司任命经理人、任前备案经理人、任后备案经理人，其中集团公司任命经理人由集团公司统一管理（选拔、任用、考核、激励和退出），将其纳入集团公司统一职级体系；任前和任后备案经理人的管理权限下放给一级经营单位，集团公司采用薪酬总额管控、ROE考核的方式进行管理，尊重下属单位的差异性。通过建立关键岗位内部价值体系，推动了经理人薪酬分配市场化。

2. 某大型煤炭企业

岗位管理基础较为扎实，总部牵头建立了比较完备的岗位分类分级体系，并积极在人员配置、人才开发等方面进行应用。一是横向分类，建立岗位分类标准体系。根据岗位所处行业特点、工作性质与特征、在企业中的重要性、岗位所处环境因素等，参照《国家职业分类大典》的分类方法，将岗位分为企业负责人、专业技术人员、办事人员和有关人员、商业服务业人员、生产运输设备操作人员、其他人员六大类别，并建立四级岗位目录。二是纵向分级，建立岗位价值体系。总部岗位采用因素计点法的评估理念，参照岗位职责、任职条件的要求，对照“预算或收入财务责任、战略行为能力、解决问题的复杂程度、管理职能、技术能力要求、运营影响力、沟通协调能力要求、资源拥有使用能力”八方面因素进行评估和分类。在集团公司的总体框架下，各子企业可选择与自身实际相适应的评估因素开展岗位评价。三是建立标杆岗位胜任能力模型。按照人才发展战略和人才工程建设的总体规划，在子企业试点的基础上，完成了对总部各层次岗位和子企业高层岗位的胜任素质模型建设，督促和指导子企业开展部门中层管理岗位和其他经营管理岗位的胜任素质模型建设。

3. 某机械制造企业

总部构建基于“职位+能力”、立体式网络化的战略人才管理体系。一是明确职位分类标准。将公司所有职位划分为经营管理、专业管理、市场营销、工程技术、技能操作5大职类以及25个职群和104个职种，并将工程技术类细分为研发技术、工艺技术、支持技术。二是明确职位层级标准。各通道自上而下设置“专家级、主任级、师级和员级”4个层级，每个层级又细分为2~3个等级，合计10个等级。三是系统构建能力管理三大体系。围绕核心价值观、基本资质和必备知识、职业素养和专业技能、组织贡献与个人绩效四个维度，建立人才标准体系；运用现代管理理念、方法、工具及E化平台，科学组织评价实施流程，建立人才评价体系；围绕对个人业绩表现、能力潜力评价，提出个人职业发展及组织关键岗位接替建议，建立人才盘点体系。

总体来看，上述企业均建立了比较统一的岗位分级分类序列框架，部分企业应用了岗位价值评估工具，注重与绩效管理、薪酬福利、人才开发等其他人力资源模块的衔接。对下属企业采用统分结合策略，尊重差异，给予一定的灵活性。

（二）合资公司领先实践

1. 某炼化公司

一是定岗定编方面，遵循职责清楚透明、工作业务组合合乎逻辑、向下授权、关键程序有效、效率最大化、扁平化、最少界面等七大岗位设置原则，通过开展流程诊断，优化业务流程，提高组织运营效率，运用岗位分析方法梳理岗位职责与界面。参考业界标杆数据，通过所罗门标杆定员方法，科学定岗定编。二是岗位体系建设方面，建立岗位分类分级框架，横向设置管理、工程序列、职能、操作、技能5大序列，纵向对标美世职级体系，设置24层级，同时实行宽带职级结构，每个岗位设置3个职位层级，层级间有重叠。三是岗位评价及应用方面，运用美世IPE工具，开展岗位价值评估，岗评结果在薪酬分配、人员配置、职业发展、培训开发方面实现应用。

2. 某石油化工公司

公司管理主要以埃克森美孚的体系输出为主，在投资方协商设置的公司组织架构下进行岗位调整与优化。合资公司成立后，在部门职能分解的基础上，对各岗位工作任务进行梳理分析，形成岗位说明书，同时对机关职能部门管理人员和基层加油站岗位进行了优化，增设少量新业务管理岗位。将省、地两级机关一般管理岗位划分为高级主管、主管、主办、专员和助理5个岗位层级，应用太和咨询的“6因素12维度”评估模型（工作领域、知识经验、沟通、影响、解决问题、领导力）进行岗位价值评估，对每个岗位层级进行了定义，设定了职级区间，构建了管理人员职级晋升阶梯，岗评结果与绩效、薪酬紧密衔接。

总体来看，上述合资企业理念方法先进，注重与业务结合，将岗位管理作为企业人力资源管理体系的基石，注重系统谋划、分步推进，岗位管理流程较为健全，大多采用了行业认可的岗位价值评估工具，将评估结果应用于人才发展、绩效考核、薪酬福利等方面。

（三）中国石化内部企业经验探索

1. 某油田企业

实施“7化”全要素岗位管理：一是岗位设置规范化，以因事设岗、权责相宜、岗位最少为原则，梳理形成统一的岗位目录；二是岗位分类标准化，明确划分岗位序列与岗位类别，统一岗位编码；三是岗位职责明晰化，运用岗位职责梳理工具理清岗位职责界面，并实现岗位说明书制度化管理；四是岗位配置效益化，按照精干高效、一专多能、负荷饱满理念，科学配置岗位人员；五是岗位调整动态化，岗位调整与业务调整、机构变化同步研究、同步审批、同步实施，实现“三同步”；六是岗位考核差异化，根据员工岗位序列、职级设置差异化考核指标，实行分类考核；七是岗位管理信息化，充分运用SAP-HR信息系统实现岗位管理在线运行。

2. 其他企业

业务优化方面，某炼化公司通过推行环已酮、硫酸业务一体化管理，岗位数、定员数、在岗人数对比一体化前实现精简优化，生产成本得以降低。大岗位设置方面：某油田企业通过实施内部承包试点改革、专业工种员工集中管理、整合工艺及操作流程，推行大岗位设计理念，将原采油、注水、集输、化验四个岗位合并为大采油岗，将涉及的339项实际操作项目合并为171项；某销售公司为持续提升人均劳效，将加油站原站长、站长助理、加油员、收款员等多个岗位统筹合并为站长、主管、营业员三类岗位，倡导“一专多能”“一岗多责”，人均零售量、员工队伍素质得到较大提升。岗位责任制方面：某销售公司通过梳理省、地、县、站四级部门及岗位责任，制定部门职责清单和岗位责任说明书，绘制主要业务流程图，为绩效管理、竞聘上岗、基本功训练等方面奠定坚实基础。

总体来看，目前多数企业是围绕“三定”工作，在组织机构及岗位优化调整方面，进行了局部性的改革探索与尝试，取得一定成效，但能够结合业务特点和企业发展阶段、系统性推动岗位管理体系建设的企业还不多。

第三节 岗位管理问题诊断

近年来，中国石化部分企业围绕“三定”工作在组织机构及岗位优化等方面进行了积极探索，取得一定成效，但多数企业岗位管理基础仍然相对薄弱，与支撑世界一流的能源化工公司的要求相比还有较大差距，呈现出“三个不强”的特点，即科学性不强、专业性不强、系统性不强。

一、总部层面问题

集团公司岗位管理基础职能薄弱，尚未建立统一的岗位管理的理念、体系、制度及管控模式；岗位管理的主体缺失，没有明确集团公司、事业部和企业的管理职责；对企业缺乏有效指导，缺乏岗位设置和岗位评价方面的方法论和工具作支撑。

二、企业层面问题

主要体现在三个方面：一是岗位设置方面，岗位职责不够清晰，存在“缺位、错位和越位”现象，岗位设置不科学，岗位设计标准颗粒度差异较大，岗位说明书不规范，内容不全面、应用性不强，岗位名称不统一；二是岗位评价方面，多数企业没有开展岗位价值评估，岗位层级确定往往凭经验，缺乏科学依据，造成薪酬分配与岗位价值关联不够紧密，一定程度影响了薪酬分配的内部公平性和激励效果；三是岗位管理工作方面，多数企业未充分结合企业战略、业务开展岗位管理工作，缺乏系统完善的理念方法指引，缺少科学有效的工具模板作支撑，与岗位能力素质模型建设、职业生涯发展、招聘绩效等方面结合度不够，围绕岗位管理全流程的整体谋划、分步推进不足。

上述问题的产生，制约了整个人力资源整体效能发挥，影响劳动生产率提高；制约了岗位管理对岗位优化、减少定员、盘活用工、提升员工素质、落实绩效考核、做好人才开发等方面作用的发挥；影响了企业内部岗位价值认同和薪酬分配市场化推进，也势必影响三项制度改革的效果。

因此，加强岗位管理理论研究，理清岗位管理的工作目标、措施路径并有序组织实施，对提升人力资源管理水平、落实岗位责任制、提高全员劳动生产率、促进业务发展具有重要意义。

第四节 岗位管理体系总体架构

一、岗位管理的总体目标

结合中国石化人力资源管理现状和实际，充分考虑岗位管理未来发展和应用，集团公司人事部提出了“三化”“四统一”“三提高”的总体目标，助力中国石化建设世界一流能源化工公司。具体来说：“三化”指构建科学化、系统化、差异化的岗位管理体系，强调运用科学的专业工具和技术手段指导企业开展工作分析、流程优化、岗位设置、岗位评价等工作，形成一套比较完备的岗位管理流程体系，与人力资源其他模块实现系统协同，同时统分结合，兼顾不同企业业务特点和发展阶段管理需要，灵活调整，具有兼容性和操作性。“四统一”是总体目标的核心内容，指实现统一岗位设置原则和方法、统一岗位管理流程、统一岗位价值评估办法和统一岗位分类分级框架。“三提高”指推动提高员工素质、提高劳动生产率和提高薪酬管理市场化程度。

二、岗位管理体系架构

以“聚焦打通一套核心流程”为主线，以组织架构为基础，业务流程为依据，打造覆盖全面、相互支撑、协调配套的岗位管理体系架构。该体系架构涵盖岗位设计子体系、岗位评价子体系和岗位运行子体系三大部分。岗位管理体系架构如图1–2所示。

岗位设计子体系重点解决“如何合理设置与优化岗位”的问题，通过运用

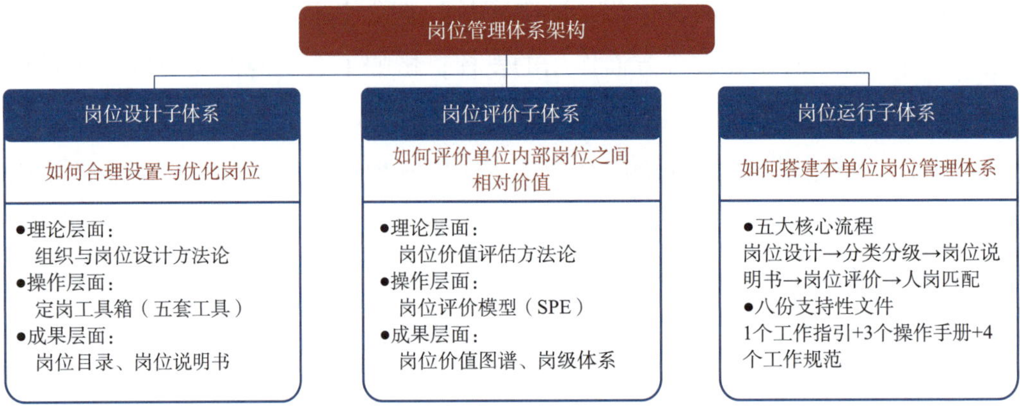

图1-2　岗位管理体系架构图

组织设计、岗位分析等方法，系统总结企业自身实践经验，开发形成基于战略的定岗模型及岗位优化工具箱，并在推广应用中不断完善拓展工具兼容性，指导企业按照“大岗位”设计理念，自主开展岗位优化设计。

岗位评价子体系重点解决“如何评价单位内部岗位之间相对价值”的问题，通过对比分析市场通用的岗位价值评估方法，参考成熟岗评模型框架，开发具有中国石化特色的岗位价值评估模型（SPE），并在推广应用中得到验证，同时开发了具有自主知识产权的岗位价值评估应用系统。

岗位运行子体系重点解决“如何搭建本单位岗位管理体系”的问题，围绕岗位管理五大核心流程，分别编制了工作指引、3个操作手册（岗位优化、岗位评价、系统应用）、4个配套规范（岗位目录、岗位设置、岗位说明书、岗位竞聘），以便更好地指导企业开展岗位管理工作。

通过搭建岗位管理体系架构，从宏观上分体系、分层面为读者展示了岗位管理包含哪些具体内容以及内容之间的相互关系，方便读者从整体上对岗位管理有个清晰的认识，对开展岗位管理工作具有重要的指导意义。

第二章 岗位优化设计

第一节 岗位设计概述

一、岗位设计的总体思路

岗位设计是企业在明晰业务战略、明确管控模式、进行组织设计的基础上，对工作任务进行诊断和分析，对工作流程与职责定位进行重新优化，最终完成岗位设置的过程。岗位设计既要遵循管理学的一般规律，有科学的理论依据作支撑，还会受到特定的行业特点、企业文化、历史沿革及队伍素质等综合因素的影响。

传统的岗位分析只是对某一岗位的职责和任职资格的界定，往往没有关注组织设计，而组织设计是岗位设计的基础和前提，关系到企业战略的有效承接与管控模式的直接传导，在岗位设计子体系中，引入组织设计的相关内容，建立了基于战略的定岗模型，指导企业从战略、运营两个层面开展岗位设置工作，向前延伸到组织结构设计与管控模式确定，向后延伸到定员方法优选，实现抓一体（岗位）、带两翼（机构、定员），拓宽人力资源从业者开展岗位设计工作的全景视角。

二、岗位设计的理论依据

（一）系统管理理论

系统管理理论是运用系统论、信息论、控制论原理，把管理视为一个系统，以实现管理优化的理论。该理论是20世纪70年代的产物，西方称之为最新管理理论。最初表现为“两因素论”，其创始人卡斯特和卢森威认为“企业是由人和物两因素组成的系统，其中人是管理系统的主体。”后来发展为“三因素论”，即管理系统由人、物、环境三因素构成。不论是“两因素论”还是“三因素论”，都最终指向的是“人”与“事”的关系问题。该理论有关整体和个体组构及其运营的观念体系有三点：一是组织是人们建立起来的相互联系并共同运营的要素（子系统）所构成的系统；二是任何子系统的变化均会影响其他系统的变化；三是系统具有半开特性——既有自己的特性，又有与外界沟通的特性。同样地，岗位设置也必须要解决好以上三个方面的关系问题，只有立足企业战略、运营、管理大系统，着眼岗位贡献于业务流程的小节点，兼顾到内外环境的全要素，才能更好地通过岗位设置把企业的人与事匹配起来。

（二）权变理论

权变理论又称情境理论，权变理论是20世纪60年代末、70年代初在西方组织管理学中以具体情况及具体对策的应变思想为基础而形成的一种管理理论。该理论的核心是企业组织是社会大系统中的一个开放型的子系统，受环境的影响，在不断变动的条件下以反馈形式趋向组织目标的过程，管理的功效体现在管理活动和组织的各要素相互作用的过程中。权变理论认为，领导的有效性不是取决于领导者不变的品质和行为，而是取决于领导者、被领导者和情境条件三者的配合关系，即领导有效性是领导者、被领导者和领导情境三个变量的函数。对于岗位设置而言，其方法论及配套工具在实践中的有效性，同样取决于方法论和工具本身的专业性与科学性、企业战略与发展阶段、管理者的观念认识与方式技巧、人力资源体系的完善性与成熟度等因素，要因企、因时、因势、因人进行调整和优化，应用的过程也是一个具体研判、动态完善、持续优化的过程。

（三）组织进化理论

组织承担的工作任务从本质上可分为创新性和模仿性两种类型。当某个岗位从事的都是创新性工作任务，操作动作都是自选动作，就是创新性岗位；当某个岗位从事的都是模仿性工作任务，操作动作都是规定动作，就是模仿性岗位。

高效的组织进化是从创新性岗位转化为模仿性岗位，模仿性岗位又不断自我复制的过程。在进化过程中，演变出不同的组织结构类型，分别是团队制、首席制、集体制和诸侯制。四种组织机构的含义如表2–1所示。

表 2–1　四种组织结构的含义

组织结构类型	解　释
团队制	上级为创新性岗位（任务），下级为创新性岗位（任务）
首席制	上级为创新性岗位（任务），下级为模仿性岗位（任务）
集体制	上级为模仿性岗位（任务），下级为模仿性岗位（任务）
诸侯制	上级为模仿性岗位（任务），下级为创新性岗位（任务）

结合中国石化三支队伍序列划分和各板块业务特点，对照以上四种组织类型，一个组织可能会以某一种或某几种类型为主，同时也会因企业发展不同阶段实际需要相互转化、循环递进。如，油田和炼化板块的专业化队伍多为集体制组织，科研板块的研究项目多为团队制或首席制组织，销售板块的销售团队多为诸侯制组织，等等。

第二节　基于战略的定岗模型

根据岗位设置应遵循的总体策略和基本规律，课题组研究制定了基于战略的定岗模型，明确重点是在相关理论引领下，依托专业工具的操控，遵循相应的管理原则和方法，推行“大岗位”管理，切实做到岗位设置基于战略、支撑战略、服务发展。基于战略的定岗模型如图2–1所示。

一、岗位设置的前提工作

（一）明确企业发展战略

战略是组织面对激烈变化、严峻挑战的市场环境，为求得长期生存和持续发展而采取的竞争行动与管理业务的策略。主要包括：单一业务战略、主导业

定岗模型

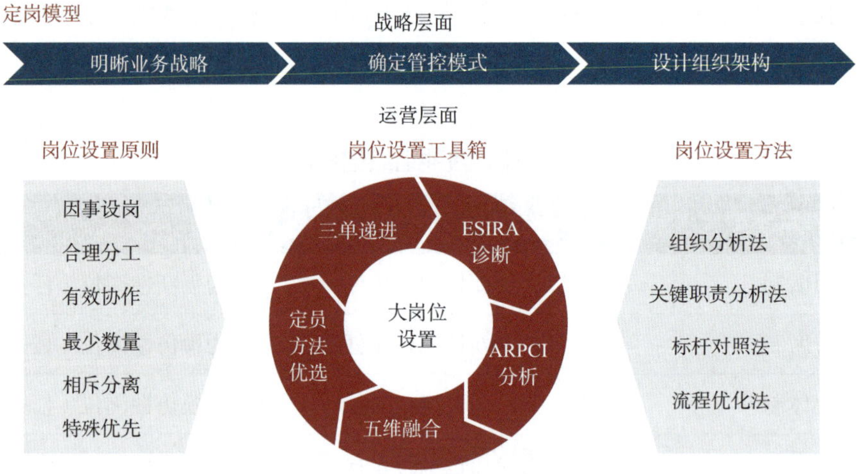

图2-1 基于战略的定岗模型

务战略、相关多元化战略、非相关多元化战略。

1）单一业务战略。是指企业只生产一种产品或经营一种服务，收入也来自一种业务的战略。员工专注于单一业务，容易积累经验和精通业务，但缺乏多元化经营的技能和处理相关事务的专长。

2）主导业务战略。是指企业专注生产一种产品，但又不仅仅生产这一种产品，70%以上的销售收入来自一种关键业务的战略。与单一业务战略相比，实施主导业务战略的企业，其销售收入来自某一种业务的比例有所减少。

3）相关多元化战略。是指企业增加与现有业务在价值链上有竞争性和有价值的“战略匹配关系”的新业务。相关多元化战略可以将专有技能、生产能力或者技术由一种经营转到另一种经营中去。

4）非相关多元化战略。是指企业增加新的、与原有业务不相关产品或服务的经营战略，即企业所开拓的新业务与原有产品、市场都没有相关之处，所需要的生产技术、经营方法、销售渠道等必须重新取得。

（二）确定企业管控模式

管控模式是指集团公司对下属企业基于集分权程度不同而形成的管控策略，大致可以分为财务型、战略型、操作型三种类型。

1）财务型。财务型管控模式是指集团公司对下属公司的管理控制主要通过财务手段来实现，集团公司对下属子公司的具体经营基本不加干涉，也不会对下属公司的战略发展方向进行限定，集团公司主要关注财务目标的实现，并根据业务发展状况增持股份或适时退出。一般适用于没有明显主导产业的无关多元化企业。如表2-2所示。

表 2-2 财务型管控模式特征

维度	财务管控型
目标	追求资本价值最大化
总部定位	投资决策中心
管理方式	以财务指标考核、控制为主
总部职责	总部负责集团公司的财务和资产运营、集团公司的财务规划、投资决策和实施监控、外部企业的收购兼并 总部的职能人员主要是财务管理人员
下属单位	下属单位业务相关性很小

2）战略型。战略型管控模式是指集团公司的核心功能为资产管理和战略协调功能。集团公司与下属子公司的关系主要是通过战略协调、控制和服务而建立，但是集团公司总部很少干预子公司的具体日常经营活动。集团公司根据外部环境和现有资源，制定集团公司整体发展战略，通过控制子公司的核心经营层，使子公司的业务活动服从于集团公司整体战略活动。一般适用于相关产业企业集团公司的发展。如表2-3所示。

表 2-3 战略型管控模式特征

维度	战略管控型
目标	追求集团公司总体战略控制和协同效应的培育
总部定位	战略决策和投资决策中心
管理方式	通过战略规划和业务计划体系进行管理，主要是年度或季度报告
总部职责	总部负责集团公司的财务、资产运营和集团公司整体的战略规划 总部的主要工作是综合平衡、提高集团公司综合效益
下属单位	下属单位业务的相关性要求很高

3）操作型。操作型管控模式是指通过母公司的业务管理部门对控股子公司的日常经营运作进行直接管理，特别强调公司经营行为的统一、公司整体协调成长和对行业成功因素的集中控制与管理。一般适用于母公司直接从事生产经营，母子公司关系密切，人员配备较多的单一产业或多元化企业的初期。如表2–4所示。

表 2–4　操作型管控模式特征

维度	操作管控型
目标	追求企业经营活动的统一和优化
总部定位	经营决策中心和生产管理中心
管理方式	直接管理集团公司的生产经营活动，从战略规划制定到实施都管
总部职责	总部负责对下属单位同类管理领域的组织协调和集中化处理
下属单位	下属单位业务的相关性要求很高

（三）设计企业组织结构

组织结构决定了信息在组织内部的传递与分享机制，决定了组织内部各种资源的配置方式与途径，最终体现为组织的效率和能力。反过来讲，企业发展需要什么样的资源配置方式与信息分享机制，也就需要设计什么样的组织结构与之适应。广义来讲，组织结构设计的过程就是企业的战略分解与职责分工的过程，尤其是体现在传统的科层制组织结构上更为突出，而进入互联网时代以后，彻底颠覆了组织内传统的信息传递机制，进而影响到资源的配置方式与途径，有时候更多体现的是资源与信息的分享。在组织结构设计过程中，我们究竟要侧重分工还是注重分享，要视企业的行业特点、板块特性、生命周期和当期使命等诸多因素来确定，有时候还要互相转换。

1. 传统企业科层制刚性组织结构

常见组织结构形式主要包括直线型、职能制、事业部制和子公司制组织结构。

1）直线型组织结构。也称单线型组织结构，是最早使用、也是最为简单的一种组织结构类型。直线型组织结构就是指在这种组织结构中职权从组织上层流向组织的基层，是一种集权式的组织机构，要求决策层有强有力的直接指挥能力。一般只适用于那些没有必要按职能实行专业化管理的小型组织或应用于现场作业管理。直线型组织结构是与操作型管控模式相匹配的组织结构。

2）职能制组织结构。简称U型结构，又称直线–职能制结构或“法约尔模型”。该种组织结构实行的是直线–参谋制，即整个管理系统划分为两大类机构和人员：一类是直线管理人员，对其下属直接发号施令；另一类是参谋人员，其职责是为同级直接管理人员提供智能支持，起到一种业务上的指导、服务作用。同时，企业管理权力高度集中，各二级单位不具独立法人资格，没有独立的对外经营权，整个企业统负盈亏，二级单位只是成本中心，公司总部才是利润中心和投资中心。职能制组织结构适合操作型管控模式下较为集权的管理。

3）事业部制组织结构。在大型企业中，实行分权式多分支单位的组织结构形式，简称M型结构，即在总经理的领导下，按地区、市场或商品设立事业部，各事业部有相对独立的责任和权利。企业战略方针的确定和重大决策集中在总经理层，事业部在总经理的领导下，依据企业的战略方针和决策实行分权化的独立经营。各事业部作为利润中心，实行独立的财务核算。事业部的独立性是相对的，不是独立的法人，只是总部的一个分支机构，在人事政策、形象设计、价格管理和投资决策方面一般没有大的自主权。事业部内部通常是一个U型结构。事业部制是与战略型管控模式相匹配的组织结构。

4）子公司制组织结构。一种较事业部制组织结构更为彻底的分权形式。与事业部不同的是，子公司在法律上是具有法人地位的企业，自主经营，自负盈亏，是一个投资中心，与母公司之间严格说来不是行政上的隶属关系，而是资产上的联结关系。子公司组织架构简称H型结构，与母公司各有自己的公司名称、章程，财产彼此独立注册，各有自己的资产负债表。母公司对子公司的控制，主要是凭借股权，在股东会和董事会的决策中发挥作用，并通过任免董事长和总经理贯彻母公司的战略意图。子公司制组织结构是与财务型管控模式相匹配。战略、管控模式及组织结构之间的匹配关系如表2–5所示。

表 2-5　战略、管控模式及组织结构之间的匹配

公司战略	相应的管控模式	匹配的组织结构
单一业务型	操作型	直线型结构
主导业务型	战略型	职能制结构
相关多元化	战略型	事业部制结构
非相关多元化	财务型	子公司制结构

2. 现代企业分享式柔性组织结构

随着社会的进步和科技的发展，企业的组织结构也由传统的直线型向现代的矩阵制、网络型转变。企业的高速成长需要组织结构能够适应企业的成长速度，这一高速发展的特征就要求企业组织具有柔性和分享的能力。

传统的组织管理比较重视信息控制、垂直管理、技术等“刚性”手段，对环境变化的适应性比较欠缺，而对环境不确定的主要组织对策就是增加企业组织结构的“柔性”。在传统组织结构的基础上，适应生产力发展逐步产生了一些新型的组织结构模式，例如矩阵制、平台式、网络型、多维立体、共享制和流程型等。传统组织结构到现代组织结构的转变如图2-2所示。

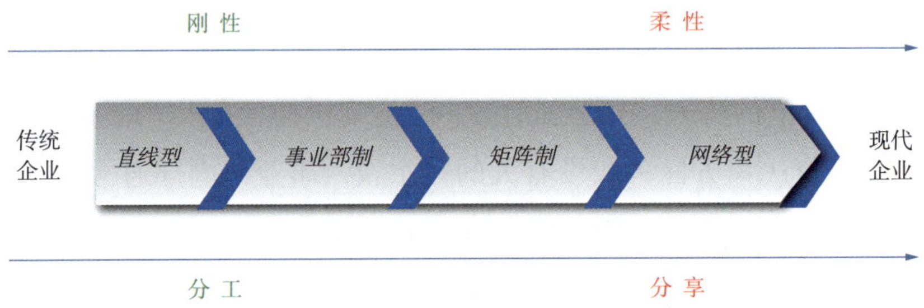

图2-2　传统组织结构到现代组织结构的转变

1）团队型组织结构。也就是任务编组的组织结构，可快速回应变化快速的环境，由不同专长的团队根据组织的需要，在短期间内连结完成任务，随着不同的需求弹性组合团队，组织以松散、分散的方式管理。

2）矩阵制组织结构。亦称规划–目标结构、非长期固定性或项目性组织结构。矩阵制组织形式是在直线职能垂直形态组织系统的基础上，再增加一种横向的管理系统。这是一种横、纵两套系统交叉形成的复合结构组织。纵向是职

能系统，横向是为完成某项专门任务而组成的项目系统。项目系统没有固定的工作人员，而是随着任务的进度，根据工作的需要，从各职能部门抽人参加，这些人员完成了与自己相关的工作后，仍回到原来的职能部门。实际上，各个小组成员处在双重领导下，一方面是成员本身所在机构行政首长的领导，另一方面是受专门项目小组管理者的领导。因此，对同一名员工来说，他既同原职能部门保持组织与业务上的联系，又参加产品或项目小组的工作。总之，矩阵制组织结构是由职能部门系列和为完成某一临时任务而组建的项目小组系列组成的，具有双道命令系统。

3）网络型组织结构。亦称虚拟组织，它是以信息、通信技术为基础，依靠高度发达的网络，将供应、生产、销售企业和客户，乃至竞争对手等独立的企业或个体连接而成的经济联合体。网络型组织结构是在信息系统、网络和通信技术高速发展的大环境之下，伴随着网络型企业的产生而出现的一种新型的组织结构模式。如图2–3所示。

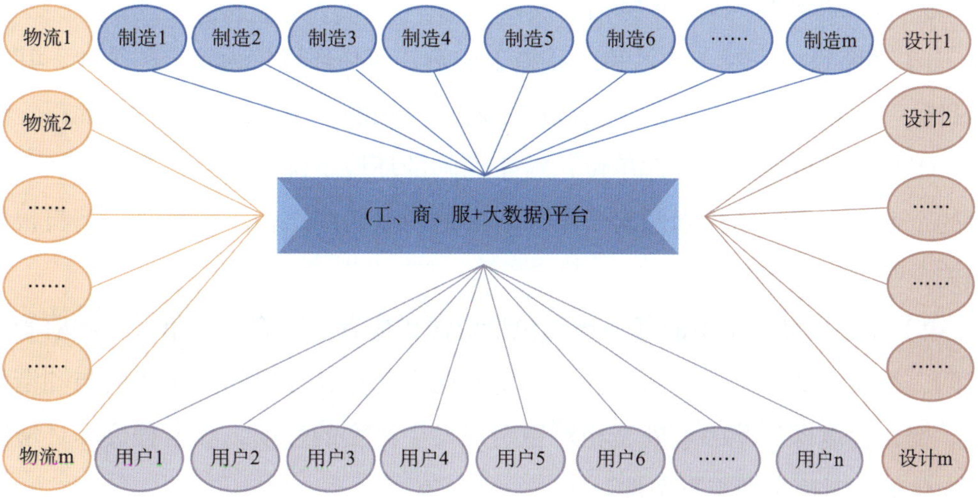

图2–3 “平台+个人”网络型组织机构

4）平台式组织结构。按照企业平台化、员工创客化、组织小微化的方向，结合互联网模式下的信息共享特点，让员工更多地对自己的绩效负责，而不仅仅是对岗位的工作任务负责，每个人都成为“老板”，极大地调动了员工工作积极性和能动性。目前代表性的企业是海尔。

5）多维立体组织。又称多维组织、立体组织、多维立体矩阵制等，它是矩阵组织的进一步发展，它把矩阵组织结构形式与事业部制组织结构形式有机地结合在一起，形成了全新的管理组织结构。

综合以上情况，从组织结构的规范化程度和对信息与资源的控制程度划分，组织结构可以分为刚性结构与柔性结构两种基本类型，如表2–6所示。

表 2–6　组织结构的类型

刚性结构	柔性结构
有正式组织及明确的领导关系	领导关系不太明确，常有变动
分工细，有明确的任务、权责规定	分工粗，任务和权责关系常作调整
规范化的规章和程序	规范化的规章、程序较少
决策权限集中于上层	决策权限下授
主要靠纵向沟通	主要靠横向沟通

3. 影响组织结构的关键要素

1）战略目标。对于技术和产品趋于成熟，面临环境较为稳定的企业，其战略目标一般也是比较稳定的，会倾向于刚性较强的传统组织结构，如油田、炼化、工程施工板块的生产性单位；对于面临的环境不确定性强，有较大经营风险的企业，其组织结构则倾向于柔性较好的新型组织结构，如科研、销售板块相关企业或业务模块。

2）任务环境。组织的任务环境包括资源供应者、顾客、竞争者、政府管理部门、社会利益团体等，组织任务环境有两个特点：环境的变化程度与和谐程度。变化程度即环境因素处于相对稳定或发生巨变的程度，和谐程度即环境因素变化的相对简单性与复杂性。

3）员工素质。随着企业逐步走向可持续与高质量发展，对员工的要求也要向知识智能型转化，员工素质的差别，不仅仅是脑力劳动与体力劳动、复杂劳动与简单劳动的差别，更重要的是为使员工充分发挥他们的潜能所应采取的组织结构，通常会采用分权的决策结构和网络化的信息结构，也就是倾向于柔性化组织结构。

4）技术差异。技术差异体现在组织结构上主要有三个方面：一是分工界限模糊，新技术或高技术的发展应用，促使知识的重新分配，使工作的综合度、复杂度提高，横向专业化、部门化的差异缩小，部分部门如采购部、生产部和销售部的职能减弱，被“市场、科研、生产”一体化的综合管理中心代替，通常就会出现一些横向跨部门和专业的综合性小组，如项目小组、产品小组等柔性组织结构。二是从高耸型向平坦型变化，技术应用越广、自动化程度越高，需要的员工人数越少；信息网络和决策指挥系统的建立与完善，使得从高层到一线员工的信息沟通更为直接，加上员工受教育程度高，其社会化的行为规范程度也高，管理人员的管理跨度就可以增加，即管理层次将减少，企业组织趋向平坦。三是分权程度扩大，为有效地应付快速变化的环境，基层管理人员和员工要拥有更大的独立自主权，柔性化的组织结构才能适应这一点。同时，员工的文化、技能和素质越高，参与管理和决策的愿望就越强。

5）成长特征。中国石化在走向可持续与高质量发展过程中，企业成长不仅有量的成长，如企业规模的扩大（产量、销售额、利润增加等），更表现为质的成长。一是生产过程与技术创新，即劳动者素质的提高、生产设备的更新和改造，以及工艺技术的革新；二是产品创新，即改进产品、换代产品、新用途产品和全新产品的创新；三是经营机制创新，即管理方法及组织结构的创新。在企业发展的这个阶段，其组织结构的柔性成分就会趋于不断增加。

在实际工作中，绝对的、纯粹的刚性结构或柔性结构是不存在的，尤其是企业在向多元化领域发展时，由于不同产品的环境不确定性不同，各产品部门或分公司的结构也可能不同，有的以刚性为主，有的以柔性为主。同时，在同一个企业的不同职能部门中，由于各种职能的特点不同，对结构的刚性要求也不同，如，研发部门工作的创新性强，就要求有较多的柔性，而制造部门，则相对来讲柔性就较少。

二、岗位设置原则

企业在开展岗位设置时，往往存在以下误区：因人设岗、岗位设计过细、新任务设计新岗位、按人数确定岗位数、一人兼任多岗等，为了消除上述误区，实现更加科学合理的设岗，课题组将岗位设置统一为六大原则，分别为：

（一）因事设岗原则

岗位设置要从企业职能出发，基于常态化的工作需要，按照部门职责范围科学合理设置岗位，不能“因人设岗”。

（二）合理分工原则

依据业务流程、工作模块或专项任务进行部门职责分解，直到每一项具体工作，合理确定到每一个岗位。

（三）有效协作原则

任何岗位都不能孤立地设置，必须从整体出发考虑上下左右协调配合的关系，发挥集体的智慧和团队的力量，从而创造出更高的劳动生产力。

（四）最少数量原则

在考虑合理的管理幅度和专业跨度的同时，最大限度地节约人工成本，尽可能缩短岗位之间的信息传递时间，降低信息衰减，提高组织运行效率。

（五）相斥分离原则

按照内控管理要求，对不相容岗位进行分离，实现组织制衡，降低经营与管理风险。

（六）特殊优先原则

对于涉及国家法律法规、集团公司管理办法或上级单位相关规定的，则优先适用此类要求设置岗位。

三、岗位设置方法

（一）组织分析法

从整个组织的愿景与使命出发，先设计一个基本的组织模型，然后再分层分类进行岗位设计。此方法应用较为广泛，通常适用于大型企业的大范围重组项目。

第一步：制定计划。根据工作目的与分析范围，确定分析的主要内容、工作方式、工作进度、参加人员等内容。

第二步：收集资料。制定明细调查表提请有关人员填写，主要内容包括：被分析组织的发展目标与经营计划；组织规程、办事细则、组织系统图；权责划分及工作联系方法；有关法令规章制度及标准等。

第三步：分析资料。根据收集到的信息，组织人员重点分析以下内容：各项职能的设置是否均达到机构目标所必需，各部门权责是否明确，是否存在重复现象，组织结构是否为该机构所需最简单的形态，组织结构是否均衡，职责与权限是否适当地分授，内部控制与联系制度是否完善，等等。

第四步：设置岗位。根据以上情况梳理与分析情况，提出岗位设置优化方案。

（二）关键职责分析法

按照企业各职能模块中所包含的子模块确定分工，并进一步确定岗位，即从战略到组织、到部门职能、到岗位职责的层层分解。适用于对关键岗位进行设计。

第一步：分析部门关键业务。根据已经梳理的组织结构，分析各部门的关键和一般的业务、职责，关键业务和职责构成了岗位设置的重点。

第二步：关键职责细分。对关键业务职责进行进一步细分。

第三步：明确岗位设置。根据关键职责细分，明确需要设定的关键岗位。

确定岗位时，存在两种岗位设置的思路，一种是按照区域划分设置岗位，设置的岗位负责的区域不同，但职责相同，承担全部细分职责；另一种是按照业务分工设置岗位，对应每一项细分职责设置一个岗位。如图2–4所示。

（三）流程优化法

岗位设置的一个重要依据是岗位在管理系统中发挥控制作用，通过对岗位职责在流程中控制点的分析，确定岗位的合理性。运用此方法的重要前提是组织结构和部门设置已经确定，流程定位于部门级的流程，岗位设置也是部门内

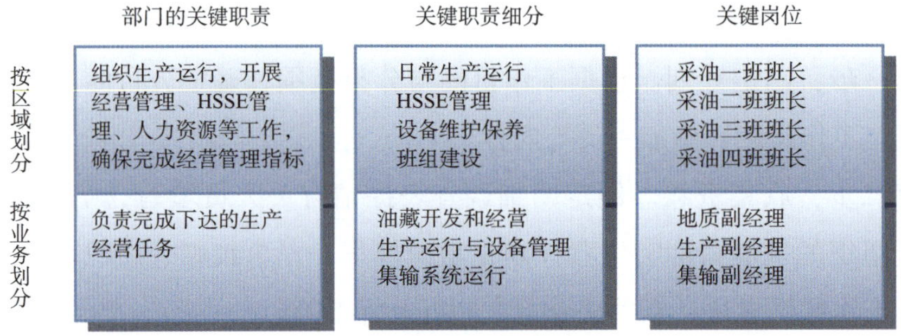

图2-4　关键职责分析图

部的岗位设置。适用于较小的项目范围。

第一步：流程重整。对企业流程进行梳理，形成较为系统、完善的流程体系。

第二步：节点分析。对于每个流程而言，都具有一些重要的执行步骤，以这些步骤为横坐标，以部门为纵坐标，确定一系列流程节点。

第三步：节点汇总。按部门汇总流程节点，归集同类或者相关的工作。

第四步：确定岗位。依据流程节点归集情况，根据岗位设置的原则进行合理分析，最终确定各个岗位。

（四）标杆对照法

所谓标杆对照定岗，就是广泛收集同行业、同等规模企业岗位设置情况，深入分析研究，以此为参考进行本企业的岗位设置。此方法是岗位设置方法中典型的“拿来主义”，是最简单、最实用的一种方法，同时，也存在着一定的难度和风险。适用于不太精确的项目范围。

第一步：制定计划。确定要进行比较的具体项目或内容，并为所比较的内容收集数据。

第二步：分析数据。确定比较的最佳组织（行业内的或行业外的），分析本项目和可比项目的数据。

第三步：目标设定。通过比较找到差距设定行动目标，并将行动目标体现在相关计划中。

第四步：组织实施。执行计划并跟踪执行的情况，如发现偏差，提出变更，持续改进，直到达到预期的效果。

注意事项：一是标杆的选取存在风险。适合别人的未必适合自己，需要全方位、多角度研判企业当前实际与长远发展，而后审慎作出选择。二是资料获取存在一定难度。岗位设置作为企业的管理机密，因而很难获得标杆企业完全、详细的岗位设置资料，尤其是竞争对手的相关资料获取难度更大。三是随需应变难度大。任何企业的岗位设置都是在具体的管理背景下，按照特定的管理理念和逻辑，针对特定问题展开的，很多时候知其然并不知其所以然，很难针对自身问题思考并提出解决方法。

同时，前述各种定岗方法在实际运用中并不是分割开来孤立运用的，更多时候需要的是综合运用。如图2-5所示。

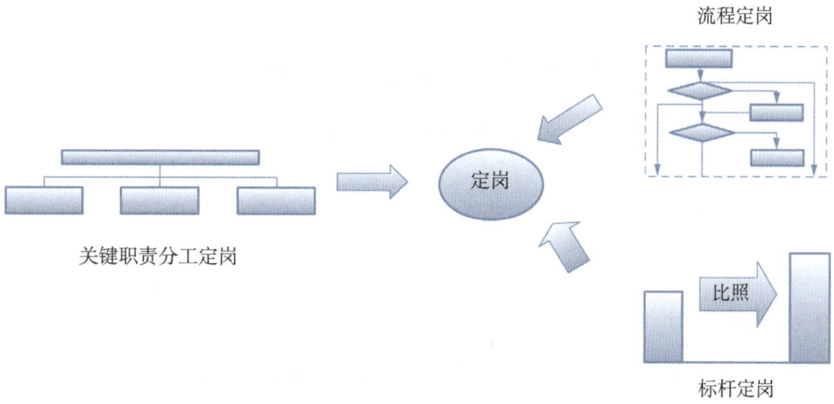

图2-5 综合运用多种定岗方法

四、岗位设置合理性验证

定岗方案形成之后，还需要通过“回头看”的方式，进一步检验岗位设置的合理性。一般地，可以从岗位设置颗粒度、组织进化阶段、协作关系、目标达成等维度对岗位设置情况进行核查。

（一）岗位设置颗粒度

岗位设置既不宜过粗也不宜过细，需结合部门职责要求，从岗位工作复杂程度、饱和度与人才获取难易程度等方面，验证岗位设置颗粒度是否合适，避免出现困难工作集中在一个岗位的现象。

（二）组织进化阶段

当岗位设置后，可以从组织进化的角度进行验证，首先确定部门（班组）属于四种组织结构类型的哪一种，然后再判断所设岗位类型是否与之相符。四种结构类型循环关系如图2-6所示。

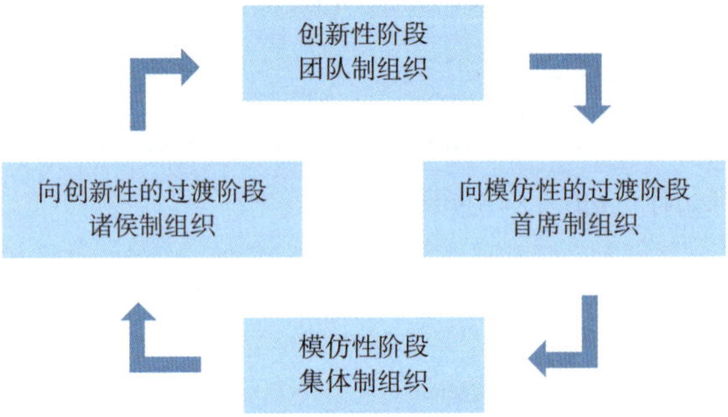

图2-6　组织结构的循环

（三）协作关系

岗位设置是在分工基础上的协作，只重视分工实际上就是拼图中的一小块而已，即使这块拼图再美丽，也无法与一幅完美的图画相提并论。因此，在岗位设置完成后一定要从协作的角度审查工作关系问题，也就是所谓的“跳出岗位设置来看岗位设置”。

（四）预设目标

岗位设置的功能之一就是落实定员问题，而定员实际上又是劳动效率管理问题，尤其是采用标杆定员、预算定员等方法的企业，在岗位设置之初都是有预设目标的，以此可以进行复核与校正。如，利用定员人数测算出人工成本等财务指标和劳效指标，来进一步验证岗位设置的合理性。

五、岗位定员

岗位设置在大多数情况下被称作“定岗”，而在更多情况下，还会听到诸如“双定”“三定”“四定”“五定”等提法，“三定”多指定机构、岗位和定员，“双定”多指劳动定额和定员，有时候还会加上定薪酬、定职责等内容，实际工作中需要具体问题具体分析。从工作关联度上讲，定员与定岗很多时候是密不可分的，一般岗位设置是前置的工作，但实际上在定员过程中也可能发现问题，回过头对岗位设置进行调整。因此，本节将定员方法作为岗位设置方法论的一个组成部分。具体来说，常见的定员方法有以下几种：

（一）定额定员法

根据工作量和劳动定额来计算员工数量的方法。

（二）效率定员法

以企业人均销售额（或营业额、利润等财务指标）等效率指标确定企业整体定员或某一类人员的定员的方法。

（三）设备定员法

按设备定员，即按工作地开动设备台数和工人看管定额来确定定员人数。

（四）比例定员法

指按照企业职工总数或某一类人员总数的比例来确定岗位人数的方法。

（五）岗位定员法

根据工作岗位的多少、各岗位的工作量大小、工作班次等因素确定定员人数的方法。它主要适用于看管大型联动设备的岗位定员、自动流水线生产的岗位定员；也适用于有一定岗位，但没有设备、又不能实行劳动定额的岗位定员。

（六）标杆定员法

参照同行业或竞争对手的定员水平来制定本企业定员的方法。

（七）博弈定员法

让各部门在总量定员的框架内提出各部门的定员需求，再按照一定的规则确定定员水平的过程。

（八）专家综合调整法

组织熟悉企业内部定员管理的专家去综合确定企业总体定员和各层各类岗位定员的方法。

（九）预算控制法

该方法是西方企业流行的定编方法，它通过人工成本预算控制在岗人数，而不是对某一部门内某一岗位的具体人数作硬性的规定。

第三节　岗位设置工具箱

岗位设置工具箱的开发充分考虑了集团公司对标先进实施“三定”的要求，坚持工具在满足定岗的同时，做到向前兼顾组织机构的设计优化，向后延伸定员方法优选，达到优化组织机构、调整岗位、压缩定员，提升组织运行效率的目的。

岗位设置工具箱具体包括“三单递进”梳理工具、ESIRA流程诊断工具、ARPCI分析工具、“五维融合”诊断验证工具及定员方法优选工具等5个工具。其中：“三单递进”梳理工具、ESIRA流程诊断工具、ARPCI分析工具、“五维融合”诊断验证工具可以延伸到组织机构的设计中，定员方法优选工具可以指导企业选择合适的岗位定员方法，实现合理定员与科学设岗的互促共进。工具关系如图2–7所示。

在工具的具体应用中，这几个工具既可以作为一个整体，依次使用、因果推进，企业也可以结合自身的实际情况，选择其中的某一个工具。例如，企业自身已经对所有岗位职责梳理完全，可以直接选择ARPCI分析工具或者“五维

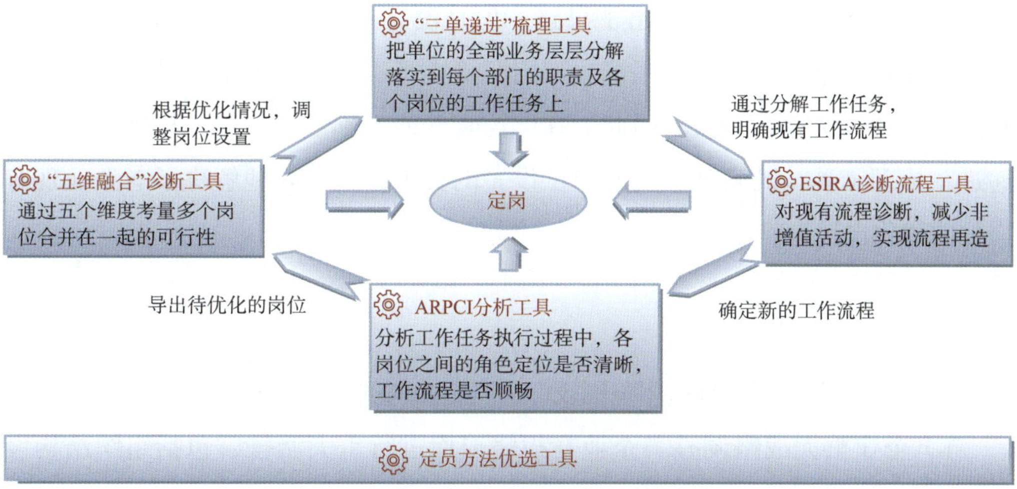

图2-7　岗位设置工具关系图

融合”诊断验证工具对岗位设置的合理性作进一步的分析；或者在“三单递进”工具的使用中发现某一岗位承担的工作职责较少，工作量明显不饱满，可以直接运用“五维融合”工具来验证这个岗位与其他职责相近岗位合并的可行性。

一、“三单递进”梳理工具

（一）功能定位

“三单递进”是指自上而下依次梳理单位的“业务清单”、部门（班组）的“职责清单”和岗位的“任务清单”，确保职责承接的单位业务“详尽而无交叉”，岗位承接的部门职责“穷尽而无遗漏”。

（二）设计思路

该工具的设计理念源于关键职责分析法，关键职责分析法是按照企业各职能模块中所包含的子模块确定分工，并进一步确定岗位，即从战略到组织、到部门职能、到岗位职责的层层分解。第一步：分析部门关键业务，根据已经梳理的组织结构，分析各部门的关键和一般的业务、职责，关键业务和职责构成了岗位设置的重点。第二步：关键职责细分，对关键业务职责进行进一步细分。第三步：明确岗位设置，根据关键职责细分，明确需要设定的关键岗位。该方法只是对初始岗位的设计给出了思路，但是没有涉及对已有岗位的优化设计，如何梳理现有单位业务界面不清、部门职责交叉、岗位任务不饱满等问题，现有的理论和方法存在空白。因此，在广泛实践的基础上，总结、提炼出“三单递进”梳理工具，既满足了初始岗位设置的要求，又较好地解决了老企业现有岗位的优化设计。

（三）适用条件

“三单递进”梳理工具适用范围较广，当企业遇到以下情况时也可以单独采用：

1）企业重大战略调整。企业在战略层面进行重大调整，包括组织结构设计、业务流程优化、产品淘汰升级，甚至是业务领域的退出、兼并与重组等。如企业社会化服务职能移交。

2）企业新管理理念和管理方式导入。新的管理理念和管理方式引入后，企业组织架构及岗位设置需作相应调整。如ERP系统引入、共享服务模式推广等。

3）企业技术引进与技术创新。企业引进或自主研发了先进的生产技术与生产设备。如采油生产一线的信息化改造与提升。

（四）术语和定义

操作：工作中不能再继续分解的最小活动单位，是形成岗位任务的信息来源和分析基础。如制作培训需求调查表。

任务：为达成某一目的而进行的一系列操作，是岗位分析的基本单元，也是对工作职责的进一步分解。如制定培训计划。

职责：为达到某一目标而完成的一系列任务的集合。如员工培训。

业务：为反映组织存在的价值而确定的工作内容。如人力资源管理。

相关术语关系图如图2-8所示。

（五）操作流程

以“单位–部门–岗位”为依托，分别按照“业务梳理完全穷尽、职责列举相互独立、任务确定能够操作”的原则，层层分解，切实做到上接企业战略、下接工作流程。

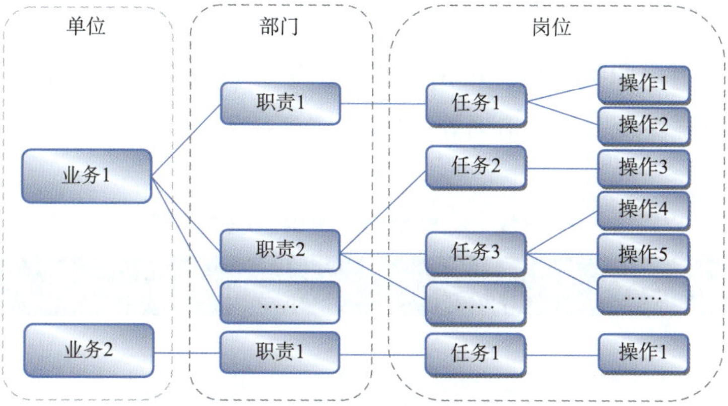

图2-8 相关术语关系图

采取“先收集资料再进行梳理分析”的方式，首先指定专人分别填写“单位业务清单”“部门职责清单”“岗位任务清单”，资料收集完整后，组织相关人员对“三单”进行梳理分析，以“业务—职责—任务”为主线，理清对应关系，发现并解决业务合作界面不清晰、职责交叉错位、岗位工作量不饱满等问题。如图2-9所示。

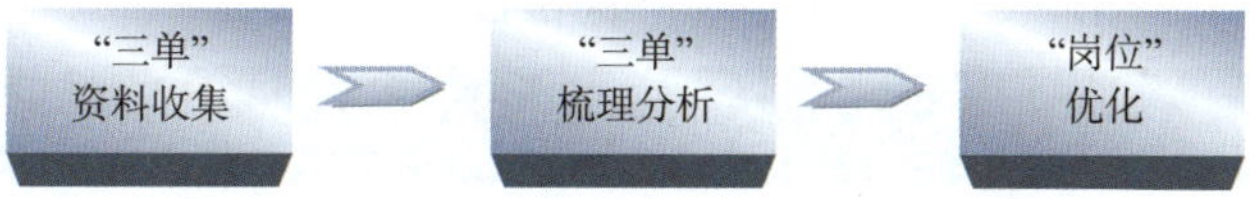

图2-9 “三单递进”工具使用流程图

1. “三单”资料收集

单位业务清单。由单位主要领导填写，通常用名词性短语来概括，表达本单位的主要业务和管理职能。例如：人力资源管理。如表2-7所示。

表 2-7 ×× 单位业务清单

序号	单位目前业务
1	
2	
3	
……	

部门（班组）职责清单。可由部门（班组）负责人填写，格式为名词性短语。例如：薪酬保险、员工培训等。如表2–8所示。

表 2–8　××部门（班组）职责清单

序号	部门（班组）目前职责
1	
2	
3	
……	

岗位任务清单。由本岗位人员进行填写，岗位任务是可以操作的任务项，格式为“动词+事项”，避免使用模糊性动词。例如：编制单位“三定”方案、制定年度培训计划。如表2–9所示。

表 2–9　××岗位任务清单

序号	岗位目前任务
1	
2	
3	
4	
……	

2. “三单”梳理分析

（1）梳理业务清单

梳理业务清单的过程实际上就是将企业战略落实到具体单位的过程，根据单位发展定位，遵循“完全穷尽”原则，梳理单位应该承担的业务目标，列出外部协作单位及合作内容，厘清合作界面。如表2–10所示。

表 2-10　××单位业务梳理清单

序号	单位目前业务	外协单位与合作内容	界面是否清晰	改进方向或建议
			□是 □否	
			□是 □否	

第一步：明确业务目标。由人力资源部门牵头，单位领导和各部门负责人共同讨论单位定位，梳理出单位目前的全部业务目标，确保无遗漏。

第二步：确定工作关系。针对业务目标，逐一梳理外部协作单位和合作内容，并确定承接该项业务的内部部门。

第三步：明晰工作界面。根据内外部合作内容和业务流程，判断单位内部与外部单位协作时工作界面的清晰度，当业务界面不明晰时，讨论提出改进方向或建议。如表2-11所示。

表 2-11　某采油管理区业务梳理清单示例

序号	单位目前业务	外协单位与合作内容	界面是否清晰	改进方向或建议
1	油藏开发和经营	地质研究所	☑是 □否	无
		技术支持		
2	采油、注水和集输设备日常维护保养及维修	地面工程抢维修中心	□是 ☑否	建议设备维修工作划归地面工程抢维修中心
		电焊维修		

【操作要点】一是要真正理解业务的概念；二是要用标准化的语言对业务进行描述；三是要经单位集体讨论分析，并达成共识。例如“自主经营”不属于业务范畴，是经营的一种模式。

（2）梳理职责清单

职责清单的梳理是以部门（班组）为单元，承接单位的业务或职能定位，遵循“相互独立”原则，确定部门（班组）职责是否有交叉现象，并提出改进方向和建议。如表2–12所示。

表 2–12　× × 部门（班组）职责梳理清单

序号	班组职责	职责细分	对应的岗位	改进方向或建议

第一步：确定关键职责。根据业务梳理过程中本部门承接的具体业务目标，确定部门完成该项业务的关键职责模块。

第二步：细化关键职责。组织部门（班组）内部成员通过头脑风暴、结构化讨论等方法，分解、细化关键职责，确保部门职责无交叉。

第三步：对应相关岗位。根据细化的关键职责，匹配与之相对应的岗位。如表2–13所示。

表 2–13　某采油班职责梳理清单示例

序号	班组职责	职责细分	对应的岗位	改进方向或建议
1	资料录取	油井资料录取	采油运行岗	无
		水井资料录取	采油运行岗	无
2	设备维护保养	巡回检查	采油运行岗	根据油公司模式下采油区的定位，主营油气核心业务，剥离巡检和维修职责
		日常维修保养	采油运行岗	

【操作要点】一是各个班组所承担的职责范围相互之间要保持一定的独立性，避免单位内部出现职责缺位、错位、越位现象；二是部门（班组）职责和

职责细分描述的内容应为工作的成果而非过程，结构为名词性短语；三是填写时应按重要性或工作流程进行排序。

（3）梳理任务清单

任务清单的梳理以岗位为单元，遵循可操作原则，确定岗位要承担什么样的任务，才能达成这些部门（班组）职责目标。如表2-14所示。

表 2-14　××岗位任务梳理清单

序号	岗位主要任务	出现频次	工作过程描述	涉及岗位	改进方向或建议	ESIRA分析	承接的部门（班组）职责

第一步：落实工作任务。按照完全承接部门职责的原则，以具体的工作任务的方式落实到每个岗位上。

第二步：描述工作过程。结合实际工作运行情况，列举完成每项任务时，在工作流程上具有操作性的主要节点。

第三步：分析工作流程。运用ESIRA（清除、简化、整合、重排、自动化）工作法，逐项流程、逐个节点进行对照分析，论证其优化改进的可行性。

第四步：提出改进方向。通过对现有工作流程的分析论证，针对发现的问题提出改进方向或建议。如表2-15所示。

表 2-15　某采油运行岗任务梳理清单示例

序号	岗位主要任务	出现频次	工作过程描述	涉及岗位	改进方向或建议	ESIRA分析	承接的班组职责
1	录取油井资料	每日	确定井号→录取套压、回压、电流、温度、液量→记录并汇报→制定下步措施	地质技术岗	无	A信息化实现了电机电流的自动录取	资料录取

续表

序号	岗位主要任务	出现频次	工作过程描述	涉及岗位	改进方向或建议	ESIRA分析	承接的班组职责
2	录取水井资料	每日	确定井号→录取油压、套压、泵压、水量→记录并汇报→制定下步措施	工程技术员	无	A信息化实现了注水量的自动录取	
3	……						

【操作要点】一是明确岗位任务的概念，任务是由几项或多项操作组成的，完成任务的方式方法、任务节点或者单独一项操作都不能作为任务，例如“制作PPT”不能作为某一个岗位的工作任务，因为它本身是不能再继续分解的最小活动单元。二是每项任务包含“做什么”和“完成什么”两个维度，“做什么”是指完成任务的具体工作行为，是岗位主要任务描述的内容；“完成什么”则是指工作结果，是承接的部门（班组）职责。三是描述岗位任务时，应使用准确规范的动词，明确岗位扮演的角色及权限。

（六）结果输出

1. 校“三位”

通过梳理，校正组织体系中存在的“缺位”“错位”和“越位”现象，确保部门职责详尽无交叉。如表2-16所示。

表 2-16 部门职责常见的问题

问题	表现形式	具体描述	主要原因
缺位	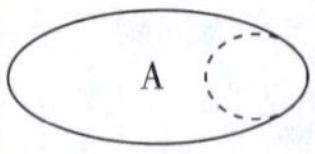	➢有些事情无人管理、无人过问、出了问题无人负责 ➢存在管理与工作分配的“死角” ➢新设部门工作内容尚不明确	➢组织架构设置不完整 ➢部门职责不全面
错位	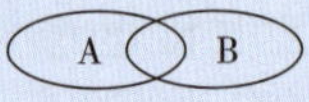	➢同一层级部门的职能存在交叉 ➢不同层级部门的职能存在重叠	➢部门职责、工作界面不清晰

续表

问题	表现形式	具体描述	主要原因
错位	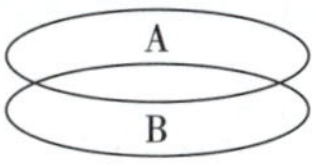 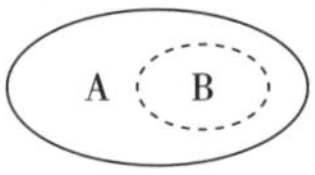	➢应该由一部门负责的职能现在由另一部门负责 ➢同一件事由多部门负责、多头领导	➢部门职责系统性不够、权威性不够
越位	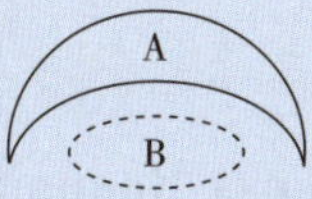 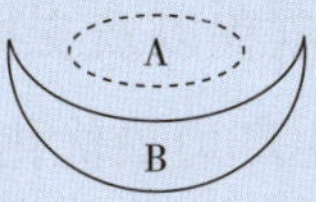	➢上层部门越俎代庖、不愿放权 ➢下层部门大包大揽，越权行事，A部门名存实亡，对B部门失去控制	➢权责体系尚不匹配 ➢工作流程有待优化

2. 建“三单”

通过明晰单位业务界面、部门职责范围，理清“单位业务–部门职责–岗位任务”的对应关系，确保岗位任务穷尽无遗漏。如表2–17所示。

表 2–17 岗位设置情况对照表

业务清单		职责清单		任务清单		目标岗位
业务现状	目标业务	部门（班组）	主要职责	现有岗位	主要任务	

3. 接流程

以职能分解为主线，层层递进，将各项职责具体化，使之能够执行和操作，衔接流程，为ESIRA流程诊断及ARPCI岗位分析工具的应用提供信息来源。

二、ESIRA流程诊断工具

（一）功能定位

ESIRA工具包含清除、简化、整合、重排、自动化五个方面内容，用于诊断现有流程，减少流程中非增值活动，调整流程中的核心增值活动，确定新的流程，促进效率提升。

（二）设计思路

该工具的设计理念源于业务流程再造（Business Process Reengineering，BPR）理论，BPR通常定义为通过对企业战略、增值运营流程以及支撑它们的系统、政策、组织和结构的再造与优化，达到工作流程和生产力最优化的目的，即通过清理、删除无附加值的步骤，简化复杂的环节，整合功能，理顺流程，根据需要对工作的顺序进行重新科学排列，最终运用先进的信息技术加速流程运转，提高流程运行质量，实现流程再造。如IBM、通用汽车等均推行该方法并取得了巨大成功，但是在我国企业管理中，对业务流程再造与优化方面的管理还普遍处于起步状态。

在BPR基础上，结合企业基层工作实践，对“ESIA”流程分析工具进行优化提升，新增重排（R）环节，设计出适用于中国石化岗位管理体系的流程诊断工具ESIRA。

（三）适用条件

当企业发生重大战略调整、管理理念更新、新技术引进、组织结构变化、业务流程优化以及需要对岗位设置进行科学分析时。

（四）术语和定义

E（Eliminate）清除。清理、删除无附加值的步骤。

S（Simply）简化。简化所有过于复杂的环节。

I（Integrate）整合。整合功能，理顺流程过程。

R（Rearrangement）重排。根据需要对工作的顺序进行重新科学排列。

A（Automate）自动化。运用先进的信息技术加速流程运转，提高流程运行质量。ESIRA方法功能如表2-18所示。

表 2-18 ESIRA 方法功能表

清除	简化	整合	重排	自动化
流程闭环 等待时间 重复 多余移动 官僚主义 多余加工 缺陷/失误 多余检控	语言 表格 程序 技术流 流程 会议 报告	工作 团队 顾客 供应商	改变作业顺序 重排作业方式	数据收集/ 传送/分析 脏/累/难/险/ 枯燥作业改进

（五）操作流程

1）流程描述。以岗位任务为单元，对完成此项任务的关键流程节点、涉及岗位进行描述。

2）对照分析。梳理分析岗位任务流程，依据ESIRA方法功能表，对现有流程进行诊断。

3）流程优化。逐一对岗位任务的流程节点进行优化。见表2-19。

表 2-19 ×× 岗位任务 ESIRA 流程优化表

	清除 E	简化 S	整合 I	重排 R	自动化 A
原则	先找出并清除非增值活动	清除非必要活动后，简化剩下的活动	简化任务后，通过整合来保障流畅性	对工作的顺序进行重新科学排列	利用信息技术提升流程速度
流程节点					
优化后流程的说明					

（六）结果输出

输出岗位任务的优化流程。如表2-20所示。

表 2-20　××岗位任务流程

序号	岗位任务	任务流程
1		
2		
3		
……		

三、ARPCI岗位分析工具

（一）功能定位

通过建立“职责矩阵”，分析、澄清工作执行过程中各相关岗位之间的职责关系，厘清岗位职责边界。

（二）设计思路

目前比较流行的岗位分析工具是RACI，用以明确组织变革过程中的各个角色及其相关责任。岗位的优化过程是不可能自发或者自动进行的，必须有人对其进行作用，促使进程发生变化。因此，就很有必要对谁做什么，以及促发什么样的优化进行定义和描述。为此，以RACI工具为基础，引入参与（P）的概念，并结合试点企业实践情况，自主开发了工具操作手册，打造出适用于中国石化岗位职责角色的ARPCI岗位分析工具。

（三）适用条件

当企业发生重大战略调整、管理理念更新、新技术引进、组织结构变化、业务流程优化以及需要对岗位设置进行科学分析时。

（四）术语和定义

A（Approve-Veto）审批。具有决定是否接受提案的权力，对终审提案、工作成果及有关建议作出决策；审批通过则提案生效，进入执行。

R（Response）主办。负责某一项工作，在整体工作中占主导地位，确保该活动的顺利进行，并对该工作的结果负责。主要是“管理”该活动，不一定需要亲自完成它，即所谓的“组织”和“牵头”。

P（Participate）参与。作为成员参与该活动，该项职责范围涉猎程度较广，可以是承担某项工作的部分任务，或是提供咨询、配合别人工作等。

C（Consult）咨询。检查工作成果，对职责范围相关工作或问题的处理方案提出意见，或负责疑难问题的解决。

I（Inform）告知。必须被告知，对做出的决定或工作成果具有知情权。

（五）操作流程

1）建立矩阵。以直接管理到岗位的组织机构为单元，建立“工作职责”与“全部岗位”为列表的两维矩阵。

2）定位角色。以“工作职责”为主线，梳理工作流程，根据岗位在履行每项工作职责中担当的任务和角色，分别按照A、R、P、C、I予以定位。在每项工作职责中，通常只有一项R。

3）匹配标注。根据角色定位情况，在矩阵中对应的位置进行标注。

如图2-10所示，通过运用ARPCI岗位分析工具，可以看出：

1）岗位1：都是配合参与，没有主办或审核，说明该岗位设置的必要性不足，可考虑合并或撤销岗位；

2）岗位5：多个主办，说明该岗位的工作任务过重，可考虑调整工作任务分工，将其中的某些任务合并至其他相关岗位或新增岗位；

3）岗位6：多为空白，说明该岗位工作任务分工较少，可考虑合并或撤销岗位；

4）职责1：全部为空白，说明该项任务没有岗位负责，出现遗漏，可考虑将该项任务合并至相关岗位或者新增岗位；

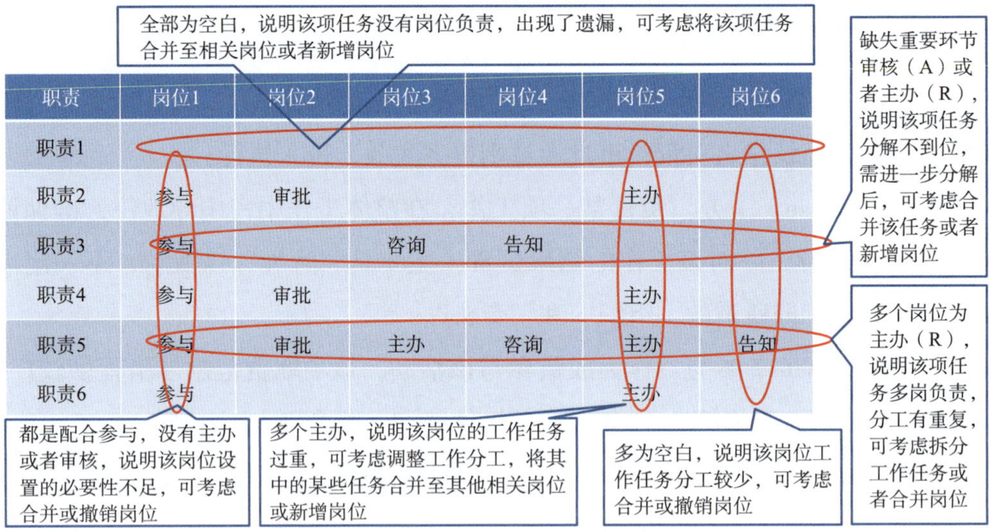

职责	岗位1	岗位2	岗位3	岗位4	岗位5	岗位6
职责1						
职责2	参与	审批			主办	
职责3	参与		咨询	告知		
职责4	参与	审批			主办	
职责5	参与	审批	主办	咨询	主办	告知
职责6	参与				主办	

图2-10 ARPCI分析

5）职责3：缺失重要环节审批或者主办，说明该项任务分解不到位，需进一步分解后，可考虑合并该任务或者新增岗位；

6）职责5：多个岗位为主办，说明该项任务多岗负责，分工有重复，可考虑拆分工作任务或者合并岗位。

总之，通过该工具的使用和分析，我们可以进一步厘清岗位界面和职责分工，更加有效地合并、撤销或新设岗位。

（六）结果输出

1. 横向任务单元格

1）若横向单元格全部为空白，说明该项任务没有岗位负责，出现了遗漏，可考虑将该项任务合并至相关岗位或者新增岗位。

2）若横向单元格缺失重要环节A（审批）或者R（主办），说明该项任务分解不到位，需进一步分解。

3）若横向单元格有多个岗位为R（主办），说明该项任务多岗负责，分工有重复，需进一步厘清工作界面。

2. 纵向岗位单元格

1）若纵向单元格某个岗位多为空白，说明该岗位工作任务分工较少，可考虑合并或撤销岗位。

2）若纵向单元格某个岗位都是P（配合参与），没有R（主办）或者C（咨询），说明该岗位设置的必要性不足，可考虑合并或撤销岗位。

3）若纵向单元格某个岗位有多个R（主办），说明该岗位的工作任务过重，可考虑调整工作分工，将其中的某些任务合并至其他相关岗位或新增岗位。

四、“五维融合”岗位诊断工具

（一）功能定位

“五维融合”岗位诊断工具主要针对待合并（优化）的岗位或任务，通过五个维度对两个或者多个岗位之间进行比对，诊断和验证合并的可能性。

（二）设计思路

目前，各家咨询公司及企业还没有进行岗位优化诊断的工具，更多的是对岗位自身的分析，靠经验和理念进行合并，缺乏信度和效度。例如，一个企业在岗位设计完成后需要对岗位的设置进行诊断，对不合理、不符合要求的岗位进行调整。一般情况下，从企业战略、组织机构、业务流程、信息流传递过程和经济合理5个基本要素入手，即：岗位设置应符合企业发展战略和人力资源战略，对于不适应企业现状和发展需求的岗位需要进行调整与合并；岗位的设置应基于科学合理的组织结构，对于不适应企业发展和管理实际的组织机构应重新设计，部门及岗位设置也进行相应的调整与合并；岗位的设置应以业务流程为依托，通过流程再造和优化，对岗位设置进行调整与合并；岗位设置应符合信息流的传递过程，根据业务活动的信息流动，对岗位进行适当的调整与合并；岗位的设置应经济合理，在最大限度地提高企业效率的同时，追求经营管理的低成本。上述方案却没有给出如何进行2个岗位诊断或多个岗位诊断的理念和方法。为此，结合中国石化企业实际，通过不断的实践总结，自主研发了符合中国石化的“五维融合”岗位诊断工具。

（三）适用条件

适用于任何有合并可能的2个或多个岗位。主要针对使用“三单递进”梳理或ARPCI分析工具时，导出的职责相近、工作饱和度不高、角色定位不明晰等有合并可能性的岗位。

（四）术语和定义

五维融合岗位诊断工具中的“五维”分别是：岗位相容、专业相关、职责相近、流程相邻、轻重相宜。

1）岗位相容指内控管理制度中没有特殊要求，不需要内部相互牵制。根据内控管理制度要求，若由一个岗位承担，可能发生或掩盖错误和舞弊行为的，必须分离。

2）专业相关指从事各自岗位工作需要用到的专业理论知识需相近或者相通。管理人员和专业技术人员根据任职资格评审的学科专业系列划分，技能操作人员依据技能鉴定职业工种目录分类。

3）职责相近指岗位承担的职责是否相近。依据各岗位的任务清单判断。

4）流程相邻指岗位在同一个单位的某一具体业务流程中或工作流程中的位置相邻。管理、专业技术岗位主要指在某一具体业务流程中工作节点相邻，技能操作岗位要兼顾工作地点的相邻性。

5）轻重相宜指待合并岗位或者任务自身的工作量累加于原岗位工作时，是否能合理地在正常的工作时间内完成。

（五）操作流程

1.“五维”描述

根据“三单递进”梳理和ARPCI分析结果，组织对“岗位是否相容”“专业/工种”“主要职责描述”“工作流程”和“工作饱和度”五个维度进行具体描述。如表2–21所示。

表 2-21　岗位“五维”信息表

维度	岗位 1	岗位 2	岗位 3
岗位是否相容			
专业/工种			
主要职责描述			
工作流程			
工作饱和度			

2. 内控判断

根据内控管理制度要求，对待合并岗位相容性进行判断。不能相容的岗位则不再进行后四个维度分析，即不用再进行岗位融合判断；对于内控管理制度没有明确要求的岗位，再进行下一步的融合判断。如图2-11所示。

图2-11　岗位是否相容内控判断流程

3. 建立坐标

经过相容性判断后，对于可以考虑合并的岗位，建立“十字”坐标系，四个方向的坐标分别代表专业相关、职责相近、流程相邻和轻重相宜四个维度。其中，轻重相宜的“0”刻度代表工作量饱满，越接近原点表示工作量越不饱满。其余三个维度“0”刻度分别代表相关性、相近性和相邻性较差，越接近原点表示越好。如图2-12所示。

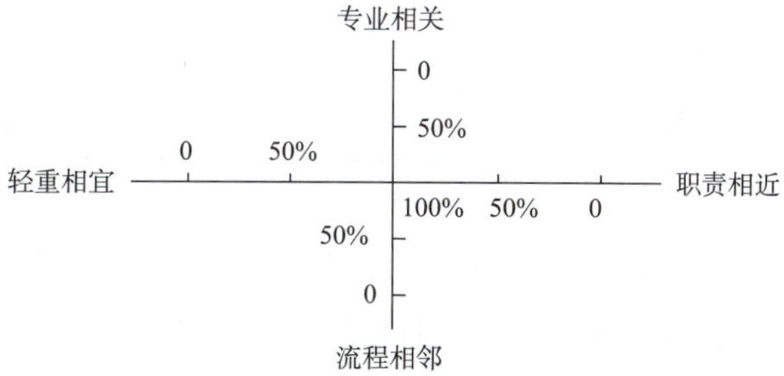

图2-12　建立坐标

4. 定位刻度

选取其中任一岗位的四项属性作为坐标系的原点，将另一岗位的各项属性逐一与目标岗位进行定性比对，参照图2–13进行标注连线。

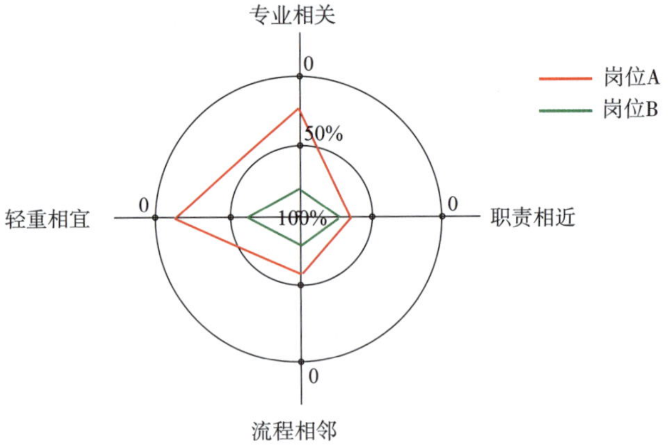

图2–13　定位刻度

（六）结果输出

1）四个维度均在50%~100%区间内，此时合并的理由比较充分，可以优先考虑合并。若其中某一个维度融合性很低，也不能简单判定为不可行，要善于抓住事物的主要矛盾，结合岗位实际灵活运用该工具。例如“轻重相宜”维度，两个岗位工作饱和度高，可以结合定岗、定编、定员来解决。如表2–22所示。

表 2–22　岗位合并诊断情况分类表

序号	点阵分布	诊断结论
1	均在一环内（50%~100%）	优先考虑合并
2	均在一、二环之间（0~50%）	考虑合并
3	均在二环及以外	不考虑合并
4	跨越一、二环	具体情况具体分析

2）若待合并岗位多于两个，可以任选其中两个先行比对，得出结果后作为一个整体再与第三个岗位进行比对，以此类推，直至比对完毕。

3）“五维融合”是定性而非定量的工具，在使用过程中要根据岗位特点具体问题具体分析。管理岗位侧重“专业相关”和“流程相邻”两个维度，专业技术岗位侧重“专业相关”和“职责相近”两个维度，技能操作岗位侧重“专业相关”和“流程相邻”两个维度。

五、定员方法优选工具

（一）功能定位

定员方法优选工具主要是在企业成本投入的硬约束下，服从于企业的总体目标要求，合理运用有限的资本投入以获得最佳的岗位和人数的组合，并根据企业的变化进行动态调整。也就是说，企业在发展战略的指导下，进行企业的组织结构设计及职能分解，根据需要设置岗位，确定岗位定员，使各级组织部门事事有人做、人人有事做、岗位不重复、工作无遗漏，达到规范化、合理化和科学化。

（二）设计思路

在工具的设计过程中，发现岗位定员的方法有很多，也很成熟，但是多数企业在定员过程中却往往思路不清晰，面对多种定员方法难以选择适合自身的，特别是在机关定员的时候，企业反映较强烈。为此，以帮助企业结合自身需求，选择最优定岗方法为目的，研发了岗位定员优选工具。通过“三看”——看为谁定员、看为啥定员、看数据来源，来帮助企业选择最合适的岗位定员方法。

（三）适用条件

适用于企业中承担具体工作的岗位已完成设置的情况。定岗后进行定员，目的就是实现“人、岗、事”三者之间的合理匹配，完成企业要做的“事”。

（四）操作流程

由于企业内部各类员工的工作性质不同，总的工作量和工作效率表现形式不同，以及其他影响定员的因素不同，因而确定定员的具体方法也不同。

1. 看为谁定员

定员方法因岗位类别的不同而存在较大差异，也就是说定员的对象不同，定员的方法也不同。如表2-23所示。

表 2-23　各类岗位的定员方法

岗位分类	定员考虑因素	定员方法
业务（生产）岗位	技术因素：技术水平、设备类型和数量 劳动组织因素：生产定额、劳动生产率、工作班制、出勤率等 生产经营因素：生产任务、销售额等	定额定员法 设备定员法 劳动效率定员法
职能岗位	管理因素：管理模式、管理职能、部门设置、岗位设置、人员比例 劳动组织因素：工作量、分工专业化程度、工作精细要求	比例定员法与岗位定员法结合 标杆定员法 博弈定员法 专家综合调整法 预算控制法
辅助支持岗位	管理因素：管理模式 劳动组织因素：服务对象、工作班制、出勤率	岗位定员法 设备定员法 比例定员法 预算控制法
整体岗位定员	以上全体因素	多种方法的综合

2. 看为啥定员

定员方法的选择还需要考虑定员的目标指向，关注定员的目标是需要获取更高的员工认可度，还是企业战略需要。如表2-24所示。

表 2-24　各类定员方法的实施难度和员工认可度分析

<table>
<tr><td rowspan="3">实施难度</td><td>高</td><td>实施难度高，员工认可程度高
定额定员法
岗位定员法</td><td>实施难度高，员工认可程度低
专家综合调整法
博弈定员法</td></tr>
<tr><td>低</td><td>实施难度低，员工认可程度高
标杆定员法
设备定员法</td><td>实施难度低，员工认可程度低
比例定员法
预算控制法
效率定员法</td></tr>
<tr><td></td><td>高</td><td>低</td></tr>
<tr><td colspan="4">员工认可度</td></tr>
</table>

3. 看数据来源

不论主客观的定员方法都需要收集一定的数据信息作为支撑，数据信息量大的方法，往往需要大量的工作，实施难度也就越大，需要企业具备一定的定员基础管理水平。如表2-25所示。

表 2-25 各类定员方法的数据输入与管理要求分析

<table>
<tr><td rowspan="2">管理
规范性</td><td>高</td><td>数据要求高，管理规范性高
岗位定员法
定额定员法</td><td>数据要求低，管理规范性高
设备定员法
效率定员法
比例定员法</td></tr>
<tr><td>低</td><td>数据要求高，管理规范性低
预算控制法
标杆定员法</td><td>数据要求低，管理规范性低
专家综合调整法
博弈定员法</td></tr>
<tr><td></td><td></td><td>高</td><td>低</td></tr>
<tr><td colspan="4">数据要求</td></tr>
</table>

（五）结果输出

结合企业需求，经过“三看”逐步“择”出最合适的定员方法。如表2-26所示。

表 2-26 定员方法优选输出表

定员步骤	看定员对象	看定员目的	看数据来源	择定员方法
适用方法 优选结果				

在实际工作中，通常是将各种方法结合起来，参照行业最佳案例来确定本企业的岗位人数。由于企业所处的环境及其各种条件变化越来越快，在某一时间段中做出的定员可能只在该时间段内有意义。一旦某些因素产生的新的变化，它必须跟着进行再调整。因此企业采用的定员方法，很难会有一个所谓的“绝对正确、完全适用和一成不变”的万能方法，在任何时候，定岗定员都不可能

是绝对准确的，只是一种参考，在某个时期内具有短暂的意义。

第四节　岗位优化设计流程步骤

从岗位存在的时间维度来看，岗位设置包括岗位的初始设置与优化调整两个方面，对于初创的组织，需要根据企业战略、管控模式、组织结构等因素来设置岗位。但岗位的任务是随着企业战略、业务发展、流程变革等因素变化的，因此需要及时进行岗位优化，是一个动态的过程。通常以“三单递进”梳理工具为主线，ESIRA流程诊断、ARPCI岗位分析、“五维融合”诊断验证等工具作配套，在人力资源部门指导下，以相关业务部门为主体开展岗位优化。

不论是岗位的初始设置还是再优化，其遵循的方法和路径都是相通的，一般分为筹划准备、“三单”填报、诊断分析和成果输出四个阶段。如图2-14所示。

图2-14　岗位优化设计流程步骤

一、筹划准备阶段

（一）明确目标方向

受企业的发展阶段、文化背景、人力资源管理水平等诸多因素影响，各企业岗位管理的目标方向也不尽相同。实际应用过程中，往往与企业现阶段的战略目标与当前的改革使命紧密关联，其差异主要体现在岗位优化的广度、力度和深度三个维度上，如，有的企业是为企业管理全面升级进行的整体优化，有的企业重点聚焦某一业务模块实施系统优化；有的企业以流程优化、效率提升为目的，而有的企业则是以岗位整合、减少用工为目标；有的企业要大力推进深层次改革，有的企业只想作些适度的微观调整。不同的工作目标，在基础准备与流程标准两个环节都要作出相应的优化和调整。因此，企业在进行岗位设计优化时，首先要明确工作的目标方向。

1）新成立单位，系统性的岗位初始设计。

2）现有单位，局部或全面的岗位设计再优化。主要包含：

①单位（部门）的职能定位或业务职责调整；

②岗位调整优化；

③业务流程优化；

④以上三个方面的若干项组合，或三条组合，或两项搭配。

（二）开展基础准备

1）成立岗位设置优化工作领导小组，由企业党政主要领导任组长，主要成员包括人力资源、涉及调整业务的主管部门、企业管理、生产技术、安全环保、工会、宣传、信访稳定等相关部门负责人。下设运行组、技术组、保障组3个工作小组，运行组主要由人力资源和涉及调整业务部门人员组成，视工作的广度与深度情况，可适当吸纳部分优秀的基层一线经理人或具体业务工作人员加入；保障组由工会、宣传和信访稳定部门人员组成；技术组由集团公司岗位管理专家和外部咨询专家组成，并明确各小组的具体职责，确保工作有序运行。

2）编制工作方案。根据企业的实际需求，在岗位管理方面有关专家指导下，由运行组编制本单位岗位管理工作实施方案。根据企业“三重一大”制度与改革调整工作要求，将工作方案报上级部门审核备案，或提交企业职代会审议。必要时，要同步制定工作稳定预案，超前研判和化解风险。

3）召开启动会。由运行组会同保障组召开工作启动会，解读工作实施方案，让员工了解岗位优化的目的意义、过程和方法。同时，要注意工作启动后的信息收集与处理，畅通信息沟通渠道，密切关注员工思想动态，及时回应员工关切问题、解疑释惑，广泛征得员工的理解、支持和参与。

4）开展技术培训。主要是岗位优化设置相关理念的导入和工具的简要介绍，由集团公司岗位管理专家负责。

二、“三单”填报阶段

此阶段主要是“三单递进”梳理工具的应用，分为岗位的初始设置和现有岗位优化两种情况。

（一）岗位初始设置

在明确企业发展战略、管控模式、组织结构的基础上，运用“三单递进”梳理工具，采取自上而下的方式，先将企业的战略落实到单位的业务上，再将单位的业务分解到部门的职责上，最后将部门的职责进行细分，重组归集后形成岗位设置方案。

（二）岗位优化调整

岗位优化是通过对现有岗位要素的梳理分析，实现业务流程优化、岗位工作任务优化或岗位设置数量的优化。此阶段主要是开展“三单”资料收集工作，即对单位业务、部门（班组）职责和岗位任务的现状描述。由人力资源部门下发通知，组织涉及优化调整业务有关岗位员工参与填写。需要强调的是单位业务清单由单位领导班子进行填写，部门（班组）职责清单由相关负责人填写，岗位任务清单由岗位人员填写，不能指定专人实施“三单”一条龙填写。同时，在岗位任务的描述过程中，要使用准确规范化的动词，尽量避免采用模糊化动词，以明确权责，避免歧义。如“负责、管理”等，不能描述为“负责领导交办的其他工作”等不具体的内容。参考动词库如表2–27所示。

表 2–27 参考动词库

项 目	动词词汇
制度、方案、计划等文件	草拟、拟定、审核、审定、转呈、下达、备案、存档、提出意见
信息、资料等	调查、收集、整理、分析、总结、反馈、汇报、转达、通知、发布、维护、维持
思考行为	研究、参与、计划、发展
直接行动行为	组织、执行、控制、监管、采用、参加、阐明、解释、提供、协调、协助、检查、核对、获得、办理、主持、安排、操作、接待
上级行为	批准、指导、确立、规划

续表

项　目	动词词汇
管理行为	确保、鉴定、保持、监督
专家行为	促使、建议、推荐、支持、评估、评价、开发
下级行为	提交、制作、汇报
其他行为	建立、准备、处理、监控、确认、合作、协作、联络、带领、测试、建造、修改、执笔、引导、传递、翻译、保证、预防、解决、介绍、支付、计算、修订、承担、谈判、否决、比较

三、诊断分析阶段

此阶段主要是对收集的“三单”进行梳理分析，是岗位优化设计的关键部分，可采取自上而下和自下而上相结合的方式，同时进行、相互印证。

（一）开展实操培训

由岗位管理专家结合企业案例，有针对性地组织各单位（部门）负责人、人力资源工作者、员工代表开展实操培训，重点讲解各类表单的应用、问题查找的方法、工具的操作等，确保参加培训人员具备能够进行岗位梳理分析的初步能力。

（二）“三单”梳理

1）业务清单梳理。由单位领导梳理本单位应该承担的业务目标，列出主要外部协作单位及合作内容，厘清合作界面。例如由于企业体制机制问题，造成的业务划分不清或配套政策不完善等。

2）职责清单梳理。由部门（班组）负责人梳理查找职责缺失项和存在问题，形成单位内部职责梳理清单。

3）任务清单梳理。由岗位人员和部门（班组）负责人共同来完成任务清单的梳理分析，查找任务缺失项或其他存在问题，形成岗位任务梳理清单。

（三）问题分析

1）找对应。以“业务-职责-任务”为主线，在人力资源部门的指导下，由业务部门对梳理后的“三单”一一找对应，校正组织中的“缺位”“错位”和“越位”现象，形成新的单位业务清单、部门（班组）职责清单、岗位任务清单。

2）优流程。针对梳理后的岗位任务清单中的流程描述，运用ESIRA流程诊断工具进行分析，查找低效、无效甚至是负效的操作或环节，进行流程优化。此环节也可直接在岗位任务清单梳理分析过程中穿插应用。

3）定角色。运用ARPCI工具开展岗位分析，通过矩阵分析，定位岗位在组织中承担的角色，根据角色定位提出岗位优化的意见或建议方向。同时，再次复核“找对应”环节中聚焦的错位、缺位等问题，进一步查找岗位任务是否在承接部门（班组）职责上存在缺位，岗位任务之间是否有交叉错位。

4）调岗位。依据前面几个环节提出的调整等建议，结合企业确定的岗位优化目标方向，若涉及岗位合并的，可运用“五维融合”工具，进行待合并岗位可行性验证，实行“大岗位”设置。

5）组建库。为衔接后续信息化管理需要，针对前边梳理优化形成的最终业务、职责，由人力资源部门参照业务板块大类进行分类、归集，明确各业务板块大类牵头审核单位，负责审核本业务板块大类的业务清单和职责清单，修改完善和统一规范，形成单位职责库。例如，涉及安全环保工程的职责由安全环保部门负责审核。若根据企业确定的方向目标，不需要作较大岗位优化调整的话，可依据第二步的“三单梳理”情况，跳过找对应、优流程、定角色、调岗位等步骤，直接进入此环节，落脚到建立职责库即可。板块大类划分参见表2-28。

表 2-28 板块大类划分表

岗位序列	类 别
管理	行政管理、计划管理、财务管理、生产管理、设备动力管理、安全环保、科技管理、市场营销、物资装备管理、企业管理、法律事务管理、人力资源管理、工程管理、信息管理、审计管理、纪检监察、党群管理、外事管理、离退休管理、后勤生活服务及其他

续表

岗位序列	类 别
专业技术	油气勘探、油气田开发、石油工程、石油炼制、石油化工、炼化工程、储运工程、信息工程、安全环保工程、艺术类、新闻出版类、广播电视播音、图书档案、行政管理、计划管理、财务管理、生产管理、设备动力管理、安全环保、科技管理、市场营销、物资装备管理、企业管理、法律事务管理、人力资源管理、工程管理、信息化管理、审计管理、纪检监察、党群管理、外事管理、教育教学、离退休管理、生活后勤服务、综合治理及其他
技能操作	物探、钻井、测井、采油采气、集输、井下作业、天然气加工、炼油、化工、化纤、化肥、催化剂与添加剂、工程施工、建材、机械制造、机械修理、仪器仪表安装修理、发电、供电、供水供热、通信、交通运输、科研与分析化验、物资供销、环境保护、技术监督、计算机、广播电视新闻出版、后勤服务、农副业

四、成果输出阶段

（一）岗位目录

岗位设计优化后，形成新的岗位清单，结合岗位目录编制规范，编制新的岗位目录清单。

（二）岗位说明书

岗位确定后，根据“三单”梳理后的岗位任务，结合岗位说明书编制规范，编制新版岗位说明书。

五、注意事项

1）“三单递进”所传导的自上而下方向表达的只是一种逐步划小单元的思维逻辑，并不是工作顺序。就如同一根钢丝绳，从一根绳到多股钢丝再到无数条钢丝，既可以从上到下逐级细化，也可以从下向上逐级类聚，关键是要找对应，找对应的标准是既不能乱线，也不能断线，如图2-15所示。

在实际的梳理分析过程中，往往采用自上而下和自下而上相结合的方式来

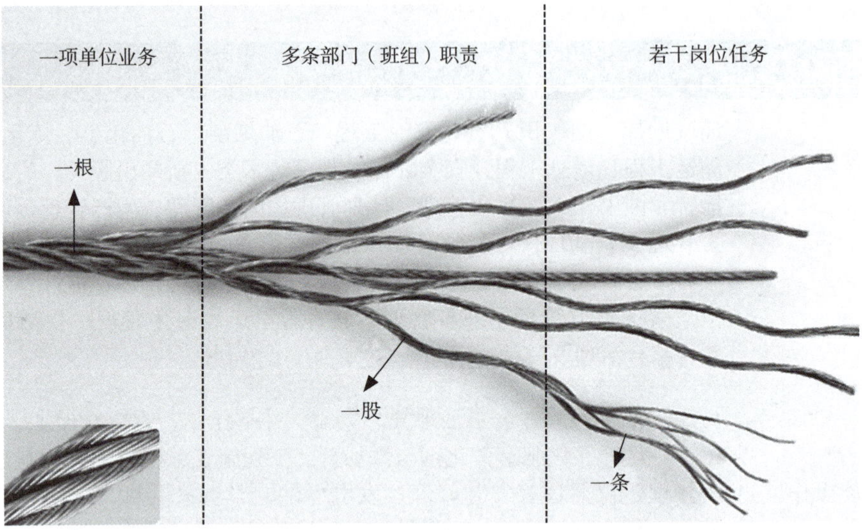

图2-15　钢丝绳示例图

操作。例如，“三单”资料收集同时由不同的人填写，然后再从两头向中间逐一找对应，这样更容易查找问题，效率也更高。

2）岗位优化的第一步“三单”资料收集，是基于现状的描述，而不是基于未来的目标，否则收集到资料只是脱离现实的理想状态，更谈不上找出问题和优化提升。另外，“三单”的填写和梳理分析，该由谁来填写就由谁填写，该由谁来梳理就由谁梳理，切勿交由一人负责，当成“作业”来交。

3）针对岗位人员在填写岗位任务清单时，往往出现任务描述过细、条数过多的问题，建议将岗位任务条数进行限制，一般不超过8条，最多不超过12条。否则就会出现都本着“高大上”的角度来描述自己的岗位任务，为后续的梳理带来很多人为的麻烦。

4）针对在查找部门（班组）职责缺位或不到位的项目时，往往不愿意主动暴露问题的情况，建议采取强制分布的原则，每个部门（班组）不少于2条。

5）有效的岗位分析，需要各级管理人员与员工广泛参与，尤其是高层管理者支持与重视，人力资源部门是教练角色，提供工具方法和理念导入，各业务部门是具体操刀者，负责人要带头干，当成一把手工程来抓。

即时案例

案例一：某企业的岗位优化实践

一、工作背景

（一）公司基本情况

公司是特大型的“炼化一体化”生产企业，具备“大炼油、大乙烯、大码头、大仓储”的产业格局，共有炼油、化工等主要生产装置56套以及水务、热电、储运、码头等配套装置。截至2018年年底，公司在岗员工5400余人。

（二）岗位优化背景

公司正处于发展跨越期，按照基地化生产目标推进扩建项目后，生产规模将进一步提升，但公司现有岗位存在“岗位职责划分过细、岗位人员轮岗困难”等问题，已不适应特大型炼化企业的生产运行，也不利于员工职业成长。为了适应业务发展需要，提高组织运行效率，提升员工综合能力，公司决定在“13个处室、1个中心”进行岗位优化试点。

二、具体做法

（一）高层调研

通过高层调研，进一步统一思想，明确岗位优化的方向和目标，即围绕“大岗位”“一岗多责”的总体方向，推进岗位优化工作，科学控制岗位幅度、岗位数量和定员数量。

（二）职责梳理

运用“三单递进”梳理工具，在“13个处室、1个中心”的职责划分手册基础上，分析各部门的业务主线，梳理科室职责和岗位任务，理清岗位优化方向，并建立业务主线、岗位的对应关系，发现现有岗位设置存在以下问题：

一是“岗位–职责”匹配度不高。例如公司外贸单证管理等业务实施外包后，部分岗位已无需单独设置，但这些岗位的部分职责仍通过“AB”角方式履行，岗位职责不饱满。

二是“岗位-业务”匹配度不高。例如某些科室业务经改革后，由专业线条管理调整为按装置区域管理，但部分岗位仍沿用专业线条管理方式进行设置。

（三）诊断分析

在岗位设置工具箱中选取“五维融合”工具与“ARPCI”岗位分析工具，并结合需求进行了调整使用。

首先，对“五维融合”工具的分析维度进行了细化，将“职责相近”指标细分为“主要职责”与“工作对象”，将“专业相关”指标细分为“学历要求”“专业要求”与“知识要求”，并建立每个维度指标的权重分配和等级赋分标准，形成相对量化的评价模型，通过筛选可整合岗位进行“五维融合”模型打分，确定需要整合的岗位范围。比如：“气污染防治”“水污染防治”“固废防治”等岗位，通过诊断分析发现岗位颗粒度较小，可以合并。

其次，运用“ARPCI”岗位分析工具识别分析主办岗位设置的必要性。对不承担业务线条的管理职责或管理幅度较小的主办岗位进行撤销或整合，对承担了业务线条管理职责的主办岗位，在符合管理幅度标准的前提下，可考虑保留。

（四）定员对标

围绕提升劳动生产率的总目标，对标韩国SK、福建联合石化、浙江石化，运用“定员总量-定员结构-岗位定员”三步法，推进岗位定员测算工作。定员总量采取业务量回归法、行业对标法、人工成本效能对标法进行总量测算；定员结构（三支队伍结构）指标，根据外部标杆企业、行业比例法进行结构测算；岗位定员通过工作效率法、职责分析法等对岗位定员的合理性进行分析，并拟定定员标准。

（五）工作对接

在岗位优化工作中，人力资源部门与相关部门进行了多轮工作对接。第一轮对接，通过开展工作职责和岗位情况的梳理，了解岗位设置现状，并征求相关部门对岗位优化及岗位管理工作的意见建议。第二轮对接，结合企业实际需求，选用了工具箱中的相关定岗工具，形成岗位优化的建议方案，并与各业务部门开展对接，通过双方充分沟通，对建议方案进行了调整。第三轮对接，在前期岗位优化的基础上，开展目标定员测算，在充分尊重业务部门意见的基础上，进一步对接明确目标定员方案。

三、优化结果

该公司围绕“大岗位”“一岗多责”的工作目标，经过高层调研、职责梳理、诊断分析、定员对标等工作流程，综合运用“三单递进”梳理工具、ARPCI岗位分析工具、“五维融合”诊断工具，进一步调整业务主线、梳理部门职责、明晰岗位任务、合并同类岗位，共减少岗位数量200个。

同时，优化后的岗位采取“标准岗位+多级薪酬”的方式进行设计，高等级区间人数原则上不超过现有高等级岗位数量，低等级区按照在岗时间、能力提升、年度考核等情况由所在单位按规则进行自主调整。对于超定员的岗位，通过“职责分配表”的方式，明确每个人的岗位职责，并根据实际需要进行动态调整。据测算可减少定员10%。

案例二：某企业的岗位职责梳理实践

一、工作背景

（一）公司基本情况

公司具有较为悠久的发展历史，成为集炼油、润滑油、化工、热电、单点、码头、铁路、仓储、水务、长输管线等多业务、多板块并存的特大型“炼化一体化”企业，拥有炼化主要生产装置79套以及相配套的公用工程和油品储运系统区域。截至2018年年底，公司在岗员工7700余人。

（二）职责梳理背景

公司为提升管理效率、实施转型发展，启动了以“岗评、薪酬、绩效”为核心内容的三项制度改革。由于该公司的岗位职责未经过系统全面梳理，存在工作任务不够明确、职责不够清晰、岗位说明书的作用发挥不到位等突出问题，既影响了岗评工作的开展，也影响了后续薪酬、绩效体系的设计。为此，该公司领导班子高度重视，要求人力资源部门牵头组织，业务部门深度参与，全体动员、倒排计划，全面推动岗位职责梳理工作。

二、具体做法

该公司在前期“三定”工作基础上，基于现有业务、部门与岗位，通过“三单递进”工具开展梳理分析，采取了写实、递推、建库、诊断、输出等五步操作法，自下而上依次梳理任务清单、职责清单和业务清单。

（一）第一步：写实

【概述】

围绕实际工作任务，干什么写什么，如实填报。即企业内各二级单位、机关部门和中心按照现有组织架构及岗位，组织全体在岗职工依据实际工作，填写本人“工作任务写实清单”，如图2-16所示。

×××××　岗位工作任务写实清单

序号	工作任务（具体职责描述）	
1	动词	事项
2	制定	培训工作计划
3		
4		
5		
6		
7		
8		

填写人：

图2-16　岗位工作任务写实清单样表

【步骤】

1）确定“清单”表样；

2）拟定填报通知；

3）开展填报培训；

4）布置填报工作；

5）收集、汇总、整理。

【要点】

1）对“非日常性工作、阶段性工作、临时性工作”等不纳入写实清单。

2）突出全员参与，在岗人员尽可能都参与填写；存在一岗多人情况的，则多人同时填写；写实清单填完后，务必签名留痕。

3）审核要点：①描述内容一致的，取其一；②描述内容相似相近的，归并；③存在遗缺的，补充；④存在前述“三性”的，删减。

【成果】

全公司216个科级单位参与、涉及2042个岗位、7211名员工填报（占95.2%）、填报工作任务36981条。

（二）第二步：递推

【概述】

由“工作任务写实清单”归纳提炼形成“岗位职责清单”；再由“岗位职责清单”递推形成“业务清单”。

【步骤】

1）科级单位组织分析岗位的“工作任务写实清单”；

2）科级单位从“工作任务写实清单”归纳、递推出相对应的“岗位职责清单”；

3）科级单位形成本单位所有的“岗位职责清单”，并向上级提报；

4）处级单位组织汇总、分析和归纳，从“岗位职责清单”递推出相对应的“业务名称”及“业务板块大类”。

【要点】

1）实行分级分责归纳、递推。先由科级单位的负责人组织分析、归纳、递推出“岗位职责清单”，如图2-17所示；再由处级单位的负责人组织

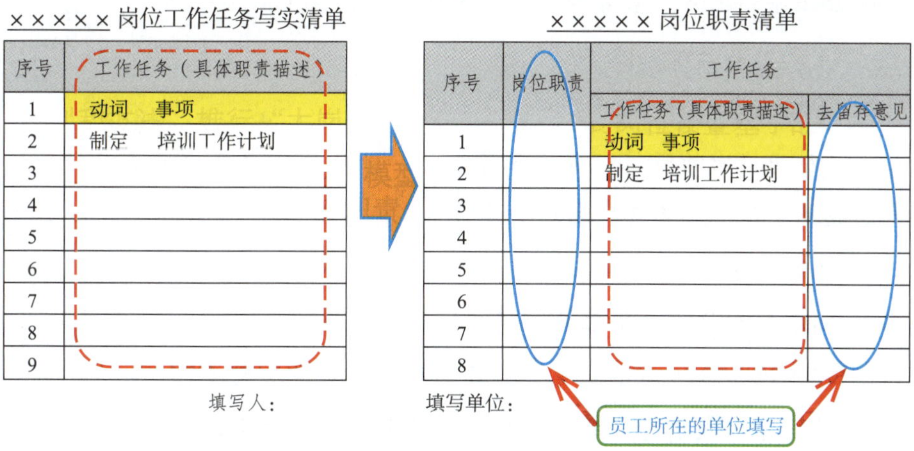

图2-17 “工作任务写实清单”递推为“岗位职责清单”

××××× 岗位职责清单

序号	岗位职责	工作任务	
		工作任务（具体职责描述）	去留存意见
1		动词 事项	
2		制定 培训工作计划	
3			
4			

填写单位：

××××× 单位业务清单

序号	业务板块大类	业务名称	岗位职责	工作任务（具体职责描述）	去留存意见
				动词 事项	
				制定 培训工作计划	

填写单位：

图2-18 “岗位职责清单”递推为“单位业务清单”

分析、归纳、递推出“业务名称”及“业务板块大类”，如图2-18所示。

2）工作任务填写要点：①统一为“名词性短语”；②每一项岗位职责，对应不超过8项工作任务（每个企业根据自身实际情况确定任务数量，原则上不超过8项）；③汇总形成本单位所有岗位职责清单。

3）“三单”整体填写要点：①明确业务目标；②明确工作关系；③明晰工作界面。

【成果】

该阶段科级单位对36981条任务进行梳理，合并、剔除任务27697条，保留9284条，优化率达到74.9%。处级单位对9284条任务进行梳理，合并、剔除任务3346条，保留5938条，优化率达到36.1%。

（三）第三步：建库

【概述】

对递推出的岗位职责、业务名称、业务板块大类分别进行梳理、规整，形成职责库、业务库、板块大类库。

【步骤】

1）组织收集“单位业务清单”；

2）逐一分析岗位职责、业务名称、业务板块大类；

3）分别组建对应的职责库、业务库、板块大类库。

【要点】

1）注意规范用语的梳理，采用“动词+名词性短语”格式；

2）注意逻辑关系的梳理，注意职责、业务、板块大类前后的逻辑对应和衔接；

3）注意流程定位梳理，确保业务名称、岗位职责与关键流程、环节对应；

4）注意职责完善梳理，查找是否存在缺项、漏项，并结合企业实际情况进行增补。

【成果】

建立“职责库”，归集岗位职责379条；建立“业务名称”，归集业务57项；建立“业务板块大类”，归集业务板块26类，如图2-19所示。

序号	业务板块大类	序号	业务类别	序号	职责名称
25	辅助生产运行	53	公用工程	356	锅炉汽轮机生产运行
				357	空分空压系统生成运行
				358	燃料储输
				359	脱硫脱硝操作（环保）
				360	污水处理系统运行监控
				361	污水处理系统运行操作
		54	电仪	362	电气设备运行
				363	电气设备维护
				364	变电站运行
				365	仪表设备运行
				366	仪表设备维护
		55	厂外管网运行	367	厂外管网巡护
				368	厂外管网监测
26	储运生产运行	56	港口	369	港口运输组织
				370	港口运输操作
				371	船舶作业操作
				372	单点系泊作业
				373	计量检定
		57	铁路	374	铁路运输组织
				375	铁路机车操纵
				376	铁路道口操作
				377	机车车辆检维修
				378	铁路信号检维修
				379	铁路槽车清洗

图2-19　板块大类职责库

（四）第四步：诊断

【概述】

结合企业自身发展战略和“十四五”业务发展规划/目标定员规划，对业务、职责和任务查找出的问题进行诊断分析，如图2-20所示。

<table>
<tr><th>岗位名称</th><th>岗位等级</th><th>实有</th><th>梳理后岗位设置</th><th>优化类型（岗位数量）</th></tr>
<tr><td>生产管理</td><td>10</td><td>3</td><td rowspan="2">生产管理（含日优化管理）</td><td rowspan="2">专业相关（-1）</td></tr>
<tr><td>生产优化</td><td>10</td><td>2</td></tr>
<tr><td>应急管理</td><td>10</td><td>1</td><td rowspan="3">调度与应急响应管理</td><td rowspan="3">职责相近（-2）</td></tr>
<tr><td>生产调度值班长</td><td>11</td><td>4</td></tr>
<tr><td>生产调度</td><td>10</td><td>6</td></tr>
<tr><td>质量管理</td><td>10</td><td>1</td><td rowspan="2">质量管理</td><td rowspan="2">专业相关（-1）</td></tr>
<tr><td>煤炭、外购原料质量管理</td><td>10</td><td>1</td></tr>
<tr><td>标准化体系及产品统计管理</td><td>10</td><td>1</td><td rowspan="2">分析检验管理</td><td rowspan="2">专业相关（-1）</td></tr>
<tr><td>产品纠纷及售后服务</td><td>10</td><td>1</td></tr>
<tr><td>能源管理（主任师）</td><td>10</td><td>1</td><td rowspan="2">能源管理（含节能管理、合同能源管理、节能减排和降耗、碳资源管理）</td><td rowspan="2">专业相关（-1）</td></tr>
<tr><td>节能减排</td><td>10</td><td>1</td></tr>
<tr><td>动力工艺及热电管理</td><td>10</td><td>2</td><td rowspan="2">公用工程管理Ⅰ（热电、动力与空分管理）</td><td rowspan="2">专业相关（-1）</td></tr>
<tr><td>动力平衡管理（副科级）</td><td>10</td><td>1</td></tr>
</table>

图2-20　目标优化示意图

【步骤】

1）对标总部相关文件，进行诊断分析；

2）对标企业发展战略，进行诊断分析；

3）对标目标定员，进行诊断分析；

4）运用“五维融合”等工具，进行诊断分析。

【要点】

1）总部文件主要参照：集团公司印发的炼化企业“三定”方案有关文件；

2）企业发展战略主要参照：该企业制定的“两个三年”战略发展规划；

3）目标定员主要参照：该企业制定的“十四五”用工规划。

【成果】

1）提出岗位优化短期目标：岗位从2042个压减到1832个，减少210个；

2）提出岗位优化中长期目标：岗位从2042个压减到1500个，减少542个；

3）运用“五维融合”工具，诊断岗位整合可行性。

（五）第五步：输出

至此，该企业阶段性输出如下成果，为后续开展岗位优化整合工作奠定了基础：

1）遵循总部明确的“三分一定”原则，识别“核心-非核心”业务，提出非核心拟退出或外包任务190条，如图2-21所示。

工作任务（具体职责描述）		去留意见
承担	固体硫磺成型包装作业。	外包
承担	除焦系统操作。	外包
监控	焦炭质量、装车及皮带输送的计量，发现异常及时汇报。	外包
开展	作业JSA分析，属地施工确认及所有施工监护工作。	外包
开展	管辖区域内各种动静设备及其安全附件的维护保养工作。	外包
组织	定期对装置现场卫生进行清洁。	外包
执行	航煤抗磨剂、电池封口剂和化工调质油的生产业务。	退出
承担	煤制氢等十九套装置的收配剂工作。	外包
承担	MTBE装置裂解残渣、溶剂油、丁二烯二聚物的卸车监护业务。	外包
承担	甲醇的汽车、火车卸车业务。	外包
执行	油品装卸车工作。	外包
承担	液氮装车工作。	外包

图2-21　业务清单去留意见

2）初步搭建“任务库”，提取任务1948条：针对任务，匹配流程节点，初步配置6428个节点，如图2-22所示。

序号	职责名称	任务库		流程节点
218	设备联锁管理	1	设备联锁新增手续	提交、审定、执行
		2	设备联锁变更	提交、审定、执行
		3	设备联锁校验	测试、核对、维护
		4	设备联锁隐患治理	检查、处理、监督
		5	设备联锁设置	制定、审定、执行
		6	设备联锁台帐	记录、更新
221	压力容器检验	1	压力容器检验计划	拟定、提报、审定、执行
		2	压力容器定期拆装检验	计划、审定、执行
		3	压力容器证取证手续	组织、开展

图2-22　任务库与流程节点

3）初步形成分系列、分层级、分单位的“岗位目录”，如图2-23所示。

三、优化结果

（一）转变职工思想观念

业务梳理作为岗位优化工作的第一步，通过任务写实，实现了全员参与，真正触动员工思想，使员工的改革观念在写实、回顾、小结中不断碰

岗位设置															
经营管理岗位				专业技术岗位				技能操作岗位							
处长	副处长	主管		安全管理	环保管理	HSE监察组长	HSE监察组员								
处长	副处长	动设备主管		设备管理	工程管理	仪表管理	合同管理								
主任	书记	副主任	HSE总监	HSE管理员	工艺管理	设备管理	综合管理	公司芳烃生产首席技师	班长	裂解班长	裂解副班长兼内操	压缩分离班长	压缩分离副班长兼内操	内操	外操
主任	书记	副主任	HSE总监	HSE管理员	工艺管理	设备管理	综合管理	班长	加氢副班长兼内操	加氢内操	加氢外操	芳烃副班长兼内操	芳烃内操	芳烃外操	
主任	书记	副主任	HSE总监	HSE管理员	工艺管理	设备管理	综合管理	1#、2#装置班长	副班长兼内操	内操	外操	配制班班长	配制班班员	阀门班班长	阀门班副班长
								阀门班主修							
主任	书记	副主任	HSE总监	HSE管理员	工艺管理	设备管理	综合管理	班长	全密度副班长兼内操	全密度内操	全密度外操	配制班长	高密度副班长兼内操	高密度内操	高密度外操
主任	书记	副主任	HSE总监	HSE管理员	工艺管理	设备管理	综合管理	1#、2#聚丙烯副班长兼内	1#、2#聚丙烯内操	1#、2#聚丙烯外操	配制	3#聚丙烯副班长兼内操	3#聚丙烯内操	3#聚丙烯外操	

图2-23 岗位目录

撞，在碰撞中再认识，从以往改革时的“路人心理”，逐渐向“改革有我，我为改革”的方向转变。

（二）提高职工积极性

通过对岗位梳理自下而上的填报、分析、归纳，实现了繁冗、复杂工作的层层递推、级级递进，极大地激发了各层级干部职工面对改革工作的热情，“观望”思想转变为强烈的积极参与和认同，职工的积极性和创造性得到较好的发挥。

（三）夯实岗位管理基础

通过梳理、规整，形成“任务库、职责库、业务库、板块大类库”，初步厘清岗位界面，为解决任务不明、职责不清提供了路径，也为下一步开展岗位价值评估提供了依据，同时为业务流程化建设留下了接口。

第三章　岗位价值评估

第一节　岗位价值评估概述

岗位价值评估也称为岗位评价或工作评价，是在工作分析的基础上，系统对各岗位的价值进行评估，从而确定各岗位之间的相对价值及相互关系的过程。岗位价值评估是岗位管理工作的关键环节，是企业薪酬制度改革的重要支撑，也是人力资源管理工作的基础。

当前，国内外咨询公司的岗位价值评估模型和方法较多，从理论层面上方法论都很成熟，从应用层面上岗评结果与薪酬对应却落地较难，外部咨询公司岗位价值评估项目在国有企业“水土不服”的现象普遍存在。为此，课题组从研究和实操角度出发，以“实用、好用”为目的，借鉴国内外常用的岗位价值评估方法，基于中国石化经营管理和发展现状，通过工作分析提取评估因素，将每项因素进行详细量化的定义、区分不同维度并衡量不同的权值分数，建立了中国石化岗位价值评估模型、方法及工具。评估模型重点从理论角度介绍了标准模型的因素、维度、刻度以及权重设置，操作方法重点从实操角度阐述评估的具体步骤及常见问题解决思路，信息系统重点介绍了模块设计与具体功能，指导企业科学开展岗位价值评估。

岗位价值评估子体系架构如图3-1所示。

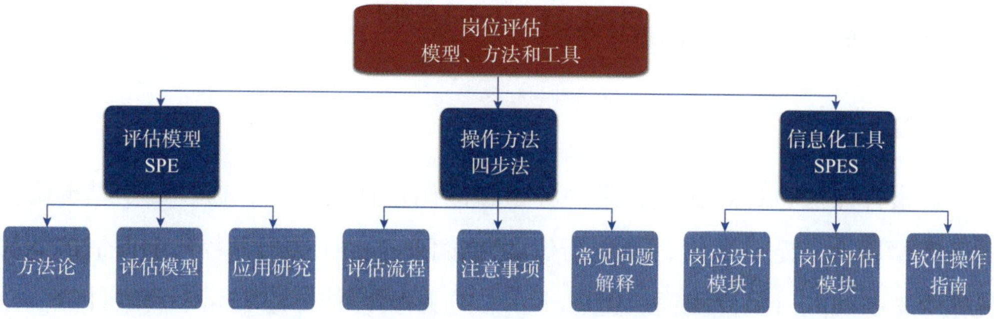

图3-1　中国石化岗位价值评估子体系架构

第二节 岗位价值评估模型

一、岗位价值评估的常用方法

当前，岗位价值评估较为常用的方法一般有排序法、分类法、要素比较法和要素计点法。

（一）排序法

排序法是一种较为简单的评估方法，它根据岗位所作出的贡献将岗位价值从高到低进行排序，要求评估者对岗位非常熟悉以作出准确的判断。此方法通常适用于规模较小、岗位数量不多、岗位设置较稳定的企业。

（二）分类法

分类法是将企业的所有岗位根据工作职责、任职资格等不同要求划分为不同的类别，一般可分为管理、技术、操作类等，然后给每一类确定岗位价值范围并进行排列，从而确定每个岗位的价值。该方法能快速对大量岗位进行评估。

（三）要素比较法

要素比较法是一种相对量化的岗位评估方法。此方法是将所有岗位的内容抽象为若干个要素，一般将其抽象为智力、技能、体力、责任及工作条件等五种要素，并对各要素区分成多个不同的等级，然后再根据岗位的性质将不同要素和不同的等级对应起来，最后把每个岗位在各个要素上的得分通过加权得出一个总分，最终得到岗位的量化价值。

（四）要素计点法

要素计点法也称点数法，是一种定量的岗位评估方法，通过赋予基准岗位的可补偿因素一定的数值，得到岗位的总价值。目前国际知名岗位评估体系海氏（Hay Group）评价系统和美世（Mercer）职位评估体系就属于要素计点法范畴。海氏评价系统主要通过知识技能、解决问题和应负责任3个要素对岗位的价值进行评估；美世职位评估体系中的4个因素为影响、沟通、创新和知识，简称IPE四因素。

对几种常用方法进行分析，排序法和分类法为定性的评估方法，受主观影响较大，无法量化岗位之间相对价值，战略相关度比较低，适合规模较小的组织或企业；要素比较法的比较尺度受市场工资水平的影响较大，需要经常做薪酬调查，保证其准确性难度较大；要素计点法一定程度上可避免主观影响，可以根据需要调整评估要素和权重，从而得到量化的相对价值，适合规模较大的组织或企业。海氏和美世评估体系都是对要素计点法的具体应用，目前国内外的大型组织和企业大多采用海氏或美世评估体系，虽然这两种方法相对其他评估方法更加全面和准确，但是均没有考虑不同行业、不同企业、不同部门的差别。很多企业在进行岗位评估时都照搬了海氏和美世评估法，对所有岗位实行了相同的评估因素，没有结合本企业、本行业和各部门的具体特点，从而无法突出不同岗位的特殊要求。如专业技术岗位和管理岗位，它们对员工的要求是几乎完全不同的，强行推行一种狭隘的评估机制，就会造成评估得到的岗位价值与实际存在较大出入，导致员工薪酬水平不合理，员工满意度和积极性下降。因此，在使用要素计点法进行岗位价值评估时需要考虑能够广泛而准确地涵盖不同部门所有岗位信息的评估要素。

中国石化作为特大型国有企业的代表，为破解传统石油石化行业的发展难题，提升目前人力资源管理水平、落实岗位责任制、提高全员劳动生产率、促进业务发展，需要根据自身的行业特点、组织规模、组织结构、人员状况和战略目标，建立适合自身需求的岗位价值评估方法。

二、中国石化岗位价值评估模型（SPE）

（一）岗位价值评估标准模型

基于要素计点法，通过工作分析建立了中国石化岗位价值评估标准模型，包含7因素17维度，总分2018分。模型见表3–1。

表 3-1 中国石化岗位价值评估标准模型

序号	评估因素	评估维度	总分	权重
1	人员管理	下属人数	202	10.0%
		下属类型		
2	成本控制/效益体现	经营损失及决策风险责任	202	10.0%
		销售收入/成本费用控制责任		
3	影响与贡献	影响程度	302	15.0%
		贡献度		
4	专业能力	知识要求	404	20.0%
		专业技术/技能		
5	合作能力	主要合作对象	202	10.0%
		合作范围	202	10.0%
		沟通协调		
6	创新与解决问题	解决问题难度	404	20.0%
		自我学习能力		
7	工作条件/风险	工作环境	50	2.5%
		职业卫生		
		安全风险	50	2.5%
		环保风险		
总　分			2018	100%

岗位价值得分计算方法：将各个指标分数（Q_i）乘以权重（x_i）后累加成为该岗位价值总分数，公式如下：

$$\times\times岗位价值=\sum Q_i\cdot x_i=Q_1\cdot x_1+Q_2\cdot x_2+\ldots\ldots+Q_7\cdot x_7$$

此模型为中国石化岗位价值评估标准模型基准版，在具体的应用中，企业可根据自身实际，在不改变评估因素和评估维度的条件下，对各维度的指标权重作5%的浮动调整。比如，标准模型中人员管理的权重为10%，可相应调整为5%~15%。考虑到各板块企业主营业务侧重不同和发展战略上的差异，中国石化岗位价值评估标准模型中的17个维度可以转化为因素池，对17个维度的重要性进行重新对比评估，计算权重。

（二）岗位价值评估的要求

1）评估主体是岗位，核心是岗位职责，而非岗位上的人。

2）评估的是岗位的通常状况或状态，而不是临时或特殊的情况。

3）评估不要考虑现有岗位人员的工资水平、个人级别等。

4）评估要避免非客观因素影响和偏见，评估尺度要一致。

三、中国石化岗位价值评估因素释义

（一）人员管理

该因素主要衡量本岗位的管理幅度和人员管理的复杂程度，包含了“下属人数”和“下属类型”两个维度。

1. 下属人数

下属指岗位间存在明确的汇报、考评、提拔等管理关系，包括隶属于本单位的直接下属和间接下属（下属的下属、一直追溯）；上级单位对下级单位同业务条线算作业务指导，不存在上下级关系。“下属人数”维度评估等级和指标见表3–2，各企业可根据自身实际对人数区间重新划分。

表 3–2　“下属人数”评估等级和指标

评估等级	A	B	C	D	E	F	G	H
评估指标	0	1~6	7~12	13~25	26~40	41~80	81~160	161及以上

2. 下属类型

（1）下属类型的定义

下属类型以企业在岗合同制员工、派遣制员工等为准，短期阶段性用工、临时借调、临时项目组人员等不计算在内。“下属类型”维度评估等级和指标见表3–3。

表 3–3　“下属类型”评估等级和指标

评估等级	评估指标
1	没有下属岗位
2	下属岗位只有专业技术岗或操作岗位
3	下属岗位有专业技术岗位和操作岗位
4	下属岗位有管理岗位或专业技术岗位
5	下属岗位有管理岗位和专业技术岗位
6	下属岗位有专业技术岗位和处室（基层单位）内部分专业领域管理岗位
7	下属岗位有专业技术岗位和处室（基层单位）管理岗位
8	下属岗位有专业岗位和企业高层管理岗位

（2）评估等级说明（参考）

1）操作岗位指该岗位从事按工艺、操作规程等规定指令执行的操作性工作，如采气工、采油工、机炉外操工等。

2）专业技术岗位指从事某一专业技术领域的岗位，需要具备相关专业技术知识，如设备管理岗、工艺技术岗、薪酬管理岗等。

3）管理岗位指副科级及以上负责领导职责或管理任务的岗位。处室（基层单位）内部分专业领域管理岗位指处室或基层单位分管某一项或几项业务的管理岗位，如 × × 处副处长、× × 厂副厂长等；处室（基层单位）管理岗位一般指处室或基层单位全面负责行政、党建工作的管理岗位。

4）企业高层管理岗位：直属单位（公司）总经理、副总经理等负责全局性管理的岗位。

（二）成本控制/效益体现

该因素是指岗位职责所承担的经营决策风险、销售收入或成本控制责任。考虑到中国石化集团公司内部业务板块性质差异，上中游板块难以衡量销售收入的企业可选用“经营损失及决策风险责任”和“成本费用控制责任”两个维度评估；下游板块企业可选用“经营损失及决策风险责任”和“销售收入”两个维度评估。

1. 经营损失及决策风险责任

（1）经营损失及决策风险责任的定义

经营损失及决策风险责任指为保证企业项目开发、项目执行及其他经营、采购、资金收付及其他工作顺利进行，并维护企业合法权益所担负的责任，该责任的大小以失误后损失影响的大小作为判断标准。“经营损失及决策风险责任”维度评估等级和指标见表3–4。

表 3–4 “经营损失及决策风险责任”评估等级和指标

评估等级	评估指标
A	正常工作状态下，不具备任何经营损失、决策风险责任
B	或有微小风险。一旦发生问题，不良影响局限在部门内部
C	造成较小损失或风险。一旦发生问题，给公司造成轻微影响
D	有一定的风险。一旦发生问题，给公司造成较为明显影响
E	造成较大的损失或风险。一旦发生问题，会给公司带来较严重的损害
F	造成重大的损失或风险。一旦发生问题，会给公司带来严重的损害
G	造成不可估量的损失或极大风险。一旦发生问题，对公司造成的影响不仅不可挽回，而且会致使公司经营危机

（2）评估等级说明（参考）

1）一般岗位的经营损失/决策风险责任划分在等级A~C，特别重要的岗位（如物资管理岗、计划财务岗等）划分在等级D。

2）管理序列岗位在该维度的等级一般划分在D~F。

3）由于违纪违规所带来的经营损失和决策风险不算在该维度带来的影响。

4）企业在做内部评估等级说明细化描述时，可以与企业现行内控风险点相对应，请企业管理部门介入协助。

2. 成本费用控制责任/销售收入

（1）成本费用控制责任

1）成本费用控制责任的定义：成本费用控制责任指按照岗位所影响的成本费用进行评估。“成本费用控制责任”维度评估等级和指标见表3–5。

表 3-5　“成本费用控制责任”评估等级和指标

评估等级	评估指标
1	本岗位仅对部门的成本费用产生间接且较小的影响
2	本岗位仅对部门的成本费用产生直接但较小影响
3	本岗位对部门的成本费用产生直接且重要的影响
4	本岗位对公司的成本费用产生间接但重要的影响
5	本岗位对公司的成本费用产生直接且重要的影响
6	本岗位对公司的成本费用产生决定性的影响

2）评估等级说明（参考）：日常管理费用归属于直接主管岗位，但对于大宗采购、生产成本、人力成本等成本指标是没有直接控制权，成本指标则直接上归到中层管理岗位或以上岗位。企业在做内部评估等级说明细化描述时，可以与企业生产经营成本相对应，请计划财务部介入协助。

（2）销售收入

1）销售收入的定义：销售收入指岗位上年度销售额与企业上年度销售额的比值。“销售收入”维度评估等级和指标见表3-6。

表 3-6　“销售收入”评估等级和指标

评估等级	A	B	C	D	E	F	G
评估指标	0	0~0.5%	0.5%~2%	2%~6%	6%~20%	20%~50%	50%~100%

2）评估等级说明（参考）：

①指标划分按照岗位直接承担的销售收入，一般适用于下游企业；

②直接销售以直接对接客户的销售人员为主，如销售岗，不包含市场、渠道、营销、售后等岗位。

（三）影响与贡献

该因素衡量本岗位职能对整体工作的影响程度和贡献度，包含了“影响程度”和“贡献度”两个维度。

1. 影响程度

（1）影响程度的定义

影响程度指岗位具体分管工作对企业的影响、控制范围与程度，即岗位获得决策权限大小；决策和影响程度大小与管理层次及管理级别紧密相关。“影响程度”维度评估等级和指标见表3-7。

表 3-7　“影响程度”评估等级和指标

评估等级	评估指标	指标说明
A	严格受控	工作内容明确，且不可调整，工作任务过程严格受控
B	程序控制	工作流程明确，可在程序内微调，有指导权
C	细分目标实施	有明确分解后的目标并组织人员执行
D	专项目标实施	有明确的专项目标并组织人员实施
E	处室目标实施	按企业已有目标，完成处室目标
F	企业多个目标决策/参与公司战略决策	参与决策和分解企业目标到各职能处室
G	企业综合目标/战略决策	对企业整体战略目标进行决策和控制

（2）评估等级说明（参考）

1）严格受控，一般指严格按照操作规程执行的所有技能操作岗位，如××操作岗。

2）程序控制，一般指按相关管理制度执行的专业技术序列岗位，如会计岗、生产运行管理岗等。

3）细分目标实施，一般指基层管理岗位及相同层级岗位。

4）专项目标实施，一般指直属单位中层副职管理岗位及相同层级岗位，如副处长岗、安全环保总监岗等。

5）处室目标实施，一般指直属单位中层正职管理岗位及相同层级岗位，如处长岗。

6）企业多个目标决策/参与公司战略决策：如总助、副总师、资深高级专家（含专业技术总监）、集团公司技能大师或处室在公司定位较高的处室负责人岗位。

7）企业综合目标/战略决策：企业领导班子层面岗位。

2. 贡献度

（1）贡献度的定义

贡献度指在确定影响性质后，进一步明确岗位在其所在影响范围内对组织绩效的贡献程度。“贡献度”维度评估等级和指标见表3–8。

表 3–8　“贡献度”评估等级和指标

评估等级	评估指标	指标说明
1	贡献度有限	不容易辨别贡献
2	部分	容易辨别的贡献、对成功有间接但较小的影响
3	部分重要	容易辨别的贡献、对成功有间接但重要的影响
4	直接	做出的行动决定结果的成功与否
5	重要	对主要结果的成功有显著贡献
6	主要	对决定主要结果的成功具有权威性

（2）评估等级说明（参考）

1）贡献度有限：不容易辨别贡献。

2）部分：容易辨别的贡献、对成功有间接但较小的影响。

3）部分重要：容易辨别的贡献、对成功有间接但重要的影响；一般员工岗位划分在等级1~3。

4）直接：做出的行动决定结果的成功与否。

5）重要：对主要结果的成功有显著贡献；部门负责人岗位一般划分在等级4~5。

6）主要：对决定主要结果的成功具有权威性。

（四）专业能力

该因素是指从事本岗位工作必须掌握的知识和专业能力，包含了“知识要求”和“专业技术/技能”两个维度。

1. 知识要求

（1）知识要求的定义

根据岗位对知识、行业及标杆企业的要求设置不同级别：没有要求、了解资料、了解规范与流程、掌握和使用、项目合作。“知识要求”维度评估等级和指标见表3-9。

表 3-9 “知识要求”评估等级和指标

评估等级	评估指标
A	简单知识水平
B	一般的专业知识，需获取并掌握与工作相关资料
C	专业化的知识，需了解业务领域的国际化运作规范和流程
D	深层次的专业知识，领域内需要熟悉、掌握业务运作规范
E	先进领域精深的知识，掌握国际化运作模式，能够推动国际合作工作的开展
F	多元而广博的专业知识，涉及多个领域，开拓、推动公司新业务发展，具备承担国际化项目及国际化运作的能力

（2）评估等级说明（参考）

1）技能操作类岗位在该维度一般划分在等级A~B。

2）专业技术类岗位在该维度一般划分在等级C~D。

3）管理序列岗位在该维度一般划分在等级C~E。

4）各业务板块企业可以按照参考评估等级说明在评估过程中进行定性评估，也可以结合企业实际从办公软件、国家职业资格证书要求等方面对评估等级说明进行定量描述。

2. 专业技术/技能

（1）专业技术/技能的定义

专业技术/技能指从操作能力、专业能力与技术能力三方面对岗位在专业技术及技能的要求。“专业技术/技能”维度评估等级和指标见表3-10。

表 3-10 “专业技术 / 技能”评估等级和指标

评估等级	评估指标	指标说明
1	简单操作能力	简单重复性操作
2	基本职业技能	有具体通用的职能，在指导下完成操作
3	初级操作能力	了解简单、流程化的操作技能
4	初级专业能力	熟悉工作流程和专业知识，有一定的组织能力
5	初级技术能力	有技术领域理论基础，需在指导下完成技术领域工作目标
6	中级专业能力或高级操作能力	有丰富的相关领域工作经验，熟练运用经验独立完成工作，能指导其他人员
7	较高级专业能力或中级技术能力	在专业或技术领域有较强的理论和实践经验，具有较强的组织管理、解决问题、信息处理能力
8	高级专业能力或较高级技术能力	在专业或技术领域有很强的理论和实践经验，具有很强的组织管理能力以及对专业技术领域的经验
9	高级专业技术能力	在专业技术领域有很高的理论水准和实践经验，引领相关专业技术领域的发展，在组织中起到主导作用

（2）评估等级说明（参考）

1）没有专业要求/没有技能鉴定要求的岗位在该维度划分在等级1~2。

2）具有初级操作工技能等级的岗位在该维度划分在等级3。

3）一般具有初级职业资格证书的岗位在该维度划分在等级4~5；具有助理工程师职称等级或中级工技能等级的岗位在该维度划分在等级5。

4）一般具有中级职业资格证书或高级操作能力的岗位在该维度划分在等级6~7；具有工程师职称等级的岗位在该维度划分在等级7。

5）一般具有高级职业资格证书的岗位在该维度划分在等级8，中层管理岗位正职最多到等级8。

6）第9级一般为专业技术岗，至少是教授级高工或者企业首席专家。

7）各业务板块企业可以按照参考评估等级说明由专家评分，也可以依据企业对岗位专业技术、技能的实际需求从学历、从业经历、工作年限、职业资格证书等方面对评估等级说明进行定量描述。

（五）合作能力

该因素包括本岗位开展正常工作交往的主要对象，与他人工作联系的频繁程度，以及与他人合作方面的要求，包含了“主要合作对象”“合作范围”和“沟通协调”三个维度。

1. 主要合作对象

（1）主要合作对象的定义

主要合作对象指为共同完成工作任务，正常的工作协作，岗位本身主要的交往的对象，临时性岗位不属于主要合作对象，汇报也不属于合作。“主要合作对象”维度评估等级和指标见表3-11。

表 3-11 “主要合作对象”评估等级和指标

主要合作对象	内部人员	客户	供应商	政府	其他
1	一般员工				
2	初级专业技术人员（主管及以下）		供应商一般人员	政府一般人员	其他外部一般人员
3	主管级专业技术岗位	客户一般人员			
4	基层管理人员等		供应商中层人员		其他外部中级人员
5		客户中层人员		政府中层人员	
6	中层管理人员、专家及以上专业技术人员等		供应商高层人员		其他外部高级人员
7		客户高层人员		政府高层人员	

（2）评估等级说明（参考）

1）根据岗位性质划分为内部、外部对象，外部人员中以客户人员和政府人员为主，供应商其次。

2）合作应该是对等的关系，协作共同完成工作。正常汇报关系不算合作关系。如总经理秘书、司机、出纳与总经理的关系都不属于合作关系。

3）按照行政级别划分不同的合作对象，采用等级匹配原则。一般员工岗位划分在等级1~3，基层管理岗位一般为等级4，中层管理岗位一般在等级5~6。

2. 合作范围

（1）合作范围的定义

合作范围也统称为合作界面，是指对合作对象、合作层次和合作内容的复杂程度和难易程度等方面的评估。合作对象的复杂程度是指合作对象量的多少、对象层次的高低、合作涉及面的跨度等；合作层次复杂程度是基层人员之间合作、跨部门跨企业合作，还是企业与外部资源合作等，由此构成了合作层次的复杂程度；合作内容的复杂、难易程度取决于合作内容是否具备可参照性和复制性。“合作范围”维度评估等级和指标见表3–12。

表 3–12　“合作范围”评估等级和指标

评估等级	评估指标	指标说明
A	界面简单	合作对象及结构单一，对其他人员没有影响
B	界面较简单	合作内容简单，有时需要发挥一定的自主性，对其他人有一定的影响
C	界面有些复杂	合作内容有些复杂，存在一定的不确定因素
D	界面较复杂	合作对象、结构较为复杂，存在较多的不确定因素
E	界面复杂	不确定因素多，难度较大，需协调多个合作方
F	界面很复杂	合作内容很复杂，协调内容量大面广，难度大
G	界面不确定	合作对象不确定，合作内容无先例参照，属开拓创新

（2）评估等级说明（参考）

1）界面简单。完成岗位工作过程中与外界他人接触机会少，需要合作协调的人员单一，如会计岗等。

2）界面复杂。有些复杂、较复杂、复杂，需要与外界开展协调合作才能完成任务，如物资采购部主任岗等。

3）界面不确定。界面很复杂、不确定性，工作过程中需要与各领域各层面合作达成目标，如企业高层管理等岗位。

4）一般岗位可根据具体岗位职责要求在该维度划分在等级A~D；管理岗一般划分在等级D~F。

3. 沟通协调

（1）沟通协调的定义

沟通协调指根据岗位通过内外合作，主要取得的效果与影响。“沟通协调”维度评估等级和指标见表3-13。

表3-13 “沟通协调”评估等级和指标

评估等级	评估指标	指标说明
1	日常性工作接触和人际交往，按照固定程序，不需要影响别人	主要是指基层操作员工，基本对其他人没有影响
2	与合作对象共同完成工作，承担部分合作工作的职责	承担部分细分工作，如检验员
3	承担细分后的专项工作，并在工作中指导、帮助他人共同完成	具有一定的管理能力、知识，如班组长
4	协助他人共同完成专项工作	承担具体专项工作，如职能科室副科长
5	建立、改善并维护良好的对外关系	通过外部资源、关系的维护为企业获得支持
6	组织、激励他人共同完成专项综合工作目标	主要是指部门级别专项目标的实施，如处室长
7	需要通过影响外部对象，获取外部资源，对公司某一单项业务领域有重要影响	对于特殊岗位通过外部资源运作为企业提供支持
8	对于公司部分发展战略有重大影响	
9	对于整个公司发展战略有重大影响	

（2）评估等级说明（参考）

1）不需要影响其他岗位的一般岗位在该维度划分在等级1，如基层操作岗等。

2）有下属需要指导的岗位在该维度一般划分在等级2~3，如班组长岗等。

3）给企业带来额外资源的岗位，比如融资和政策优待等方面资源的岗位才会划分在等级5，一般岗位不会划分到等级5。

4）中层管理岗位一般划分在等级6，特殊情况可以划分到等级7~8。

（六）创新与解决问题

该因素指本岗位的工作内容、工作过程和方法的复杂程度，在解决问题过程中对岗位任职者自我学习能力的要求。包含了“解决问题难度”和“自我学习能力”两个维度。

1. 解决问题难度

（1）解决问题难度的释义

按问题类别划分为常规性问题、变化性问题、系统性问题；按解决方法类别划分为成熟方法、基本方法、创造性方法。“解决问题难度”维度评估等级和指标见表3–14。

表 3–14　“解决问题难度”评估等级和指标

评估等级	评估指标	指标说明
A	简单问题	处理常规问题，解决办法有固定的操作方法及流程
B	有限难度	问题解决方法基本确定，但需进行初步分析
C	有些难度	处理问题时需在工作经验基础上，进行专项分析，做出初步判断
D	变化性问题	处理问题有些难度，问题具备不确定性且较复杂，有类似经验解决办法可参照
E	复杂问题	处理问题不确定且复杂，需经深入分析后才能解决
F	非常复杂问题	处理问题非常复杂、涉及并影响多个领域，需系统分析整体解决
G	系统问题	处理系统性问题，涉及公司整体发展战略

（2）评估等级说明（参考）

1）以岗位职责为依据，分析问题的难易程度。

2）问题难易是指岗位常规工作的难易程度，并不包括突然、偶然性的工作难度。

3）根据岗位决策与贡献程度，管理范围、决策范围越宽，岗位对解决问题能力的要求就越高。

4）一般岗位划分在等级A~D，偏操作的岗位一般最高划分在等级C，解决突发问题较多的岗位最高可以划分到等级E；企业中层管理岗位一般划分在等级D~F。

2. 自我学习能力

（1）自我学习能力的释义

按了解信息、改进工作、关注发展三个层面划分；按学习频率（有时、经常、及时、追踪等）划分要求层次；按岗位性质，相互比较综合形成对该因素的评估。“自我学习能力”维度评估等级和指标见表3-15。

表 3-15 “自我学习能力”评估等级和指标

评估等级	评估指标
1	对自我学习能力不做要求
2	有时需了解部分新知识、新信息
3	需要及时了解相关的新知识、新信息
4	有时需将新知识、新信息应用于岗位工作的改进
5	经常需将新知识、新信息应用于岗位工作的改进
6	随时跟踪相关知识和信息的更新、发展动态，及时改进工作
7	将新知识、新思想应用到分析制定部分产业的发展规划
8	追踪相关知识和信息的发展，研究、制定公司发展规划

（2）评估等级说明（参考）

1）是以岗位职责为标准，提出的学习能力要求。

2）根据岗位性质、岗位工作本身要求的开拓性、创新性、变化性等。

3）根据岗位行政级别，管理范围越高，岗位对学习的要求就越高。

4）一般岗位划分在等级1~3。

5）基层管理岗位一般划分在等级4。

6）中层管理岗位划分在等级5~6。

7）高层管理岗位划分在等级7~8。

（七）工作条件/风险

该因素是衡量在常规工作状态下的岗位工作环境、职业卫生情况，在按照规范进行操作的前提下岗位存在的安全风险和环保风险。工作条件包含了“工作环境”和“职业卫生”两个维度，工作风险包含了“安全风险”和“环保风险”两个维度。

1. 工作条件

（1）工作环境

1）工作环境的定义：工作环境指与工作相关的自然环境与社会环境。“工作环境”维度评估等级和指标见表3–16。

表 3–16　“工作环境”评估等级和指标

评估等级	评估指标
A	正常时间上下班，工作地点稳定/工作环境良好
B	工作时间基本正常，间断性地加班或出差，需要野外作业
C	工作时间须根据具体情况确定（如轮班），或经常性加班、出差，工作环境较差
D	工作时间、地点不规律，突发变化性强，或长期驻外或需要野外作业

2）评估等级说明（参考）：

①正常时间上下班，工作地点稳定/工作环境良好，不需要野外作业。

②工作时间基本正常，加班、出差或需要野外作业不超过7天/月，地理环境方面为平原地区，且社会环境方面距离乡镇街道5公里以内。

③工作时间须根据具体情况确定，加班、出差或需要野外作业不超过15天/月；需要野外作业，地理环境方面为丘陵地区，或社会环境方面距离乡镇街道5~10公里。

④工作时间、地点不规律，突发变化性强，或长期驻外或需要野外作业，地理环境方面为山地，或社会环境方面距离乡镇街道10公里以上。

（2）职业卫生

1）职业卫生的定义：职业卫生指工作本身对从业人员造成的职业病危害性。“职业卫生”维度评估等级和指标见表3-17。

表3-17 “职业卫生”评估等级和指标

评估等级	评估指标	指标说明
1	工作环境无职业病危害因素	基本不直接接触有毒有害物质、粉尘、噪声、高温等
2	工作环境一般无职业病危害因素	偶尔直接接触有毒有害物质、粉尘或噪声等
3	工作环境有职业病危害因素	通过劳动防护措施，可避免造成身体危害
4	工作环境有较大职业病危害因素	通过劳动防护措施，仍存在职业病或身体危害的可能

2）评估等级说明（参考）：按照国家职业病危害因素相关分级进行分级，包括化学物、生产性粉尘、噪声、高温，存在多种危害因素的则根据国家法定机构的定级按照最高级定级。职业病危害因素相关分级建议见表3-18。

表3-18 国家职业病危害因素相关分级建议

分级	化学物	生产性粉尘	噪声	高温
1	对应GBZ/T 229的有毒作业分级0	对应GBZ/T 229的生产性粉尘分级0	对应GBZ/T 229的噪声作业分级Ⅰ	对应GBZ/T 229的高温作业分级Ⅰ
2	对应GBZ/T 229的有毒作业分级Ⅰ	对应GBZ/T 229的生产性粉尘分级Ⅰ	对应GBZ/T 229的噪声作业分级Ⅱ	对应GBZ/T 229的高温作业分级Ⅱ
3	对应GBZ/T 229的有毒作业分级Ⅱ	对应GBZ/T 229的生产性粉尘分级Ⅱ	对应GBZ/T 229的噪声作业分级Ⅲ	对应GBZ/T 229的高温作业分级Ⅲ
4	对应GBZ/T 229的有毒作业分级Ⅲ	对应GBZ/T 229的生产性粉尘分级Ⅲ	对应GBZ/T 229的噪声作业分级Ⅲ	对应GBZ/T 229的高温作业分级Ⅲ

2. 工作风险

（1）安全风险

1）安全风险的定义：安全风险指由于工作疏忽或主观违章造成对他人人身伤害的可能性。“安全风险”维度评估等级和指标见表3-19。

表 3-19 “安全风险”评估等级和指标

评估等级	评估指标	指标说明
A	低风险	工作或生产操作一般不会引起伤害事故
B	一般风险	工作或生产操作很少发生伤害事故，影响较轻
C	较大风险	工作或生产操作一般不会引发较大伤害事故，损失较重
D	重大风险	工作或生产操作引发伤害事故的可能性较大，损失严重

2）评估等级说明（参考）[参考文件：《关于印发〈中国石化生产安全风险管理规定（试行）〉的通知》（中国石化安〔2016〕625号）]：

①低风险：岗位本身及相关操作发生事故的可能性在中国石化安全风险矩阵中处于蓝色区域的岗位。

②一般风险：岗位本身及相关操作发生事故的可能性在中国石化安全风险矩阵中处于黄色区域的岗位。

③较大风险：岗位本身及相关操作发生事故的可能性在中国石化安全风险矩阵中处于橙色区域的岗位。

④重大风险：岗位本身及相关操作发生事故的可能性在中国石化安全风险矩阵中处于红色区域的岗位。

（2）环保风险

1）环保风险的定义：环保风险指由于工作疏忽或主观违章造成对环境污染的可能性。“环保风险”维度评估等级和指标见表3-20。

表 3-20 “环保风险”评估等级和指标

评估等级	评估指标
1	基本不会对环境造成任何污染

续表

评估等级	评估指标
2	可能造成一般环境污染
3	可能造成较大环境污染
4	可能造成重大环境污染

2）评估等级说明［参考文件:《关于印发〈中国石化环境风险评估指南（试行）（修订版）〉的通知》（集团工单能环〔2016〕34号）]:

①环境风险等级按照涉及环境风险物质数量、可能影响的环境风险受体敏感性、环境风险控制水平等因素进行评估，分为重大、较大，一般和低四级。

②各业务板块企业可按照陆地石油天然气开发和钻井作业施工过程、海洋（含滩海陆岸）开发和钻井作业施工过程、炼油、化工企业生产运营过程、销售企业运营过程和管道储运企业运营过程中涉及环境风险物质进行分类评估。

③根据风险源周边环境风险受体的3种类型，按照环境风险物质可能进入风险受体的最大量（Q）、环境风险控制水平（M）矩阵，确定环境风险等级。

第三节　岗位价值评估操作方法

岗位价值评估的操作流程一般分为四个阶段：准备筹划阶段、培训与试评估阶段、正式评估阶段和统计分析阶段。

一、准备筹划阶段

此阶段主要是完成岗位价值评估委员会（以下简称岗评委员会）组建、岗位说明书的修订完善、待评估岗位的确定等工作。

（一）成立岗评委员会

1. 岗评委员会成员组成

岗评委员会成员需熟悉企业主要部门和岗位情况，在员工中信誉度较高，最好具有跨部门工作经验。成员可从内部和外部同时选取，通过集体决策相互制衡，保证评估结果客观公正合理。企业内部评委一般由企业高管、各部门负责人及一些具有深入的专业知识和丰富工作经验的员工代表组成。企业外部评委，可聘请外部咨询公司专家、兄弟单位专家等。岗评委员会组成建议和优劣势分析见表3-21。

表 3-21 岗评委员会组成建议表

方案	人员类别	人员范围	总权重	优劣势分析
方案一	领导班子	领导班子	20%	优势：普遍参与性较高 劣势：各机构参与人数不一致，在评分结果中权重有差异，易导致参与人数多的机构岗位价值偏离较大
	中层干部	境内外机构所有现职中层人员	55%	
	普通员工	每个机构1~4名业务骨干，具体人数根据部门员工数按比例核定	20%	
	外部专家	3~5名专家	5%	
方案二	领导班子	领导班子	25%	优势：各机构参与人数一致，评分结果权重一致，可在保证样本量的同时，保证评分结果的相对公平性 劣势：普遍参与性一般
	中层干部	境内外机构主要负责人	40%	
	普通员工	每个机构2名普通员工	30%	
	外部专家	3~5名专家	5%	
方案三	领导班子	领导班子	25%	优势：各机构参与人数一致，评分结果权重一致，可在保证样本量的同时，保证评分结果的相对公平性 劣势：普遍参与性较差
	中层干部	境内外机构主要负责人	45%	
	普通员工	每个机构1名普通员工	25%	
	外部专家	3~5名专家	5%	

其中，各层面（组织机构、业务板块、人员类别）的岗位价值评估委员人数要保证相等，不可按照所在层面人数比例遴选；如果按照人数比例确定岗位价值评估委员数额，则会造成人数较多的层面（组织机构、业务板块、人员类别）在评估过程中较多地体现该层面的意志，影响岗位价值评估的公正性。岗位重要性并不与层面规模、人员数量直接相关。

2. 岗评委员会机构设置

岗评委员会可下设领导组、专家组和工作组三个小组。

（1）领导组职责

1）贯彻落实集团公司“三项制度”改革工作要求，全面统筹管理岗位价值评估工作。

2）负责审定岗位价值评估工作方案及工作计划。

3）负责对岗位价值评估各个环节加以控制，并及时检查方案执行进度。

4）负责岗位价值评估工作程序的协调工作。

5）听取岗位价值评估工作汇报。

（2）专家组职责

1）专家组组长负责制定岗位价值评估指标工作，对相关数据进行汇总统计，发现问题及时向工作组反馈并提出建议。

2）专家组成员负责配合组长的工作，参与岗位价值评估指标制定工作。

3）专家组成员负责对工作组成员进行岗位价值评估培训，并对可能产生的技术性问题进行解答。

（3）工作组职责

1）负责落实领导组关于岗位价值评估工作的决策部署，实施岗位价值评估。

2）负责拟定岗位价值评估工作方案，不定期向领导组、专家组汇报工作开展情况和评估过程中出现的问题。

3）负责总体推进岗位价值评估工作。

4）负责对各单位执行情况进行监督检查。

3. 岗评委员会成员守则

1）岗评委员会成员在评估过程中应遵循岗位价值评估公平、公正原则。

2）除企业允许，岗评委员会成员对评估结果及相关任何信息应严格保密。

3）岗评委员会成员应严格遵守评估程序及相关标准进行评估操作。

4）岗评委员会成员应认真了解并掌握岗位价值评估方法。

5）岗评委员会成员在对外阐述、说明岗位价值评估工作时，对其理论、意义、内容、程序、标准等应予以真实、正确的解释。

6）岗评委员会成员应维护、支持岗位价值评估相关其他工作。

（二）岗位梳理和岗位说明书的确定

在开展岗位价值评估前，建议企业根据发展战略和主营业务，结合现有组织机构架构和岗位现状，进行岗位优化设置，明晰岗位职责、任职资格等，梳理形成新的岗位清单。

结合岗位的优化调整情况，按照《中国石化岗位说明书编制规范》，明确岗位所包含的工作职责、权限、任职资格、工作环境等重要信息，形成新版岗位说明书汇编，为岗位价值评估做好基础资料准备。

在准备筹划阶段，各企业应确保以下5项工作均已完成：岗位价值评估计划、岗位目录清单、工作分析培训、岗位说明书、评估工具的选定。岗位价值评估资料包括《××单位岗位清单》（见表3-22），岗位目录编制方法详见第四章第一节。

表 3-22　××单位岗位清单

	部　门	待评估岗位
1		
2		
3		
4		
5		
6		
7		
8		
9		
10		

（三）待评估标杆岗位的选取

企业一般选取内部具有代表性的标杆岗位进行评估，建立相应的岗位价值等级标准参照系，运用插值法对比确定其余岗位的价值等级，一般不必对企业内所有岗位都进行岗位价值评估。

1. 标杆岗位选取原则

待评估标杆岗位的选取必须以能够满足建立岗位价值等级标准参照系为目标，其选取应遵循如下原则：

1）覆盖公司各个层面、各个部门。

2）具有典型的代表性，可与其他岗位之间形成较为鲜明的对比。

3）各企业内同类岗位较多，可以进行外部对标。

4）岗位界定清晰合理，易于岗评委员会成员理解。

5）抽样数量约占企业总岗位数的40%~50%。

2. 标杆岗位筛选过程

标杆岗位筛选由各部门和岗评工作组共同完成。各部门对部门内部所有岗位的岗位职责、承担责任、所需知识复杂度、解决问题难度等因素进行综合考虑，将部门内部岗位划分为1~3类，并从每一类岗位中选取1~3个标杆岗位，作为该部门的标杆岗位。工作组汇总整理各部门标杆岗位，确定待评估标杆岗位清单，确保符合标杆岗位选取原则，满足岗位价值评估要求。

二、培训与试评估阶段

为消除专家对岗位价值评估因素的理解偏差，形成共识，需对岗评委员会专家进行专门培训，系统介绍岗位价值评估目的、原则、基本方法和注意事项。同时，通过岗位价值试评估，确保专家能够全面深入地理解掌握岗位价值评估的工具方法，积累实操经验，保障岗位价值评估工作的顺利开展。

（一）培训方式与对象

一般培训采取讲座的形式，参与培训的人员应包括全体岗评委员会成员。培训专家应提前准备好培训材料，对岗位价值评估的原则、模型、流程、注意事项等内容做详细说明介绍，统一思想，明确标准，并现场答疑解惑。培训专家可从企业内部选取，也可从外部聘请。

（二）培训与试评估步骤

1）岗位价值评估培训和现场答疑。

2）选择3~5个具有代表性的标杆岗位，组织评委进行试打分。

3）工作组现场处理并公布评分结果。

4）培训师对试评估岗位的评分情况进行点评。

5）对于不合理、偏离度过大或者意见明显不一致的因素，工作组可以根据实际情况组织评委讨论并进行重新评分。

（三）试评估结果处理原则

评委对某一评估因素定级评分或某一岗位分值结果无法达成一致意见时，遵循少数服从多数的原则；如果半数以上评委认为某一因素或某一岗位的评分结果不够合理，则对该岗位或该项因素重新打分；重新打分不超过两次，结果以最后一次为准。企业可根据试评估的结果，结合企业实际情况，在规定范围内调整岗位价值评估模型的权重，用于正式评估阶段。

三、正式评估阶段

这一阶段是岗位价值评估的关键环节，岗位价值评估的公平公正，一方面是实质性公平，主要依靠岗位价值评估因素标准统一和评委的客观公正；另一方面是程序性公平，主要依靠岗位价值评估操作过程的规范透明。

（一）现场评估注意事项

岗位价值评估涉及岗位较多、利益关系重大，为实现岗位价值评估的公正公平，需将评委集中到某一独立场所，在1~2日内完成岗位价值评估工作，以便于评委集中注意力，避免相互干扰和外界影响。

1. 评估现场环境

1）进入评估现场后，评委应尽快进入评估状态（如手机处于静音或关闭状态）；

2）评估过程中应保持安静，避免评委间沟通，以免影响其他评委思路；

3）评估过程中如有问题，要与工作组及相关人员单独沟通。

2. 评估过程数据

1）所有进行数据收集、录入、计算的人员不得对任何人泄露评估过程数据，确保评估工作顺利开展及权威性；

2）评估结束后，评委不得公开谈论岗位价值评估具体打分情况，不对外泄露自己的评分情况；

3）每份评估过程数据都须封存，由工作组或第三方单独保存。

（二）正式评估步骤

正式评估前1~3日内，评委必须提前阅读待评估标杆岗位说明书和岗位价值评估手册。正式评估步骤如下：

1）按部门整理好标杆岗位评分表（见表3-23）；

2）部门负责人按评估顺序逐一介绍本部门和待评标杆岗位情况；

3）评委快速阅读该部门待评估标杆岗位说明书（如有疑问工作组随时答疑）；

4）各评委在规定时间内，按自己的理解，独立（不允许互相串联协商打分）对该部门待评估标杆岗位的每一因素逐一进行纵向打分定级（而非对一个岗位的所有评估因素横向一次性完成打分，以便于不同岗位在同一因素之间相互比较和平衡，减少因素之间来回切换）；

5）打分完毕后由工作组成员回收各评委评分表。

（三）部门情况介绍

为进一步增进评委对岗位的深入理解，在正式打分前由各部门负责人对本部门和待评标杆岗位情况进行简要介绍（不超过5分钟）或者将撰写好的《部门及所属岗位价值评估信息资料》发放给评委，内容需要包括三个重点方面：

1）部门基本信息：部门定位、部门人数、部门主要职责、绩效目标、管理范围和管理特点；

2）部门的工作特点：工作难度、工作强度、工作环境等，每一方面可简要描述并用典型事例简要说明；

3）部门岗位情况：本部门岗位设置，待评标杆岗位的主要职责、任职资格和特殊要求等。

表 3-23 岗位价值评估评分表

序号	部门	标准岗位	人员管理		成本控制/效益体现		影响与贡献		专业能力		合作能力			创新与问题解决		工作条件/风险			
			下属人数	下属类型	经营损失及决策风险责任	销售收入/成本费用控制责任	影响程度	贡献度	知识要求	专业技术/技能	主要合作对象	合作范围	沟通协调	解决问题难度	自我学习能力	工作环境	职业卫生	安全风险	环保风险
1																			
2																			
3																			
4																			
5																			
6																			
7																			
8																			
9																			
10																			

（四）岗位价值评估表回收

各评委评分完毕后，工作组需检查每位评委在每个因素中对于岗位的评级是否合理，是否在该岗位的常规等级范围内，如超过正常范围，需与评委进行沟通交流，以确定最终结果；如在合理范围内，工作组需充分尊重评委意见，如实进行结果记录与统计。工作组在回收岗位价值评估表时需注意：评委签名无漏写；评分表填写完整；全部回收无遗漏；注意评委信息和评分信息保密等事项。

四、统计分析阶段

这一阶段主要是对岗位价值评估数据进行汇总、统计分析、差异调整、形成岗位价值等级矩阵，分为以下几个步骤：

（一）数据统计汇总

工作组对每位评委的评估数据分别进行统计汇总，并将汇总后的数据提交人力资源部门或第三方，统一进行数据处理。

（二）数据分析和异常处理

1. 众数法

由人力资源部门或第三方对评估岗位进行逐一统计分析，剔除偏离度大的异常数据，采用众数法，得出每个岗位的评估因素结果。

在评估过程中，由于评委对岗位定义以及评估因素的理解可能存在差异，因此对某些岗位因素的打分分值可能差异较大，不具有代表性。为了确保岗位价值评估的科学性和一致性，需由人力资源部门或第三方对岗位价值评估数据进行逐一统计分析，针对存在异常的分析结果，人力资源部门或第三方可与评委联系，确认评估结果是否需要修正；或直接剔除偏离度大的异常数据，采用众数法，得出每个岗位的评估因素结果。

岗位价值评估数据不宜直接引用算术平均值，需要剔除异常数据才能得出有效平均值。评估分值是否需要处理的判断依据是看这组参数的置信度。这里取置信水平满足95%，变异系数应小于0.25。变异系数的计算方法为标准偏差/算术平均值，公式如下：

$$CV = \frac{\sigma}{\mu} = \frac{1}{\mu} \times \sqrt{\frac{1}{N} \times \sum_{i=1}^{N} (x_i - \mu)^2}$$

式中　CV——变异系数；

σ——标准偏差；

μ——算数平均值；

N——数据个数。

修正过程如下：

1）如果变异系数小于0.25，证明“算术平均值”不必做任何处理，可直接应用；

2）如果变异系数大于0.25，则需对岗位价值评估的原始分值进行“去掉最高和最低分”，得出“修正后算术平均值”；

3）若已做上述变异系数处理，变异系数仍大于0.25，则再重复一次计算，直至变异系数小于0.25，则此时的算术平均值为有效平均值；

对于确认无误的岗位价值评估结果，在计算时原则上需要去掉最高分和最低分后再求平均分，以避免极端数据造成的不良影响。

2. 缩尾处理

在统计学上常用的异常值处理方法是缩尾处理，即剔除置信区间之外的数据。对于给定的样本数据，其平均值为μ，标准差为σ，其整体数据平均值的100（$1-\alpha$）%，其置信区间为（$\mu-Z_{a/2}\cdot\sigma$，$\mu+Z_{a/2}\cdot\sigma$），其中α为非置信水平在正态分布内的覆盖面积，$Z_{a/2}$即为对应的标准分数。

（三）评估结果分级排序

按照各评委评分和权重汇总计算得出各岗位平均得分，参照岗位分级区间确定各个岗位的价值等级。然后按评估岗位所得分值大小进行分级排序，形成初步的岗位价值等级矩阵。

（四）岗位价值等级排序调整

参照企业岗位现状，岗评委员会在充分讨论协商的基础上，对个别岗位价值分级结果进行适当调整。岗位分级调整的三个典型参照因素为：是否符合企业战略发展方向；岗位可替代程度的高低；是否在企业管理运行体系中处于关键管控节点、管控核心资源。

岗位分级需要调整的情况主要有两种：一种是由于评委对所评估岗位的认知偏差或认知盲点而造成的个别岗位等级明显偏高或明显偏低的情况；另一种是有的岗位处于岗位分级临界点。造成认知偏差的重要原因：一是评委存在过于重管理，轻生产技术或过于重生产技术、轻管理的思想；二是有的岗位任职者工作能力一般，使评委产生了这个岗位不重要的印象；三是被评估部门负责人对本部门和所属岗位的介绍对评委的影响。而认知盲点的主要形成原因：一是评委中大部分是从事生产、技术方面工作，对有的职能部门的工作了解不够；二是有的岗位设立时间较短，评委对其职责、重要性等不了解。

岗位分级的具体调整方法如下：

1）直接进行复评。岗位分级结果初稿直接提交岗评委员会进行复评，将复评结果汇总并提交岗位价值评估领导组讨论、调整，最后由岗评委员会讨论，依据少数服从多数的原则确定调整的岗级。

2）以部门为单位向部门负责人征求意见。将岗位分级结果初稿以部门为单位，向部门负责人征求意见，并将征求意见汇总，并提交岗位价值评估领导组讨论、调整，最终形成岗位价值分级表。

需要注意的是，企业若对岗位价值评估分级结果调整过多，一方面可能意味着岗位价值评估效度和信度不高，另一方面则可能存在用主观经验替代量化评估的问题。因此在岗位等级调整时，企业内部要注意统一思路，明确方向，综合各方意见，避免主观臆断。

五、岗位价值评估的日常管理

随着企业经营状况的不断变化，组织战略目标的转移，以及业务板块和工作内容的变化，岗位价值评估体系所依据的现实基础也会随之变化。因此，岗位价值评估体系需要及时加以必要的调整，并不断完善。

（一）日常应用

日常应用主要是指企业结合战略转型、组织机构变革或业务拓展，针对新业务拓展带来的新岗位，进行岗位价值评估，将新岗位纳入岗位价值等级矩阵中；针对职责发生较大变化的现有岗位，进行岗位价值评估，重新定义岗位相对价值。

（二）定期维护

为保持岗位价值评估体系能够与时俱进，需要建立一套定期检查维护的制度体系。定期维护的主要任务是检查以下几个方面：

1）典型岗位是否具有代表性，是否需要更新。

2）组织环境发生变化后，岗位价值等级矩阵中的岗位是否需要升级和降级。

3）岗位价值等级矩阵是否出现等级堆积。

4）岗位价值评估体系中的因素、维度、刻度及权重是否需要调整。

六、常见问题答疑

（一）准备筹划阶段中的问题

1. 岗位设置方面

Q1：企业部门内部人员“兼岗”情况较多，在岗位梳理过程中应该如何处理？

A：“兼岗”情况一般属于一人多岗，多为岗位设置不合理；建议参考第二章岗位优化设计方法论及工具箱的操作规范对现有岗位进行整合，根据岗位设置原则及颗粒度把控的适度性要求，推行“一岗多责、一专多能”的大岗位设置，对于超额工作量则在员工个人绩效考核中考虑。

Q2：岗位设置与命名存在不规范的现象，例如有的岗位按主任、组长等“职务”代替岗位，有的用主管、专家等“职位”代替岗位，有的职能部门岗位设置过细，应该如何梳理岗位，确定岗位目录？

A：建议企业从生产经营实际出发，以战略优先、因事设岗、规范统一、最少岗位数为岗位设置原则，梳理部门业务流程，坚持一岗多人的“大岗位”设置理念，适度把握岗位设置颗粒度。以业务为主线、工作分析为基础，从组织机构设置出发，按业务板块类别规范命名通用岗位，岗位名称尽量简化，职务、职位名称不写入岗位名称，岗位名称统一表述为“××岗”，实现岗位名称规范化、标准化。

Q3：对于设置AB岗的单位，如何对AB岗进行评估和区分？（注：AB岗即为在相同岗位职责下，因为人员的职位等级的差异，担任不同的角色定位，如薪酬绩效岗同时有两个员工担任，一个为主管级人员、一个为主办级人员，在岗位设置上分为AB两岗，主管级员工在日常工作中同时负责统筹管理、工作指导

等事项，主办级员工进行具体的操作事项）

A：方式一：将AB岗视为同一个岗位，在评估时仅对该岗位的最低要求进行评估，后续在薪酬体系设计时考虑职级因素。

方式二：如果A岗承担大量基层管理和协调工作，可将A岗设置为独立的基层管理岗（如组长、队长等），将AB岗视为两个不同的岗位进行评估。

2. 岗位说明书编制方面

Q：完善岗位说明书需要注意哪些问题？

A：建议在岗位价值评估筹划阶段中，企业应在中国石化岗位说明书编制规范的框架下制定本企业的岗位说明书编制规范；岗位说明书的修订完善首先需确保岗位基本信息内容准确无误，其次工作职责梳理和岗位权限明确需要建立在业务流程梳理的基础上，使用准确规范化的表述方式，避免模糊化描述，明确权责，避免歧义，确保岗位说明书能够准确全面地反映岗位信息，为后续开展岗位价值评估提供依据。

3. 专家小组筹备方面

Q：岗评专家的选取应该遵循哪些原则，注意哪些事项？

A：建议企业在选取岗位价值评估专家时应遵循客观公正、影响力、善于学习等方面原则，确保评委能从岗位价值评估工作的全局出发，通过换位思考客观公正地看待和处理岗位价值评估工作中出现的各种问题，对各方利益进行综合平衡；同时，建议选取有较高信誉度的评委，对本企业的部门和岗位情况较为熟悉，最好具有跨部门的工作经验；评委须具备一定的学习能力，能够通过前期培训快速掌握岗位价值评估的概念、术语以及评估方法和评估技巧等内容。

建议企业按照涉及业务板块或者所属机构层级进行专家推选，不同业务板块或机构层级间的专家人数要保证相等，不可按照所属业务板块或机构层级人数比例遴选。

（二）培训与试评估阶段中的问题

1. 定量评估与专家（定性）评估方面

Q：对于不同的评估维度，采取定量评估还是专家评估方式？

A：企业可根据自身实际情况决定哪些维度采取定量评估或是专家评估。对于中国石化岗位价值评估模型（SPE），其中10个维度可以由相关部门进行定量评价。

2. 岗位背景信息介绍方面

Q1：企业有较好的岗位管理基础或实施过岗位价值评估，可以在实施过程中省略标杆岗位试评估阶段吗？

A：试评估是一个提供给岗位价值评估专家熟悉模型架构、指标设置和操作方法的演练阶段，同时也是检验模型权重设置合理性的一个过程。专家在实施岗位价值评估的过程中，通过专项培训和试打分，能够较好地熟悉岗位价值评估流程，对岗位价值评估因素的理解形成基本共识，也为成功开展岗位价值评估提供了基本保证。

Q2：标杆岗位试评估可以省略岗位信息介绍这一步骤吗？

A：不建议省略。在评估过程中，岗位价值评估的准确性更多地取决于专家对岗位所属业务板块、组织机构和部门情况的了解程度；建议岗位所属部门负责人或陈述代表简述岗位所在组织环境信息，以岗位说明书和岗位任务清单为基础，对照中国石化岗位价值评估模型的因素和维度，陈述该岗位的主要职责、合作范围、解决问题的难度和工作环境等，对岗位的基本信息进行客观陈述，避免主观色彩，诱导评委打分。同时，如有其他疑问也可联系本岗位所在部门的负责人进行现场咨询，但不得对模型评估维度层级划分和权重设置进行讨论。

3. 纵向评估方面

Q1：专家在打分过程中可以完成一个岗位的试打分后再开始评估下一个岗位吗？

A：不建议，纵向评估是为了避免专家反复参阅《岗位价值评估操作手册》，可依次对所有岗位的某一维度进行评估，应完成该维度的评估后再对所有岗位的另一个维度进行评估。特别是当进入到正式评估过程中后，需要专家评估的岗位量会比较大，纵向打分可以更好地节约时间，同时可以实现不同岗位在同一维度内部的对比打分，但专家也要注意在评估过程中不要漏填、且确保评估过程中判断标准一致。

Q2：专家在对岗位进行集中打分时，如果待评估岗位数量较多，应该如何处理？

A：建议采取分批量评估的方式分解任务量，企业可以将待评估岗位按照部门归属划分为若干批次，结合部门情况介绍进行批量评估；也可以按照机构层级将待评估岗位进行划分，分层级评估。

4. 评估维度说明方面

岗位价值评估操作手册提供一个评估模型和一套操作方法，模型中提供的评估指标说明建议企业在实施岗位价值评估时根据本企业生产经营管理实际情况进行本土化修改。

（1）人员管理

Q1：下属人数是以现有人数为准还是以定员人数为准？

A：建议企业以现有下属人数进行界定，以对标先进、严格“三定”的情况看，目前定员人数常常与管理实际不符。岗位价值评估模型是一个动态的周期性评估工具，随着企业管理水平不断提高，定员人数与实际下属人数一致时，下一个评估周期应以定员人数作为下属人数进行评估。

Q2：目前企业管理方式为条线化管理模式，如何界定间接下属和直接下属，直属企业对集团公司是否存在汇报关系？

A：集团公司对直属企业存在业务指导属于同一汇报条线，但是从组织架构形式来看直属公司人力资源部负责人的分管领导一般为企业分管副总或者总经理；从部门内部来看，集团公司对直属单位没有直接汇报、考评、提拔关系的实际管理人数，集团公司对直属公司管理模式只是作为业务指导的方式体现的，因此不纳入人员管理因素里面体现。

Q3：直属单位负责二级单位的业务归口管理，二级单位相关业务人员是否算作下属人数？

A：业务归口管理分为两种形式，一种为财务委派制，直属单位向二级单位委派财务经理，财务部下属的员工编制、薪酬发放、考核为总部和二级公司共同管理，由于该部门的负责人与员工的人员编制在直属单位，可以界定为直属单位下属。另一种形式为二级公司的审计部经理和下属为二级公司自己组建，这样直属单位与二级单位该部门的关系就界定为业务指导。

Q4：部门下设中心如何计算下属人数？

A：比如人力资源部下设社保中心、干部培训中心，一般界定为事业部、职能服务部门或共享服务中心，中心所属员工与人力资源部负责人属于上下级关系，这部分纳入下属人员范围之内。

Q5：例如有一个岗位有较多的协调工作需要处理，协调七八十人，但是根据维度下属人数的定义不能界定为下属，该岗位在人员管理这一因素评估评分较低，这种情况是否属于正常现象？

A：一个岗位不可能在所有的维度都获得高分，该岗位可以在合作对象、合作界面、解决问题复杂程度等维度得到一个较高的分数。

（2）成本控制/效益体现

Q1：经营损失及决策风险责任如何估算？

A：如果岗位带来的经营损失和决策风险非常高，对公司损失产生的影响非常大，需要在等级评估过程中体现出来；如果与经营风险相关的额度审批权限不属于该岗位，则不能界定该岗位的经营损失及决策风险等级较高。

Q2：企业岗位经营损失及决策风险责任如何确定风险指标？

A：建议根据各直属单位企业管理部门提供的风险清单进行梳理，筛选出与岗位经营损失及决策风险责任相关度较大的风险指标8~10个，例如：投资决策风险、价格风险、信用风险、计量风险、采购管理风险、销售管理风险等。成本费用控制责任可以采用同样的方法从生产成本、经营成本和人工成本等方面进行指标筛选。

Q3：岗位财务预算指标如何计算？

A：财务费用是指该岗位在公司授权下可以审批的、可以控制的具有审批权限的费用。例如，一个部门具有审批权的费用是20万，公司整个财务费用为1个亿，那么该岗位的财务预算控制权为20万/1亿×100%=0.2%。

（3）影响与贡献

Q：维度“贡献度”的评估指标为定性描述，打分灵活度较大，评估过程中如何界定？

A：建议企业根据自身实际对贡献度的评估指标进行本土化描述，综合考虑岗位在部门内部、企业内部对组织绩效的贡献进行评估指标等级设置，也可以参考操作手册中的评估等级说明。

（4）合作能力

Q1：主要合作对象在等级表中不同类型的合作对象在岗位价值评估过程中是如何界定的？

A：先定主类型，即该岗位最主要是和哪类人群合作，再对合作对象主要类型的细分合作对象进行等级界定。每个岗位只有一个类型的主要合作对象，以岗位日常工作接触频率为主要界定依据，如果两类不同的合作对象接触频率相似，采用择高的方式确定主要合作对象。

Q2：如何界定合作范围？

A：合作是对等的关系，向上级部门汇报不属于合作。例如，二级单位薪酬管理岗向直属单位进行信息汇报和汇总，是不属于合作范围的。

（5）创新与解决问题

Q：解决问题的复杂程度是如何界定的？

A：一般岗位在该维度的评估是评委通过对岗位的理解进行评估，一般界定到等级A~C，最多到等级D，职能部门岗位的可变化性较大，大型专题课题项目组中的岗位会以矩阵式组织架构承接专项课题，可按照工作本身复杂程度在等级D~F中选择，等级评估可根据各公司主营业务和发展战略差异性体现。

（6）工作条件/风险

Q：为什么模型中因素“工作条件/风险”设置4个维度？

A：岗位价值评估模型因素设置综合考虑中国石化作为大型央企和高标准HSSE管理工作的要求，从工作条件、职业卫生、环保风险和安全风险四个方面评估岗位工作环境和安全环保风险等级。

（7）其他

Q：评委未到场如何处理？

A：建议企业建立岗位价值评估专家库，如果指定评委因特殊原因未能到场参与评估，则由专家库内同类备选评委代评，评估结果需由领导组审核后一并进行数据汇总。

（三）正式评估阶段中的问题

Q1：部分维度的刻度描述为定性描述，如何判断每个岗位应该打到哪个级别？

A：在进行定性指标评估时，需对同一类型岗位把握“一致性原则”，即统一评估标准，在该类型岗位合理的评估范围内保持评分人统一的评分尺度进行打分即可。为保障评估标准的统一性，可在进行每个维度的评估时先对部门负责人岗位进行评估，保持中层管理岗位的评分可比性，部门内部一般岗位则比照部门负责人岗位的评分结果进行打分。

Q2：在进行评估时，主要是针对岗位的常规工作内容和状态进行评估，如何界定岗位的常规工作？

A：在进行岗位设置时会兼顾岗位的稳定性和适应性，常规工作主要为以部门职能、业务流程分解为主，岗位工作内容发生频率为日度、周度、月度、年度等，工作内容会产生周期性的重复。岗位职责以外一些临时性的专项工作、突发性的工作不属于岗位常规工作之内，不在评估范围内。

（四）统计分析阶段中的问题

Q1：数据汇总后发现有部分异常值出现，该如何解决？

A：建议企业核查回收的专家评分表，首先针对该岗位评估过程中，不同专家评估同一因素的异常值进行筛选检查，确保同一因素内变异系数小于0.25；然后再检查汇总后总分值变异系数小于0.25；或参考缩尾处理办法。

Q2：在岗位等级划分时有哪些基本规律？

A：1）岗位等级越高，岗位价值评分跨度越大，即一般员工可能30分划为一个等级，部门或处室负责人可能150分划为一个等级；

2）岗位等级划分结果，一般呈“正态分布”规律，即岗位等级偏低和偏高岗位较少，中间岗位居多；部分企业岗位等级划分结果会呈“M型分布”（不同层级之间搭接较少或不搭接）；

3）岗位等级划分主要解决的是一般性问题，特殊性问题针对性解决，不纳入岗位等级划分规则中体现，具体问题具体分析。

Q3：在岗位价值评估过程中，评估的范围是标杆岗位，其余未参评岗位如何套入岗位等级中？

A：建议采用“插入法”。中层副职按照中层正职岗位等级降档套入；处室或部门内一般员工则由各处室或部门负责人综合考虑各岗位的工作复杂程度、岗位贡献程度、专业能力要求、工作量饱和度等因素，对内部所有岗位进行价值排序，未参评岗位依据排序结果，则与标杆岗位进行对比入级。

Q4：岗位等级划分结果如何评估是否合理？

A：对于岗位从纵向公平性和横向公平性两个维度进行对比分析：

岗位纵向公平性：从部门内部来看，按职责重要程度分析，关键技术类岗位>一般管理/专业类岗位>常规事务/简单操作类岗位，一般情况下不允许出现倒挂；按照管理对象的差异性来看，全面工作/体系性工作>模块工作/单条线工作岗位。

岗位横向公平性：不同职责模块之间，同一职级岗位原则上非技术/工艺、生产、安全、设备、业务岗位不高于技术/工艺、生产、安全、设备、业务类同性质岗位。同一职责模块内部，关键生产装置>一般生产装置>辅助装置>辅助业务。

第四节 岗位价值评估系统

中国石化岗位价值评估系统（Sinopec Position Evaluation System），简称“岗位价值评估系统（SPES）”。该系统是在中国石化岗位价值评估模型（SPE）的基础上，开发的一套岗位价值评估信息化、智能化工具。

一、模块设计

本系统是根据企业管控模式及岗位体系设计，结合各企业实际应用需求开发的一套工具，目前已经开发完成了岗位设计和岗位价值评估模块，2个模块之间在逻辑上为递进关系，后台逻辑关系如图3-2所示。

二、系统功能

系统现有岗位设计和岗位价值评估两个模块，其中岗位设计模块提供组织机构、业务类型、岗位字典、岗位职责、岗位说明书编制、岗位诊断、岗位审核等功能，基本实现岗位设计全流程信息化、无纸化。岗位评估模块提供岗位

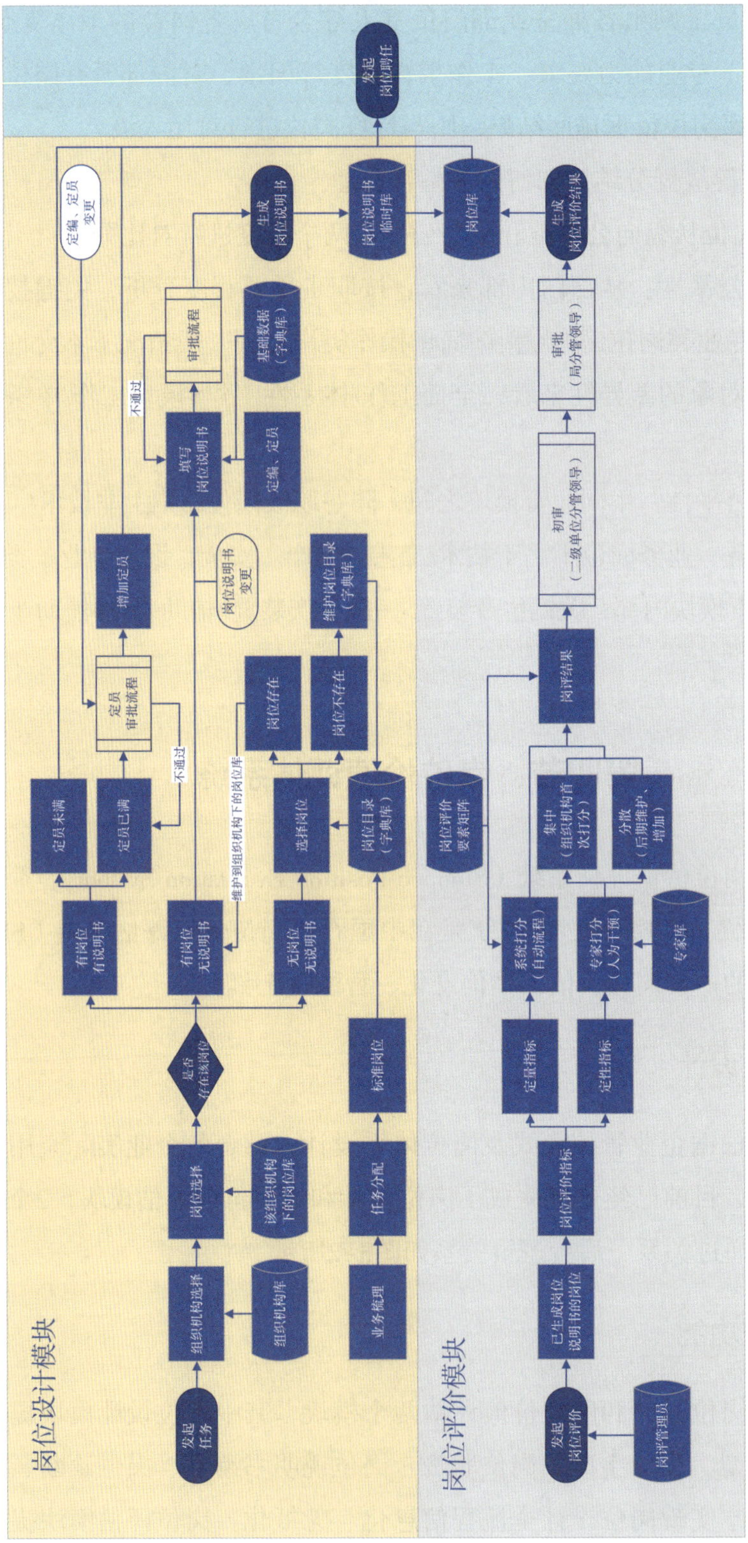

图3-2 岗位设计、岗位评价模块后台逻辑关系

价值评估因素（包括维度和刻度）维护、权重设置、岗评专家库维护、专家打分、岗评审核、岗评分析结果输出、岗评模型模拟测试等功能。

1. 岗位说明书编制

岗位说明书编制功能实现了《中国石化岗位说明书编制规范》的信息化、无纸化应用。岗位说明书编制人员在编制过程中可线上调取岗位说明书编写说明与示例，明白岗位说明书写什么、怎么写。

2. 实时开展岗位价值评估

系统具备岗评定量指标自动评分和定性指标专家打分功能。定性指标专家打分功能包括专家库维护、实时选择岗评专家、专家打分、打分模式选择（多岗位批量打分或单岗位打分）等。

3. 实现动态管理

系统具备岗评流程动态管理和岗位与评估联动功能。岗评流程动态管理包括动态监控、过程查询、结果查看和审核等全流程管理。岗位与评估联动功能实现在一定时间周期内，随企业组织机构和岗位变动，可重启岗位价值评估。

4. 岗评分析自动化

系统具备岗评结果分析自动化功能，实现了一键输出岗位价值评估分析报告，自动生成岗位价值等级分类表，评估模型刻度重置、权重调整。

三、系统特色

1. 实现人力资源管理“五化”，达到“三用”目的

系统能够实现岗位设计标准化、岗位管理规范化、人员管理专业化、业务处理便捷化和专家打分智能化，最终达到人力资源管理人员能用、实用、会用的目的。

2. 采用主流开源技术开发、扩展性强、满足推广应用需要

系统整体为B/S架构，前端遵循H5标准，后端使用JAVA开发，客户端无需安装任何插件，使用IE、谷歌等主流浏览器访问；使用标准工作流引擎开发业务流程，应用系统按照组件化模式进行开发，遵循组件开发规范；数据存储支持Oracle、MySql、SQLServer等主流数据库；业务数据按照各公司管理要求进行规划和设定，按需授权，模块化一键式部署，针对不同企业需求定制使用。

3. 系统具备大数据量并发处理功能

对岗位价值评估系统在使用过程中，涉及系统登录、系统首页数据加载、岗位查询、专家打分等易出现高并发和大数据处理量的功能进行压力测试。每个功能分别启用300个线程，同时向服务器发起请求，由于岗位查询功能数据量大，平均响应时间<5秒，其他功能响应时间<3秒，客户端无卡顿现象，服务器正常运行，未出现宕机情况，如图3-3所示。

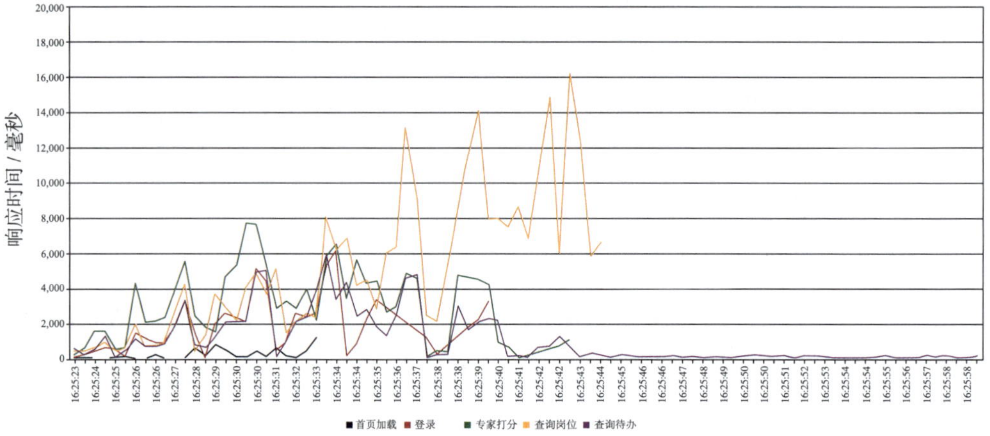

图3-3　系统压力测试请求响应时间分布图

即时案例

某公司岗位价值评估实践

一、基本情况

某公司新一轮的改革始于2017年12月，针对公司内部管理和项目执行中存在的经济责任不落实、内耗严重、业务重叠、管理交叉、考核指标针对性不强、绩效考核与薪酬激励作用不能很好发挥导向作用等突出矛盾，公司扎实推进“三定”工作，按照“大部制、大监督、大岗位、大工种”和“界面最少、流程最短、责任最清、配置最优”的原则，精减中层机构

17个，减少44.74%，其中二级单位由19个减少至9个、公司机关部门由19个减少至12个。结合公司三支人才队伍序列划分、施工企业特点，重新梳理业务流程和管理职能、细化工作节点，公司机关专业技术管理岗位由221个减少到65个，减少67.8%，各二级单位机关岗位设置不超过10个，比“三定”前均减少50%左右。

为有针对性地开展岗位竞聘和薪酬分配制度改革，在集团公司岗位管理课题组指导下，运用中国石化岗位价值评估模型（SPE），开展了公司岗位价值评估工作。

二、岗位价值评估准备

（一）培训与对接

集团公司岗位管理课题组与公司岗评工作领导小组开展对接，对岗位设置方法论和工具箱、岗位说明书模板、岗位价值评估理念和工具展开要点释义培训，明确运用中国石化岗位说明书模板修订完善公司岗位说明书，并结合前期公司“三定”岗位设置情况，选定标杆岗位进行评估。

（二）岗位说明书修订

公司原岗位说明书较中国石化岗位说明书模板缺少下属类型和人数、岗位权限、工作条件、HSSE影响等关键要素。为了满足岗评要求，公司人力资源部在课题组的指导下，组织各部门、单位对公司机关岗位说明书进行了重新修订，对二级单位机关岗位说明书进行了编制，形成了两级机关岗位说明书汇编。

（三）成立评估委员会

成立岗位价值评估委员会，主要由评委组、顾问组、工作组构成，其相关人员与职责为：

1）评委组主要由42位专家组成，共涉及两级机关组织机构23个（公司机关14个，二级单位机关9个），其中单位（部门）正职21人，单位（部门）代表12人，独立代表3人，项目代表6人。主要职责是学习岗评理论与工具，正式岗评阶段介绍本单位、部门各岗位的工作职责、任职要求等相关情况，以及对所有列入岗评范围的岗位予以打分评价。

2）顾问组由外部咨询顾问和中国石化岗位项目组成员组成，主要职责是导入岗评理念、统一岗评思想、严肃岗评纪律、培训岗评模型，解答评委疑问，并引导评委完成岗评工作。

3）工作组主要由人力资源部人员、系统技术支持人员组成，主要职责是统筹安排本次岗评现场的会务组织与服务，并确保计算机的正常使用。

（四）标杆岗位选择

本次岗位价值评估选取岗位157个，涉及两级机关基层管理岗位22个，专业技术岗位123个，技能操作岗位12个。管理副职岗位、专家类岗位不纳入本次岗评范围内。未纳入评价的岗位采取插值法进行嵌入，中层副职一般按照中层正职降低1个等级，专家类岗位对照中层副职等级、高级专家对照中层正职等级。

（五）岗位评估模型调整

本次岗位价值评估模型在SPE模型基础上，结合单位特点进行了修订，主要体现在维度调整和指标刻度描述调整方面。

1. 因素维度调整

根据企业实际情况，将因素“成本控制/效益体现”调整为“成本风险”，同时将该因素下的维度“销售收入/成本费用控制责任”调整为“成本费用控制责任”。

2. 等级说明

对评估等级说明进行了再描述，“销售收入/成本费用控制责任”调整为“①一般岗位的营业收入/成本费用控制责任划分在等级1~2；②特别重要的岗位划分在等级3~4；③管理序列岗位一般划分在3~5；④由于违纪违规所带来的经营损失和决策风险不算在该维度带来的影响。”

3. 刻度调整

根据公司实际情况，将“人员管理”和“影响和贡献”因素中的刻度描述进行了调整，其中：

1）人员管理因素中的“下属类型”由原来的8级降为6级，平衡两级机关下属类型的差距。

2）影响和贡献因素中的“影响程度”由原来的7级升为8级，明确两级机关岗位决策、影响程度与管理层次及管理级别上的差距。

4. 指标量化

对3个因素8个维度进行了量化，其中：

1）人员管理（下属人数、下属类型）：从公司组织机构的实际出发，在前期企业“三定”优化结果基础上，对该因素进行量化。

2）工作条件/风险（工作环境、职业卫生、安全风险、环保风险）：该因素严格按照《中国石化生产安全风险管理规定（试行）》（中国石化安〔2016〕625号）和《关于印发〈中国石化环境风险评估指南（试行）（修订版）〉的通知》（集团工单能环〔2016〕34号）等文件的要求执行。

3）专业能力（知识要求、专业技术/技能）：针对公司企业招聘、用工等实际情况，将该因素量化为：知识要求：A—高中、B—中专、C—专科、D—本科、E—硕士、F—博士（后）；专业技术/技能：1/2—无、3—初级工、4—员级、5—助理/中级工、6—高级工、7—中级/技师、8—高级、9—教授级。

三、岗位价值评估实施

（一）培训及试打分

培训时间约30分钟，主要由项目顾问开展岗评理念导入、岗评工具培训以及问题解答。

试打分和纠偏约120分钟，每个小组先选择组内某一个部门作为试打分对象，由项目顾问带着评委组对试评估岗位按照评价维度逐一进行打分。在打分过程中，项目顾问负责解答各小组提出的疑问。待所有维度打分完毕后，由评委组介绍试打分结果、提问，顾问进行点评。

（二）正式岗评

该阶段约240分钟，本次岗评以部门为单位，进行逐个岗位打分。由各部门负责人逐一上台介绍本部门和下属岗位情况的同时，其他评委可对其进行打分，也可以就具体岗位情况向介绍人进行询问。原则上，每个部门介绍时间一般为10分钟以内，且评委间不再作讨论和交流。

四、岗位价值评估结果分析

（一）总体情况分析

通过对157个岗位的岗位价值进行排序，可以得到标杆岗位的价值图谱。通过对岗位所在的职级、三支序列、板块大类、组织机构的岗位价值最高值、最低值和平均值进行分析，可以有效判断出不同层级、组织机构、序列等岗位间的相对价值、价值区分度、价值重叠度等关键指标，为岗位分类分级、岗位竞聘和薪酬分配制度改革工作提供专业化数据支持。本次岗评主要采用了量化打分和专家定性打分两种方式开展岗评，如表3–24所示。

表 3–24 岗位得分明细表（部分）

序号	二级单位	岗位类别	定性	定量
1	项目管理部部长岗	管理类岗位	598	626
2	市场部部长岗	管理类岗位	578	609
3	安全质量部部长岗	管理类岗位	547	588
4	专业工程师岗	专业技术类岗位	545	577
5	稽核岗	专业技术类岗位	525	561
6	施工费用管理岗	专业技术类岗位	519	560
7	人力资源部部长岗	管理类岗位	517	553
8	法律事务管理岗	专业技术类岗位	517	552
9	业务部部长岗	管理类岗位	507	535
10	技术报价岗	专业技术类岗位	587	525
11	计量员岗	技能操作类岗位	316	314

其中，评价结果按三支队伍序列划分，如图3–4~图3–6所示。

图3–4 整体岗位价值评估结果示意图

注：红色为基层管理正职、橙色为专业技术岗位、蓝色为技能操作岗位

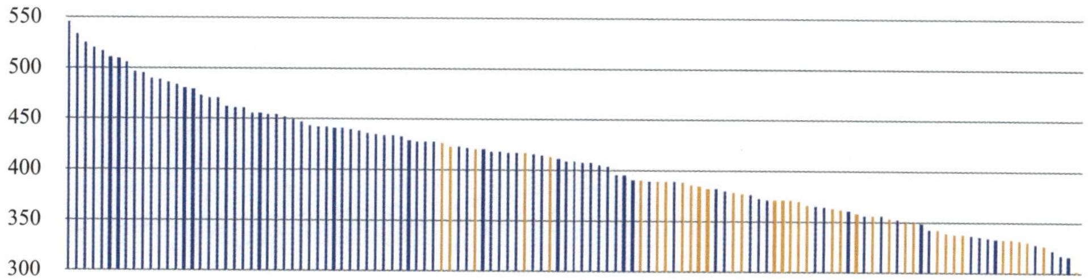

图3-5 专业技术岗位价值评估结果示意图

注：蓝色为公司机关、橙色为二级单位

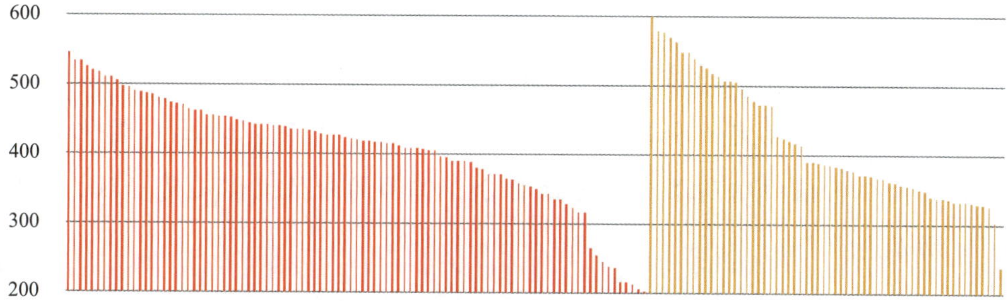

图3-6 两级机关岗位价值评估结果示意图

注：红色为公司机关岗位、橙色为二级单位岗位

（二）置信度分析

通过对本次列入岗评范围的157个岗位进行置信度分析，发现数据变异系数均小于0.25阈值要求，平均值为0.1，符合置信水平要求，如表3-25所示。

表 3-25 岗位变异系数分布情况表

变异系数	<0.1	[0.1,0.15)	[0.15,0.2)	[0.2,0.25]	>0.25
岗位分布数	48	104	5	0	0

通过对比定性定量岗评结果可知，两种方式的变异系数均小于0.25，但是由于量化因素可有效降低变异系数，其曲线波动也更加平稳，如图3-7所示。

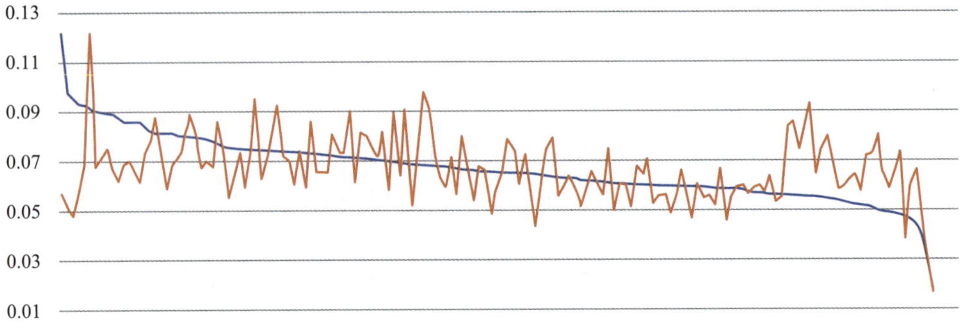

图3-7 变异系数定性-定量差值分布示意图

注：蓝色为定量，橙色为定性

（三）两种评价方式比较分析

通过对比定性和定量两种方式的岗评结果可以看出：量化打分得出的岗位价值往往高于专家定性打分，但两者分数大体趋势一致，如图3-8所示。

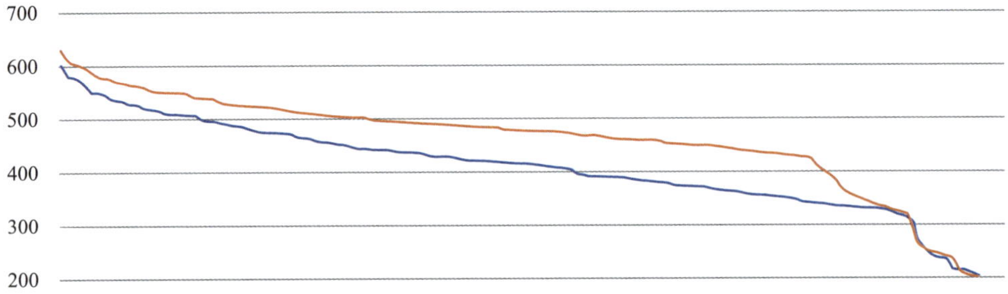

图3-8 岗位价值定性-定量评估结果对比图

注：红色为量化得分、蓝色为定性得分

通过结果分析，领导组及评委组均认为该评价结果客观反映了岗位在公司的实际价值，进一步验证了岗评模型的科学性。从岗评结果来看，评委组对技能操作类岗位的价值认知高度一致，对管理类岗位的价值认知较为统一，但对专业技术类岗位的认知存在一定差异，因此在开展岗评工作时需要重点考虑对专业技术类岗位的介绍、答疑及讨论，以最大限度凝聚共识。

此次岗位价值评估工作和结果得到了公司员工的一致认可，在此基础之上，该公司将岗位价值评估结果充分运用到岗位竞聘中，推动实现管理人员“能上能下”。同时，通过组织干部职工参与岗位价值评估工作，员工更加了解改革、理解改革和支持改革，化解了一批亟待解决的难题，如岗位竞聘、薪酬分配制度调整等，推动改革真正落实落地。同时，通过此项工作该企业也促进了自身人力资源专业能力的提升，为公司岗位管理的后续工作提供了宝贵的经验积累。

第四章　岗位运行管理

岗位管理是人力资源管理的重要基础，也是企业业务发展与人力资源管理之间的重要连接，对提升人力资源管理水平、提高全员劳动生产率、促进企业发展具有重要意义。课题组聚焦中国石化建设世界一流能源化工公司的战略目标，围绕推进三项制度改革与人才强企工程，立足人才链和业务链的有机融合与双向互动，着力完善岗位运行体系，不断推进岗位管理专业化、系统化和科学化建设，加强岗位全流程运行管理。

从企业实操角度出发，岗位运行核心流程分为五个环节，即：规范岗位优化设置→统一岗位分类分级框架→编制岗位说明书→评估岗位价值→人岗匹配，如图4-1所示。围绕每个关键环节的操作要点，需要制定、完善岗位管理规章制度，编制各类岗位管理规范，支持岗位管理流程实操指引的全覆盖的实现。在具体的运用过程中，企业可统筹考虑现阶段目标使命、人员队伍结构和企业文化等实际，全流程实施或有重点地选择部分技术规范进行择机应用，也可对规范中明确的要素和事项进行相应地本土化调整与机制性优化，并通过实践不断

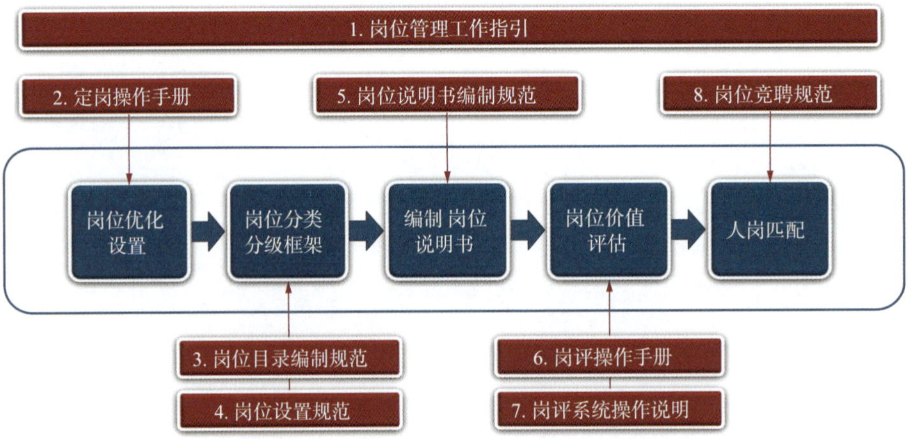

图4-1　中国石化岗位管理流程图

丰富和完善岗位运行规范，为中国石化人力资源管理积累更多的专业基础与实战范例。

本章详细介绍了岗位目录、岗位设置、岗位说明书、岗位竞聘四个技术规范。其中，岗位目录规范重点从宏观上规范企业岗位管理的总体架构，岗位设置规范重点从中观上明确各业务模块的具体岗位设置及每个岗位的要素配置，岗位说明书与岗位竞聘规范重点从微观上落实岗位的价值定位与人员配置，指导使用者更好地搭建企业岗位管理体系，提升岗位管理水平。

第一节　岗位目录的编制规范

岗位目录是实现企业“统一岗位分类分级框架”的主要载体，也是企业的一张岗位地图，它对每一个岗位进行定位，让企业的管理者与员工在实际操作中能够清楚地知道岗位的层级、类别、编码和名称，指导企业规范岗位设置，统一语言和身份，提升企业岗位管理标准化水平。

岗位目录一般以板块或直属单位为单元进行编制，包含岗位编码、岗位名称、岗位类别、岗位层级等信息，编制过程中需明确岗位在哪个序列、类别和层级，是一项较为复杂繁琐的工作。为了保证岗位目录的稳定性、统一性、标准性和精简性，在编制过程中需要遵守相应的编制规范。岗位目录模板见表4–1。

表 4–1　岗位目录模板

岗位层级		岗位序列								
管理层级	内部机构	管理			专业技术			技能操作		
		类别 1	类别 2	……	类别 1	类别 2	……	类别 1	类别 2	……
第一层	机关									
	机关职能部门									
	机关职能部门内设机构									

续表

岗位层级		岗位序列								
管理层级	内部机构	管理			专业技术			技能操作		
		类别 1	类别 2	……	类别 1	类别 2	……	类别 1	类别 2	……
第二层	机关									
	机关职能部门									
	机关职能部门内设机构									
	……									
第三层	机关									
	机关职能部门									
	……									
第四层	……									

一、岗位目录编制基本要求

（一）基本原则

岗位目录的编制坚持“分类科学、分级清晰、标准统一、使用方便”的原则，实现岗位分类分级的统一。

（二）主要内容

岗位目录的编制工作包括对岗位的分类分级、岗位名称描述、岗位编码规则和目录模板设计以及相关工作的组织和要求等方面的内容。

二、岗位目录的编制方法

（一）岗位分级分类

根据《中国石油化工工种目录》《关于完善人才成长通道建设的意见》《岗

位类别划分和用工配置规范》等集团公司相关文件和规范，岗位目录编制规范统一了岗位分类分级、岗位命名、岗位编码的主要方法，将岗位横向分为管理（M）、专业技术（T）、技能操作（W）三个序列，纵向以管理层级划分为若干个层次，为编制岗位说明书、促进人力资源合理配置等奠定基础。

1. 岗位分类

横向上，将岗位分为管理、专业技术（包括专业子序列和技术子系列）、技能操作三个序列，并分别按照专业、职业（工种）划分一级、二级类别，如图4-2所示。

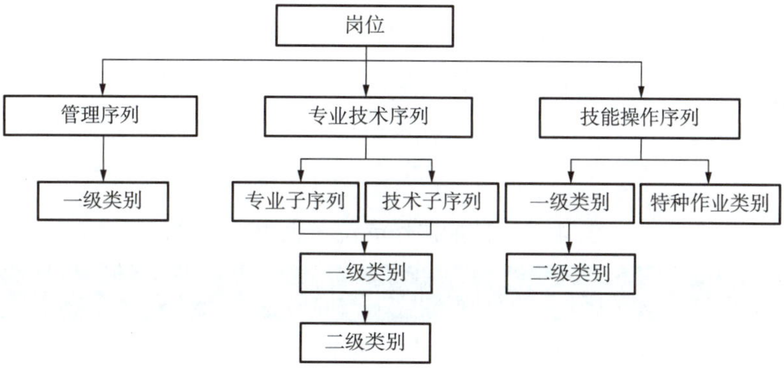

图4-2　岗位分类图

1）管理岗位指基层副职及以上领导岗位。分为行政管理、计划管理、财务管理等21类（见表4-2）。

表 4-2　管理岗位类别划分

岗位序列	类　别
管理	行政管理、计划管理、财务管理、生产管理、设备动力管理、安全环保、科技管理、市场营销、物资装备管理、企业管理、法律事务管理、人力资源管理、工程管理、信息管理、审计管理、纪检监察、党群管理、外事管理、离退休管理、后勤生活服务及其他

2）专业技术岗位包括技术子序列和专业子序列，均以专业类别划分，具体包括油气勘探、油气田开发、石油工程等一级类别（类别）36类（见表4-3），油气藏地质、秘书等二级类别（专业）358类。

表 4-3　专业技术岗位一级类别划分

岗位序列	一级类别（类别）
专业技术	油气勘探、油气田开发、石油工程、石油炼制、石油化工、炼化工程、储运工程、信息工程、安全环保工程、艺术类、新闻出版类、广播电视播音、图书档案、行政管理、计划管理、财务管理、生产管理、设备动力管理、安全环保、科技管理、市场营销、物资装备管理、企业管理、法律事务管理、人力资源管理、工程管理、信息化管理、审计管理、纪检监察、党群管理、外事管理、教育教学、离退休管理、生活后勤服务、综合治理及其他

3）技能操作岗位按职业（工种）类别划分，具体包括物探、钻井、测井等一级类别（专业）30类（见表4-4），采油工、集输工等二级类别（工种）618类。同时，按照相关规定对技能操作中涉及的特种作业分为电工作业、锅炉司炉等12类（见表4-5）。

表 4-4　技能操作岗位一级类别划分

岗位序列	一级类别（专业）
技能操作	物探、钻井、测井、采油采气、集输、井下作业、天然气加工、炼油、化工、化纤、化肥、催化剂与添加剂、工程施工、建材、机械制造、机械修理、仪器仪表安装修理、发电、供电、供水供热、通信、交通运输、科研与分析化验、物资供销、环境保护、技术监督、计算机、广播电视新闻出版、后勤服务、农副业

表 4-5　特种作业类别划分

岗位序列	类　别
技能操作	电工作业、锅炉司炉、压力容器操作、起重机械作业、爆破作业、金属焊接（气割）作业、煤矿井下瓦斯检验、机动车辆驾驶、机动船舶驾驶（轮机操作）、建筑登高架设作业、压力管道作业、危险品化学品操作

2. 岗位分级

纵向上，按照组织架构层级进行岗位分级。对于传统科层制企业可按照现有组织架构，分为集团总部、直属单位、二级单位等层级；对于实施扁平化管理及平台式、团队型、网络型等新型组织结构管理的企业，可结合企业实际划分岗位层级。岗位层级架构见表4-6。

表 4-6　岗位层级架构

管理层级	内部机构
第一层	机关
	机关职能部门
	机关职能部门内设机构
第二层	机关
	机关职能部门
	机关职能部门内设机构
	……
第三层	机关
	机关职能部门
	……
……	

（二）统一岗位命名规则

按既定规则对岗位进行标准化、规范化命名，便于统一管理，提升岗位识别度。从岗位序列角度出发，分类别设定通用的命名规则，岗位名称统一表述为“××岗”（见表4-7）。

表 4-7　岗位命名规则

序号	岗位序列	类别	岗位名称	示例
1	管理		职能/业务领域/组织名称+职务+岗	人力资源处处长岗、采油管理区经理岗
2	专业技术	基层团队负责人	组织名称+组长/队长/主任+岗	政工组长岗、井下作业队队长岗

续表

序号	岗位序列	类别	岗位名称	示例
3	专业技术	其他专业技术人员	主要职责关键词+岗	政工岗、地质技术岗
4	技能操作	基层团队负责人	组织名称+站长/班长+岗	采油站站长岗、仪表班班长岗
5		其他技能操作员工	工种名称+工或装置+操/操作+岗	钳工岗、天然气净化装置外操岗
6	其他	销售类	社会惯用称谓+岗	销售经理岗
7		社会化岗位	社会惯用称谓+岗	司机岗

（三）统一岗位编码规则

按照一定的规则和方式进行统一的标准化编码，赋予每一个岗位唯一的“身份号码”，形成岗位标准化数据库，为岗位检索、信息统计分析提供依据。

岗位编码采用英文字母和数字相结合，“岗位序列代码+岗位层级代码+岗位代码”的方式分类逐级进行编排（如图4-3所示）。具体由1个英文字母和10个阿拉伯数字组成。英文字母代表岗位分类，其中管理序列为M、专业技术序列为T、技能操作序列为W；阿拉伯数字代表岗位层级和类别，其中1~2位数字代表岗位层级，3~4位数字代表一级类别代码，5~7位数字代表二级类别代码（不划分到二级类别的，可用“000”补充全），8~10数字代表岗位序号（按岗位重要性或在工作流程中的先后顺序排序）。

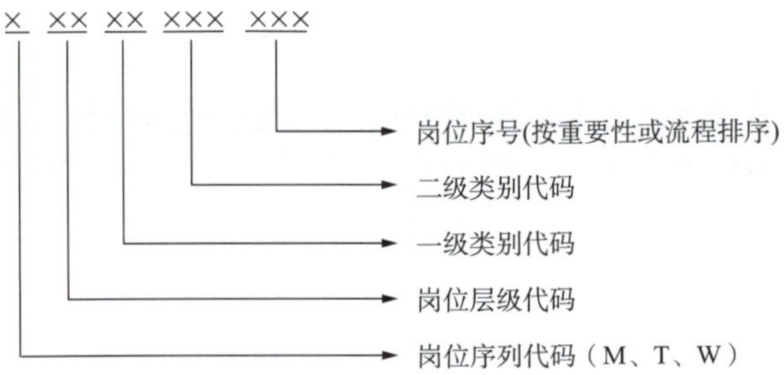

图4-3　岗位编码规则

以某油田分公司党委书记岗为例，岗位编码如图4–4所示。

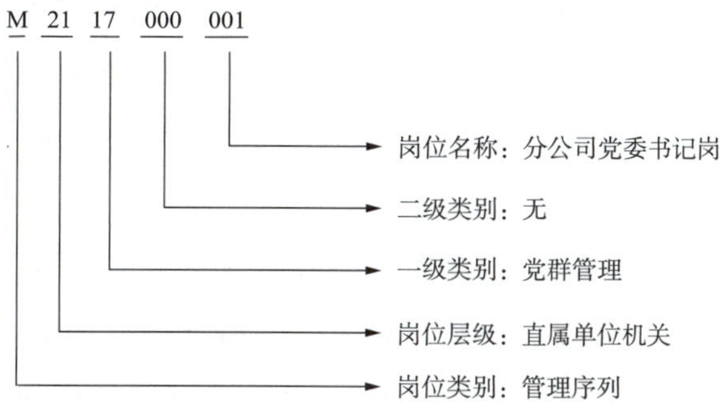

图4–4　分公司党委书记岗编码示例

人力资源处薪酬管理岗的岗位编码如图4–5所示。

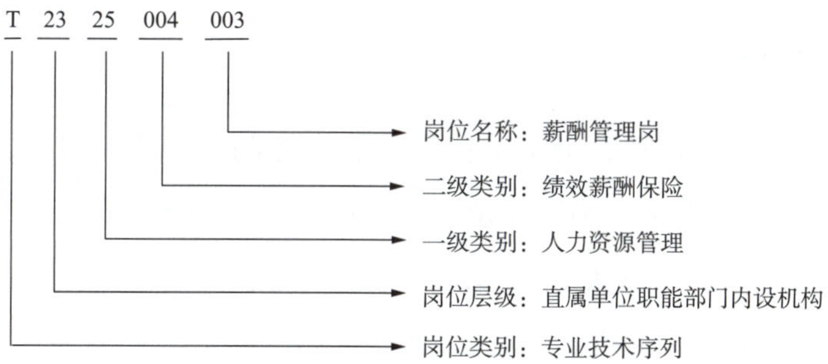

图4–5　薪酬管理岗编码示例

第二节　岗位设置规范

岗位设置规范，是指导企业编制基层专业队伍岗位设置的标准性操作准则，是企业落实岗位管理技术与用工制度改革要求的有效载体，回答了“企业基层专业队伍应该设置哪些岗位，配置什么用工，定多少人员，每个岗位对应什么主体及相关专业（工种）、执行什么倒班方式，是否属涉密、敏感岗位、不相容岗位”等问题。

岗位设置规范的编写以《中国石化岗位设置方法论和工具箱操作手册》《中国石化岗位目录编制规范》《中国石化岗位类别划分和用工配置规范（试行）》

和《中国石化人力资源管理信息系统用户手册》等文件和规范为参考，重点帮助企业进行基层专业队伍的岗位设置与管理，通过明确不同岗位的用工配置模式、定员数量及倒班方式，明晰人才培养与储备的主体方向和相关专业领域，以及对岗位是否涉密、敏感和不相容岗位情况进行标定，为业务的精益管理和人力资源的精准优化提供支撑。

为兼顾各板块企业，岗位设置规范模板包含了较多要素，而规范的编写不是一成不变的，企业可根据自身实际对要素进行选填或增减。同时，不仅仅局限基层专业队伍岗位设置规范，企业也可参照编制其他模块的岗位设置规范，实现企业所有业务全覆盖。

一、岗位设置规范编制基本要求

（一）编制原则

1）依法合规。严格执行劳动法律法规、内控制度等相关规定，明确岗位的倒班方式以及不相容岗位，确保岗位设置规范依法、合规。

2）规范统一。以专业队伍为单元，合理界定业务范围，梳理业务流程，理顺岗位职责，实现同类机构的岗位设置、名称、职责等要素统一，用工配置、专业要求、倒班方式等管理规范。

3）体现前瞻性。结合企业使命愿景及战略目标，对标专业发展的前沿技术与先进企业的成熟做法，进行成果转化和内涵优化，持续提升管理水平。

（二）主要内容

包括岗位设置、岗位编号、岗位名称、岗位序列、岗位类别、用工配置、岗位定员、专业/工种、倒班方式、涉密敏感及不相容岗位等10项内容。表4-8是某上游企业井下作业队岗位设置规范。

表 4-8　井下作业队伍岗位设置规范

序号	岗位编码	岗位名称	岗位序列	岗位类别	用工配置	主要及相关专业 / 工种	岗位定员	倒班方式	涉密、敏感、不相容岗位
1	T5002026001	队长岗	专业技术岗	关键岗位	劳动合同制员工	修井工艺技术	1	—	—
2	T5030001001	书记岗	专业技术岗	关键岗位	劳动合同制员工	党建	1	—	—
3	T5002026002	副队长岗	专业技术岗	关键岗位	劳动合同制员工	修井工艺技术	1	—	—
4	T5002026003	工程技术员	专业技术岗	关键岗位	劳动合同制员工	修井工艺技术	1	—	—
5	T5001006001	地质技术员	专业技术岗	关键岗位	劳动合同制员工	油气地质与勘探	1	—	—
6	T5009011001	HSE管理岗	专业技术岗	关键岗位	劳动合同制员工	井下作业安全	1	—	—
7	T502500001	经管员岗	专业技术岗	关键岗位	劳动合同制员工	人力资源管理	1	—	—
8	W5022007001	大班司机岗	技能操作岗	关键岗位	劳动合同制员工	主体：汽车驾驶员 相关：井下作业工	1	—	—
9	W5006001001	司钻岗	技能操作岗	关键岗位	劳动合同制员工	主体：井下作业工 相关：井下作业工具工	4	四班三倒	—
10	W5006001002	副司钻岗	技能操作岗	关键岗位	劳动合同制员工	主体：井下作业工 相关：井下作业工具工	4	四班三倒	—

二、岗位设置规范的编制方法

（一）编制规范

1. 岗位设置

按照一岗多责、大岗位设置原则，突出专业特点，坚持流程优化，适应技术进步，强化职责梳理和流程优化，合理确定岗位名称及数量，实现相同专业队伍岗位设置规范、统一。

2. 岗位编码、名称、序列

要与企业的岗位目录相一致，相关规则详见本章第一节《岗位目录编制规范》。

3. 岗位类别

按照岗位重要程度、技术含量、工作环境、所需资格条件等岗位特性，岗位划分为关键岗位、主体岗位、普通岗位三个类别，在实际应用中，岗位类别划分并不是一成不变的，要依据企业发展战略与业务定位的变化及时作出动态调整。具体来说：

1）关键岗位为重要程度和技术含量高的岗位；

2）主体岗位为重要程度和技术含量一般的岗位；

3）普通岗位为重要程度和技术含量较低、流动性强、社会劳动力资源丰富、经短期培训即可上岗的岗位。

4. 用工配置

岗位用工配置模式主要包括：劳动合同制员工、劳务派遣制用工、非全日制用工、短期（阶段性）合同工、合资公司用工。

1）用工差异化：坚持业务“三分一定”（全部业务分主营、非主营，主营业务分核心、非核心，核心业务分管理技术型和劳动密集型，根据业务划分定用工模式），加快向“管理+技术”型生产经营模式转型，持续调整用工模式。主营核心业务使用合同制员工为主，主营非核心业务和劳动密集型业务有序纳入业务（服务）外包范围，逐步退出非主营业务。

2）用工多元化：对符合法律规定的临时性、辅助性、替代性岗位，可依规使用劳务派遣制用工；对工作任务具有不均衡特点的岗位，加大非全日制用工使用力度；对用工具有阶段性特点的业务（项目），合理使用短期（阶段性）合同工。

3）用工市场化：在销售贸易、工程技术服务、金融资本、电子商务、科技研发等业务领域和新兴产业，以及国际化经营单位探索推进职业经理人（属于劳动合同制员工）、职业雇员制度［属于劳动合同制员工或短期（阶段性）合同工］。

5. 岗位定员

岗位定员要与定员标准相衔接、与安全生产要求相匹配，同时充分考虑外部项目倒班轮休、新业务开拓人才储备与接替等具体情况，结合技术先进、设备、业务量等因素，参考岗位评价与工作量测定情况，合理确定定员，并依据企业实际进行动态调整。

6. 专业/主体

明确岗位所对应的主体及相关专业或工种，便于企业在岗位用工选拔配置、后备人才储备接替，以及人员队伍结构统筹优化等方面提供方向和依据。同时，根据“大岗位”设置需要，一个岗位也可能涉及多个相关专业或工种。

1）主体专业（工种）：是指履行岗位要求需要取得的主体专业技术任职资格或职业技能等级资格。

2）相关专业（工种）：是指与本岗位要求的主体专业（工种）关联度较高，或通过转岗培训即可获得适用人才的专业或工种。

7. 倒班方式

在遵守国家有关劳动法律法规、保障员工休息休假和身心健康的前提下，对连续性生产岗位实行多班制。多班制是指每天组织两班或两班以上的员工轮流生产，实现合理使用劳动力，提高设备利用率。例如，四班三倒等。

8. 涉密、敏感、不相容岗位

对于涉密、敏感及不相容三类岗位的，要强化动态管理。

1）涉密岗位：是指在工作中，由于岗位工作内容及业务流程等关系涉及或掌握国家秘密、商业秘密以及相关工作秘密的岗位。

2）敏感岗位：是指在企业经营管理活动过程中，在人、财、物、产、供、销、工程管理、基建管理等管理环节，需要重点加强风险防控的岗位。

3）不相容岗位：是指因规范管理和强化内部控制的需要，遵循互相制约、权力分割、稽核对证等原则，有关工作岗位必须分设，有关工作业务必须分由两个或以上的岗位分别负责完成，以达到相互监督和相互制衡目的的岗位。例如，会计岗和出纳岗、采购岗和验收岗等。

（二）注意事项

岗位设置规范以基层专业队为单元进行编制，要统筹做好与相关制度的衔接与承接，遵循岗位管理的自身规律与专业要求，体现业务发展的前瞻性与人力资源管理的先进性。

第三节　岗位说明书的编制规范

岗位说明书是岗位管理的重要基础性文档，通过工作分析，将岗位信息进行收集、分析及综合处理，用规范的书面文本形式对组织内各岗位的工作职责、工作关系、工作权限、工作条件等做出统一的规范的指导性文件。

遵循“7W1H”的编制原则，形成中国石化岗位说明书的标准模板，如图4-6所示，可以回答“岗位应该做哪些工作，这些工作对任职者有哪些要求”等

中国石化 SINOPEC

岗位说明书模板

岗位名称		岗位编码		岗位序列	
所属部门		专业/工种			
直接上级	汇报对象	直接下属		下属人数	
岗位设置目的					
岗位职责	工作职责	工作任务			
岗位权限	人事权限				
	财务权限				
	业务权限				

中国石化 SINOPEC

工作目标					
工作关系	内部关系				
	外部关系				
任职条件	专业学历				
	资质证书				
	知识技能				
	工作经验				
	个性特质				
工作条件	工时制度				
	工作地点				
	职业卫生				
HSSE风险	安全风险				
	环保风险				
编制人		编制部门		编制日期	
审核人		审核部门			
备注					

图4-6　中国石化岗位说明书模板

核心问题，为企业的招聘录用、目标管理、绩效考核、岗位价值评估、工作分派以及制定职业培训规划等提供原始资料和科学依据。

编制岗位说明书是一项重要、复杂且具有技术含量的工作，工作量大，需要各相关部门人员协同配合。为了保证岗位说明书使用的语言风格一致，专业用词规范，各项内容表述清晰，能够被所有员工充分理解，在编制过程中需要遵守相应的编制规范。

一、岗位说明书编制基本要求

（一）编制原则

按照“7W1H”的编制原则，岗位说明书应包括：Who什么岗位，Why为何要设置这个岗位，How怎么做，What具有什么权限、做到什么程度、什么风险，Whom和哪些岗位有关联，Which需要哪些资质条件，When何时做，Where在哪里做。

（二）主要内容

包括岗位基本信息、岗位设置目的、岗位职责、岗位权限、工作目标、工作关系、任职条件、工作条件和HSSE风险、编制信息等十项内容。

二、岗位说明书的编制方法

（一）编制规范

为便于更加准确的理解、应用岗位说明书模板，下面对岗位说明书的岗位基本信息、岗位设置目的等十项内容的编制规范进行详细的阐述和解释。

1. 岗位基本信息

岗位基本信息回答了“7W1H”中的“什么岗位（Who）”的问题，是本岗位区别于其他岗位的基本标志，主要包括岗位名称、岗位编码、岗位序列、所属部门、专业/工种、上下级岗位和其他相关信息。表4-9是某岗位基本信息的填写示例。

表 4-9　岗位基本信息示例

<table>
<tr><td>岗位名称</td><td colspan="3">采油管理区经理岗</td><td>岗位编码</td><td>M4101000001</td><td>岗位序列</td><td>管理</td></tr>
<tr><td>所属部门</td><td colspan="3">采油管理区</td><td colspan="2">专业/工种</td><td colspan="2">生产管理</td></tr>
<tr><td>直接上级</td><td>采油厂厂长岗</td><td>汇报对象</td><td>采油厂厂长岗、党委书记岗</td><td>直接下属</td><td>采油管理区副经理岗</td><td>下属人数</td><td>160</td></tr>
</table>

1）岗位名称：主要反映本岗位的工作内容，它是区分其他岗位的首要表现。按照本企业岗位目录编制规范填写。

2）岗位编码：作为岗位的唯一标识，每一个编码都与岗位名称一一对应，按照本企业岗位目录中的岗位编码填写。

3）岗位序列：按照集团公司人才成长通道建设要求，划分为管理、专业技术（技术子序列/专业子序列）、技能操作。

4）所属部门：指本岗位所属单位（部门）名称，明确到基层队（车间、科室），按人事部门明确的组织机构名称填写。

5）专业/工种：指岗位所属专业/工种类别，按照本企业岗位目录类别划分填写。

6）直接上级：直接汇报的上级岗位，即直接主管，一般只有一个。

7）汇报对象：在工作中涉及的上级岗位，具体指本岗位向哪些岗位汇报工作，可能会有多个。

8）直接下属：直接进行管理的下属岗位。

9）下属人数：岗位任职者的全部下属人数，包括直接下属人数与间接下属（直接下属的直接下属、一直追溯）人数。

2. 岗位设置目的

岗位设置目的回答了“7W1H”中的“为何要设置这个岗位（Why）”的问题，是用简练而准确的语言高度概括本岗位在单位及部门中存在的目的。表4-10是某岗位设置目的的填写示例。

表 4-10 岗位设置目的示例

采油管理区经理岗	
岗位设置目的	依据国家有关劳动法、环境保护法、人事、薪酬、财务管理等方面的法律法规和企业发展战略，在上级领导的指导下，开展单位的经营管理、HSSE、人力资源等工作，确保完成经营管理指标

岗位设置目的的描述结构一般为：工作根据+工作内容+工作目的，一般采用“在（依据、政策）……/根据……范围内/指导下/影响下，做……（工作），达到……（目标）”。

1）工作根据：是指实现本岗位任务目标或目的，需要遵守的限制条件或规则，主要包括企业使命、战略、策略、方针、政策、规章制度、价值取向、资金、技术、方法以及国家和地区的法律法规等。

2）工作内容：是指实现本岗位任务目标或目的的具体做法，包括制定具体的规程、标准、模式以及采用某些创新性思想或思维方式等。总是始于一个主动词，并表达出这一动词要达到的主要结果或目的。

3）工作目的：是指本岗位存在的目的和对企业的价值，它源于企业生产经营活动的各个层面，紧密围绕本岗位工作任务和内容，主要来自管理、财务、人力资源、生产作业、产品与服务、市场营销等领域。例如：销售业绩、产品质量、服务质量、生产管理效率、利润、成本、费用、安全生产、员工满意度等。

3. 岗位职责

岗位职责回答了“7W1H”中的“怎么做（How）”的问题，是岗位所需要履行的、长期的、经常性的、占用大量时间的应该做的主要工作。

在编制过程中，要使用准确规范化的动词，在不同层级应该有不同的描述，尽量避免采用模糊化动词，以明确权责，避免歧义。如“负责、管理”等，不能描述为“负责领导交办的其他工作”等不具体的内容。尽量避免使用简称及缩写词语，以便不熟悉本企业、本行业或专业术语的人都能读懂。表4-11是某岗位职责的填写示例。

表 4-11 岗位职责示例

采油管理区经理岗		
岗位职责	工作职责	工作任务
	生产管理	根据下达油气生产任务，编制单位油气产量运行计划
		根据下达生产经营计划，编制单位经营计划并组织实施
	HSSE管理	组织实施单位安全管理规划
		审核单位环境保护管理规划方案

1）工作职责：是对本岗位主要工作内容的高度综合概括。描述的内容仅为工作的成果而非过程，描述结构为：名词+动词。填写时应按重要性或工作流程进行排序。工作职责描述一般不超过8项。

2）工作任务：是对每项工作职责怎么做的描述，即本岗位日常所从事的具体活动或行为，反映该岗位员工80%以上工作时间从事的工作内容，例外工作或临时性工作不列入工作任务，描述结构为：动词+名词（名词性短语）+进一步描述任务的词语（解释性短语）。每一项工作职责可以有多项工作任务的描述，但所有任务一般控制在12项以内，高层一般为8~12项，中层一般为6~10项，基层一般为4~8项。

4. 岗位权限

岗位权限回答了“7W1H”中的“具有什么权限（What）”的问题，是指企业授予岗位任职者对本岗位工作所涉及的人、财、事的处置权力以及开展与工作相关活动的决定权。岗位权限对应岗位职责，责权应统一。表4-12是某岗位权限的填写示例。

表 4-12 岗位权限示例

采油管理区经理岗		
岗位权限	人事权限	具备对员工奖惩决定权，任免建议权 对员工出勤的监督权
	财务权限	对单位预算内费用使用、审批权限 对单位预算外费用审批权限

续表

采油管理区经理岗		
岗位权限	业务权限	具有对生产经营任务计划的审批权 具有HSSE工作的监控权

通过人、财、事三个方面将岗位在组织内部的管理权限加以明确，具体分为“人事权限”“财务权限”及“业务权限”。描述结构为：“具有（处理、对）……事项的××权”。

1）人事权限。一般包括：对部门内直接下属员工的考核、评价权；对部门内员工奖惩建议权，岗位调整、任免建议权；对员工奖惩的决定权；有对下属员工和各项业务工作的监督权；对直接下级的选择权、调配权、考核权、淘汰建议权；对所属下级的工作争议有裁决权；对下级的岗位调配有建议权；对员工出勤的监督权。

2）财务权限。一般包括：对本部门预算内费用使用权、审批权；对本部门预算外费用审批权。

3）业务权限。一般包括：具有××的决策权；具有××的建议权；具有××工作的监控权；具有××工作的知情权。

5. 工作目标

工作目标回答了“7W1H”中的“做到什么程度（What）”的问题，是指本岗位任职者工作完成的效果，即每一项工作职责的绩效考核标准。工作目标可以从定性指标或定量指标两个方面进行描述，描述结构为：“……工作顺利完成，无违章操作，无安全事故”“完成……工作，及时率/准确率/完成率100%”等。表4-13是某岗位工作目标的填写示例。

表 4-13 工作目标示例

采油管理区经理岗	
工作目标	1. 全年油气产量指标，完成率100%
	2. 全年利润指标，完成率100%
	3. 全年HSSE管理指标达标

续表

采油管理区经理岗	
工作目标	4. 绩效考核到位100%
	5. 无员工违规违纪，无影响队伍稳定事件发生

6. 工作关系

工作关系回答了“7W1H”中的“和哪些岗位有关联（Whom）”的问题，描述了一个岗位与内部上下级、外部相关岗位之间的工作联系，具体可以分为“内部关系”“外部关系”。描述结构为：“××岗（部门）：指导、完成、做好、配合、协助完成……工作”。表4-14是某岗位工作关系的填写示例。

表4-14　工作关系示例

采油管理区经理岗		
工作关系	内部关系	副经理岗：安排部署全区各方面工作及运行
		全区涉及岗位：指定工作目标，安排生产组织运行
	外部关系	厂长岗：完成厂领导安排部署的工作目标，汇报需要解决的问题
		地面工程抢维修中心：配合及协调完成各单位工作目标，确保生产正常运行

1）内部关系：是直属上下级管理和内部合作关系，它反映了本岗位接受哪个岗位指导和监督，可以指导和监督哪个岗位，与哪个岗位共同协作。

2）外部关系：是本岗位与企业外部相关岗位之间的工作关系，反映了岗位工作合作界面的复杂程度。

7. 任职条件

任职条件回答了“7W1H”中的“需要哪些资质条件（Which）”的问题，包括专业学历、资质证书、知识技能、工作经验、个性特质。表4-15是某岗位任职条件的填写示例。

表 4-15　任职条件示例

采油管理区经理岗		
任职条件	专业学历	取得本科学历石油工程等相关专业
	资质证书	取得石油工程相关专业高级及以上专业技术任职资格
	知识技能	精通生产经营管理知识，熟悉人力资源管理、财务管理等知识，具备较强领导能力，组织、协调能力等
	工作经验	从事5年以上生产经营管理专业工作经验
	个性特质	具备良好的身体素质，能够适应野外工作环境，无重大疾病隐患，四肢健全、视力良好等

1）专业学历：是指岗位对于任职者的最低学历要求以及相关专业背景要求。描述结构为："取得硕士及以上学历××专业""取得本科学历××专业""取得大专学历××专业""取得中专学历××专业""取得技校/高中学历"。

2）资质证书：是指岗位要求必须取得的职业技能等级或专业技术任职资格以及相关资质证书，主要包括职业技能等级证、特种作业证、HSE证、压力容器操作证等。描述结构为：管理岗、专业技术岗，"取得××系列相关专业××级及以上专业技术任职资格、HSE证等"；技能操作岗，"取得××（工种）职业技能等级证××级及以上、特种作业证、HSE证、压力容器操作证等"。

3）知识技能：是指胜任该岗位需要具备的知识、技能等。描述知识水平的掌握程度一般用"了解、熟悉、掌握、熟练运用、精通"；描述能力水平的高低程度一般用"较好/较强、很好/很强、出色"。描述结构为："了解、熟悉、掌握、熟练运用、精通……知识，具有较好/较强、很好/很强、出色……能力"。

4）工作经验：是指在本企业从事该工作的工作经历。描述结构为："从事××年（及）以上××（相关）专业工作经验"。

5）个性特质：指胜任岗位应该具备的基本身体素质和体能等特质，包括年龄、性别、身体健康状况、有无影响本岗位工作的生理及心理疾病以及是否适应本岗位工作环境等。描述结构为："具备良好的身体素质，能够适应室内（一线野外、沙漠、高空、井下作业、高温、冰冻等）工作环境，无重大疾病隐患，四肢健全、视力良好等”。有特殊要求时，可对性别、年龄、身高、体重等条件进行描述。

8. 工作条件

工作条件回答了“7W1H”中的“何时做（When）”“在哪里做（Where）”的问题，体现岗位的工时制度、工作环境和对任职者适应环境的基本要求。表4-16是某岗位工作条件的填写示例。

表4-16　工作条件示例

采油管理区经理岗		
工作条件	工时制度	标准工时制
	工作地点	办公室、一线野外
	职业卫生	常处办公室、一线野外环境下，配备劳动保护用品，不存在潜在人身危险

1）工时制度：体现该岗位工作时间的稳定性，一般描述为标准工时制、综合计算工时制和不定时工作制等3种类别。有特殊要求时，可对排班方式进行描述。

2）工作地点：体现该岗位工作中所处的地理环境，一般描述为室内、室外；城镇、乡村；国内、国外；丘陵、山区、沙漠及海洋等。如工作地点有两个或阶段性工作场所应分别描述。

3）职业卫生：体现岗位任职者在劳动过程中有无噪声、粉尘、有毒有害物质或气体，是否处于高温、高湿或低温、冰冻条件，工作的危险性等级及相应的劳动保护措施和设备等。可以参照《生产性粉尘作业危害程度分级》（GB 5817—2009）、《高温作业分级》（GB/T 4200—2008）等国家标准进行描述。描述结构为：“常处高温（高湿、噪声、低温、冰冻等）环境下，有时需接触有毒有害物质（气体）等，配备劳动保护用品，存在（不存在）潜在人身危险或有××职业病危险”。

9. HSSE风险

HSSE风险影响回答了“7W1H”中的“什么风险（What）”的问题，主要描述本岗位出现工作疏忽或违章时，对安全或环境造成危害的可能性，包括安全风险和环保风险两个方面。表4-17是某岗位HSSE风险的填写示例。

表 4-17　HSSE 风险示例

采油管理区经理岗		
HSSE风险	安全风险	很少发生伤害事故，可能造成一般环境污染
	环保风险	

1）安全风险：从引起伤害事故和损失的角度描述，一般描述为基本不会引起伤害事故、很少发生伤害事故/影响较轻、一般不会引发较大伤害事故/损失较重和引发伤害事故的可能性较大/损失严重。

2）环保风险：从对环境保护的污染程度方面进行描述，一般描述为基本不会对环境造成污染、可能造成一般环境污染、可能造成较大环境污染和可能造成重大环境污染。

10. 编制信息

为便于日后岗位说明书的修订，需要记录岗位说明书的编制人、编制部门、编制日期和审核人、审核部门等信息。

1）编制人一般为岗位直接上级。

2）编制部门是直接上级所在部门。

3）编制日期为编制最终稿的日期。

4）审核人一般为人力资源部门人员，按照编制规范对岗位说明书的表述风格、统一形式等方面进行审核和验收。

（二）注意事项

1）岗位说明书填写应该针对“岗位”，而非针对岗位上的“人”。

2）对岗位的分析、描述应该着重那些“应该”做的，而非“目前正在”做的工作。

3）岗位说明书要体现岗位长期及经常性的工作，而不是短期或临时性工作。

4）岗位说明书是对岗位的分析提炼，而非岗位的明细。

5）岗位说明书要体现一定的前瞻性。

三、岗位说明书的验收标准

岗位说明书编制完成后，还需要对照之前岗位分析的结果，由人力资源部门和相关业务部门人员对其进行审核和反馈，经过反复修改确认无误后，完成对岗位说明书的验收。

总之，一份完善的岗位说明书，能够在不需要参考其他工作描述的情况下，了解到该岗位的工作任务和职责；同时，基于统一的编制模板，岗位说明书的各项内容是所有岗位均具备并能够进行相互比较的，以岗位说明书为依据可以开展岗位价值评估。岗位说明书与岗位价值评估的对应关系如图4–7所示。

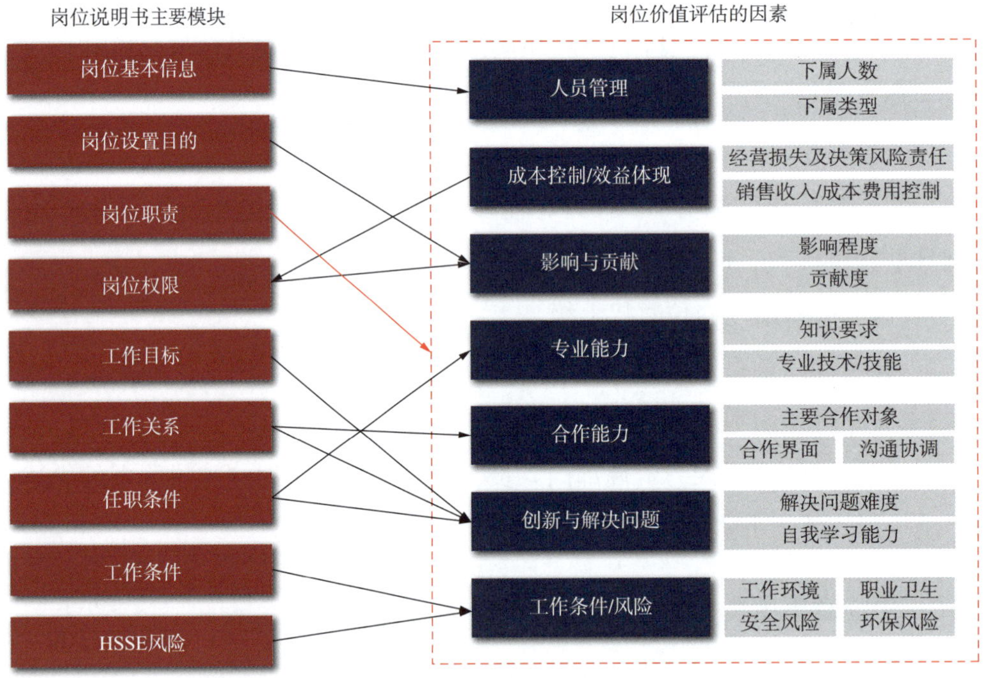

图4–7　岗位说明书、岗位价值评估模型对应图

四、岗位说明书的拓展

岗位说明书并非是一成不变的，此版本岗位说明书作为中国石化岗位管理

体系中的配套文件，更多的是考虑在整个集团公司的通用性和实用性，通用性是指每个板块企业都能用，实用性是指能够支撑岗位价值评估。企业在实际应用中，可根据企业的历史、文化及特殊要求，增加相应模块内容，定制适合企业特点的岗位说明书模板，例如增加组织岗位关系图、工作流程、绩效考核标准等内容。也可不局限于岗位说明书，进一步延伸细化，编制企业岗位作业指导书、岗位工作手册、岗位工作标准等。

例如，某油田企业结合实际需求，编制了岗位工作标准，既包含岗位说明书的相关内容，又增加了工作内容、要求及方法等内容，明确岗位人员干什么的同时，告诉岗位人员怎么干、干到什么程度。以下是某操作岗位接班业务流程的具体描述：

1）接班人员应按规定穿戴劳保，佩戴上岗证进入采气区，做好接班准备工作；

2）接班人员必须认真查阅交班记录，听取交班人员对当班生产，设备运行、安全、消防器材等情况的详细介绍；

3）交接班双方逐一对设备、生产运行参数、附属设备、物品、卫生进行检查，并做好交接记录；

4）所有的物品有详细清单，交接双方要逐一核实，丢失或损坏的物品按采气区有关规定赔偿；

5）接班方有权对卫生差或资料、设备、物品、相关工作等交待不清的拒绝接班，并责令其整改，做到“人员不清不交接，运行参数不清不交接，设备状态不清不交接，生产状况不清不交接”；

6）交接双方对所有内容交接完毕，在《交接班记录本》签字后，交班人员方可离开现场，接班人员全面负责井站工作，所有的安全、设备、生产、资料及其他相关工作等由接班方负全责。

第四节 岗位竞聘规范

岗位竞聘是从企业内部人员中择优选拔优秀员工进行岗位配置的系统过程，

是实现人岗匹配的有效手段之一。结合业务发展需求及人才盘点情况，企业可通过岗位竞聘的方式持续推进人力资源优化配置，在强化人岗匹配的同时，有效打造企业良好的选人机制与用人文化，推进员工岗位能上能下、跨界能进能出，倒逼用工的显化与优化，为三项制度改革的顺利实施奠定基础。

《岗位竞聘规范》为企业人力资源优化配置提供了一种可参考的实用方法与途径，明确了岗位竞聘过程中工作组织建立、实施方案制定、具体操作实施及竞聘结果应用等主要环节的流程与要点。需要特别强调的是，岗位竞聘过程中，要坚持“两全”操作，即全员参与、全程公开，从方案的制定、公布到具体操作实施，员工都要积极参与其中，真正体现大家的事情大家办，确保岗位竞聘的公信力和满意度。

《岗位竞聘规范》的应用，须以企业扎实的岗位管理等基础工作为依托，以企业良好的绩效文化作基础，企业可根据自身实际对规范中明确要素和事项进行相应的调整与优化。

一、岗位竞聘规范编制基本要求

（一）编制原则

1）全员参与。采取直接参与、推选代表、参与监督等方式，让符合竞聘条件的每名员工都可以平等参与或知悉岗位竞聘的规则与过程，做到“大家的事情大家办”。

2）竞争择优。针对不同岗位特点，灵活采用考试考核、述职答辩、民主评价等方式，全面客观地评价员工的能力与素质，择优确定合格人选。

3）全程公开。将涉及员工关心关注的所有环节全部公开，让每项操作都有规则，每项规则都事前公开，每项公开都令人信服，以公开促公平，以公平保公正。

（二）基本内容

岗位竞聘规范重点围绕“四阶工作法”，明确了竞聘工作组织、竞聘方案制定、具体操作实施、竞聘结果应用四个阶段的工作流程与要点，并提出了每个阶段的应用指导，如图4-8所示。

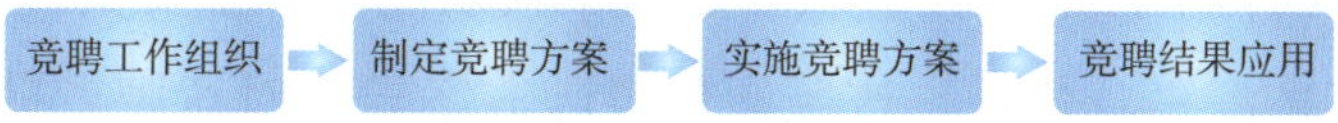

图4-8　岗位竞聘实施流程

二、岗位竞聘的工作流程

（一）成立竞聘工作组织

企业结合工作实际，成立竞聘工作领导小组、竞聘方案起草小组、竞聘监督小组、竞聘考核评价小组四个工作小组，赋予不同的职责，确保岗位竞聘工作有序推进，如表4-18所示。

表 4-18　竞聘工作组织各小组职责分工表

小组名称	主要职责
竞聘工作领导小组	组织协调、指导监督
竞聘方案起草小组	制定方案、宣传解释
竞聘监督小组	过程监督、结果复审
竞聘考核评价小组	考核评价、结果应用

竞聘工作领导小组由竞聘单位的上级业务分管领导、相关部门负责人、竞聘单位负责人组成。主要负责岗位竞聘过程中问题的协调与处理，并对竞聘工作进行指导和监督。

竞聘方案起草小组由上级相关部门负责人、竞聘单位负责人、员工代表组成（可选举不同层次的岗位员工参与）。主要负责制定岗位竞聘方案并广泛征求意见，修改完善及方案宣传解释工作。

竞聘监督小组由上级部门监督人员和竞聘单位监督人员组成。其中上级部门监督人员，可由纪检、党群、人力资源部门的负责人组成；竞聘单位监督人员，由竞聘单位推选的员工代表组成。主要负责对岗位竞聘工作全过程监督，对竞聘结果复核，保证岗位竞聘工作公开、公平、公正。

竞聘考核评价小组由上级人力资源、组织部门及竞聘岗位的上级业务主管部门负责人、竞聘单位业务分管领导、员工代表组成。主要负责做好岗位竞聘人员申报、信息汇总、公示，按照岗位竞聘方案要求对竞聘者进行考核评价，并及时公布竞聘结果。

（二）制定竞聘方案

由竞聘工作领导小组牵头，竞聘方案起草小组组织制定岗位竞聘实施方案，按照民主程序，反复征求员工代表意见，对方案进行修订完善，及时发布并做好方案实施的宣传解释。

岗位竞聘实施方案一般包括但不限于以下内容：竞聘组织机构、公布竞聘信息（竞聘岗位、要求、人数及竞聘人员范围）、岗位竞聘报名、报名资格审查、考核评价方式及标准、具体实施程序和实施时间、公布竞聘结果、结果应用等。

（三）组织竞聘报名

在竞聘监督小组监督下，竞聘考核评价小组按照岗位竞聘条件、任职资格、报名者相关资料及《岗位竞聘申请表》，对报名人员进行资格初审，将符合条件的报名人员上报竞聘工作领导小组并进行公示。

（四）考核评价

结合企业经营生产情况、工作模式及岗位自身特点，可采取考试考核、民主评价或综合评价等不同方式进行。例如，参加管理和专业子序列岗位竞聘，其考核方式可以是多种方式的组合；参加技术子序列和技能操作序列岗位竞聘，其考核方式可以采用专业区分度高、操作实践性强的考核方式。

1. 考试考核

根据对竞聘岗位的任职资格要求，结合岗位职责，通过书面考试或在线随机出题的形式，对应聘人员的基本知识、专业知识、管理知识、综合分析能力和文字表达能力等素质及实践操作能力进行考量。分专业分工种设置统一考核方式，在竞聘监督小组监督下，组织竞聘者进行现场测试并评分，按照考试分数由高到低排序，确定岗位拟聘人选。

2. 述职答辩

采用小组述职答辩的形式，即由至少3名竞聘考核评价小组成员对竞聘者进行面对面考核评价。述职答辩的方式有竞聘陈述、现场问答、情景模拟等，操作过程中可采用其中一种，或两种以上组合实施，如表4-19所示。

表 4-19 述职答辩方式

小组名称	主要职责
竞聘陈述	竞聘者进行竞聘陈述，陈述内容可包括：竞聘岗位、个人基本情况、竞聘优势、岗位工作设想、工作目标和措施等
现场问答	由竞聘考核评价小组针对竞聘者进行现场提问，提问内容可包括专业理论、实践知识、工作标准等
情景模拟	由竞聘考核评价小组假设一系列情境，通过竞聘者在这些情景下的反应情况，对竞聘者进行考核评价

（五）公布结果

按照竞聘岗位人数，综合考核评价结果，确定岗位拟聘人选，在竞聘单位公示栏内公示，一般为5个工作日。

（六）竞聘结果应用

对于竞聘上岗的员工，由人力资源部或组织人事部门办理岗位调整或任职手续。对于竞聘后未上岗的员工，要高度重视其情绪感受和个人发展等问题，设身处地做好一人一事的思想工作，鼓励其尽快调整心态与状态。同时，经征求员工意愿，视情况妥善做好其培训、转岗、退出岗位、解除劳动合同等事宜，确保整体工作平稳运行。

第五章　岗位管理的应用方向

开展岗位管理工作应当具备内部和外部的全景视角，从内部视角来看，通过岗位优化设计，明晰岗位基本描述和任职资格信息，厘清岗位职责、岗位权限、工作目标、工作关系和工作条件，进而通过岗位价值评估确定岗位在组织中的相对价值；从外部视角来看，岗位管理要与招聘配置、绩效考核、薪酬分配、员工培训等工作配套衔接，才能为人力资源管理体系搭建奠定基础，真正实现落地应用。

本章以岗位管理（Position）为出发点，详细阐述了岗位管理与薪酬管理（Payment）、绩效管理（Performance）、人才成长（People）、招聘配置（Placement）之间的内在联系，明确了岗位优化设计、岗位价值评估等在人力资源开发中的应用方向（如图5-1所示）。

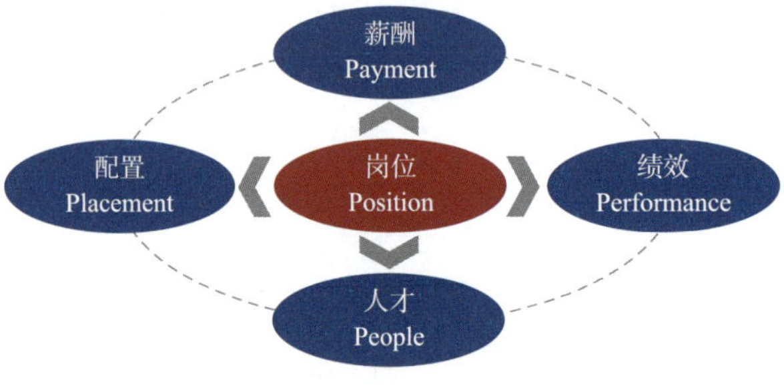

图5-1　岗位、绩效、薪酬、人才、配置5P结构图

第一节　在薪酬分配方面的应用

薪酬分配是人力资源价值链管理的重要环节，也是员工激励的最直接手段之一。收入分配制度改革是三项制度改革的重要内容，2018年，集团公司在部署推

进三项制度改革时，明确提出“四管三放两加强”的薪酬管理模式，即总部主要管宏观政策、管总额调控、管高管薪酬、管指导监督，对事业部（专业公司）和企业下放薪酬制度制定权、薪酬结构调整权、激励方式选择权，同时加强规范性检查、加强效果评估，进一步增强企业薪酬分配自主权。企业要在细分队伍序列、专业领域的基础上，打破“大一统”的薪酬分配制度，坚持为岗位价值、能力水平、业绩贡献付薪理念，建立多元化、差异化的当期激励制度。

实施多元化、差异化薪酬，需要对企业现有薪酬重新锚定，在这一过程中，岗位价值评估是必不可少的环节。运用岗位价值评估结果，清晰划分岗位等级，有效提高岗位的内外部可比性，一方面，通过明确岗位的相对价值关系，为薪酬内部公平提供合理依据；另一方面，通过与外部同层级岗位薪酬价位对标，逐步建立具有市场竞争力的薪酬体系，最终实现竞争性和公平性的统一。

一、建立岗位等级体系

在进行岗位价值评估之前，企业的岗位结构通常只能反映内部的管理关系，但是却无法体现不同岗位对企业的贡献程度大小，而与之衔接的薪酬制度也主要依照职位层级进行区分，无法体现不同岗位之间的价值差异。

图5-2是某企业岗位价值评估之前的岗位结构图。

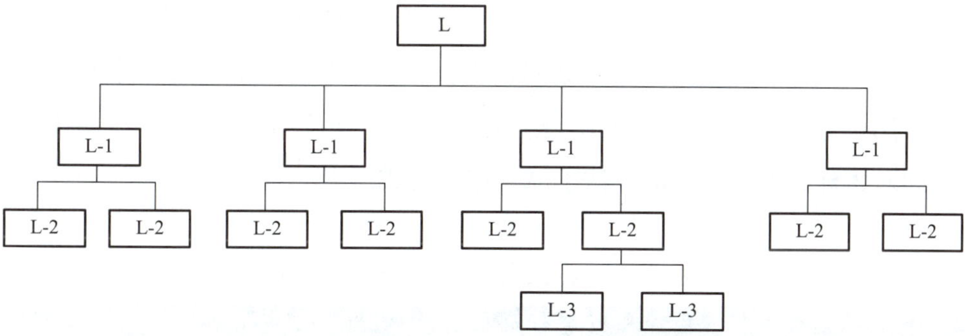

图5-2 岗位价值评估前的岗位结构图

由于岗位价值评估的过程是将提供不同产品或服务的具体劳动，通过“要素”还原为体现付酬要素的抽象劳动，所以基于岗位价值评估，企业可以克服不同岗位间由于工作内容不同、工作性质不同、岗位职责不同等造成的对比障碍，实现不同类别岗位之间的比较，构建差异化的岗位结构，形成岗位价值序列和价值图谱。同时，评估结果可以为企业建立基于岗位价值的薪酬结构奠定基础，对于同一层级的岗位，岗评后的薪酬水平则完全不同，岗位在组织中的相对价值得以体现。

进行岗位价值评估后，某企业的岗位结构图如图5-3所示。

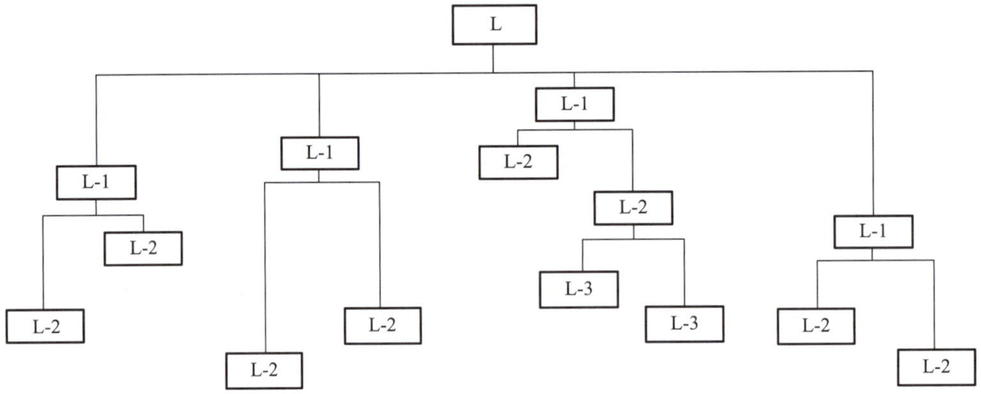

图5-3　岗位价值评估后的岗位结构图

可以看到，岗位价值评估后的岗位结构，能够体现不同岗位的重要性和排序，真实反映岗位价值的大小。相应地，岗评后的薪酬制定能体现出岗位差异，使薪酬结构更加合理公平。

进行岗位价值评估，最直接的成果是划归岗位等级，建立同层级岗位等级体系。基于评估岗位原始得分，运用等差、等比或插标等不同的划分方法，确定岗位等级数目和点数幅度进行划岗归级，实现由评价结果向岗位等级的转换，形成《岗位等级表》（见表5-1）。这一过程标志着岗位相对地位和相对价值的确定，同时也标志着岗位价值评估主体工作的完成。

表 5-1　某企业岗位等级表（示例）

岗位等级	岗位序列						
	管理类			专业技术类		技能操作类	
	储运部	化验部	信息中心	电仪中心	物资供应中心	电仪中心	运行区
18	储运部主任岗						

续表

岗位等级	岗位序列						
	管理类			专业技术类		技能操作类	
	储运部	化验部	信息中心	电仪中心	物资供应中心	电仪中心	运行区
17	储运部副主任岗	化验部主任岗	信息中心主任岗				
16		化验部副主任岗	信息中心副主任岗				
15							
14							一类区域班长岗
13				电气工程师岗 仪控工程师岗 电力调度班长岗	采购岗		二类区域班长岗
12				电力调度岗		发电班长岗 系统总变班长岗	三类区域班长岗 一类区域内操岗
11							二类区域内操岗
10					仓储管理岗		三类区域内操岗 一类区域外操岗
……	……	……	……	……	……	……	……

二、建立市场化的薪酬分配模式

国务院《关于改革国有企业工资决定机制的意见》明确指出，在“一适应、两挂钩”的基础上，国有企业要建立健全以岗位工资为主的基本工资制度，参照劳动力市场工资价位并结合企业经济效益，合理确定不同岗位的工资水平。这就要求企业对同行业、同地区各类岗位的薪酬市场价位进行对标调查，依据公司薪酬管理理念、人工成本预算及支付能力，建立市场化薪酬分配模式，在实现内部公平的同时，逐步提升薪酬外部竞争力。

作为衡量岗位价值的一把标尺，岗位价值评估为薪酬分配提供内部公平性的依据，其过程为薪酬设计引入了程序公平，通过让员工参与薪酬分配决策，薪酬分配结果的科学性、合理性和公平性得到认可；其结果促进了薪酬分配的结果公平，实现以岗定薪，合理拉开薪酬差距。

同时，岗位价值评估也为实现薪酬外部竞争性奠定了基础。由于将某两个组织全员平均薪酬水平单独进行比较的意义并不大，因此薪酬外部竞争性的比较基础更多要落在不同组织的相似岗位上，特别是存在市场竞争的关键岗位上。在进行岗位价值评估之后，基于相同的衡量尺度和标准，可以实现关键岗位更精准有效的薪酬对标。

（一）对标外部薪酬

首先，收集外部薪酬数据，绘制薪酬曲线。根据岗评结果划分岗位等级后，选取标杆岗位与市场薪酬水平对标取值（一般取75分位、50分位、25分位等分位水平），通过回归拟合绘制薪酬曲线，如图5–4所示。

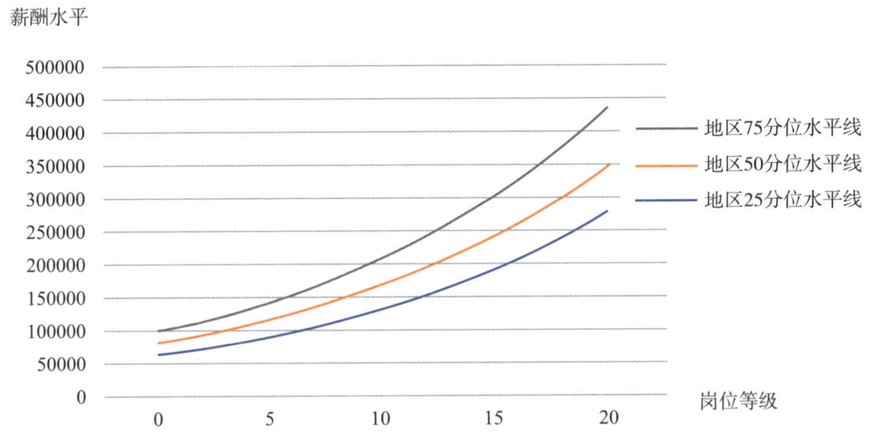

图5–4　对标不同分位薪酬水平线示意图

其次，根据企业所处发展阶段及战略定位，明确企业薪酬实施策略（主要有领先型、跟随型、滞后型及混合型薪酬策略），并对薪酬水平进行拟合回归，重新绘制薪酬曲线，如图5-5所示。

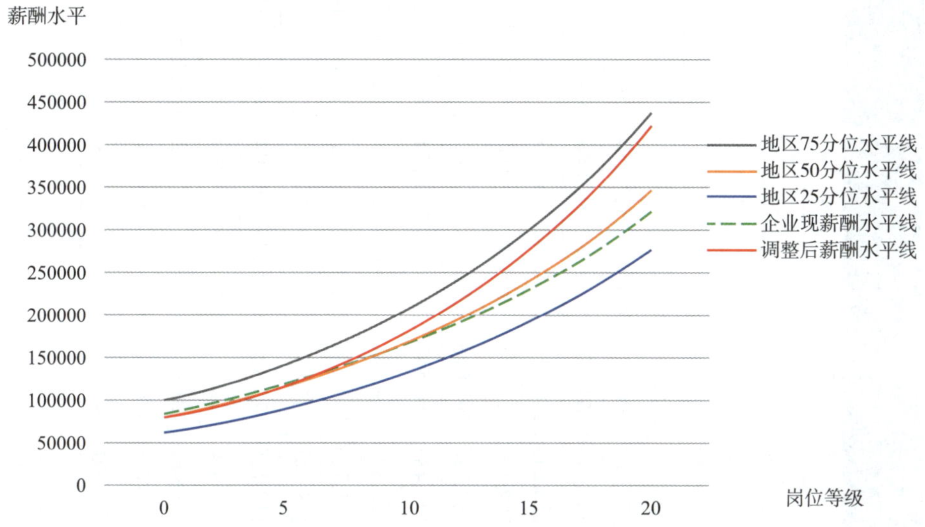

图5-5　企业薪酬水平线调整示意图

（二）薪酬宽带设计

结合岗位层级划分，确定各岗位等级薪酬宽带幅度。

首先，根据各岗位等级的薪酬宽带中间值与薪酬宽带幅度，计算出对应宽带的最大值和最小值。一般情况下，岗位等级较低的薪酬宽带幅度相对较小，岗位等级较高的薪酬宽带幅度相对较大。

其次，确定各相邻岗位等级的薪酬宽带重叠程度。通常情况下，岗位等级越高，对应的薪酬宽带重叠度也越高。

最后，确定各薪酬宽带的薪档数。通常情况下，基层岗位采用等差的方式设置薪档；中高层岗位采用等比的方式设置薪档。

完成薪酬宽带设计后，形成薪酬宽带图，如图5-6所示；同时形成薪酬标准表，如表5-2所示。

表 5-2 薪酬等级与岗位等级配套示意表

<table>
<tr><th rowspan="2">岗位等级</th><th rowspan="2">管理序列</th><th colspan="4">专业技术序列</th><th rowspan="2">薪酬等级</th><th colspan="7">薪酬等级表</th></tr>
<tr><th>A类</th><th>B类</th><th>A类</th><th>B类</th><th>1档</th><th>2档</th><th>3档</th><th>4档</th><th>5档</th><th>6档</th><th>7档</th></tr>
<tr><td>……</td><td></td><td rowspan="4">……</td><td rowspan="5">……</td><td rowspan="7">……</td><td rowspan="8">……</td><td>……</td><td>……</td><td>……</td><td>……</td><td>……</td><td>……</td><td>……</td><td>……</td></tr>
<tr><td>……</td><td></td><td>……</td><td>……</td><td>……</td><td>……</td><td>……</td><td>……</td><td>……</td><td>……</td></tr>
<tr><td>……</td><td></td><td>……</td><td>……</td><td>……</td><td>……</td><td>……</td><td>……</td><td>……</td><td>……</td></tr>
<tr><td>……</td><td></td><td>……</td><td>……</td><td>……</td><td>……</td><td>……</td><td>……</td><td>……</td><td>……</td></tr>
<tr><td>……</td><td>中层正职（A类）</td><td rowspan="2">高级专家</td><td>……</td><td>303,800</td><td>319,864</td><td>336,777</td><td>354,585</td><td>373,335</td><td>393,075</td><td>413,860</td></tr>
<tr><td>……</td><td>中层正职（B类）</td><td rowspan="2">高级专家</td><td>……</td><td>276,182</td><td>290,785</td><td>306,161</td><td>322,350</td><td>339,395</td><td>357,341</td><td>376,236</td></tr>
<tr><td>……</td><td>中层副职（A类）</td><td rowspan="2">专家</td><td>……</td><td>251,074</td><td>264,350</td><td>278,328</td><td>293,046</td><td>308,541</td><td>324,856</td><td>342,033</td></tr>
<tr><td>……</td><td>中层副职（B类）</td><td rowspan="2">专家</td><td rowspan="2">专家</td><td>……</td><td>228,249</td><td>240,318</td><td>253,026</td><td>266,405</td><td>280,492</td><td>295,323</td><td>310,939</td></tr>
<tr><td>……</td><td></td><td rowspan="3">主任师</td><td rowspan="2">专家</td><td>……</td><td>207,499</td><td>218,471</td><td>230,023</td><td>242,186</td><td>254,992</td><td>268,476</td><td>282,672</td></tr>
<tr><td>……</td><td></td><td rowspan="3">主任师</td><td rowspan="3">高级主管</td><td>……</td><td>188,636</td><td>198,610</td><td>209,112</td><td>220,169</td><td>231,811</td><td>244,069</td><td>256,974</td></tr>
<tr><td>……</td><td></td><td rowspan="3">高级主管</td><td>……</td><td>171,487</td><td>180,555</td><td>190,102</td><td>200,154</td><td>210,738</td><td>221,881</td><td>233,613</td></tr>
<tr><td>……</td><td></td><td rowspan="3">副主任师</td><td>……</td><td>155,897</td><td>164,141</td><td>172,820</td><td>181,958</td><td>191,580</td><td>201,710</td><td>212,376</td></tr>
<tr><td>……</td><td></td><td rowspan="3">副主任师</td><td rowspan="3">主管</td><td>……</td><td>141,725</td><td>149,219</td><td>157,109</td><td>165,417</td><td>174,163</td><td>183,373</td><td>193,069</td></tr>
<tr><td>……</td><td></td><td rowspan="3">主管</td><td>……</td><td>128,841</td><td>135,654</td><td>142,826</td><td>150,379</td><td>158,330</td><td>166,702</td><td>175,517</td></tr>
<tr><td>……</td><td></td><td rowspan="3">主管师</td><td>……</td><td>117,128</td><td>123,321</td><td>129,842</td><td>136,708</td><td>143,937</td><td>151,548</td><td>159,561</td></tr>
<tr><td>……</td><td></td><td rowspan="3">主管师</td><td rowspan="3">业务主办</td><td>……</td><td>106,480</td><td>112,110</td><td>118,038</td><td>124,280</td><td>130,851</td><td>137,771</td><td>145,055</td></tr>
<tr><td>……</td><td></td><td rowspan="3">业务主办</td><td>……</td><td>96,800</td><td>101,918</td><td>107,308</td><td>112,982</td><td>118,956</td><td>125,246</td><td>131,869</td></tr>
<tr><td>……</td><td></td><td rowspan="6">……</td><td>……</td><td>88,000</td><td>92,653</td><td>97,552</td><td>102,711</td><td>108,142</td><td>113,860</td><td>119,880</td></tr>
<tr><td>……</td><td></td><td rowspan="5">……</td><td rowspan="5">……</td><td>……</td><td>80,000</td><td>84,230</td><td>88,684</td><td>93,373</td><td>98,311</td><td>103,509</td><td>108,982</td></tr>
<tr><td>……</td><td></td><td rowspan="4">……</td><td>……</td><td>……</td><td>……</td><td>……</td><td>……</td><td>……</td><td>……</td><td>……</td></tr>
<tr><td>……</td><td></td><td>……</td><td>……</td><td>……</td><td>……</td><td>……</td><td>……</td><td>……</td><td>……</td></tr>
<tr><td>……</td><td></td><td>……</td><td>……</td><td>……</td><td>……</td><td>……</td><td>……</td><td>……</td><td>……</td></tr>
</table>

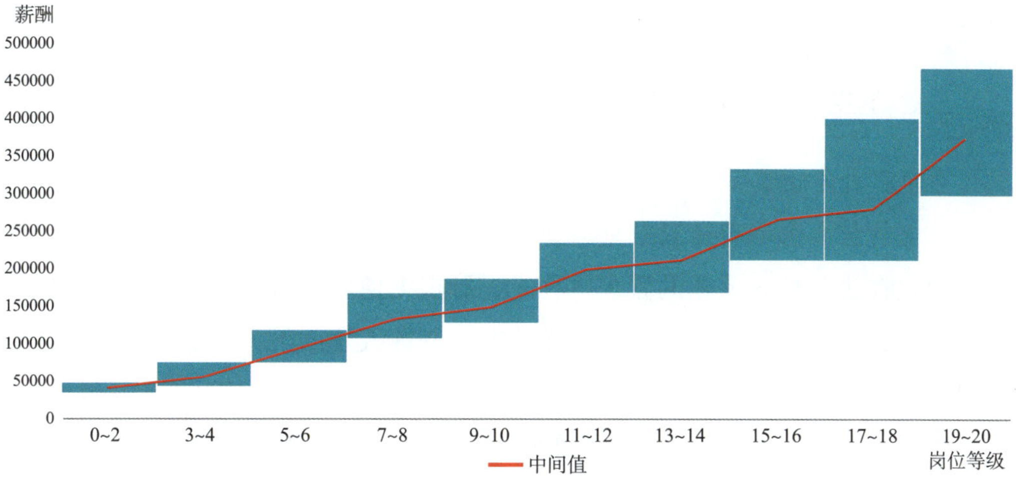

图5-6　薪酬宽带设计示意图

（三）薪酬结构设计

薪酬结构设计主要是明确薪酬具体项目以及固定薪酬和浮动薪酬的比例。企业可根据自身实际，结合岗位层级的划分情况，明确各层级岗位薪酬不同类别占比，形成企业薪酬结构表，如表5-3所示。

表 5-3　薪酬结构表示意图

岗位层级	固定薪酬（基本工资+津补贴）	浮动薪酬	
		绩效工资	年终奖
16~20级	40%	40%	20%
11~15级	50%	30%	20%
6~10级	60%	30%	10%
1~5级	70%	20%	10%

（四）薪酬测算及实施

薪酬测算的目的是比较薪酬设计前后的变化，对薪酬变化过大的情况进行适当处理，在总体设计上确保薪酬方案的平稳过渡。通常做法是：比较薪酬总体涨幅是否在预算范围内，同时比较员工薪酬设计前后的差异，若波动较大进行相应处理，根据企业实际承受能力采用保守式、平稳式、激进式等实施方式。

三、建立核心人才中长期激励机制

对于企业来说，只有解决好价值创造、评价、分配这一价值链的链接和平衡，才能使核心人才有持续的动力为企业创造价值，形成人才的动力机制。因此，企业在进行核心人才的管理过程中，可根据他们的价值贡献，采用价值分工的方式，合理匹配到价值相当的岗位上，发挥人才的最大效能，引领人才创造更高的价值。

股权、期权、分红权等中长期激励，目前已成为企业留人的重要手段之一。以股权激励为例，作为一种重要的利益分配机制，"定人"即确定股权激励对象，是关乎股权激励实施成功与否的关键一步。一般来说，根据企业发展需要、岗位重要程度综合考虑，除上市公司的董事、高级管理人员之外，股权激励的对象还应当包括对公司经营业绩和未来持续发展有直接影响的管理、技术和业务骨干。通过开展岗位价值评估，可以识别关键岗位核心骨干人才，从而确定激励对象人员范围；同时，依据岗位价值评估结果，也能够为每名激励对象的股权分配额度提供参考。

即时案例

1）某油品销售企业建立核心、关键、主体岗位层级。该企业在岗位价值评估的基础上，应用统计聚类方法，将岗位划分为核心岗位A、核心岗位B、主体岗位A、主体岗位B、普通岗位A和普通岗位B 6个层级。基于岗位分层，该企业开展了用工模式优化、薪酬优化和员工精准培养等工作，有效推动了企业三项制度改革深入实施。

2）某炼化企业划分岗位类别。该企业依据岗位价值评估结果，将参评岗位划分为6类岗，其中处级岗位为一类岗，科级岗位划分为二类岗、三类岗，普通员工划分为四类、五类、六类岗，在不同职级间拉开一定差距，体现岗位价值差异，并建立了与岗位挂钩的基本薪酬等级表，完善了人才成长通道地图，激发了员工岗位建功的主动性和岗位成才的积极性。

3）某工程企业建立“岗位+职位”薪酬体系。该企业在岗位与薪酬体系衔接上，明确“岗位”是对“事”，“职位”是对“人”，由“岗位+职位”共同决定固定的基本薪酬（即工资），项目角色及实际工作绩效决定灵活的非基本薪酬（即奖金）。该薪酬体系适应公司项目制管理的特点，有效推动了公司的项目执行和业务发展，得到了公司领导及员工认可。

4）某工程企业由于竞争对手企业的高薪引人政策，带来本企业核心骨干人员的流失风险，其中维检中心的生产车间员工流失率较高，严重影响公司的正常运作。为此，该企业对岗位进行重新梳理并开展了岗位价值评估，在与外部市场薪酬数据进行对标的基础上，实现了对关键岗位的有效识别，进而对其薪酬策略与薪酬标准进行了重新定位和调整。最终，新的薪酬标准得到了公司上下尤其是生产线员工的普遍认可，员工流失率得到有效控制。

第二节 在绩效管理方面的应用

绩效管理是企业战略目标实现的重要支撑。一个完整的绩效管理循环，遵循PDCA原则分为四个环节，即：绩效计划、绩效辅导、绩效考核与绩效反馈。其中，绩效考核是绩效管理的中心环节。企业可按照类别化、差异化的思路，针对不同业务特点、不同岗位职责设计不同的考核办法，分层分类建立绩效指标体系，明确绩效考核标准，加强绩效过程管理，注重反馈改进环节，形成闭环管理体系，进而持续改善个人绩效、创造优异组织绩效。

岗位设计和岗位分析，为关键绩效指标KPI的设置提供了依据，为绩效体系的调整提供标准和科学指导，促使员工真正由“考什么，做什么”转变为“做什么，考什么”，实现“以岗定薪、按绩取酬”的目标。同时，通过岗位价值评估，打造价值创造文化，有效传递价值创造、价值评价、价值分配理念，让差异化分配深入人心，激发广大干部员工干事创业动力。

一、基于岗位分析提取关键绩效指标

提取关键绩效指标（Key Performance Indicator, KPI）是做好绩效管理的第一

步。KPI来源于组织战略的层层分解，因此在设置KPI时，通常分两个层面进行提取：一方面是自上而下，将公司战略核心任务分解到各部门，再由部门分解到岗位，确定各岗位的KPI指标，主要反映企业的中长期发展战略、年度目标以及近期重点工作，指标偏向计划类；另一方面是自内而外，从岗位职责中提取KPI，通过对岗位的工作内容、性质以及完成这些工作所具备的条件等进行研究和分析，反映组织对岗位工作成果的期望，指标偏向职能类。

在实际应用中，需要自上而下和自内而外相结合对KPI进行提取，通过“三单递进”梳理职责、“五维融合”整合岗位，岗位职责和目标更加清晰，流程更加优化，在此基础上，对组织KPI和部门KPI进行抓取、提炼；同时，依据岗位说明书，把握岗位的关键职责，能够更好地保证岗位KPI设置的准确度。

二、依据岗位说明书明确绩效考核标准

提高绩效考核的科学性和准确性，前提是明确绩效考核内容，关键是确定绩效考核标准。岗位说明书作为岗位分析的结果文件，不仅规定了岗位的职责范围和考核内容，更为绩效考核标准的建立和绩效考核实施提供了依据。

基于岗位说明书，企业与员工共同探讨本年度的工作任务、应达到的目标、衡量的标准以及工作完成的时限，从数量、时间、效果、成本、满意度等方面，分析每一项工作职责的产出，制定详尽的细化标准、量化指标，双方约定形成衡量各项考评指标得分的标准。在这一过程中，员工明确了企业对其工作的要求目标，清楚地知道工作的努力方向，能够促使自身提高能力素质、改进工作方法以达到更高的绩效水平。同时，依据岗位说明书，建立完善绩效考核“一人一表”，避免“一把尺子量到底”的粗放式考核管理，也减少了后续考核过程可能出现的偏差和冲突。

三、应用岗评结果设计绩效考核方式

常见的绩效考核方式包括KPI、GS、KCI、KBI以及360度考核等，对于不同业务、不同阶段和不同岗位来说，绩效考核应该体现类别化、差异化的特点，采取不同的绩效考核方式，形成分层分类绩效考核指标体系。

应用岗位价值评估结果划分岗位等级后，对于较高层级的岗位，通常其工

作的责权更重、自由度更高，绩效考核应关注工作成果和目标达成情况，不必过分追求对细节和过程的控制；对于较低层级的岗位，其受管控的程度较高、自由度较低，则适宜采取更加细化量化的绩效考核指标，在关注结果的同时关注过程和细节。

此外，岗位的层级还影响考核周期的选择，一般来说，岗级越高，其考核周期相对更长。因此，针对不同等级的员工，建议采用不同的绩效考核方式，可参考表5-4。

表 5-4 不同岗位层次绩效考核建议表

<table>
<tr><th>人员层次及类别</th><th>考核指标</th><th>考核周期</th><th>考核办法</th></tr>
<tr><td>高层主管</td><td>KPI、KBI、GS</td><td>年度</td><td>公司管理会议、述职报告的方式（按月收集和分析KPI数据）</td></tr>
<tr><td>部门负责人</td><td>KPI</td><td>半年度</td><td>根据部门目标责任书，对绩效进行评估（按月收集和分析KPI数据）</td></tr>
<tr><td>基层人员</td><td>GS+职责KPI</td><td>季度</td><td>根据绩效考核表，对绩效进行评估，同时结合能力的培养</td></tr>
<tr><td>营销人员/生产人员</td><td>KPI为主</td><td>季度</td><td>根据绩效考核表，对绩效进行评估，同时结合能力的培养</td></tr>
<tr><td>设计/研发人员</td><td>KPI与KCI相结合</td><td>季度/年度</td><td>根据绩效考核表，对绩效进行评估，同时结合能力的培养</td></tr>
<tr><td>管理支持/服务性的工作人员</td><td>GS+职责KPI</td><td>季度</td><td rowspan="2">据绩效考核表，对绩效进行评估，同时结合能力的培养</td></tr>
<tr><td>事务性工作人员</td><td>GS+职责KPI+KBI</td><td>季度</td></tr>
<tr><td>一线操作人员</td><td>KPI+KPI</td><td>月度</td><td>按照岗位作业指导书，同时结合行为态度考核</td></tr>
</table>

注：1. KPI（关键绩效指标）是用来衡量某一职位工作人员工作绩效表现的具体量化指标，是对工作完成效果的最直接衡量，分为业务KPI与职责KPI。

2. GS（关键任务）是衡量员工工作范围内的一些相对长期性、过程性、辅助性、难以量化的关键任务的考核办法。

3. KCI（关键素质指标）是用来评价员工能力与潜能的综合型指标，作为业绩考核的有效补充。

4. KBI（行为态度指标）是评价企业员工德勤能的指标。

即时案例

1）某科研院所通过“三单递进”提取KPI。在“三单递进”梳理职责的基础上，提炼得到绩效考核项目中2个子类8个指标的KPI。KPI指标体系较为准确地体现了岗位日常的关键工作，得到了科研院所领导及员工的认可（见表5-5）。

表 5-5　岗位职责——KPI 指标对应关系表

类别	考核项目		定义 / 描述
	子类	指标名称	
KPI（80%）	工作量	科研生产项目任务	不同级别的科研生产项目任务
		设计	地震勘探设计、地震资料处理设计、地震资料综合解释设计等
		现场施工与跟踪	现场地震数据采集和质量控制、井位现场跟踪等
		材料	会议材料、汇报材料、论证分析材料、技术交流材料等
		学术知识产权成果	学术著作；学术论文；专利
	工作质量	处理流程参数测试与技术设计	地震勘探部署方案；处理方案与流程参数测试；处理技术设计；解释技术设计
		生产科研项目任务过程研究	地勘设计采集参数论证及观测系统设计，后续跟踪研究；地震目标处理过程研究（叠前预处理、初至拾取与速度建模、偏移成像等）；地震资料综合研究与井位部署、跟踪研究（层位标定、解释方案、储层预测、速度建模、构造研究、综合评价与井位跟踪等）；地球物理新方法、新技术研究
		生产科研项目任务成果质量	地震勘探技术设计报告；地震目标处理成果数据体和成果报告；地震资料综合研究与井位部署论证成果和成果报告；地球物理新方法、新技术研究成果与报告

2）某事业单位开展岗位价值评估调整绩效工资标准。该事业单位组织机构由机关职能部门与下属公司构成。长期以来，机关职能部门员工工作量较为饱和，但工资标准低于下属公司平均水平。通过调查分析后发现，单位没有进行岗位价值评估，工资标准大都根据个人经验和主观认识直接确定；同时缺乏有效的绩效管理，机关部门员工的工资标准基本依据传统事业单位的行政级别确定，绩效表现与奖金兑现严重脱节。为此，单位开展了岗位梳理和岗位价值评估，对总体薪酬中的绩效工资按照评估结果进行了重新分配，同时将考核指标分为常规性工作职责KPI与专项关键任务GS，有效解决了机关部门员工绩效考核难的问题。

第三节 在人才开发方面的应用

人力资源是企业的第一资源，企业的竞争力取决于人才的竞争力。中国石化建设世界一流能源化工公司，就必须要有一流的人才队伍，建立人才开发体系，把人才这个企业最核心的资产经营好、管理好，塑造强大的人才竞争力。

建立人才开发体系，首先需要建立基于岗位的人才标准体系，搭建任职资格模型；其次，要完善横向畅通纵向贯通的人才发展机制，进而科学规划员工的职业生涯发展；最终落实人才培养机制，加快实现人力资本增值，但无论如何，人才开发都离不开岗位管理这个基础工作。在实际工作中，企业战略落实和价值创造都需要以岗位为载体，人才工作也需要与岗位管理紧密结合，避免单纯就能力建模型、就人才谈标准的问题。

一、完善基于岗位的任职资格模型

任职资格模型，通常包括三个部分：基本资格、能力标准和行为标准，其中基本资格是硬性的基本条件，包括学历背景、过往经验、业绩成果等方面的内容；能力标准也称胜任力模型，主要包括知识、技能以及个性、动机等冰山下的部分；行为标准则反映取得优秀绩效的任职者“应该做什么”，通常通过梳理业务流程、分析关键行为进行提取。

因此，搭建任职资格体系的基础是进行合理的岗位设置。在实际应用中，任职资格标准的划分可以依据岗位说明书进行提取，例如，将任职资格模型与中国石化岗位说明书标准模板进行对应，由于岗位说明书对岗位“任职条件”做出了规范说明，界定了“专业学历、资质证书、知识技能、工作经验、个性特质”等五项内容，可以直接提取岗位说明书中“专业学历、资质证书、工作经验”的内容，形成任职资格模型中“基本资格”的内容；同理，岗位说明书中的“知识技能”可以与任职资格模型中的“能力标准”进行对应。

由于不同岗位的工作职责、工作条件和权限范围不同，它所需要的基本要求和行为能力也是不同的，因此任职资格模型具有差异性的特点：基于不同的岗位层级，可以将任职资格模型分为高层领导力（Leadership Model）、中层胜任力（Competence Model）以及低层级任职资格（Qualification Model）三个层次，如图5-7所示。

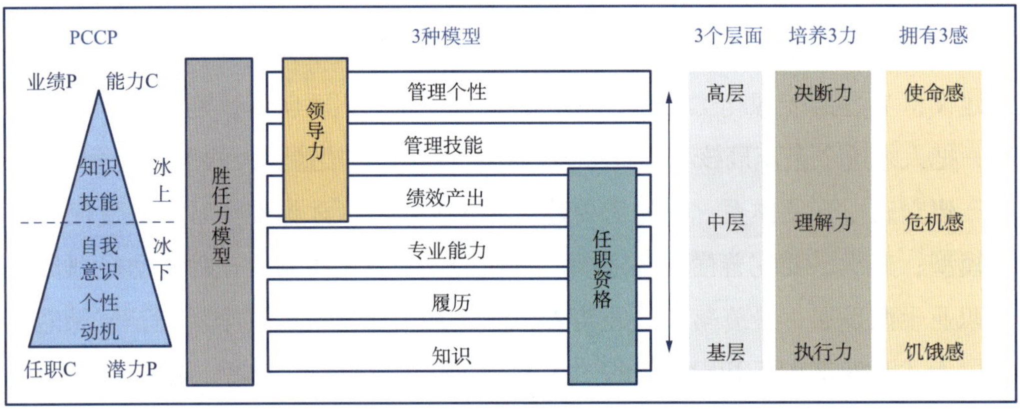

图5-7　基于岗位层级的任职资格模型示意图

二、完善成长通道建设，指导职业生涯规划

中国石化新一轮人才成长通道建设，规范了职位序列、健全了职位层级体系，形成了纵向畅通、横向贯通的人才成长通道体系。结合人才成长通道建设，岗位管理按照分级分类的原则进行设计，实现三个“相对应”，即：岗位说明书与人才标准体系相对应、岗位序列与人才成长通道相对应、岗位层级与人才成长通道职级相对应，同时基于分级分类原则形成的岗位图谱，也能够指导员工

职业生涯规划与发展。

具体来说，一方面，通过岗位价值评估，识别岗位价值高地，可以针对不同类别不同层级岗位，设置差异化的职级起点和终点。对于关键性岗位，其任职要求和岗位贡献相对较高，对应的职级设置也相对较高；对于岗位价值较低的基础性岗位，只需要一般性的专业人才即可满足生产工作需要，职位层级的上限设置也相对较低。

另一方面，通过岗位分级分类，能够为员工提供清晰的职业成长路径和发展目标，指导员工的职业生涯规划。同时，人力资源部门可以基于岗位价值图谱进行职业生涯规划，设计晋升路线图，为员工提供清晰的职业成长路径，实现在不同层级岗位轮换，促进员工成长和职业发展。

三、开发学习地图，实现精准培训

开发和绘制学习地图，只有在岗位划分明晰、人才成长通道完善的基础上，才能更好地对不同岗位序列设置不同类型的课程，形成系统全面的学习发展路径。在具体绘制学习地图的过程中，按照岗位分类不同设计横向发展轮岗学习包，按照岗位分级不同设计纵向发展的晋级学习包，为员工职业生涯提供进阶式的培训课程体系、开发完善培训模块，可以帮助员工在较短的时间内快速掌握新的岗位工作内容，更快地转换高层级岗位所需要的工作方式和技能，促进培训更具针对性和实效性。

同时，通过对岗位要求和员工能力水平进行“人–岗”匹配形成雷达图，聚焦能力差距，针对较为薄弱的项目开展定制化的培训，靶向提升人才核心能力，从而增强员工培训和人才开发的针对性，解决以往漫灌式培训的缺陷。

即时案例

1）某油品销售企业搭建岗位胜任力模型和任职资格体系。该企业对岗位价值评估筛选出加油站站长和地市公司、县市公司机关等关键岗位，通过战略演绎、资料研读和BEI访谈等方法，建立了覆盖三支序列的40个胜任力模型，并在此基础上结合“3D+E”人才标准体系框架（如图5–8所示），构

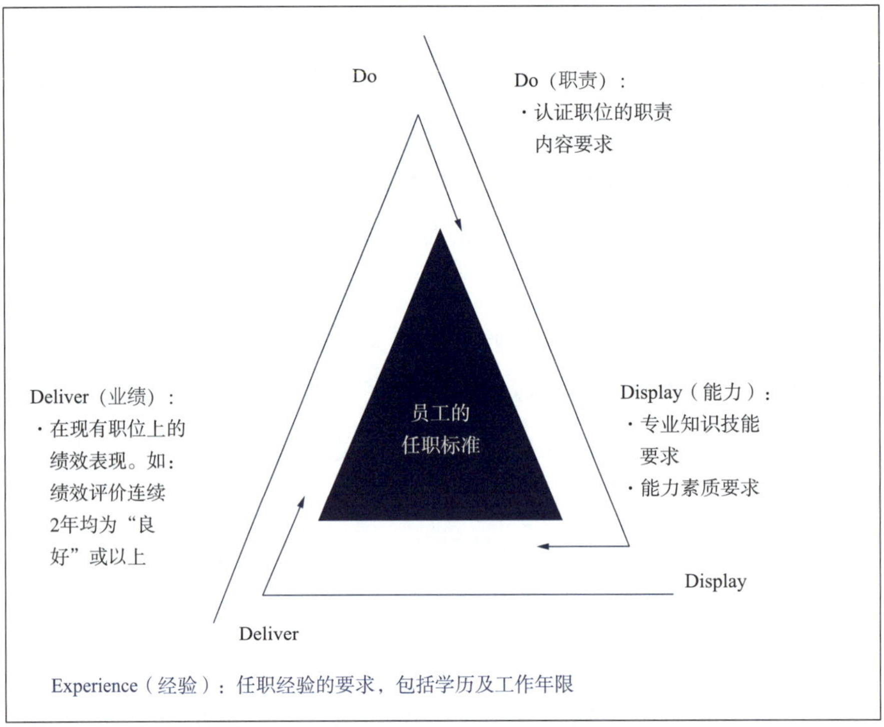

图5-8 “3D+E”人才标准体系框架

建了省市差异化、岗位明确化的公司任职资格体系。同时，该企业对中高层的管理人员等进行了盘点测评，有效解决了未来企业人才如何培养和使用的问题。

2）某炼化企业完善任职资格标准模型。该企业以修订完善的岗位说明书为基准，重新审视各岗位职责和任职要求，并结合人才成长通道地图，重新制定《专业技术与技能操作序列任职资格标准》，完善各职位序列的任职资格标准。

3）某煤炭企业完善人才盘点制度。该企业在完成组织架构与岗位职责梳理的前提下，进行关键岗位识别，并对关键岗位的业绩要求、能力要求、潜能要求做了设计预评估，提出关键岗位人才发展计划；与此同时，为了有效激励关键岗位人才，对组织薪酬也做了重新的设计。

4）某央企总部建立基于岗位知识与能力分解要求的员工成长“5+5”模式知识管理模型。包括知识5图和知识分享5种工具（如图5-9所示）。其中，基于业务流程和岗位特点，构建了岗位知识地图，并为员工提供以自身岗位为起始的学习路径建议。

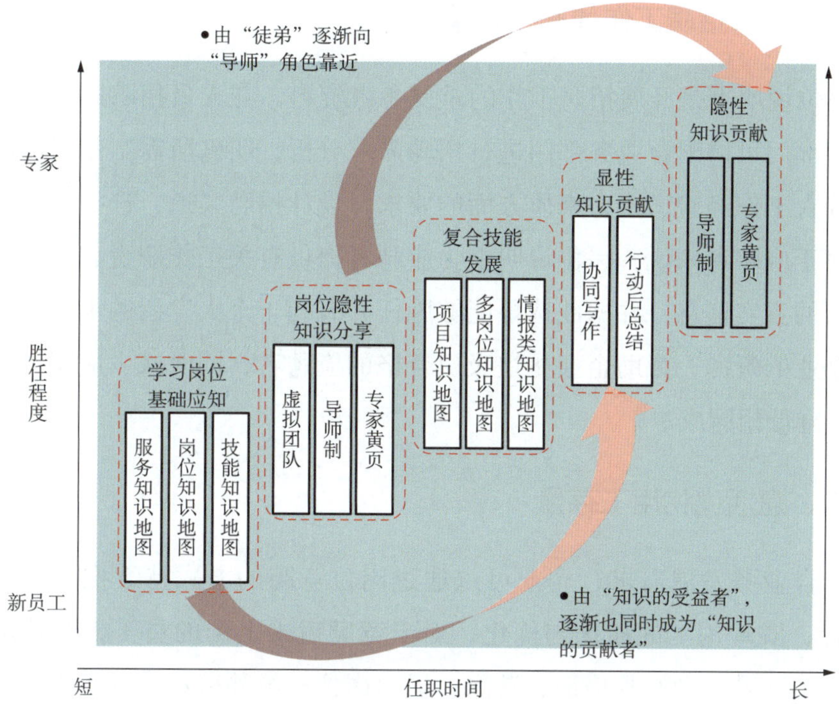

图5-9　员工成长“5+5”模式知识管理图

第四节　在招聘配置方面的应用

招聘和配置，作为人力资源管理工作六大职能模块之一，主要任务是根据企业的人力资源规划和岗位任职资格等要求，运用科学的方法和程序开展招聘、竞聘等工作，将合适的人放在合适的岗位上，实现人力资源的最优配置。它解决了人力资源的引与用、进与出，因此是深化劳动用工制度改革的切入点和突破口。

针对企业用工总量大、结构性余缺矛盾突出等问题，以岗位为切入点，通过岗位梳理优化，明确岗位任务、任职资格、目标定员、用工类别，一方面能够为招聘配置提供依据；另一方面，积极开展岗位竞聘，显化富余人员，实现人员的合理有序流动和人力资源配置最优化。

一、提升招聘工作效率和效果

岗位说明书是开展招聘工作的重要参考资料，在人员招聘过程中，人力资源管理部门可以配合业务部门进行招聘需求分析，明确所需工作岗位职责以及对候选人工作经验、能力素质方面的要求，设计招聘渠道，选择考核形式和工具。对于应聘者来说，岗位说明书为应聘者提供有关工作职责、工作环境、工作要求的真实信息，并据此选择能够胜任并有利于个人发展的工作岗位，从而节约企业的资源，帮助企业尽快吸引合格的应聘者，同时减少应聘者求职的盲目性，降低招聘成本。

二、盘活优化用工存量

结合业务发展需求，企业可以通过岗位竞聘的方式持续推进人力资源优化配置，实现用工的显化与优化，对于竞聘后未上岗的员工，经征求员工意愿，视情况妥善做好其培训、转岗、退出岗位、解除劳动合同等事宜。企业在开展岗位竞聘前，首先进行岗位优化，明确岗位设置、岗位要求、岗位相对价值及定员，提升竞聘的针对性和有效性。需要特别强调的是，岗位竞聘过程中，要坚持全员参与、全程公开，从方案的制定、公布到具体操作实施，员工都要积极参与其中，真正体现大家的事情大家办，确保岗位竞聘的公信力和满意度。

三、推进用工市场化

岗位价值评估明确了岗位之间的相对价值，根据价值高低与市场对标后，有助于开展职业雇员、职业经理人改革试点。同时，可在此基础上制定职业雇员、职业经理人改革方案，包括薪酬体系、招聘录用、考核评估、发展机制、退出机制等。另外，针对岗位价值低、技术含量低、市场化程度高的岗位可以采用多元化用工，降低企业用工成本。

即时案例

1）某油田企业采油管理区，结合油公司体制机制建设和信息化提升改造，运用“三单递进”“五维融合”等专业工具进行岗位优化合并，明确岗位设置及定员后，对核心业务和单位内部岗位缺员，全部实行岗位竞聘，坚持全员参与，坚持阳光运作，确保生产运行顺畅，确保员工队伍稳定。据了解，通过竞聘上岗仅采油管理区用工由10589人优化到4799人，实现了员工岗位能上能下。对竞聘后未上岗员工，积极开展培训或转岗培训，多数员工补充到外部市场队伍中，实现了员工单位间的能进能出。

2）某炼化工程企业开展量化聘期考核，推行竞聘上岗。该企业基于岗位价值评估结果，结合集团公司深化以“三能”机制为核心的三项制度改革的意见和公司内部改革相关文件的要求，按照岗位职责和任职资格标准开展量化聘期考核，完善竞争上岗制度，推动企业内部的领导干部的能上能下、薪酬的能增能减、员工的能进能出。

3）某农商银行在进行定岗定编时，采用“先定编、后定岗”的方式对岗位进行了梳理和岗位价值评估。首先，在定编环节，根据行业状况进行宏观定编；其次，根据工作量分析，对一线业务部门进行定编，从而确定职能部门总编制；然后，从对标企业数据、上级评价、业务部门评价三个方面，对各职能部门的编制和岗位做了初步设计；最后，根据业务量变化、职责增减和员工状况进行动态调整，从而确定各部门最终编制。

4）某企业在招聘面试环节缺乏有效的方法，造成员工录用成功率不高。该企业引入岗位梳理与岗位价值评估，并基于评估结果，优化了岗位任职资格标准与薪酬标准。在面试招聘环节，采用了基于任职资格标准的行为结构化面试方法，有效识别了真正适用于本企业的关键人才；同时，由于薪酬标准比较符合劳动力市场价位，大大提高了适用人才的入职率。

第二篇

实战案例篇

第六章　某油田企业A案例

案例概述

聚焦“支撑战略、服务发展、人企共赢”，以深化三项制度改革为目标，以研究成果能落地、试点经验可复制、发展战略能支撑为统领，该企业研究构建了岗位管理体系架构，开发了岗位设置方法论、工具箱操作手册及相应的专业技术规范。为确保研究成果的应用实效，在课题研究过程中，该企业坚持问题导向，强化理论与实践双轨并行、相互印证，采取以点带面、从小到大的方式梯次推进现场实践，即：从采油管理区联合站的集输班，到整个采油管理区，再扩展到一个完整气田，逐步拓展工具应用范围，有序推进专业工具的测试、完善与升级。其中，集输班维修岗、卸油岗、化验岗、分离岗、加热岗、脱水岗、稳定岗、轻油岗、综合计量岗和输油岗10个岗位合并为集输运行1个岗位；采油管理区推行业务、机构、岗位和岗位相对价值“四优化”，剥离划转非核心业务，优化“三室一中心”机构职能，实施基层班站模块化、大班组设置，推行一岗多责、大岗位设置，统一按“班长+运行”模式规范岗位设置，优化岗位达51%，并通过岗位价值评估理顺了岗位价值对应关系，获得员工的普遍认可；完成整个试点气田482个岗位梳理优化、岗位说明书修订及标杆岗位价值评估，并以此为基础启动了薪酬制度改革。通过不断实践总结、改进提升，形成了可借鉴、可复制、可推广的模式与经验，为三项制度改革向纵深推进提供了专业支撑。

一、企业基本情况介绍

该油田企业是我国最后一个以大会战形式建设的油田。1975年发现，1979年投入开发，目前实行勘探局有限公司、油田分公司一体化管理，现有用工4.4万人。2015年以来，根据集团公司《推进油公司体制机制建设指导意见》，该油田持续深化改革，一是在油田分公司层面进行专业化重组，进一步突出核心业务，先后将测试、供电、作业、特车等业务从采油厂剥离，实行专业化管理、市场化服务，油气生产系统精简非核心业务用工1.2万人。二是在采油厂内部进行业务再优化，依托生产系统的信息化提升，重组采油管理区，仅保留地质、工艺研究等技术支持业务，采油、注水、集输等生产业务，暂保留准备、治保等辅助业务，油气核心业务用工在专业化重组基础上再次精简优化5800人。三是加快重组后的采油管理区流程优化，采油管理区内部配套设置“三室一中心”（技术信息室、经营管理室、综合管理室、生产运行中心），下属业务统一设置为采油、集输、资料三类标准化班组，转变传统生产组织方式，相应调整“油公司+信息化”模式下的劳动组织形式，为油气核心业务的岗位设置优化奠定了基础，从而推动全员劳动生产率的不断提升。

二、典型案例

（一）集输班岗位整合优化

采油厂联合站集输班主要负责油气水分离、原油加热、脱水、稳定、外输等任务，设有维修岗、卸油岗、化验岗、分离岗、加热岗、脱水岗、稳定岗、轻油岗、综合计量岗和输油岗10个岗位。进行油公司体制机制改革和信息化改造后，运用岗位优化工具，10个岗位合并为集输运行1个岗位。过程步骤如下：

1. 运用“三单递进”工具梳理岗位任务

由于工作任务聚焦于班组内部，因此可跨过业务清单，组织集输班相关人员直接填写班组的职责梳理清单和班组内所有岗位的任务梳理清单，并将二者一一对应、逐条列举。通过提取、汇总表单信息，得出了以下10个岗位的工作职责和任务，如表6–1所示。

表 6-1　集输班岗位任务梳理清单

序号	现有岗位	工作任务	对应的班组细分职责	改进方向及建议
1	维修岗	维修集输设备	生产运行	
2	稳定岗	切换稳定塔工艺流程	生产运行	
		日常巡回检查		
		录取填写集输资料	集输资料录取、审核、上报	
3	卸油岗	过磅计量单拉来油	生产运行	
		监督卸油		
		录取填写集输资料	集输资料录取、审核、上报	
4	化验岗	取样化验	生产运行	
		录取填写集输资料	集输资料录取、审核、上报	
5	分离岗	切换分离器工艺流程	生产运行	
		日常巡回检查		
		录取填写集输资料	集输资料录取、审核、上报	
6	加热岗	切换加热设备工艺流程	生产运行	
		日常巡回检查		
		录取填写集输资料	集输资料录取、审核、上报	
7	脱水岗	切换脱水设备工艺流程	生产运行	
		日常巡回检查		
		录取填写集输资料	集输资料录取、审核、上报	
8	轻油岗	计量轻油	生产运行	
		装车		
		录取填写集输资料	集输资料录取、审核、上报	
9	综合计量岗	抄表计算集输数据	生产运行	
		录取填写集输资料	集输资料录取、审核、上报	
10	输油岗	外输原油	生产运行	
		录取填写集输资料	集输资料的录取、审核、上报	

2. 运用ESIRA工具诊断工作流程

通过对班组职责、岗位任务的梳理，得到集输班的现行业务流程，如图6-1所示。

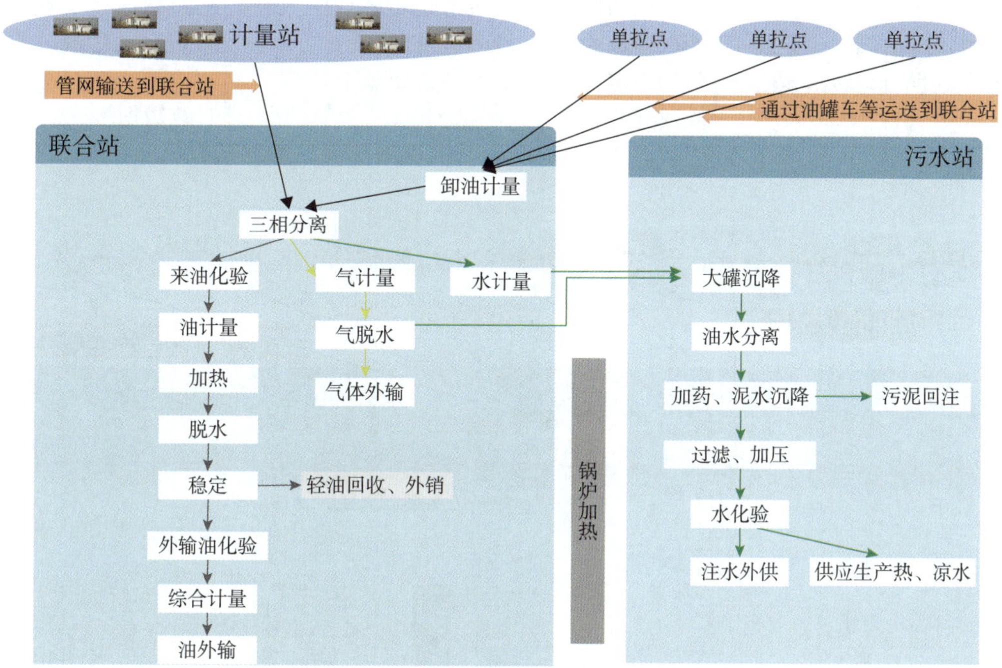

图6-1 联合站、污水站业务流程图

随着油公司体制机制改革，集输设备维修业务被划转至地面工程抢维修中心，维修业务被清除（E）；同时，信息化改造后，实现了原油自动计量，温度、压力等参数自动采集、上传（A），含水在线分析只需定期验证，取样化验的工作量减少（S），安装了视频监控设备，巡检方式得以优化（I）。因此，运用ESIRA流程诊断工具，联合站、污水站确定了新的业务流程，如表6-2、图6-2所示。

3. 运用ARPCI工具进行岗位分析

结合流程优化对集输班的岗位任务带来的新变化，运用ARPCI岗位分析工具，建立两维矩阵，匹配角色定位，如表6-3所示。

表 6-2 集输班工作流程优化表

原则	清除 E	简化 S	整合 I	重排 R	自动化 A
流程节点	维修设备	取样化验	巡回检查		资料录取计量
优化后流程的说明	维修业务被划转出集输班	由原来的每天定期取样化验，简化为不定期对化验数据的监测	由原来巡检各自流程上的设备，整合成巡检整个集输流程		信息化改造实现了报表自动生成，不再需要人工录取和计算数据

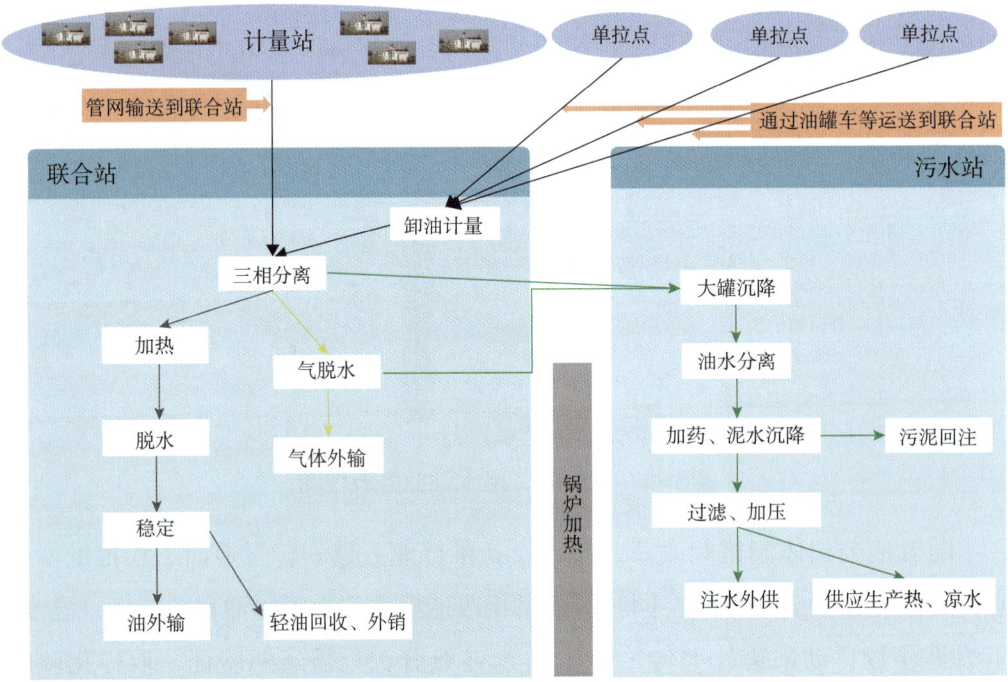

图6-2 联合站、污水站新业务流程图

表 6-3 集输班岗位的 ARPCI 分析清单

班组职责		集输班长岗	卸油岗	采油化验岗	分离岗	原油加热岗	脱水岗	原油稳定岗	输油岗	轻油岗	综合计量岗	维修岗
集输生产运行	监督卸油	审核（A）	主办（R）	告知（I）								

续表

班组职责		集输班长岗	卸油岗	采油化验岗	分离岗	原油加热岗	脱水岗	原油稳定岗	输油岗	轻油岗	综合计量岗	维修岗
集输生产运行	三相分离	审核（A）			主办（R）	告知（I）						
	原油加热处理	审核（A）			告知（I）	主办（R）	告知（I）					
	原油脱水	审核（A）				告知（I）	主办（R）	告知（I）				
	原油稳定	审核（A）					告知（I）	主办（R）	告知（I）	告知（I）		
	原油外缩	审核（A）						告知（I）	主办（R）	告知（I）	告知（I）	
	轻油储存及外销	审核（A）						告知（I）		主办（R）		
班组HSSE管理		主办（R）	参与（P）	参与（P）	参与（P）	参与（P）	参与（P）	参与（P）	参与（P）	参与（P）	参与（P）	
班组突发事件处置		主办（R）	参与（P）	参与（P）	参与（P）	参与（P）	参与（P）	参与（P）	参与（P）	参与（P）	参与（P）	
集输资料审核、上报		主办（R）	参与（P）	参与（P）	参与（P）	参与（P）	参与（P）	参与（P）	参与（P）	参与（P）	参与（P）	
施工现场监督、验收		主办（R）	参与（P）	参与（P）	参与（P）	参与（P）	参与（P）	参与（P）	参与（P）	参与（P）	参与（P）	

对上表进行横向分析，维修岗、化验岗、综合计量岗3个岗位缺失重要环节A（审核）或者R（主办），可以考虑撤销。再进行纵向分析，卸油岗、分离岗、原油加热岗、脱水岗、原油稳定岗、输油岗和轻油岗7个岗位多是参与配合，重要环节R（主办）较少，参照“大岗位”设置原则，这7个岗位具备合并的可行性。

4. 运用“五维融合”诊断工具验证岗位优化的可行性

从“岗位相容”“专业/工种”“主要职责”“工作流程”“工作饱和度”五个

维度，对集输班7个岗位进行合并的可行性验证，如表6-4所示。

表 6-4 “五维融合”分析清单

维度	卸油岗	分离岗	原油加热岗	脱水岗	原油稳定岗	输油岗	轻油岗
岗位是否相容	是						
专业/工种	集输工	集输工	集输工	集输工	集输工	集输工	集输工
主要职责描述	保障集输系统正常生产运行						
工作流程	单拉来油过磅→监督卸油	巡检分离设备→上报资料	巡检加热设备→上报资料	巡检脱水设备→上报资料	巡检稳定设备→上报资料	巡检输油设备→调节外输量→上报资料	轻油储存→装车→上报数据
工作饱和度	4.5h	5.5h	2.5h	3h	3.5h	2.5h	2.5h

经过分析，这7个岗位在内控制度上没有特殊要求，都要求取得集输工资格证书，主要职责都是为了保障集输系统正常生产运行，按业务流程节点设置岗位，工作流程相邻，信息化改造后各岗位的巡检、录取资料等工作量都有减少。

下面以原油加热岗、分离岗、脱水岗为例详细说明（如图6-3所示）。

首先，以原油加热岗的岗位属性为原点建立十字坐标系。

其次，验证分离岗与其合并的可行性。从图中可以看出，红线代表的分离

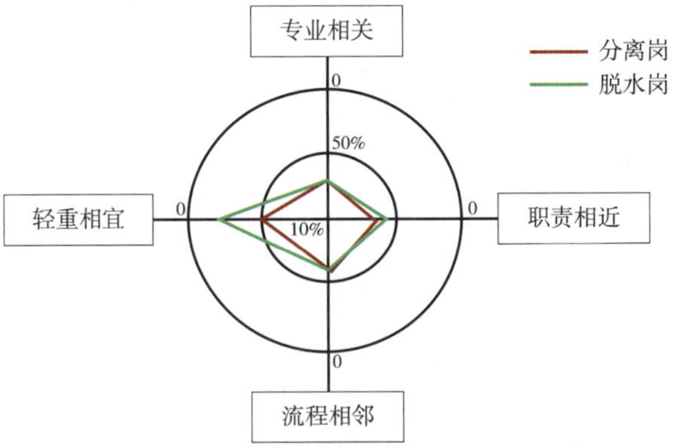

图6-3 原油加热岗、分离岗和脱水岗的五维验证

岗岗位属性的四个点都位于一环内，因此可以优先考虑合并。

再次，验证脱水岗与原油加热岗、分离岗两个岗位合并的可行性，由图可知，绿线代表的脱水岗岗位属性的三个点位于一环内，而轻重相宜维度在一、二环间，因此可以考虑合并。

以此类推，可以验证其他岗位合并的可行性，但是随着岗位的增多，轻重相宜维度会逐渐远离原点，需要通过增加定员来解决。

最终，通过对集输班10个岗位的分析可以得出，信息化改造实现了产量报表自动生成，数据自动传输，不用人工抄表和计算，取样化验频次大幅降低，实现了集输系统“大岗位”的整合。

（二）采油管理区应用案例

为推进研究成果应用，该企业以核心业务——采油管理区为重点，选取了基础工作扎实、管理水平先进的3个采油管理区开展试点应用与实践，确保既适应油田转型发展需要，又能为油田板块整体工作提供借鉴。通过运用“三单递进”工具，梳理出采油管理区业务27项、班组职责162项、岗位任务1296条，发现问题57项，提出整改建议48条。经充分研究论证，提出对采油管理区业务、机构和岗位优化意见。在此基础上，按照中国石化模板编制了采油管理区岗位说明书，开展岗位价值评估，为基本薪酬制度优化奠定了基础。

1. 优化采油管理区业务构成

经对试点单位业务进行梳理，采油管理区主要包括生产组织运行、安全环保、油藏开发及采油工艺等9项业务，如表6–5所示。

表6–5 采油管理区业务清单

序号	目前业务
1	完成厂部下达的生产经营任务及约束性指标
2	生产组织运行及设备管理
3	安全、环保、质量和节能管理
4	油藏开发、采油工艺、注水技术、作业技术、注气技术、采气技术、集输技术、油气田水处理技术、信息自动化管理

续表

序号	目前业务
5	油藏经营、财务成本、人力资源、三基管理和劳动竞赛
6	党建思想政治工作、群众工作、信访稳定工作和党风廉洁建设
7	井站、集输管网等巡回检查
8	井站、集输管网、井口等设备的维修
9	井站规格化

根据油公司模式对采油管理区的职能定位，按照突出注采输核心业务的要求，试点采油管理区认为，目前业务还可以进一步精干：一是原来由维修班负责的设备维修业务，在油田实行专业化管理后，相应移交至地面工程抢维修中心负责，但在实际运行过程中，由于考核机制不到位，工作界面划分不清晰，采油管理区仍承担了部分维修工作。二是信息化改造后，计量站实现了无人值守，井站、集输管网等巡回检查工作，目前采取白天由采油管理区负责、夜间由采油服务项目部负责的方式运行，巡检一体化运行还未到位。三是采油管理区的井站规格化工作，技术含量低、工作量大且效益不高，影响了采油管理区进一步提高劳动生产率。

为进一步剥离采油管理区非核心业务，结合采油管理区意见，提出如下建议：

1）在油田层面，通过健全定额价格体系，完善配套考核政策，细化业务内容，进一步厘清与地面工程抢维修中心工作运行界面。

2）将井站、集输管网巡回检查工作全部划归人力资源服务中心负责，推进巡检一体化管理。

3）将井站规格化工作划归人力资源服务中心负责。

2. 优化采油管理区机构设置

按照油公司体制机制建设的要求，对机关组室按照“三室一中心”模式运行，设技术信息室、经营管理室、综合管理室和生产运行中心；采油三厂四区根据油田加强基层党建工作的要求，增设了党群管理室，按照“四室一中心”模式运行。对基层班站，结合管理区业务内容设置生产班组，其中，采油三厂四区设置采油班、集输班和资料班等4个班组；采油四厂三区设置采油班、油气田水处理班和资料班等6个班组；采油四厂四区设置采油班、注气（驱）班和资料班等4个班组。如表6–6所示。

表6–6　试点采油区组室（班站）统计表

单位	机关组室	基层班站				
		采油班	集输班	油气田水处理班	资料班	注气（驱）班
采油三厂四区	5	2	1		1	
采油四厂三区	4	3	1	1	1	
采油四厂四区	4	2			1	1

采油管理区提出，信息化改造后，生产资料实现了在线自动传输，工作量大幅减少，因技术分析需要建立的各项资料台账可由技术信息室负责，化验工作可由集输班承担或由研究所统一管理，采油管理区可以将资料班撤销。同时，为加强基层党支部建设的要求，建议进一步优化基层机构设置（如图6–4所示）：

1）机关按照“三室一中心”模式运行，成立党群办公室，将综合管理室的党群业务调整到党群办公室，其余职责与经营管理室合并。

2）具备条件的，可将录取资料的职责调整到采油班，化验工作由集输班负责或由研究所集中管理，撤销资料班。

3）基层班站根据采油、采气、注气、集输、油气田水处理等业务构成，按照模块化设置。

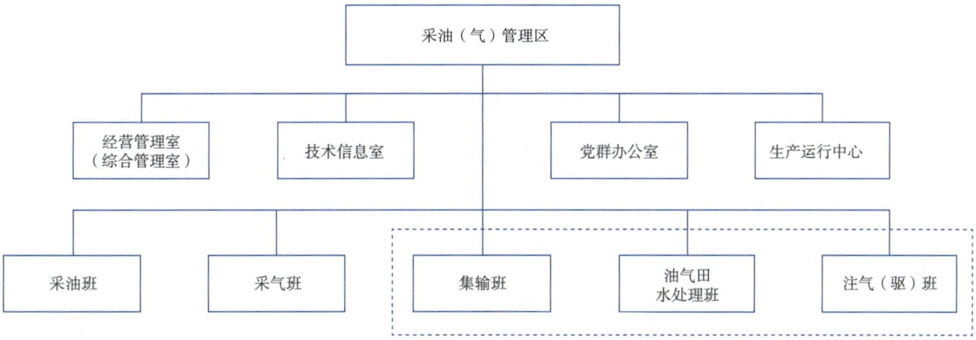

图6–4　优化后采油管理区机构设置图

3. 优化采油管理区岗位设置

3个采油管理区现岗位设置各不相同，其中，采油三厂四区设置岗位34个，采油四厂三区设置岗位51个，四区设置岗位44个，如表6–7所示。

表6–7　试点采油管理区岗位数量统计表

单位	岗位数量	其中	
		机关组室	基层班站
采油三厂四区	34	29	5
采油四厂三区	51	30	21
采油四厂四区	44	27	17

通过运用专业工具对岗位任务、工作流程进行梳理和诊断分析，岗位设置主要存在三个方面的问题：一是部分机关岗位按照工作任务而不是工作职责设置岗位，岗位设置过多。例如，采油三厂四区党群办公室设有党务管理、党务宣传、女工、纪检、计生和团组织、工会和组织管理等6个岗位，各岗位忙闲不均，不利于通才培养，不利于人才成长。二是有些生产岗位采用按工序而不是按流程、区域设置岗位，岗位划分过细。例如，采油四厂三区集输班设有脱水、分离、输油、卸油、轻油和化验等岗位。信息化改造后，工作流程、工作量都相应发生了变化，岗位设置应进行相应优化。三是各采油管理区岗位设置差异化较大，职责定位不一致，岗位名称不统一，工作内容有差异。

结合采油管理区信息化改造后工作流程优化和工作量变化情况，按照“大岗位”设置原则，运用专业工具对岗位进行优化，建议：

1）对规模较大、员工人数较多的采油（气）和集输等生产班组党支部，以及由班组成立的联合党支部，设置专职党支部书记。为更好地与生产紧密结合、与党员群众紧密结合，将党支部书记岗设置在基层班站。

2）合并工作量不饱满、职责相近或工作相邻的岗位。例如，将党务、宣传、组织、纪检、工会、女工、团委等岗位合并为政工管理岗，将综合、经营、成本、三基管理等岗位合并为经营管理岗；将联合站的脱水、分离、输油、卸油、计量、化验等岗位整合为集输运行岗；将油气田水处理的污水、注水、锅炉、加药、供水等岗位整合为油气田水处理运行岗；采油管理区不再设置资料班长、资料大班、采油巡护班长、采油巡护、采油维修等岗位。

3）统一岗位名称、职责定位和工作内容，推进岗位标准化管理。

优化后，采油管理区共设置岗位26个，其中，机关组室设置岗位15个，基层班站设置岗位11个，如表6-8所示。

表 6-8　采油管理区优化后岗位设置表

班组	岗位设置
机关组室	经理岗、党委（总支）书记岗、副书记岗、副经理岗、政工管理岗、经营管理岗、人力资源管理岗、材料管理岗、地质技术岗、工程技术岗、信息技术岗、生产协调岗、生产调度岗、HSSE管理岗、设备管理岗
基层班站	党支部书记岗、采油班长岗、采油运行岗、采气班长岗、采气运行岗、集输班长岗、集输运行岗、油气田水处理班长岗、油气田水处理运行岗、注气（驱）班长岗、注气（驱）运行岗

4. 优化采油管理区工作制度

采油管理区信息化改造后，劳动生产组织方式相应调整，报表台账需要进一步精简优化。按照采油三厂四区针对24项计量站报表台账梳理提出的优化建议，可减少80%的工作量。油田有关部门牵头，组织对信息化改造后采油管理区的资料台账、工作制度等进行梳理，既满足采油管理区工作需要，又减轻基层负担，如表6-9所示。

表 6-9　计量站资料优化建议

序号	资料名称	优化建议
1	单井采油班报表	建议保留，优化录取次数和数量。录取次数由每天录取6次改为每天录取1次；填报数量由按井数、泵数1井（泵）1张，改为1站1张，填写在量油测气及巡井记录本上
2	单井注水班报表	
3	增注泵日报表	
4	油气混输泵运转保养记录本	建议保留，优化录取次数，简化表格内容。录取次数由每天录取12次改为每天录取6次；简化表格，保留运转时间、过滤器进出口压力、电流和记录人

续表

序号	资料名称	优化建议
5	泵运行保养记录本	建议保留，优化录取次数，简化表格内容。录取次数由每天录取12次改为每月填报1张；简化表格，只保留一保、二保累计时间、进出口电压、压力和电流
6	柱塞泵运转保养记录本	建议保留，优化录取次数，简化表格内容。录取次数由每天录取12次改为每天录取4次；简化表格，1班1本，1台泵1张纸
7	抽油机运转保养记录本	建议保留，1班1本，1台设备1张纸
8	长停井班报表	建议保留，1个月1张
9	量油测气及巡井记录本	建议保留，更改为巡检记录本
10	注水卡片	建议只保留注水指标的内容，1个站所有水井1张表
11	采油生产班组HSSE工作记录本	建议保留
12	井控巡回检查记录本	建议保留
13	灭火器卡片	建议保留
14	岗位工作记录本	建议取消，只保留一个干部值班交接本
15	抽油机一级保养通知单	建议取消，保留在生产运行中心设备管理岗
16	抽油机二级保养通知单	建议取消，保留在生产运行中心设备管理岗
17	增注泵一级保养通知单	建议取消，保留在生产运行中心设备管理岗
18	增注泵二级保养通知单	建议取消，保留在生产运行中心设备管理岗
19	固定设备档案本	建议取消，保留在生产运行中心设备管理岗
20	抽油机技术档案	建议取消，保留在生产运行中心设备管理岗
21	正常生产井井控管理月报表	建议取消，只在技术信息室保留
22	电子高压水表对比记录表	建议取消
23	管线巡护记录本	建议取消
24	油井管理卡片	建议取消

5. 开展采油管理区岗位价值评估

为科学系统地衡量优化后岗位间的相对价值，为薪酬优化提供依据，将采油管理区作为一个完整单元，按照中国石化岗位价值评估操作规范，运用中国石化岗位评估模型对试点采油管理区全部岗位进行了打分，涵盖了管理、专业技术和技能操作三个序列28个岗位，其中，管理序列岗位8个（含副职6个），专业技术序列岗位12个，技能操作序列岗位8个。

（1）评估工作流程

整个评估过程分为评估准备、工作启动、培训与试评估、正式评估、报告编写等五个阶段，结合工作实际，自主增加了工作启动、代表陈述环节。为有序推进采油管理区岗位价值评估工作，采油厂成立以党政主要领导为主任的评估委员会，下设工作组、评委组、技术组等3个工作小组，分工协作，严格标准，确保了岗位价值评估工作有序运行。

1）评估准备阶段。根据岗位说明书编制规范，结合采油管理区岗位优化情况，修订完善了岗位说明书。同时，根据业务设置情况，确定了评估岗位清单，如表6-10所示。

2）工作启动阶段。组织召开了岗位价值评估启动会，解读岗位价值评估实施方案，让员工了解岗位价值评估的目的意义、过程和方法。同时，按照岗位陈述代表推选标准，推选了各岗位的陈述代表，并按厂机关、区机关和基层班站2.5：3.5：4的比例，确定了评委组成员。

3）培训与试评估阶段。由课题组专家就评估工具和模型内容对评委和岗位陈述代表80余人进行了专门培训和现场测试。培训结束后，采油厂多次组织评委模拟演练，开展试评估工作。

4）正式评估阶段。评估过程中，为增加员工参与度，确保评估工作的公开性，评委打分前，由各岗位陈述代表宣读岗位说明书，并对该岗位的基本信息进行补充说明。评委对照岗位说明书，结合代表陈述情况，按照岗位评估因素和维度的评分标准，依次对所有岗位的某一维度进行逐项打分。

5）报告编写阶段。对数据进行处理分析，并组织试点采油管理区相关人员对评估结果进行研究讨论，编写了岗位价值评估分析报告。

表 6-10　采油管理区评估岗位清单

部门（班组）	采油三厂	采油四厂	备注
区领导	经理岗、党委（总支）书记岗、副书记岗、生产副经理岗、地质副经理岗、工程副经理岗、经营副经理岗、集输副经理岗	经理岗、党委（总支）书记岗、生产副经理岗、地质副经理岗、工程副经理岗、经营副经理岗、集输副经理岗	为验证中国石化SPE模型在管理岗位中的适用性，将副经理岗按业务职责分工，分为5个岗位进行评价
经营管理室（综合管理室）	经营管理岗、人力资源管理岗、材料管理岗	经营管理岗、人力资源管理岗、材料管理岗	
党群办公室	政工管理岗	政工管理岗	
技术信息室	地质技术岗、工程技术岗、信息技术岗	地质技术岗、工程技术岗、信息技术岗	
生产运行中心	生产协调岗、生产调度岗、HSSE管理岗、设备管理岗	生产协调岗、生产调度岗、HSSE管理岗、设备管理岗	
基层班站	党支部书记岗、采油班长岗、采油运行岗、集输班长岗、集输运行岗	党支部书记岗、采油班长岗、采油运行岗、集输班长岗、集输运行岗、油气田水处理班长岗、油气田水处理运行岗、注气（驱）班长岗、注气（驱）运行岗	试点采油区均无采气业务，本次评估未涉及采气业务岗位

（2）岗位评估结果

正式评估结束后，技术组统计汇总评估数据，计算出各岗位的得分。管理序列岗位得分在590~750分之间，专业技术岗在320~410分之间（技术子序列岗位在380~400分之间、专业子序列在320~410分之间），技能操作序列岗位在280~440分之间（班长岗在410~440分区间内、一般技能操作岗在285分左右）。如图6-5所示。

根据图6-5可以看出，得分最高的岗位是管理序列中的经理岗，分值为741；得分最低的岗位是技能操作序列中的油气田水处理运行岗，分值为283。最高分

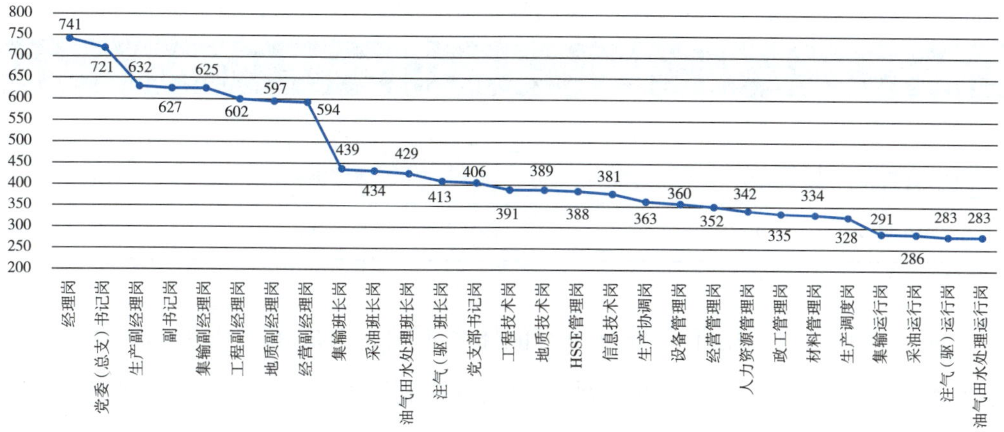

图6-5　采油管理区各岗位得分

是最低分的2.6倍，采油区副职的得分在正职得分的0.80~0.85倍之间。

（3）变异系数分析与处理

为了确保岗位评估的科学性和一致性，采取分因素控制的方法，首先对同一评估因素中某一岗位得分变异系数大于20%的数据进行修正，然后将所有因素修正平均值之和作为该岗位的评估得分。具体处理过程中，根据评估因素的特点，主要有两种方式：一是对人员管理等通过岗位说明书可以直接确定评估等级的指标，采用征求评委组意见，统一认识的方式处理；二是对成本控制等需要进行主观判断的指标，分析评委打分差异的原因，并对偏离度大的异常数据进行回归分析修正。下面以人员管理和成本控制因素的处理情况为例进行分析：

人员管理因素。虽然岗位说明书中明确了各岗位的下属人数，但部分评委未按照岗位说明书和岗位价值评估因素释义要求评价，而是根据自己的主观认知进行了判断。同时，尽管岗位价值评估强调“对岗不对人”原则，但在实际评估中，评委往往受到岗位上具体从业人员的影响。针对此类通过岗位说明书可以直接确定评估等级的指标，在评估现场征求评委组的意见，通过统一评委组认识的方式消除了数据偏差。如表6-11所示。

表 6-11 人员管理因素变异系数较大岗位统计表

岗位名称	平均值	最大值	最小值	调整前变异系数	调整后变异系数
集输副经理岗	64	85	31	21%	0%
政工管理岗	19	44	18	29%	0%
生产协调岗	20	37	18	25%	0%

成本控制因素。由于评委自身价值体系不同，对成本费用指标解释的认识也各不相同。例如，甲评委对经理岗的成本控制因素给出了131分，对经营副经理岗给出了107分；而乙评委分别给出了56分和45分。甲乙评委对经理岗和经营副经理岗的价值相对系数都是1.2，但却影响了整个因素的变异系数。对此类需要经过评委主观理解判断的指标，分析出现差异的具体原因，对影响变异系数的数据进行回归修正。如图6-6所示。

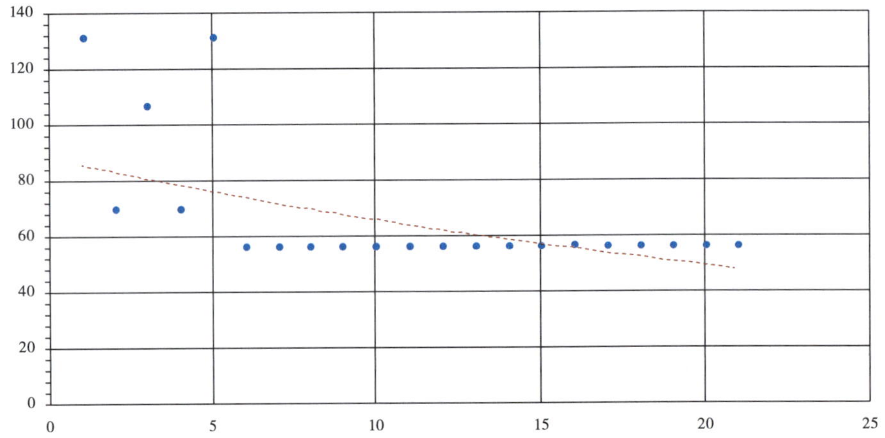

图6-6 经理岗成本控制因素评委打分分布图

该图反映的是21名评委对经理岗成本控制的价值判断。由图可以看出，最上方的两个评估得分与整体数据趋势偏离较大，需要对偏离度较大的评分进行回归修正，直至变异系数小于20%，降低数据偏差。

（1）同一岗位序列不同岗位对比分析

为分析同一序列内部不同岗位之间差异情况，可以绘制分岗位、分因素折线图，每条折线代表一个岗位，多条折线形成了一个“导线束”。不同序列岗位的“导线束”上的分值分布不同，疏密部位的落点也不相同。

图6-7是管理序列岗位“七因素”的得分趋势图。可以看出，管理序列岗位“导线束”上较为疏松的部位集中在人员管理、影响与贡献、创新与解决问题3个因素上，而专业能力和工作条件两个因素紧密聚集在一个点上。

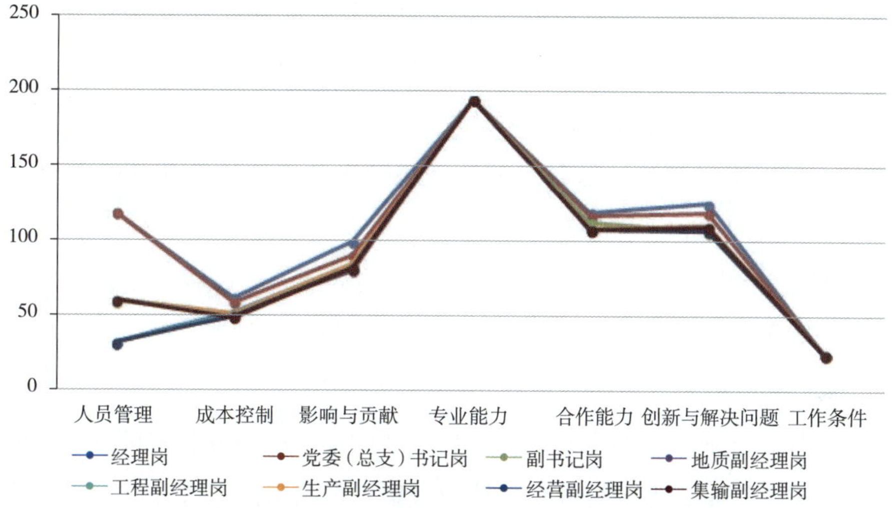

图6-7 管理岗位“七因素”得分趋势图

因此，可以得出结论：区分管理序列内各岗位价值差异的因素主要是人员管理、影响与贡献、创新与解决问题3个因素。

图6-8是专业技术岗位“七因素”的得分趋势图。可以看出，专业子序列

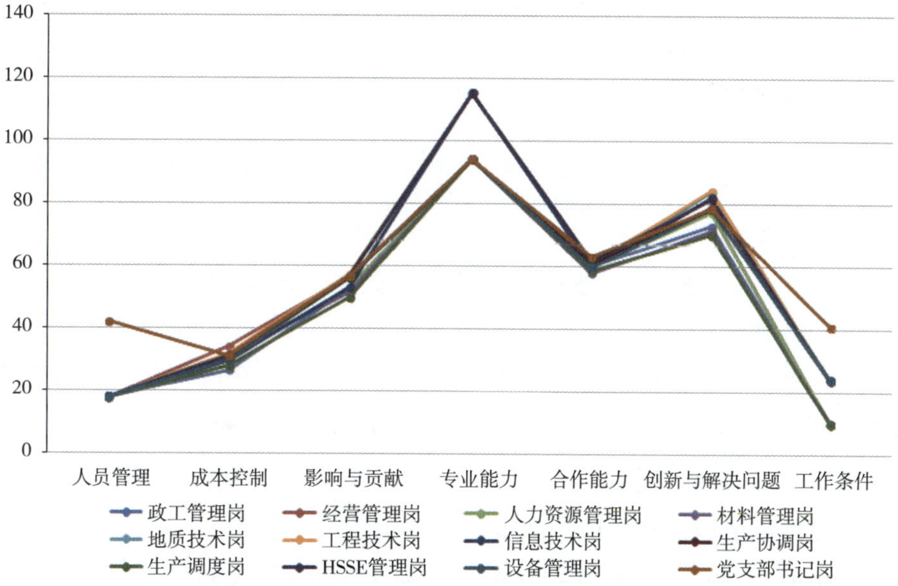

图6-8 专业技术岗位“七因素”得分趋势图

和技术子序列“导线束”的疏松部位主要集中在专业能力、创新与解决问题和工作条件3个因素上，尤其是创新与解决问题因素这个部位最为“蓬松”。另外，党支部书记岗在人员管理和工作条件两个因素上都“不合群”，与其他专业技术岗位的区分度较为明显，主要是由于党支部书记工作岗位在基层班站，工作条件与其他专业子序列岗位不同，而且在工作中存在直接下属，而其他专业子序列岗位一般情况下均无直接下属。

因此，可以得出结论：区分专业技术序列内各岗位价值差异的主要是专业能力、创新解决问题和工作条件3个因素。

图6-9是技能操作岗位“七因素”的得分趋势图。可以看出，技能操作岗位“导线束”分成了两股，上边一股是班长岗位，下边一股是一般技能操作岗位，可知班长岗与一般技能操作岗位的价值存在明显差异。同时，对于班长岗，除人员管理因素外，其他因素的重合度都较高，不同岗位的得分非常接近；一般技能操作岗位在“七因素”上的得分也都较为密集，不同岗位的得分也十分接近。

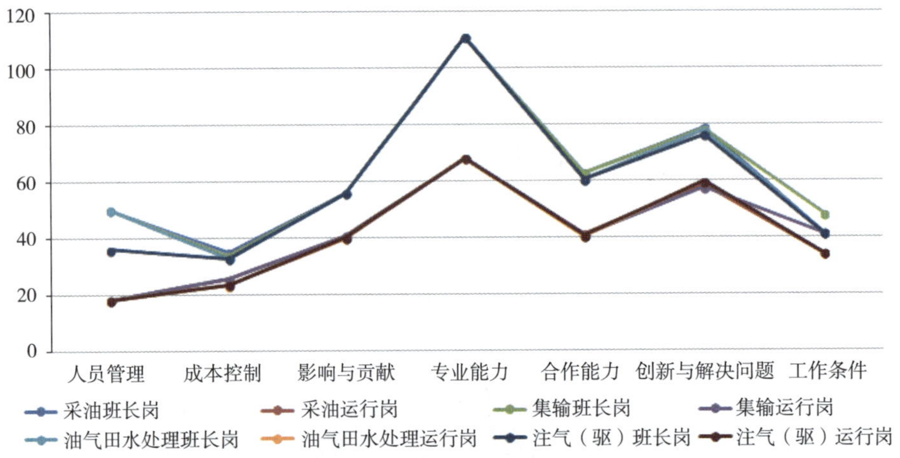

图6-9 技能操作岗位“七因素”得分趋势图

因此，可以得出结论：SPE模型能够评估技能操作岗位序列中班长岗和一般技能操作岗位的相对价值，但在同类岗位（班长或一般技能操作岗位）内部不同岗位之间的价值区分度较小。

（2）岗位价值评估结果应用的可行性分析

为便于对比分析岗位价值评估前后相对关系的变化情况，课题组按照现行基本薪酬标准和岗位价值评估得分两条主线，区分管理、专业、技术和技能操作四种类别，对岗位价值进行了排序对比。如图6-10所示。

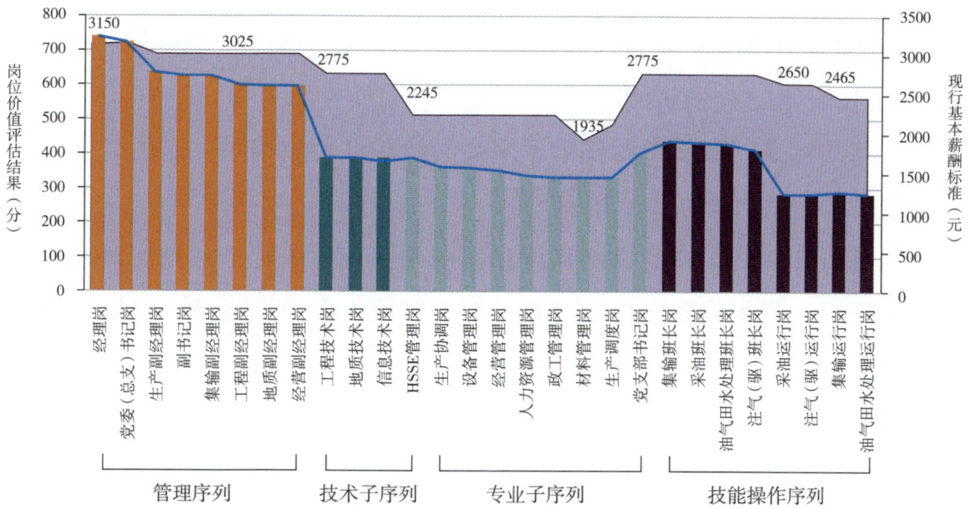

图6-10 岗位价值评估结果与现行基本薪酬标准对比

通过上图可以看出，按采油管理区每类岗位现行基本薪酬标准的最低值排序：①管理序列岗位>②技术子序列岗位=③班长岗>④一般技能操作岗位>⑤专业子序列岗位。按照岗位价值评估结果排序：①管理序列岗位>②班长岗>③技术子序列岗位>④专业子序列岗位>⑤一般技能操作岗位。由此可知，管理序列岗位的现行基本薪酬标准和本次价值评估结果均为最高，相对关系没有发生变化，而其他几类岗位之间的对应关系均发生了变化。具体情况如下:

1）专业子序列岗位与技术子序列岗位：

现行基本薪酬标准：专业子序列岗位基本薪酬低于技术子序列岗位；评估结果：专业子序列管理岗位与技术子序列岗位基本持平。

原因分析：随着油公司体制机制建设，采油管理区由生产向经营转变，生产组织方式发生变化，实施采注输一体化后，专业子序列岗位专业能力和工作条件要求也更高，岗位价值相应增大。

2）专业子序列岗位与一般技能操作岗位：

现行基本薪酬标准：专业子序列岗位基本薪酬低于一般技能操作岗位；评估结果：专业子序列岗位高于一般技能操作岗位。

原因分析：信息化改造后，一般技能操作岗位的工作任务发生了变化，工作量相对减少，劳动强度和艰苦程度有所降低，而专业子序列岗位价值却相应增大（原因同上）。这也与调研中采油管理区反映的生产协调等专业子序列岗位较操作岗基本薪酬偏低的情况相符。

3）班长岗与技术子序列岗位：

现行薪酬标准：班长岗与技术子序列岗位基本薪酬相同。评估结果：班长岗略高于技术子序列岗位。

原因分析：油公司体制机制建设和信息化提升到位后，采油管理区管理层级进一步压扁，班组设置由单一计量站变为区域内多个计量站，岗位管理幅度变大，责任也更大，班长岗位价值相应增大。试点采油管理区中最大的班站用工人数达到60人。

4）一般技能操作岗位：

现行薪酬标准：采油运行岗、注气（驱）运行岗高于集输运行岗和油气田水处理岗；评估结果：各岗位基本相同。

原因分析：采油运行岗、注气（驱）运行岗需在一线野外作业，工作环境、条件相对艰苦，现行薪酬标准向之倾斜。集输班和油气田水处理班虽不在野外，但采油管理区业务、机构和岗位优化后，实行了“大岗位”设置，岗位职责增多，技能要求更高，岗位相对价值增大。

总结：经与试点采油区领导、岗位人员交流，大家普遍认为，评估结果基本符合信息化改造后的采油管理区现状，较为合理。

（三）某整装气田岗位试点情况

2019年，按照集团公司岗位管理课题研究工作统一部署，结合试点气田人力资源管理工作需要，将岗位管理试点工作在该气田全面推行（现有用工1540人）。试点内容主要包括优化岗位设置、完善岗位说明书、开展岗位价值评估3项内容，同时为薪酬制度改革提供了理论和实践基础。

1. 实施岗位优化

通过本次试点，对岗位管理专业工具进行实践升级，形成三单、一表、一方案的“311”工具操作法，采取人力资源管理与业务管理充分融合的方式，从现行的《工作标准》中进行要素提取，生成岗位说明书，并在课题组专家的指导下，对岗评体系进行了细化、优化、本土化升级。通过试点，针对现有流程和岗位提出优化建议1968项，进一步提升了工作运行效率和人力资源管理水平。如表6-12所示。

表6-12 公司岗位优化统计表

类别	缺失项	待优化项	改进建议（项）
业务优化	6	12	18
职责优化	211	345	556
岗位优化（任务和数量）	321	910	1231
流程优化	5	158	163

具体操作步骤如下：

（1）“三单”资料收集

主要是对单位业务、部门（班组）职责和岗位任务的现状描述。单位业务清单由单位领导班子进行填写，部门（班组）职责清单由相关负责人填写，岗位任务清单由岗位人员进行填写。

（2）形成典型案例

由岗位管理专家与人力资源部工作人员共同完成，优选人力资源部，运用“311”模式，开展梳理分析、流程优化和岗位优化，形成典型案例。首先通过“三单”梳理问题，然后运用“一表”进行分析提出建议，最终输出“一方案”（岗位优化对照表），同时在梳理分析过程，灵活运用ESIRA、ARPCI、“五维融合”等专业工具。如图6-11所示。

1）梳理“三单”

①业务清单梳理。梳理单位应该承担的业务目标，列出主要外部协作单位及合作内容，厘清合作界面。例如由于企业体制机制问题，造成的业务划分不清或配套政策不完善等。此单由单位领导负责填写。人力资源部业务梳理清单如表6-13所示。

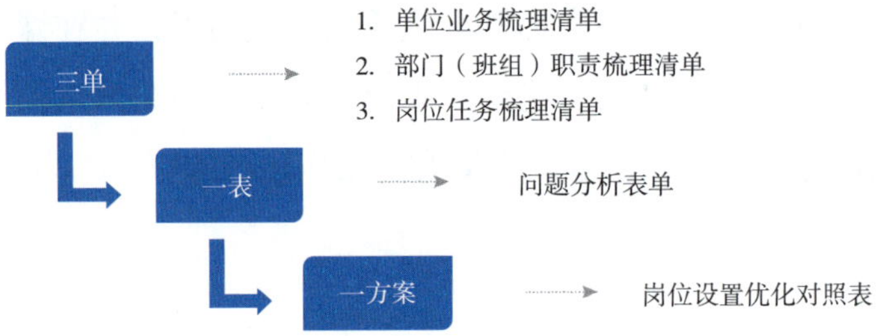

图6-11 “311”运行模式

表 6-13 人力资源部业务梳理清单

单位名称：人力资源部

序号	目前承担的业务	外部协作单位及内容	界面划分是否清晰	存在问题
1	基层领导班子建设	××分公司党群工作部	是	
2	科级干部管理			
3	专业技术人才管理			
4	劳动组织管理			
5	员工管理			
6	薪酬保险管理	社会保险中心	是	
		住房公积金管理中心	是	
		××分公司财务资产部	是	
7	员工培训	培训中心	是	
8	技能人才队伍建设			
9	人力资源信息维护与统计			
10	人事档案管理	人事档案管理中心	是	

②职责清单梳理。通过“两个对标、一个定性”，查找缺失项和问题。两个对标：对标上级部门要求及先进企业成熟做法、对标企业发展战略和阶段性重点工作缺失的职责，要求必须查找2条以上的职责缺失项。一个定性：指属性，从以下三个维度分析，一是写了干了，重点看是否干到位了；二是写了没干，重点看是否属于工作缺位，需及时组织实施；三是干了没写，重点看是否属于

职责缺位，需及时进行补充完善，并分析是否干到位了。此单由部门负责人或班长来梳理填写。劳动工资科职责梳理清单如表6–14所示。

表6–14 劳动工资科职责梳理清单

科室（班组）名称：劳动工资科

序号	科室职责	职责细分	属性			主办的岗位	存在问题
			写了干了	写了没干	干了没写		
1	三定管理	组织编制、修订、实施普光分公司“三定”方案	√			劳动组织岗	
		人力资源管理平台信息维护	√			劳动组织岗	单位员工内部调动流程繁琐
2	员工管理	人力资源优化配置	√			劳动组织岗	零星开展部分工作，不全面
		借聘协议、劳动合同签订	√			劳动组织岗	
		员工调动	√			劳动组织岗	
3	承包商人员管理	外包用工总量核定、内控测试	√			劳动组织岗	
		承包商人员资质审核、管理系统信息维护	√			劳动组织岗	
4	三基管理	五型班组创建、岗位专责制落实	√			劳动组织岗	五型班组创建活动属于阶段性工作，不全面
5	薪酬管理	办理职工基本薪酬调整手续，维护职工信息库及SAP–HR系统信息	√			薪酬管理岗	
		编制月度工资发放表、各项社保税费代扣代缴及费用结算，登记工资发放台账	√			薪酬管理岗	

续表

<table>
<tr><th rowspan="2">序号</th><th rowspan="2">科室职责</th><th rowspan="2">职责细分</th><th colspan="3">属性</th><th rowspan="2">主办的岗位</th><th rowspan="2">存在问题</th></tr>
<tr><th>写了干了</th><th>写了没干</th><th>干了没写</th></tr>
<tr><td rowspan="4">5</td><td rowspan="4">薪酬管理</td><td>根据油田下达工资总额计划，编制、下达分公司月度浮动工资计划</td><td>√</td><td></td><td></td><td>劳动工资科科长岗</td><td></td></tr>
<tr><td>开展人工成本业务内控测试</td><td>√</td><td></td><td></td><td>薪酬管理岗</td><td>人工成本管理工作不全面，有缺失</td></tr>
<tr><td>组织开展员工绩效考核工作，搞活内部分配</td><td>√</td><td></td><td></td><td>劳动工资科科长岗</td><td></td></tr>
<tr><td>办理职工请销假审批手续、分析督查职工休假制度落实情况</td><td>√</td><td></td><td></td><td>薪酬管理岗</td><td>办理职工请销假审批手续，流程复杂，属于低效环节</td></tr>
<tr><td rowspan="3">6</td><td rowspan="3">保险福利管理</td><td>申报职工社会统筹保险、住房公积金、企业年金缴费基数</td><td>√</td><td></td><td></td><td>薪酬管理岗</td><td></td></tr>
<tr><td>组织开展享受激励性年金职工申报审批手续</td><td>√</td><td></td><td></td><td>劳动工资科科长岗</td><td></td></tr>
<tr><td>发放职工生育津贴、实业人员水电气实物补贴、劳动家属生活费</td><td>√</td><td></td><td></td><td>薪酬管理岗</td><td></td></tr>
<tr><td rowspan="2">缺失项</td><td>对标上级部门要求及先进企业成熟做法，缺失的职责</td><td colspan="6">1. 三定管理：人力资源需求分析、预测和规划
2. 岗位管理：岗位优化、岗位工作标准制修订
3. 劳动定额管理：劳动定员定额标准管理
4. 薪酬管理：工资支付检查</td></tr>
<tr><td>对标企业发展战略和阶段性重点工作，缺失的职责</td><td colspan="6">聚焦新区块产能建设，加强用工预测分析</td></tr>
</table>

③任务清单梳理。通过“两个对标、两个定性”，查找缺失项和问题。两个对标：对标上级部门要求及先进企业成熟做法、对标企业发展战略和阶段性重点工作缺失的岗位任务。两个定性：指专业度和属性。专业度从以下四个维度分析，一是对事务性强、工作量大的岗位任务，重点进行流程优化；二是对事务性强、工作量小的岗位任务，重点进行合并调整；三是对专业性强、工作量小的岗位任务，重点开展工作量论证分析；四是对专业性强、工作量大的岗位任务，要加强重点关注与具体分析。此单由岗位人员和部门（班组）负责人共同完成。劳动组织岗任务梳理清单如表6–15所示。

2）分析“一表”：即问题分析表。主要是对科室职责和岗位任务查找出的问题进行汇总、分析，从职责优化、岗位优化、流程优化三个方面提出优化建议。此表填写人与相应的单位业务、部门职责和岗位任务梳理清单填写人一致。人力资源部问题分析表单如表6–16所示。

3）输出“一方案”：即岗位设置优化对照表。根据岗位优化意见，提出目标岗位数量、名称及工作任务，完成岗位设置优化对照表。此表由单位人力资源部门填写。如表6–17所示。

（3）开展实操培训

由岗位管理专家结合企业案例，有针对性地组织各单位（部门）负责人、人力资源工作者、职工代表开展实操培训，重点讲解各类表单的应用、问题查找的方法、工具的操作等，确保参加培训人员具备能够进行岗位梳理分析的初步能力。

（4）开展岗位优化

以“三单递进”梳理工具为主线，ESIRA、ARPCI、“五维融合”等工具作配套，由人力资源部指导业务部门开展岗位优化。

1）运用“311”模式开展岗位梳理分析，查找存在问题，提出整改建议。需要特别说明的是，ESIRA流程诊断工具可直接运用到岗位梳理清单分析过程中，查找低效、无效的流程，进行流程优化，最终输出岗位优化设置对照表。

2）针对“三单”梳理后的岗位，运用ARPCI工具开展岗位分析，通过矩阵分析，定位岗位在组织中承担的角色，根据角色定位提出岗位合并的意见。同时，继续验证岗位任务是否完全承接了部门（班组）职责、岗位任务之间是否

表 6-15 劳动组织岗任务梳理清单

科室（班组）名称：劳动工资科

岗位名称		工作任务	流程主要环节描述	工作量	频次	专业度				属性			涉及岗位	存在问题	承接的科室职责
						专业性强工作量大	专业性强工作量小	事务性强工作量大	事务性强工作量小	写了干了	写了没干	干了没写			
劳动组织岗	1	研究制定劳动组织、员工管理有关规章制度	申报立项→研究制定→审核完善→上报审批→批复执行	10	每年		√			√			科长岗		
	2	组织编制、修订、实施分公司“三定”方案	下发通知→组织编织→审核完善→上报审批→批复执行	90	三年	√				√			科长岗、干部管理岗	增加调研环节	三定管理
	3	组织签订劳动合同、员工借聘协议	下发通知→组织签订→审核完善→上报批准→备案	10	每年				√	√					员工管理
	4	办理员工调动手续	个人申请→单位同意→上报批准→办理手续→提报共享	3	随时				√	√					员工管理

续表

岗位名称		工作任务	流程主要环节描述	工作量	频次	专业度				属性			涉及岗位	存在问题	承接的科室职责
						专业性强工作量大	专业性强工作量小	事务性强工作量大	事务性强工作量小	写了干了	写了没干	干了没写			
劳动组织岗	5	组织储备人员、补充人员选拔	上报请示→发布公告→报名审核→面试考核→确定人选	20	每年			√		√			科长岗	范围写小了，应为人力资源优化配置	员工管理
	6	组织编制、修订、实施劳动定员定期标准	申报立项→组织编制→审核完善→上报评审→发布	20	三年	√				√			科长岗		劳动定额管理
	7	组织开展三基工作	下发通知→组织培训→开展编制→上报审核→表彰	20	每年	√				√				不够具体：五型班组创建、岗位责任制落实	岗位管理
	8	组织编制、修订岗位工作标准	下发通知→组织培训→开展编制→审核完善→发布	30	三年	√				√			全部岗位		岗位管理
	9	组织核定承包商用工总量	下发通知→组织申报→审核完善→上报审核→批准执行	20	每年	√				√			科长岗		承包商人员管理
	10	审核维护承包商管理系统和人力资源管理平台信息	完善机构岗位→提报人员信息→资质审核→上报批准→维护到位	3	每月			√		√				单位内部调动流程繁琐，低价值环节多，工作量大、重复工作	承包商人员管理、三定管理

续表

岗位名称		工作任务	流程主要环节描述	工作量	频次	专业度				属性			涉及岗位	存在问题	承接的科室职责
						专业性强工作量大	专业性强工作量小	事务性强工作量大	事务性强工作量小	写了干了	写了没干	干了没写			
劳动组织岗	11	组织修订岗位目录	下发通知→梳理岗位目录→提出修订意见→上报审核→备案	10	三年		√			√				任务过细，建议与岗位优化工作合并	岗位管理
	12	开展外包业务内控管理测试	根据通知→收集资料→开展内控测试→上报审核	3	每年		√			√				任务过细，建议与第9条合并	承包商人员管理
	13	办理符合退休条件人员申报	根据油田通知→摸底调查→组织申报→上报审核→批准办理	10	每年				√	√					员工管理
	14	组织开展岗位价值评估	下发通知→梳理岗位设置→编制岗位说明书→开展岗位价值评价→结果应用	90	三年	√					√		科长岗	工作任务与流程不符，建议改为岗位优化工作	岗位管理
	缺失项		对标油田人力资源处，做好劳动监督检查												
			针对××分公司产能建设，做好人力资源需求预测，编制人力资源规划												

表 6-16 问题分析表

单位业务问题分析表单

单位名称：人力资源部

序号	待优化的业务	优化措施
1	无	无
2		
……		

科室（班组）职责问题分析表单

科室（班组）：劳动工资科

类别		待优化职责	优化措施
两个对标	对标上级部门要求及先进企业成熟做法，缺失的职责	1. 三定管理：人力资源需求分析、预测规划； 2. 岗位管理：岗位优化工作，岗位工作标准制修订； 3. 劳动定额管理：劳动定员定额标准管理； 4. 薪酬管理：工资支付检查	增加缺失职责
	对标企业发展战略和阶段性重点工作，缺失的岗位任务		
一个定性	写了干了	1. 人力资源管理平台信息维护； 2. 分公司机关职工请销假审批	1. 建议进行流程改造，将单位员工内部调动由线下改为线上，减少重复流程； 2. 建议分公司机关部门科级干部请销假审批由人力资源部负责，科级以下人员由各部门审批
	写了没干		
	干了没写		

表 6-16 问题分析表（续）

单位业务问题分析表单

单位名称：人力资源部

类别			待优化任务	优化措施	
				岗位任务优化	流程优化
两个对标	对标上级部门要求及先进企业成熟做法，缺失的职责		对标油田人力资源处，做好劳动监督检查（干了没有写）	增加劳动监督检查工作任务	
两个对标	对标企业发展战略和阶段性重点工作，缺失的岗位任务		针对分公司产能建设，做好人力资源需求预测，编制人力资源规划（干了没有写）	增加人力资源需求预测规划	
两个定性	写了干了	专业性强工作量大	1. 组织编制、修订、实施普光分公司“三定”方案； 2. 组织开展三基工作； 3. 组织核定承包商用工总量	1. 不够具体，建议组织开展五型班组创建、岗位责任制落实工作； 2. 改为开展外包业务用工总量核定、内控测试工作	增加调研环节
两个定性	写了干了	专业性强工作量小	1. 组织修订岗位目录； 2. 开展外包业务内控管理测试	1. 任务过细，建议与组织开展岗位价值评估合并，改为开展岗位优化工作； 2. 任务过细，建议与第9条合并	
两个定性	写了干了	事务性强工作量大	1. 组织储备人员、补充人员选拔； 2. 审核维护承包商管理系统和人力资源管理平台信息	内容有缺失，建议改为人力资源优化配置	单位内部调动流程繁琐，低价值环节多，工作量大、重复工作。建议调整流程，将项目组报送的线下流程改为线上，清除劳动组织岗单位内部调动流程

续表

类别			待优化任务	优化措施	
				岗位任务优化	流程优化
两个定性	写了干了	事务性强工作量小			
	写了没干	专业性强工作量大	组织开展岗位价值评估	工作任务与流程不符，建议改为开展岗位优化工作	
		专业性强工作量小			
		事务性强工作量大			
		事务性强工作量小			
	干了没写	专业性强工作量大			
		专业性强工作量小			
		事务性强工作量大			
		事务性强工作量小			

表 6-17 岗位设置优化对照表

单位业务	单位名称	人力资源部
	梳理前	1. 基层领导班子建设 2. 科级干部管理 3. 专业技术人才管理 4. 劳动组织管理 5. 员工管理 6. 薪酬保险管理 7. 员工培训 8. 技能人才队伍建设 9. 人力资源信息维护与统计 10. 人事档案管理
	梳理后	1. 基层领导班子建设 2. 科级干部管理 3. 专业技术人才管理 4. 劳动组织管理 5. 员工管理 6. 薪酬保险管理 7. 员工培训 8. 技能人才队伍建设 9. 人力资源信息维护与统计 10. 人事档案管理
职责清单	科室名称	劳动工资科
	梳理前	科室职责： 1. 三定管理 2. 员工管理 3. 承包商人员管理 4. 三基管理 5. 薪酬管理 6. 保险福利管理 职责细分： 1. 组织编制、修订、实施分公司“三定”方案 2. 人力资源管理平台信息维护 3. 人力资源优化配置 4. 借聘协议、劳动合同签订 5. 员工调动 6. 外包用工总量核定、内控测试 7. 承包商人员资质审核、管理系统信息维护

续表

职责清单	梳理前	8. 五型班组创建、岗位专责制落实 9. 办理职工基本薪酬调整手续，维护职工信息库及SAP-HR系统信息 10. 编制月度工资发放表、各项社保税费代扣代缴及费用结算，登记工资发放台账 11. 根据油田下达工资总额计划，编制、下达分公司月度浮动工资计划 12. 开展人工成本业务内控测试 13. 组织开展员工绩效考核工作，搞活内部分配 14. 办理职工请销假审批手续，分析督查职工休假制度落实情况 15. 申报职工社会统筹保险、住房公积金、企业年金缴费基数 16. 组织开展享受激励性年金职工申报审批手续 17. 发放职工生育津贴、实业人员水电气实物补贴、劳动家属生活费
	优化后	科室职责： 1. 三定管理 2. 员工管理 3. 承包商人员管理 4. 岗位管理 5. 劳动定员定额管理 6. 薪酬管理 7. 保险福利管理 职责细分： 1. 组织编制、修订、实施分公司“三定”方案 2. 人力资源管理平台信息维护 3. 人力资源优化配置 4. 借聘协议、劳动合同签订 5. 员工调动 6. 外包用工总量核定、内控测试 7. 承包商人员资质审核、管理系统信息维护 8. 人力资源需求分析、预测规划 9. 组织开展岗位设置优化、岗位目录修订、岗位工作标准修订、岗位专责制落实、岗位价值评估工作 10. 劳动定员定额标准制修订 11. 办理职工基本薪酬调整手续，维护职工信息库及SAP-HR系统信息 12. 编制月度工资发放表、各项社保税费代扣代缴及费用结算，登记工资发放台账 13. 根据油田下达工资总额计划，编制、下达分公司月度浮动工资计划 14. 开展人工成本业务内控测试 15. 组织开展员工绩效考核工作，搞活内部分配 16. 办理职工请销假审批手续，分析督查职工休假制度落实情况

续表

职责清单	优化后	17. 申报职工社会统筹保险、住房公积金、企业年金缴费基数 18. 组织开展享受激励性年金职工申报审批手续 19. 发放职工生育津贴、实业人员水电气实物补贴、劳动家属生活费 20. 工资支付检查		
任务清单	现岗位	劳动组织岗	薪酬管理岗	……
	梳理前	1. 研究制定劳动组织、员工管理有关规章制度 2. 组织编制、修订、实施普光分公司“三定”方案 3. 组织签订劳动合同、员工借聘协议 4. 办理员工调动手续 5. 组织储备人员、补充人员选拔 6. 组织编制、修订、实施劳动定员定额标准 7. 组织开展三基工作 8. 组织编制、修订岗位工作标准 9. 组织核定承包商用工总量 10. 审核维护承包商管理系统和人力资源管理平台信息 11. 组织修订岗位目录 12. 开展外包业务内控管理测试 13. 办理符合退休条件人员申报 14. 组织开展岗位价值评估	1. 办理职工请销假审批手续，维护网络请销假管理系统人员信息 2. 收集、审核、汇总月度考勤，分析督查职工休假制度落实情况 3. 办理职工基本薪酬调整手续 4. 编制、下达月度浮动工资计划 5. 编制月度工资发放表、各项社保税费代扣代缴及费用结算，登记工资发放台账 6. 维护职工信息库及SAP-HR系统信息 7. 办理产假人员生育津贴申报手续，发放生育津贴 8. 办理无业家属水电气补贴、劳动家属补助发放工作 9. 开展人力资源内控测试 10. 统计汇总职工年度绩效考核资料 11. 开具各类资信证明等	
	梳理后	1. 研究制定劳动组织、员工管理有关规章制度 2. 组织编制、修订、实施普光分公司“三定”方案 3. 组织开展岗位设置优化、岗位目录修订、岗位工作标准修订、岗位专责制落实、岗位价值评估工作 4. 组织开展人力资源优化配置工作	1. 办理职工请销假审批手续，维护网络请销假系统信息 2. 收集汇总月度考勤，督查职工休假制度落实 3. 办理职工基本薪酬调整手续 4. 编制下达月度浮动工资计划 5. 编制月度职工工资结算明细表，登记工资台账 6. 维护职工信息库及SAP-HR系统信息	

续表

任务清单	梳理后	5. 组织编制、修订、实施劳动定员定额标准 6. 组织开展外包业务用工总量核定、内控测试工作 7. 审核维护承包商管理系统和人力资源管理平台信息 8. 开展劳动监督检查工作 9. 开展人力资源需求分析、编制人力资源规划 10. 办理符合退休条件人员申报 11. 组织签订劳动合同、员工借聘协议 12. 办理员工调动手续	7. 发放职工生育津贴、实业人员水电气实物补贴、劳动家属生活费 8. 定期开展人工成本分析 9. 开展人工成本业务内控测试 10. 统计汇总职工年度绩效考核资料 11. 开具各类资信证明等	
	目标岗位	劳动组织岗	薪酬管理岗	
	新工作任务	1. 研究制定劳动组织、员工管理有关规章制度 2. 组织编制、修订、实施普光分公司“三定”方案 3. 组织开展岗位设置优化、岗位目录修订、岗位工作标准修订、岗位专责制落实、岗位价值评估工作 4. 组织开展人力资源优化配置工作 5. 组织编制、修订、实施劳动定员定额标准 6. 组织开展外包业务用工总量核定、内控测试工作 7. 审核维护承包商管理系统和人力资源管理平台信息 8. 开展劳动监督检查工作 9. 开展人力资源需求分析、编制人力资源规划 10. 办理符合退休条件人员申报 11. 组织签订劳动合同、员工借聘协议 12. 办理员工调动手续	1. 办理职工请销假审批手续，维护网络请销假系统信息 2. 收集汇总月度考勤，督查职工休假制度落实 3. 办理职工基本薪酬调整手续 4. 编制下达月度浮动工资计划、编制月度职工工资结算明细表，登记工资台账 5. 定期开展职工工资收入分析 6. 维护职工信息库及SAP-HR系统信息 7. 发放职工生育津贴、实业人员水电气实物补贴、劳动家属生活费 8. 开展人工成本预算与分析、人工成本业务内控测试 9. 组织开展员工价值积分、绩效考核工作 10. 办理职工统筹保险、住房公积金、企业年金缴费基数申报，以及激励性年金职工审批手续 11. 开具各类资信证明等	

有交叉错位。

3）坚持“大岗位”设置原则，运用“五维融合”工具进行待合并岗位可行性验证，最终岗位压减17%。

2. 开展岗位价值评估

（1）基本情况

本次岗位价值评估，以优化后的岗位为基础，评估过程注重标杆岗位选取、评估工具优化和员工参与度，确保了岗位价值评估结果科学合理。

1）合理选取标杆岗位，确保稳定性。标杆岗位的选取以构建公司岗位价值等级标准体系为目的，覆盖公司各个管理层级、业务条线的不同岗位，同时坚持问题导向，聚焦公司当前岗位价值定位矛盾较为突出的相关岗位，既考虑面上的全面性，又考虑点上的代表性，保证了岗评结果在整个岗位价值等级体系的稳定性。最终，优选40个标杆岗位进行价值评估。如表6-18所示。

表 6-18　整装气田评估岗位清单

部门（单位）	科室（单位）	岗位名称
生产运行管理部	部门领导	生产运行管理部主任岗
	生产运行科	生产运行科科长岗、生产运行协调岗
党群工作部	部门领导	党群工作部主任岗
	组织科	组织科科长岗、党建管理岗
采气厂	厂领导	采气厂厂长岗
	××采气区	采气管理区经理岗、政工管理岗、工程技术岗、生产协调岗、生产调度岗、集气站站长岗、采气巡检岗
	××集气总站	集气总站站长岗、政工管理岗、工程技术岗、中控室采气内操岗、输气运行岗
	计量化验站	计量化验站站长岗、政工管理岗、化验技术岗
天然气净化厂	厂领导	天然气净化厂厂长岗
	党群办公室	党群办公室主任岗、党建管理岗
	生产办公室	生产办公室主任岗、生产协调岗

续表

部门（单位）	科室（单位）	岗位名称
天然气净化厂	净化一车间	净化车间主任岗、工艺技术岗、中控室净化内操岗、净化装置外操岗
	公用工程车间	公用工程车间主任岗、工艺技术岗、空分空压岗
	维护维修站	维护维修站站长岗、仪表技术岗
	天然气净化研究所	天然气净化研究所所长岗、工艺技术岗
应急救援中心	中心领导	应急救援中心主任岗
生产服务中心	中心领导	生产服务中心主任岗

2）适度优化评估工具，确保准确性。在中国石化岗位价值评估模型（SPE）基础上，针对气田特点，从指标释义本土化、刻度调整实用化等方面进行优化，“定制”公司岗位价值评价模型，既确保了工具的专业性，又增强了适用性，保证了岗评结果的准确性。优化后，共调整指标刻度2处、评估等级说明15处。例如，在工作条件/风险因素上，充分考虑公司高含硫、山地等特点，对指标刻度进行调整优化，对指标释义进行重新描述。

3）组织员工广泛参与，确保认可度。在评估前，组织全员开展岗位优化设置，提出改进建议1968项，修订完善岗位工作标准482份。在评估过程中，坚持全员参与，通过召开启动会广泛宣传、推选评委和岗位陈述代表等方式，让员工深度参与评估过程，充分认识岗位价值评估的目的意义，了解方法途径，在提升员工对评估结果认同感的同时，确保评估结果能够客观真实地反映岗位真实价值。

（2）评估结果与现行薪酬标准对比分析

1）岗位价值评估结果

按照集团公司岗位类别划分，将公司岗位划分为管理序列（副科级以上岗位）、专业子序列（原机关一般管理人员）、技术子序列（技术员）和技能操作序列四类。如表6-19所示。

表 6-19 公司评估岗位分类表

序号	类别	数量	岗位名称
1	管理序列	17	生产运行管理部主任岗、党群工作部主任岗、采气厂厂长岗、天然气净化厂厂长岗、应急救援中心主任岗、生产服务中心主任岗（中层正职）
			生产运行管理部生产运行科科长岗、党群工作部组织科科长岗、采气管理区经理岗、集气总站站长岗、计量化验站站长岗、天然气净化厂党群办公室主任岗、天然气净化厂生产办公室主任岗、净化一车间主任岗、公用工程车间主任岗、维护维修站站长岗、天然气净化研究所所长岗（基层正职）
2	专业子序列	8	生产运行管理部生产运行协调岗、党群工作部党建管理岗、采气管理区政工管理岗、采气管理区生产协调岗、集气总站政工管理岗、计量化验站政工管理岗、党群工作部党建管理岗、生产运行管理部生产协调岗
3	技术子序列	7	采气管理区工程技术岗、集气总站工程技术岗、计量化验站化验技术岗、净化一车间工艺技术岗、公用工程车间工艺技术岗、维护维修站仪表技术岗、天然气净化研究所工艺技术岗
4	技能操作序列	8	采气管理区生产调度岗、采气管理区集气站站长岗、采气管理区采气巡检岗、集气总站中控室采气内操岗、集气总站输气运行岗、净化一车间、净化一车间中控室净化内操岗、净化装置外操岗、公用工程车间空分空压岗

从评估结果看，管理序列岗位在604~1245分之间（其中：中层正职在1021~1245分之间、基层正职在604~773之间），专业子序列在323~389分之间，技术子序列岗位在392~462分之间，技能操作序列岗位在330~470分之间（其中：站长岗为470分、一般技能操作岗在307~417分之间），得分最高的是管理序列中的天然气净化厂厂长岗（1245分），得分最低的是技能操作序列中的生产调度岗（307分），最高分是最低分的4倍。各类岗位的价值区间符合油田企业岗位价值分布的一般规律。如图6-12所示。

2）与现行薪酬标准对比分析

按现行基本薪酬标准，公司评估岗位中，管理序列岗位最高，生产一线技术子序列和主要技能操作（内操）岗位次之，专业子序列、生产辅助技术子序列、生产一线技能操作（外操）岗位居后，一般技能操作岗位最低。

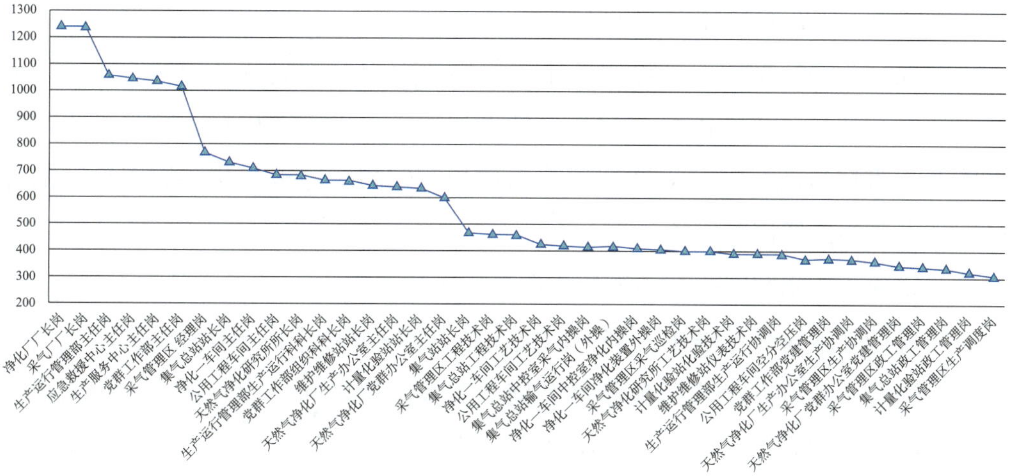

图6-12 公司评估岗位得分

按照岗位价值评估结果排序，管理序列岗位最高，生产一线技术子序列和技能操作岗位次之，生产辅助车间技术子序列和专业子序列岗位居后，一般技能操作岗位最低。

如图6-13所示，现行基本薪酬标准和评估结果趋势基本一致，个别岗位的相对价值发生了变化。

通过对比分析，具体情况如下：

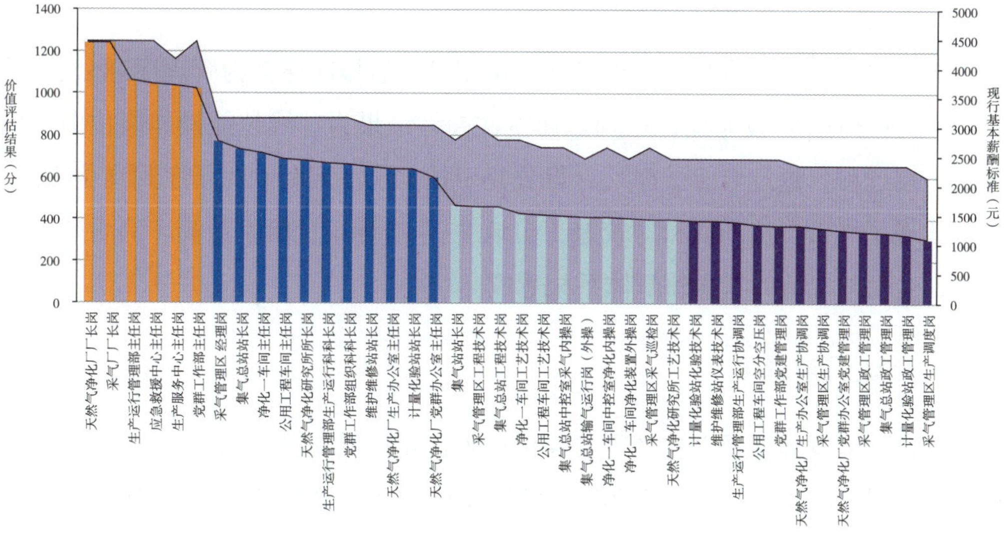

图6-13 岗位价值评估结果与现行基本薪酬标准对比图

①解决了现行薪酬体系的矛盾点。

在现行薪酬标准中，外操岗低于内操岗，而岗位价值评估中两个岗位得分基本持平。经过分析，内操岗对知识技能和技术水平要求相对较高，外操岗野外作业并直接涉硫，艰苦程度和危险系数相对较高，这也与基层职工反映的外操岗基本薪酬偏低情况相符。

②体现了薪酬制度改革差异化方向。

在现行基本薪酬标准中，同一职级岗位基本薪酬相同，岗位之间没有区分。而基于岗位价值评估结果，能够区分同一职级岗位之间价值。例如，中层正职岗评最高分为1245分，最低分为1021分，最高分与最低分相差224分，具体排序为生产单位正职高于机关生产部门正职，辅助单位正职次之，机关政工部门正职得分相对较低，岗位价值存在一定的区分度，符合集团公司三项制度改革工作的主导方向，为推进薪酬分配的差异化提供了科学依据。

③明晰了相同类别同一级别岗位在不同层级之间的价值关系。

通过岗评结果可知，相同类别同一级别岗位所处业务管理层级不同，岗位的价值也不同，体现了岗位在企业价值链上的相对位置。例如，生产运行部生产运行科科长岗（671分）高于天然气净化厂生产办公室主任岗（641分）；党群工作部党建管理岗（371分）高于天然气净化厂党群办公室党建管理岗（348分），高于计量化验站政工管理岗（323分）。

④突出体现了气田的自身特点。

按照岗位价值评估的一般规律，岗位相对价值排序通常为管理序列>技术子序列>专业子序列>技能操作序列。而本次岗评结果为一线技能操作岗位向价值链的高端迁移，越过专业子序列，得分介于技术子序列和专业子序列岗位之间，充分体现了气田自然环境相对较差（山地）、生产环境危险系数高（高含硫）的特点，这也与现行的基本薪酬体系相适应。

三、认识与思考

企业当前发展客观上迫切需要岗位设置优化提供支撑，而在实现“大岗位”设置的同时，配套的管理制度及运行机制优化也必须同步提升、协同推进。

（一）“大岗位”设置的配套工作必须及时跟进

“大岗位”设置后，对员工的能力有了更高的要求，同时对企业也提出了新的课题。特别是基层专业队岗位合并后，一个岗位可能涉及多个工种，岗位的任职资格怎么确定？相应的职业技能鉴定题库怎么建？考核标准怎么定，随之而来的是培训学什么？培训课程体系如何搭建？岗位胜任力模型如何构建等，这些都要根据“大岗位”的要求及时调整优化，为岗位管理与人才配置提供标准和依据。

（二）岗位设置优化的工作大有可为

当前，“四供一业”等办社会职能移交后，业务定位发生了巨大变化，岗位如何来调整？自动化与信息技术的进步对传统的石油行业产生巨大影响，越来越多的核心业务装置、设备逐渐实现自动化，流程如何优化、岗位如何设置？随着集团公司人力资源优化配置力度不断加大，各企业外部市场逐渐增多，结合效益发展和业务要求，承揽业务的外部项目岗位怎么设置、岗位薪酬如何确定？都需要通过岗位设计与价值评估来实现。

（三）研究开发了一批实用性较强的专业工具

要形成可借鉴、可复制、可推广的实践做法，就必须探索找出岗位管理的内在规律，并形成简单实用的专业工具，才能做到易学、好用、能见效。

（四）解决了一批长期惯性沿用但缺乏科学性的管理提升问题

试点项目研究的过程，实际也是一个对标先进、查找问题、探索规律、聚焦提升的过程。长期以来在日常岗位管理中的不少观点和做法，虽然得到大家的普遍认同，但并不是最佳的，更不是最科学的。比如，岗位设置的一些原则与理念，岗位优化的方向与措施，岗位评价的实施与应用。要实现从传统人事劳资管理向现代人力资源管理的转变，需要我们在实践过程中不断研究，把握规律性、富有创新性、体现时代性，才能全面提升人力资源各项管理的能力与水平。

（五）培养和发现了一批勤学善思、学以致用的骨干人才

经过本次试点研究工作推进，进一步拓展了人力资源管理队伍长期造就的严细认真的优良作风，让大家更新了理念，对标了先进，初步培养了科学管理的意识与能力，培养了找问题、找信息、找规律、找措施的工作习惯，并将所学致所用，见到了初步效果。同时，通过研讨、研究和研发，也发现了一些不同专业和领域有思想、有思路的骨干人才，为后续的研究推进和管理提升打下了人才支撑。

附件：1. 采油管理区业务优化对比表

2. 采油管理区机构设置优化对比表

3. 采油管理区岗位优化对比表

附件 1 采油管理区业务优化对比表

序号	现有业务	目标业务	业务变化描述
1	完成厂部下达的生产经营任务及约束性指标	完成厂部下达的生产经营任务及约束性指标	
2	生产组织运行及设备管理	生产组织运行及设备管理	
3	安全、环保、质量、节能管理	安全、环保、质量、节能管理	
4	油藏开发、采油工艺、注水技术、作业技术、注气技术、采气技术、集输技术、油气田水处理技术、信息自动化管理	油藏开发、采油工艺、注水技术、作业技术、注气技术、采气技术、集输技术、油气田水处理技术、信息自动化管理	
5	油藏经营、财务成本、人力资源、三基管理和劳动竞赛	油藏经营、财务成本、人力资源、三基管理和劳动竞赛	
6	党建思想政治工作、群众工作、信访稳定工作和党风廉洁建设	党建思想政治工作、群众工作、信访稳定工作和党风廉洁建设	
7	井站、集输管网等白天巡回检查		根据采油管理区定位，进一步剥离非核心业务，全部调整至人力资源服务中心负责，推进巡检一体化
8	井站、集输管网、井口等设备的维修		完善配套考核政策，细化工作内容，厘清与地面工程抢维修中心工作界面
9	井站规格化		进一步剥离非核心业务，划归人力资源服务中心负责

附件 2　采油管理区机构设置优化对比表

<table>
<tr><th colspan="2">现有班组</th><th>目标班组</th><th>机构调整描述</th></tr>
<tr><td rowspan="6">机关组室</td><td rowspan="2">综合管理室</td><td>党群办公室</td><td>增设党群办公室，主要负责思想政治工作、群众工作、信访稳定、党风廉洁建设等工作</td></tr>
<tr><td rowspan="2">综合管理室（经营管理室）</td><td rowspan="2">将后勤服务、三基建设等工作与经营管理室合并</td></tr>
<tr><td>经营管理室</td></tr>
<tr><td>技术信息室</td><td>技术信息室</td><td></td></tr>
<tr><td>生产运行中心</td><td>生产运行中心</td><td></td></tr>
<tr style="display:none"></tr>
<tr><td rowspan="6">基层班站</td><td>采油班</td><td>采油班</td><td></td></tr>
<tr><td>资料班</td><td></td><td>信息化改造后，生产资料实现了在线自动传输，工作量大幅减少，因技术分析需要建立的各项资料台账可由技术信息室负责，化验工作可由集输班承担或由研究所统一管理，采油管理区可以将资料班撤销</td></tr>
<tr><td>采气班</td><td>采气班</td><td rowspan="4">根据采油管理区不同的业务内容，按照模块化设置</td></tr>
<tr><td>集输班</td><td>集输班</td></tr>
<tr><td>油气田水处理班</td><td>油气田水处理班</td></tr>
<tr><td>注气（驱）班</td><td>注气（驱）班</td></tr>
</table>

附件 3　采油管理区岗位优化对比表

<table>
<tr><th colspan="3">现有岗位</th><th rowspan="2">目标岗位</th></tr>
<tr><th>三厂四区</th><th>四厂三区</th><th>四厂四区</th></tr>
<tr><td>34个</td><td>51个</td><td>44个</td><td>26个</td></tr>
<tr><td>经理岗</td><td>经理岗</td><td>经理岗</td><td>经理岗</td></tr>
<tr><td>党总支书记岗</td><td>党总支书记岗</td><td>党总支书记岗</td><td>党委（总支）书记岗</td></tr>
<tr><td>副经理岗</td><td>副经理岗</td><td>副经理岗</td><td>副书记岗、副经理岗</td></tr>
<tr><td>党务管理岗</td><td rowspan="6">政工管理岗</td><td rowspan="2">党政管理岗</td><td rowspan="6">政工管理岗</td></tr>
<tr><td>党务宣传岗</td></tr>
<tr><td>女工管理岗</td><td rowspan="2">宣传教育岗</td></tr>
<tr><td>纪检管理岗</td></tr>
<tr><td>计生和团组织管理岗</td><td rowspan="2">工团管理岗</td></tr>
<tr><td>工会和组织管理岗</td></tr>
<tr><td>综合管理岗</td><td rowspan="2">经营管理岗</td><td>三基管理岗</td><td rowspan="4">经营管理岗</td></tr>
<tr><td>经营管理岗</td><td>经营管理岗</td></tr>
<tr><td>成本管理岗</td><td rowspan="2">成本核算岗</td><td rowspan="2">成本核算岗</td></tr>
<tr><td>三基管理岗</td></tr>
<tr><td>人力资源管理岗</td><td>人力资源管理岗</td><td>人力资源管理岗</td><td>人力资源管理岗</td></tr>
<tr><td>材料管理岗</td><td>仓库保管岗</td><td>材料管理岗</td><td>材料管理岗</td></tr>
<tr><td rowspan="3">地质技术岗</td><td>地质主管岗</td><td>地质技术岗</td><td rowspan="3">地质技术岗</td></tr>
<tr><td>地质技术助理</td><td>采油地质班长岗</td></tr>
<tr><td>地质技术员岗</td><td>采油地质岗</td></tr>
<tr><td>工程技术岗</td><td>工程技术主管岗</td><td>工程技术岗</td><td rowspan="6">工程技术岗</td></tr>
<tr><td>作业技术岗</td><td>工程技术助理岗</td><td>注水技术岗</td></tr>
<tr><td></td><td>工程技术员岗</td><td>注气技术岗</td></tr>
<tr><td rowspan="3">集输技术岗</td><td>集输技术主管岗</td><td rowspan="3"></td></tr>
<tr><td>集输技术助理岗</td></tr>
<tr><td>集输技术员岗</td></tr>
</table>

续表

<table>
<tr><th colspan="3">现有岗位</th><th rowspan="2">目标岗位</th></tr>
<tr><th>三厂四区</th><th>四厂三区</th><th>四厂四区</th></tr>
<tr><td rowspan="3">注水技术岗</td><td>油气田水处理技术主管岗</td><td rowspan="3"></td><td rowspan="3">工程技术岗</td></tr>
<tr><td>油气田水处理技术助理岗</td></tr>
<tr><td>油气田水处理技术员岗</td></tr>
<tr><td rowspan="2">监控岗</td><td>仪器仪表及信息化技术主管岗</td><td rowspan="2">信息工程技术岗</td><td rowspan="2">信息技术岗</td></tr>
<tr><td>监控技术员岗</td></tr>
<tr><td>电力节能管理岗</td><td rowspan="3">生产协调管理岗</td><td rowspan="3">生产协调管理岗</td><td rowspan="3">生产协调岗</td></tr>
<tr><td>对外关系协调岗</td></tr>
<tr><td>生产协调管理岗</td></tr>
<tr><td>生产调度岗</td><td>监控与生产调度岗</td><td>生产调度岗</td><td>生产调度岗</td></tr>
<tr><td rowspan="2">安全工程师岗</td><td>安全工程师岗</td><td>安全工程师岗</td><td rowspan="4">HSSE管理岗</td></tr>
<tr><td>安全管理岗</td><td>安全管理岗</td></tr>
<tr><td rowspan="2">安全环保管理岗</td><td rowspan="2">安全资料岗</td><td>安全环保管理岗</td></tr>
<tr><td>安全资料岗</td></tr>
<tr><td rowspan="2">设备管理岗</td><td>设备管理岗</td><td>设备管理岗</td><td rowspan="2">设备管理岗</td></tr>
<tr><td>设备资料岗</td><td>设备资料岗</td></tr>
<tr><td>党支部书记岗</td><td>党支部书记岗</td><td>党支部书记岗</td><td>党支部书记岗</td></tr>
<tr><td>采油班长岗</td><td>采油班长岗</td><td>采油班长岗</td><td>采油班长岗</td></tr>
<tr><td rowspan="5">采油运行岗</td><td rowspan="5">采油运行岗</td><td>采油大班岗</td><td rowspan="5">采油运行岗</td></tr>
<tr><td>原油押运岗</td></tr>
<tr><td>五小措施岗</td></tr>
<tr><td>单井小班岗</td></tr>
<tr><td>注水班长岗</td></tr>
</table>

续表

<table>
<tr><th colspan="3">现有岗位</th><th rowspan="2">目标岗位</th></tr>
<tr><th>三厂四区</th><th>四厂三区</th><th>四厂四区</th></tr>
<tr><td>采油运行岗</td><td>采油运行岗</td><td>注水大班岗</td><td>采油运行岗</td></tr>
<tr><td rowspan="2">采油地质岗</td><td>资料班长岗</td><td>资料班长岗</td><td rowspan="2"></td></tr>
<tr><td>资料大班岗</td><td>资料大班岗</td></tr>
<tr><td>集输班长岗</td><td>集输班长岗</td><td rowspan="7"></td><td>集输班长岗</td></tr>
<tr><td rowspan="6">集输巡检岗</td><td>集输脱水岗</td><td rowspan="6">集输运行岗</td></tr>
<tr><td>集输分离岗</td></tr>
<tr><td>集输输油岗</td></tr>
<tr><td>集输卸油岗</td></tr>
<tr><td>集输轻油岗</td></tr>
<tr><td>集输油化验岗</td></tr>
<tr><td rowspan="5"></td><td rowspan="5"></td><td>注气运行维护班长</td><td rowspan="2">注气（驱）班长岗</td></tr>
<tr><td>注气运行监控班长岗</td></tr>
<tr><td>注气运行维护岗</td><td rowspan="3">注气（驱）运行岗</td></tr>
<tr><td>注气运行监控岗</td></tr>
<tr><td>注气资料岗</td></tr>
<tr><td rowspan="8"></td><td>油气田水处理班长岗</td><td rowspan="8"></td><td>油气田水处理班长岗</td></tr>
<tr><td>油气田水处理污水岗</td><td rowspan="7">油气田水处理运行岗</td></tr>
<tr><td>油气田水处理注水岗</td></tr>
<tr><td>油气田水处理锅炉岗</td></tr>
<tr><td>油气田水处理注泥岗</td></tr>
<tr><td>油气田水处理加药岗</td></tr>
<tr><td>油气田水处理供水岗</td></tr>
<tr><td>油气田水处理水质化验岗</td></tr>
</table>

续表

现有岗位			目标岗位
三厂四区	四厂三区	四厂四区	
			采气班长岗
			采气运行岗
	采油巡护班长岗	采油巡护班长岗	
	采油巡护岗	采油巡护岗	
		采油维修岗	

第七章 某油田企业B案例

案例概述

以深化三项制度改革为目标，根据集团公司“支撑战略、服务发展、人企共赢”的总体要求，为持续提升岗位管理水平，该企业在人事部的统一部署下，以业务流程为基础，以信息化工具为手段，建立岗位管理的新理念、新模式，研究开发在中国石化系统内可复制、可推广的岗位价值评估工具和方法论，构建岗位价值评估子体系，与岗位设计子体系相协同，指导企业进行岗位设计优化、岗位说明书编制和岗位价值评估工作。开展岗位职责分析，管理和专业技术序列21个专业领域共梳理岗位工作职责160项，工作任务578条，18个技能操作工种共梳理岗位工作职责75项，工作任务79条；开展岗位优化，根据岗位设置原则和理念，优化设置岗位818个，较前期岗位压缩57%；应用岗位价值评估信息系统开展岗位说明书优化完善工作，建立岗位说明书随企业变革、业务流程、职责任务等因素变动的动态管理机制；选取代表科研、生产和后勤三个不同业务类型的二级单位作为标杆进行岗位价值评估试点。在试点基础上建立了企业岗位价值等级矩阵，为全面搭建企业岗位管理体系验证了方法、积累了经验，为岗位管理功能的有效发挥和企业流程再造提供了保障，为下一步开展薪酬分配制度改革，推进以“三能”机制为核心的三项制度改革落实落地奠定基础。

一、企业基本情况介绍

该企业是中国石化负责地区油气勘探开发、销售及相关业务和专业从事石油工程技术服务的一家大型直属企业。企业实行局有限公司、油田分公司一体化管理体制，现有机关职能部门20个，二级单位及控股公司27个。管理、专业技术和技能操作三支队伍序列共设置1926个岗位，用工总量8685人。

企业前期开展了岗位管理优化完善工作，取得了一定成效。在岗位说明书编制方面，结合“三定”工作对组织机构优化、岗位设置调整、岗位职责进一步厘清和岗位任职资格强化等要求，调整了岗位说明书中对学历、职业任职资格、专业背景等方面的具体要求，以反映岗位管理的各项要素。通过完善岗位说明书，明确不同岗位、不同职位层级的岗位人员必须具备的知识、技能和素养及须履行的岗位职责，建立健全基于岗位分类管理、分类考核、分类评估的市场化岗位说明书集成，优化了岗位责任体系、岗位履职评价体系和岗位责任制落实机制。

在岗位价值评估方面，通过对技能操作岗位开展工作分析和岗位写实，开发了一套包含专业知识与技能、沟通协作能力、工作复杂程度、劳动强度、工作环境和特定安全风险六个维度，符合实际的技能操作岗位价值评估工具，建立了能够有效评估不同技能操作岗位“相对”价值的管理平台，形成了适用于本企业技能操作岗位价值评估体系。同时，将岗位价值与薪酬激励紧密挂钩，实现了辅助岗位和核心岗位不一样，工作环境好与坏不一样，安全风险高与低不一样，劳动强度大与小不一样，工作难度大与小不一样，凸显“工作奉献大者多得，个人牺牲多者多得，能力突出者多得”的价值导向。从源头上打破了平均主义，激发了员工内生动力，基本满足了员工向艰苦地区、生产需要地区的内部流动需求。

在任职资格体系建设方面，分级分类建立健全了专业技术、技能操作序列的层级任职资格标准体系。专业技术序列任职资格标准体系从资质条件、专业能力与水平、业绩贡献和品德素质四个方面进行设定。技能操作序列任职资格标准体系从技能水平、履职责任、工作业绩等方面进行设定。在完善职位聘任程序的基础上，结合岗位职责要求，对选聘人员进行综合评审，同步健全考核、激励机制等配套措施，为实现人岗匹配奠定基础。

二、典型案例

（一）岗位设置优化

2017年，企业对标先进完成了“三定”工作，在岗位优化方面，按照岗位分类标准化、岗位设置规范化、岗位数量最少化、岗位评估定量化的要求，精简了岗位目录、编制了岗位图谱、厘清了岗位职责。本次岗位设置优化主要按照课题研究形成的中国石化岗位设置工具方法，以部门业务流程为主线，进一步深入开展岗位职责分析和岗位优化。

1. 岗位职责分析

根据集团公司关于深化人事劳动分配制度改革实施意见的要求，为充分发挥岗位管理基础功能，需要紧密结合生产经营业务，强化职责梳理和流程再造，进一步提升岗位管理专业化水平。

岗位职责梳理作为岗位管理中一个重要的基础环节，来源于企业的整体战略分解和业务流程梳理。本次岗位职责分析采用“三单递进”工具，通过明确各处室和二级单位“业务清单”“部门职责清单”和“岗位任务清单”，全面梳理和分析每个业务板块内所有岗位的职责并归纳整合，将每一项职责通过“ARPCI”岗位分析工具按参与度进行定位，进一步校正了在岗位管理中存在的“缺位”“错位”和“越位”现象，使岗位职责更规范、工作目标更明确，确保了部门业务范畴和岗位职责详尽无交叉。

（1）基本步骤

基于业务流程梳理的岗位职责分析需要以“单位部门岗位”为依托，分别按照“业务梳理完全穷尽、职责列举相互独立、任务确定能够操作”的实施原则，层层分解，切实做到上接企业发展规划、下接工作流程，基本步骤如下。

1）第一步：收集资料。

结合“三单递进”工具，如图7-1所示。采取“先收集资料再进行梳理分析”的方式，首先局、分公司各处室、二级单位部门负责人分别填写“业务清单”“部门职责清单”“岗位任务清单”，资料收集完整后，组织相关人员对“三单”进行梳理分析，以“业务—职责—任务”为主线，理清对应关系，发现并解决业务合作界面不清晰、职责交叉错位、岗位工作量不饱满等问题。

图7-1 "三单递进"工具使用流程图

2）第二步：理顺职责逻辑关系。

根据各部门（科室）业务分解到岗位的职责模块，理顺岗位内部各项职责之间的内部逻辑关系，明确岗位职责是相互并列还是承接流转的关系。

3）第三步：确定工作流程入口与出口。

结合岗位内部各项职责的逻辑关系，进一步确定该岗位在部门（科室）内部的位置，业务流程从哪一项职责进入或流出该岗位。

4）第四步：梳理各项工作任务。

根据业务流程在该岗位的入口和出口，找到该岗位在业务流程中的上游岗位和下游岗位，界定该岗位与上下游岗位之间的职责关系，确定是否存在职责上的重叠、真空、错位的情况，达到去除重叠职责、填补真空职责、理顺错位职责的目的。

5）第五步：明确岗位角色、进行规范描述。

通过前面的几个步骤，在理顺岗位边界的基础上，需要进一步分析工作流程，界定该岗位在各项职责中扮演的角色。

（2）分析案例

根据以上步骤，对管理和专业技术序列21个专业领域和18个技能操作工种全面开展岗位职责分析，共梳理岗位工作职责235项，工作任务657条。以科技管理板块为例，该板块涉及科技处和二级单位科技管理相关岗位。在岗位工作任务写实基础上，通过逐级归纳整合，最终形成科技管理板块岗位工作职责（包括项目管理、新技术推广应用、成果管理等8项工作职责），每项职责涵盖局分公司和二级单位相关岗位工作任务，共计29条，如本章附件1所示。

2. 岗位优化

本次岗位优化工作，首先针对管理和专业技术序列按业务板块、技能操作序列按工种归集岗位。按照相关规范，管理和专业技术序列共划分21个业务板块，技能操作序列划分18个工种，企业业务板块和工种分类如表7-1所示。

表 7-1 三支队伍业务板块和工种分类表

<table>
<tr><th>管理</th><th>专业技术</th><th>技能操作</th></tr>
<tr><td colspan="2">党政管理</td><td>测井</td></tr>
<tr><td colspan="2">群团工作</td><td>采油采气</td></tr>
<tr><td colspan="2">宣传</td><td>集输</td></tr>
<tr><td colspan="2">纪检监察</td><td>井下作业</td></tr>
<tr><td colspan="2">人力资源</td><td>天然气加工</td></tr>
<tr><td colspan="2">企业（法律）管理</td><td>化工</td></tr>
<tr><td colspan="2">财务资产</td><td>工程施工</td></tr>
<tr><td colspan="2">投资发展</td><td>机械修理</td></tr>
<tr><td colspan="2">审计管理</td><td>仪器仪表安装修理</td></tr>
<tr><td colspan="2">科技管理</td><td>供电</td></tr>
<tr><td colspan="2">市场营销</td><td>供水供热</td></tr>
<tr><td colspan="2">信息化管理</td><td>通信</td></tr>
<tr><td colspan="2">公共事业</td><td>交通运输</td></tr>
<tr><td colspan="2">油气勘探</td><td>科研与分析化验</td></tr>
<tr><td colspan="2">油气开发</td><td>物资供销</td></tr>
<tr><td colspan="2">工程技术</td><td>环境保护</td></tr>
<tr><td colspan="2">生产运行</td><td>技术监督</td></tr>
<tr><td colspan="2">安全环保</td><td>后勤服务</td></tr>
<tr><td colspan="2">监督管理</td><td></td></tr>
<tr><td colspan="2">物资设备管理</td><td></td></tr>
<tr><td colspan="2">基建管理</td><td></td></tr>
</table>

其次，按直属单位、二级单位和三级单位的组织层级细分岗位。最后，立足于岗位职责，按照“一岗多人、一岗多责”的“大岗位”理念，以因事设岗、合理分工、有效协作、相斥分离、最少数量和特殊优先的原则，严格杜绝一人多岗和有岗无人情况；运用“五维融合”岗位诊断工具，通过重新优化现有岗

位，删除重叠岗位，统一命名同类岗位，最终完成岗位优化工作，形成企业岗位目录，共设置岗位818个，较前期减少1108个岗位，压减率达57%。

以企业下属某研究院开发所为例，该机构前期按“一人一岗”思路设有油气藏地质、储层评价、储量评价、产能评价4个专业技术岗位，下设工作任务26条。本次按照前述岗位优化思路，通过重新开展岗位工作职责分析，认为4个岗位研究方向过小，岗位职责相近。按照“五维融合”岗位诊断工具验证：

1）岗位相容性分析：符合内控管理制度，不存在不相容岗位；

2）专业相关分析：同属开发地质专业；

3）职责相近分析：均需承担编制开发方案、产能建设方案、调整方案、地质设计、测试选层论证及测试地质方案等以及项目实施过程的跟踪与优化调整工作任务，职责相近度高；

4）流程相邻分析：均需开展开发地质基础研究，使用的技术和方法比较接近；

5）轻重相宜分析：都是从事技术研发工作，岗位划分过细，不利于开展综合研究工作和人才成长。因此最终将工作任务归纳整合为5条，4个岗位优化整合为1个开发地质岗位，岗位优化前后情况如表7-2和表7-3所示。

表 7-2　某研究院基层所专业技术岗位优化前工作任务设置

岗　位	工作任务
油气藏地质	地质实验数据收集整理
	物性分析
	储集空间类型研究
	孔隙结构特征研究
	成岩作用研究
	储层分类评价
	储层展布特征研究
	储层非均质性研究
	储层发育主控因素研究
储层评价	储层地震标定
	储层正演反演研究

续表

岗　位	工作任务
储层评价	层位追踪解释
	储层多属性分析
	储层预测方法研究
	储层预测
	裂缝预测
	含气性预测
储量评价	储层地震评价
	储量计算单元选取
	储量计算参数分析
	储量分类及可靠性评价
	有利区评价及优选
产能评价	储层改造情况分析
	产能评价方法优选
	产能评价
	产能主控因素分析

表 7-3　某研究院基层所专业技术岗位优化后工作任务设置

岗　位	工作任务
开发地质	局分公司常规油气藏滚动勘探、开发评价方案、开发概念设计、年度常规油气滚动勘探与开发评价预安排的编制
	局分公司常规新区油气开发方案、老区调整方案、产能建设方案、年度产能建设预安排的编制
	局分公司非常规气开发方案、调整方案、滚动勘探、开发评价方案、产能建设方案、年度计划的编制
	局分公司常规油气开发井、产能建设井和非常规井井位论证、井位部署，钻井地质设计、测试选层论证及测试地质方案编写
	局分公司滚动勘探与开发评价项目、产能建设项目、非常规气开发项目的实施及实施过程的跟踪与优化调整

（二）岗位说明书优化

按照中国石化岗位说明书编制规范，在2017版岗位说明书基础上，通过创建标准化工作职责任务库，应用岗位价值评估信息系统组织开展岗位说明书优化工作，从岗位基本信息、岗位设置目的、岗位职责、岗位权限、工作目标、工作关系、任职条件、工作条件和HSSE风险、编制信息等十个方面进行进一步补充完善。特别是针对企业中部分工作条件为高温、高含硫等较为恶劣环境的岗位，为在价值导向上进一步向类似生产一线、艰苦地区或条件岗位倾斜，在岗位说明书工作条件板块中的职业卫生要素上，按照国家职业病危害因素相关分级进行明确界定，包括化学物、生产性粉尘、噪声、高温，存在多种危害因素的则根据国家法定机构的定级按照最高级定级，以充分反映工作本身对岗位从业人员造成的职业病危害性，体现其岗位价值。

通过本次优化，明确了岗位说明书是岗位价值、人力资源规划、薪酬管理、绩效管理、招聘录用等人力资源职能管理的基本依据，建立岗位说明书随企业变革、业务流程、职责任务等因素变动的动态管理机制，解决了多年存在的岗位说明书可有可无问题，岗位管理体系建设落到实处。

（三）岗位价值评估试点

本次岗位价值评估选取代表科研、生产和后勤三个不同业务类型的五家二级单位作为标杆进行岗评试点，涵盖三支岗位序列，涉及岗位368个，员工1142人。按照中国石化岗位价值评估方法，整个岗评工作分为4个主要步骤：准备筹划阶段、培训与试评估阶段、正式评估阶段和统计分析阶段。

1. 准备筹划阶段

时间：2018年10月8日—10月21日

由于岗位优化和岗位说明书编制已完成，因此本阶段主要开展了评估指标刻度调整、指标量化、成立评估委员会和专家组等准备工作。

（1）指标刻度调整

在中国石化SPE模型基础上，根据企业实际对指标刻度进行了调整。

1）人员管理：该因素中“下属类型”维度由原来的8级调整为6级，平衡两级机关下属类型的差距。

2）影响与贡献：该因素中“影响程度”维度由原来的7级调整为8级，明确两级机关岗位决策、影响程度与管理层次及管理级别上的差距。

（2）指标量化

1）人员管理：该因素中“下属类型”维度，根据企业管理序列岗位的下属类型整合进行量化评估。针对该指标8个刻度中对下属类型具象化描述。针对《岗位价值评估操作手册》中下属类型维度中的刻度进行具象化表述，如：“操作岗位”在刻度表述中没有定义解释，增补“操作岗位指从事按工艺规程、操作法等规定指令执行的操作性岗位，如采气岗、采油岗、机炉外操岗等”作为刻度具象化描述；“处室（基层单位）管理岗位”没有定义解释，增补“处室（基层单位）内部分专业领域管理岗位指处室或基层单位分管某一项或几项业务的管理岗位，如××处副处长岗、××厂副厂长岗等”作为刻度具象化描述。

2）工作条件/风险：该因素包含了“工作环境”“职业卫生”“安全风险”和“环保风险”四个维度，根据中华人民共和国职业卫生标准《工作场所职业病危害作业分级》（GBZ/T229—2012）、中国石化安〔2016〕625号《关于印发中国石化生产安全风险管理规定（试行）》和《关于印发〈中国石化环境风险评估指南（试行）（修订版）〉的通知》（集团工单能环〔2016〕34号）等文件中的规定进行分级量化评估。

3）专业能力：该因素包含“知识要求”和“专业技术/技能”两个维度，根据企业实际进行量化描述。

①知识要求：A—高中、B—中专、C—专科、D—本科、E—硕士、F—博士（后）。

②专业技术/技能：1/2—无、3—初级工、4—员级、5—助理/中级工、6—高级工、7—中级/技师、8—高级、9—教授级。

（3）评估委员会

本次岗位价值评估委员会主要由指导小组、专家组、工作组构成。

1）指导小组：指导小组由外部咨询公司和中国石化岗位管理课题组成员组成，主要职责是导入岗评理念、统一岗评思想、严肃岗评纪律、培训岗评模型，解答评委疑问，并引导评委完成岗评工作。

2）专家组：原则上企业内部评委由企业高管、各部门负责人及一些具有较高专业水平和丰富工作经验的员工代表组成。本次岗评评委由来自5家试点单位的71名专家组成，其中管理岗位评委36人，其他岗位评委35人。

3）工作组：工作组主要由人力资源处管理人员和信息系统技术支持人员组成，主要职责是统筹安排本次岗评现场会务组织与服务，并确保岗位价值评估信息化系统正常使用。

2. 培训与试评估阶段

时间：2018年10月22日—10月23日

岗位价值评估培训主要介绍什么是岗位价值评估、为什么要进行岗位价值评估、岗位价值评估的方法、岗位价值评估的流程和具体操作方法，进而对关键岗位进行试打分，通过现场解答评委提出的问题和试评估，统一评委对岗位价值评估的理解。

（1）开展培训

本次岗位价值评估培训邀请了外部咨询公司和集团公司岗位管理课题组专家在现场进行培训和指导，人力资源部门管理人员作为辅助力量进行现场答疑。

培训首先明确了几个重点事项：①岗位价值评估的对象是岗位，不是岗位上的员工，不要考虑岗位上人的能力和背景；②岗位价值评估内容是岗位的整体工作范畴，不是特指某一特殊时间段或局部范围内的工作内容；③岗位价值评估的基准是正常业绩水平下的岗位价值，而不是超高或超低业绩表现下的岗位价值；④评委需要在评估过程中时刻提醒自己，岗位价值评估的是岗位在组织内部的相对价值而不是绝对价值。

由于本次试评估和正式评估均在线上完成，因此对评委进行了岗评信息系统操作培训，工作人员对系统操作方法进行了详细演示，对操作系统进行了指导和答疑。

（2）试评估

每位评委对试评估岗位进行打分并提出疑问，岗评顾问和工作人员就评委反应最多的问题给予统一解答。本次试评估时评委主要针对试评估和岗位背景信息介绍的必要性、纵向评估的意义和具体操作方法、评估维度定义的理解等方面提出问题，岗评顾问和工作组成员一一进行了解答、获得了普遍认同，例如：

有评委提出“由于企业有较好的岗位管理基础和实施过岗位价值评估，是否可以在实施过程中省略关键岗位试评估阶段”。

顾问组解答：试评估是一个提供给岗位价值评估专家熟悉模型架构、指标设置和操作方法的演练阶段，同时也是检验模型权重设置合理性的一个过程。专家在实施岗位价值评估的过程中，通过专项培训和试打分，能够较好地熟悉岗位价值评估流程，对岗位价值评估因素的理解形成基本共识，也为成功开展岗位价值评估提供了基本保证。

评委针对“下属人数”提出“直属单位负责二级单位的业务归口管理，二级单位相关业务口人员是否算作下属人数”。

顾问组解答：由于业务归口管理分为两种形式，一种为财务委派制，直属单位向二级单位委派财务经理，财务部下属的员工编制、薪酬发放、考核为总部和二级公司共同管理，由于该部门的负责人与员工的人员编制在直属单位，可以界定为直属单位下属。另一种形式为二级公司的审计部经理和下属为二级公司自己组建，这样直属单位与二级单位该部门的关系就界定为业务指导。

3. 正式评估阶段

时间：2018年10月24日

工作组为每位评委准备一套岗位说明书、一套岗位价值评估操作手册以及其他必要的硬件配套设施。评估采用实名制封闭式打分方式，工作组人员全程现场指导评委打分，并提醒评委独立完成打分。

（1）部门和岗位介绍

在正式评估前安排各单位（部门）负责人对部门和岗位情况进行简要介绍，每位负责人介绍控制在10分钟以内。在介绍过程中，评委对岗位情况进行询问。

（2）评委打分

5个定量维度得分根据岗位说明书由系统自动生成，评委仅对12个定性维度打分，定量/定性维度比例为1∶2.5。在线上待评估岗位按中层正职、中层副职、基层正职、基层副职、专业技术、技能操作分批逐次推送，该做法可有效降低评委在打分过程中对因素、维度、刻度做出判断时的偏差。

4. 统计分析阶段

时间：2018年10月25日—10月26日

（1）岗位价值评估变异系数

依据《岗位价值评估操作手册》规定，当岗位变异系数<25%，因素变异系数<40%，则评委对该岗位的评估判定为有效。从本次岗位价值评估变异系数分析表（表7–4）中可以看出，368个岗位变异系数平均为8%，因素变异系数平均为16%，符合岗位价值有效性原则，说明本次岗位价值评估结果公正、客观、合理。

表 7–4　岗位价值评估变异系数分析表

序号	评估因素	变异系数		
		最低	最高	平均
1	人员管理	0.00%	0.00%	0.00%
2	成本控制/效益体现	8.27%	21.96%	15.12%
3	影响与贡献	7.41%	20.32%	13.87%
4	专业能力	9.11%	28.53%	18.82%
5	合作能力	7.77%	10.00%	8.89%
6	创新与解决问题	9.41%	28.36%	18.89%
7	工作条件/风险	0.00%	0.00%	0.00%
因素变异系数				16.00%
岗位变异系数		4.32%	14.42%	8.00%

（2）岗位价值评估结果

按三支队伍汇总岗位价值评估结果，如表7–5所示，可以看出管理序列岗位价值在450~730分之间，专业技术序列岗位价值在305~410分之间，技能操作序列岗位价值在248~321分之间，整体岗位价值趋势为：管理序列>专业技术序列>技能操作序列，三支队伍序列排序如图7–2所示。

表 7–5　岗位价值——三支队伍序列汇总表

序列	最高分	最低分	平均分
管理	727.15	453.66	584.16

续表

序列	最高分	最低分	平均分
专业技术	410.46	304.86	350.81
技能操作	321.25	248.91	283.66

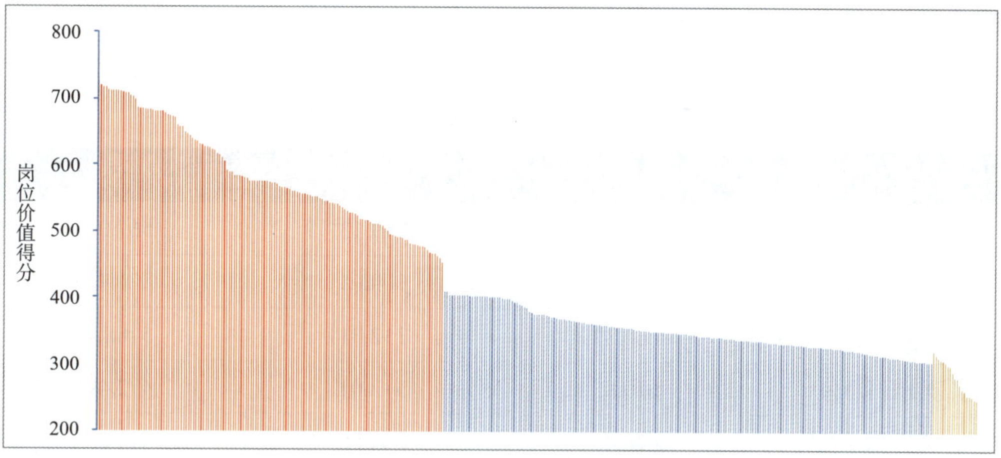

图7-2　岗位价值——三支队伍序列排序图

（3）岗位价值评估结果分析

根据岗位价值评估结果，分别按职级、组织机构和业务板块进行排序和分析。

1）职级：按照职级分类，划分为副总、正科、副科、无职级4种职级类型进行汇总，见表7-6。副总岗位价值在626.48~711.74分之间，正科岗位价值在511.64~727.15分之间，副科岗位价值在453.66~579.30分之间，无职级岗位价值在248.91~410.46分之间。岗位价值趋势为：副总>正科>副科>无职级。

表7-6　岗位价值——职级汇总表

职级	最高分	最低分	平均分
副总	711.74	626.48	665.80
正科	727.15	511.64	629.94
副科	579.30	453.66	519.83
无职级	410.46	248.91	344.91

2）组织机构：按组织机构分类，划分为研究院、采气厂、培训单位、后勤单位四类，如表7-7所示。分别取岗位价值最高的5个岗位作样本均值，研究院样本岗位价值在319~727分之间，两个采气厂样本岗位价值分别在309~698分和312~660分之间，培训单位样本岗位价值在312~610分之间，后勤单位样本岗位价值在305~626分之间。岗位价值趋势为：研究院>采气厂>培训单位>后勤单位，科研和生产单位的岗位价值最高。

表7-7　岗位价值——组织机构汇总表

组织机构	最高分	最低分	平均分
某研究院	727.15	319.13	567.04
某采气厂	698.61	309.05	521.75
某采气厂	660.32	312.31	516.24
某培训单位	610.85	312.01	472.49
某后勤单位	626.48	304.86	471.88

3）业务板块：按业务板块（管理）分类，如表7-8所示。可以看出岗位价值高分主要分布在生产科研板块，辅助业务板块的岗位价值相对较低。管理类岗位中油气勘探板块岗位价值平均分最高，物资设备板块岗位价值平均分最低。

表7-8　岗位价值——业务板块（管理）汇总表

业务板块	最高分	最低分	岗位数	平均分
油气勘探	727.15	572.18	16	642.94
油气开发	711.07	531.54	12	620.2
生产运行	711.74	516.88	8	618.37
群团工作	717.21	453.66	35	585.26
财务资产	701.79	492.09	9	584.16
安全环保	671.63	489.89	8	571.79
企业（法律）	649.79	487.28	4	562.03
党政管理	698.61	473	19	561.1

续表

业务板块	最高分	最低分	岗位数	平均分
纪检监察	703.01	467.7	6	560.83
人力资源	627.32	481.23	9	549.93
科技管理	536.13	536.13	1	536.13
公共事业	583.51	463.25	10	535.03
物资设备	512.14	512.14	1	512.14

按业务板块（专业技术）分类，如表7–9所示。可以看出岗位价值高分主要分布在生产和科研板块，辅助业务板块的岗位价值相对较低。专业技术类岗位中油气勘探板块岗位价值平均分最高，公共事业板块岗位价值平均分最低。

表 7–9　岗位价值——业务板块（专业技术）汇总表

业务板块	最高分	最低分	岗位数	平均分
油气勘探	410.46	346.97	21	399.38
油气开发	404.72	367.77	15	394.38
科技管理	366.04	365.59	2	365.81
投资发展	368.83	359.28	2	364.05
工程技术	387.16	330.03	18	362.32
生产运行	376.4	341.89	15	357.68
安全环保	368.76	326.63	9	349.51
财务资产	362.94	332.26	20	347.61
物资设备	364.34	332.05	11	345.11
信息化管理	343.51	343.51	1	343.51
企业（法律）	359.34	325.26	12	339.7
人力资源	394.17	317.24	21	333.67
宣传	338.02	312.63	5	328.74
群团工作	348.72	314.28	7	328.54

续表

业务板块	最高分	最低分	岗位数	平均分
党政管理	362.51	307.42	25	326.48
纪检监察	327.29	316.79	2	322.04
公共事业	320.98	304.86	11	308.18

4）定性和定量指标评估结果分析：定性和定量指标评估结果对比见图7–3，可以看出，两种评估方式得出的岗位价值趋势基本一致，最低分相差仅1分，这也从侧面验证了岗位价值评估模型的科学合理。

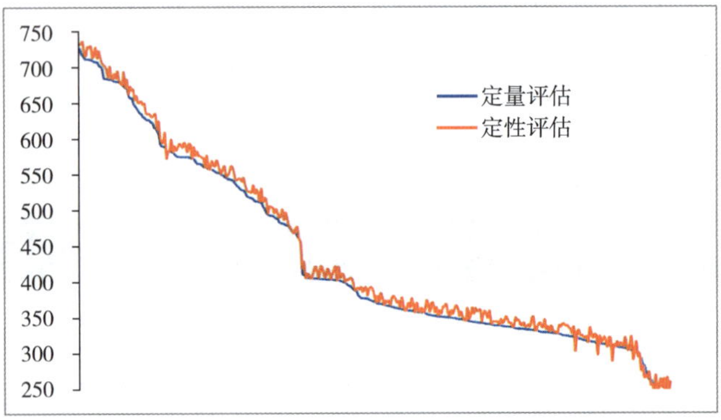

图7–3　定性和定量指标评估结果对比图

（四）岗位价值等级划分

本次选取了科研、生产和后勤五个代表性单位作为标杆开展岗位价值评估，在此基础上建立企业试点岗位价值等级矩阵，如表7–10所示，为下一步科学确立企业岗位薪酬标准，进一步完善企业薪酬标准公正性奠定了坚实基础。

表 7–10　企业试点岗位价值等级表

等级区间	管理	专业技术		技能操作
		专业子序列	技术子序列	
[1000,1500)	研究院院长 采气厂厂长 ……			

续表

等级区间	管理	专业技术		技能操作
		专业子序列	技术子序列	
[750,1000)	采气厂副厂长 基地服务中心主任 ……			
[700,750)	物探所所长 工会副主席 ……			
[650,700)	采气管理区经理 党政办公室主任 ……			
[600,650)	生产运行科科长 计划财务科科长 ……			
[550,600)	党群工作部主任 评价研究所副所长 ……			
[500,550)	党支部书记 生产运行科副科长 ……	干部人才管理岗	勘探规划岗 油气藏工程岗	
[450,500)	团委副书记 社区管理科副科长 ……	组织干部管理岗	勘探部署与跟踪岗 储量研究与评估岗 ……	
[400,450)		计划财务科投资计划岗	油气地质岗 实验分析与研究岗 ……	
[350,400)		计划财务科预算管理 企业管理科企业管理岗 ……	勘探所矿权评价与管理岗 生产技术科科研管理岗 ……	
[300,350)		安全管理科安全环保岗 社会保险管理岗	集输工艺室防腐工艺岗 生产运行科生产运行岗 ……	

续表

等级区间	管理	专业技术		技能操作
		专业子序列	技术子序列	
[250,300)		勘探研究所综合管理岗 ……	生产运行中心生产运行岗 生产运行中心安全管理岗	采气工
[200,250)		生产运行中心设备管理岗 综合管理室财务管理岗		油气管道巡护工 计量仪表工 ……

三、认识与思考

本次在研究开发岗位价值评估工具和方法论、构建岗位价值评估子体系、开展岗位管理优化工作的过程中，取得了一些认识，也进行了一些思索。

（一）岗位管理是人力资源管理体系建设的重要基础

人力资源管理体系是否科学，三项制度改革能否取得实质性突破，首先取决于岗位管理是否科学、合理。立足于岗位优化和劳动生产率提升，充分发挥岗位管理的基础功能，修订完善岗位管理制度，强化职责梳理和流程再造，推行一岗多责、大岗位设置，进一步规范和完善岗位说明书，科学开展岗位价值评估，这些都是人力资源管理的重要基础。

（二）岗位职责分析是岗位管理的重要基础环节

岗位职责分析环节在整个岗位管理范畴中占比相对较小，但却是非常重要的一项基础工作。通过开展岗位职责分析，不但能为岗位管理的后续工作奠定坚实的基础，关键在于可以明晰企业各单位和各部门的业务界面、职责范围，理清“单位、业务部门、职责、岗位任务”的对应关系，可以进一步校正在岗位管理中存在的“缺位”“错位”和“越位”问题，确保部门业务范畴和岗位职责详尽无交叉。

（三）岗位价值评估工作需要系统筹划、科学安排

一方面，规范明确的岗位职责、科学合理的岗位设置、规范完整的岗位说明书、岗位价值评估的准备策划等工作是准确评估岗位价值的重要基础，企业需要花费大量的精力和时间做好、做扎实。另一方面，企业在开展岗位价值评估工作之前必须要明确岗位价值的应用方向，不能为了评估而评估，评估完后不应用而束之高阁，建议要将岗位价值评估结果与企业当前的管理现状、发展战略、改革重心和方向有机结合，以更好为企业发展服务。

（四）岗位价值评估工具已具备可复制和可推广条件

本次结合企业实际开展的岗位价值评估试点一次性完成，评估结果客观有效，达到了预期效果，验证了岗评要素、权重设置和操作方法的科学合理性，岗位价值评估信息系统的使用极大地提高了岗评的时效，实现了岗评的无纸化、信息化和智能化。结合在其他企业的试点应用情况，岗位价值评估工具已具备可复制和可推广条件。需要特别注意的是内部岗评专家的选择，由于岗评专家对岗位价值评估结果的准确性有较强影响，因此建议选择具备一定学习能力、较丰富工作经验、较强敬业精神和较高信誉度的评委，确保评委能从岗位价值评估工作的全局出发，通过换位思考客观公正看待和处理各种问题。

四、结束语

本次岗位管理课题研究成果是理论和实践相结合的产物，是提升人力资源管理系统化、专业化的大胆尝试，在企业推广应用过程中，应不断总结和提炼，丰富相关方法工具，纠正前期研究成果中存在的问题和偏差。开展岗位价值评估可以倒逼企业做好岗位管理体系建设，为企业薪酬体系设计、培训开发、人才通道等方面提供基础数据，为构建中国石化特色的岗位管理体系和推进三项制度改革落地奠定扎实基础。经过近一年岗位管理体系及方法工具课题研究和试点应用，研究成果已具备推广条件，各企业可根据本企业发展战略、三项制度改革重心以及人力资源管理水平成熟度等实际，适时选用相关方法工具，开展岗位价值评估工作，切忌照搬照抄。

附件：1. 科技管理板块岗位职责

2. 某研究院岗位目录

3. 某采气厂岗位目录

附件 1　科技管理板块岗位职责

工作职责	工作任务
项目管理	局分公司科技发展战略研究，中长期科技发展规划和年度工作计划的编制，重大科研计划实施监督
	国家级、省部级和局、分公司科研项目的立项申报及过程管理、组织实施、项目成果评审验收
	局分公司外协科研项目及技术研发合作项目的组织管理与协调，合作协议的编制、组织实施及效果评价
	各级科研项目合同管理，监督检查科研合同的履行、订立技术合同的变更、解除和科研经费管理
	本单位设立的科研项目管理，立项申报、过程管理、组织实施及项目成果评审验收
新技术推广应用	局分公司科技成果转化、新技术推广及应用的统筹管理、组织实施
	本单位新技术、新工艺、新材料、新设备推广及应用计划的制订、下达并组织实施
成果管理	局分公司科技成果管理，年度科技成果的汇编
	国家、省部级各类科技奖励的推荐和申报，局分公司科技进步奖的评定和发布
	局分公司优秀创新团队、科技标兵和先进科技工作者的推荐和评审，专利发明人的奖励
	本单位科技成果管理、科技成果汇编和科技奖励
学会管理	局分公司参加的专业学（协）会日常事务管理、换届选举候选人推荐，组织会员参加学（协）会的学术交流活动
	向学会推荐相关领域或专业的专家和各类学术性奖励
知识产权管理	局分公司年度专利任务的分解、下达，专利申报与申请的组织实施与过程管理，专利任务完成情况考核
	局分公司计算机软件著作权、中国石化专有技术登记和认定的申请过程管理

续表

工作职责	工作任务
知识产权管理	局分公司知识产权服务机构资源库管理、服务机构聘用及组织年度考评
	本单位知识产权的创造、运用、保护与管理
质量管理	局分公司质量管理体系的建立、修订和认证工作，监督质量管理体系的运行和持续改进，推行科学的质量管理方法
	局分公司产品质量监控，重点采购产品质量督查，协调局分公司内部产品开展质量认证工作
	局分公司质量纠纷、投诉和质量事故的调查及处理
	质量监督管理活动的组织实施，质量活动交流，QC成果评审和发布
	局分公司质量培训的组织实施和年度质量考核
	本单位质量管理体系的建立、修订和认证工作，监督质量管理体系的运行和持续改进
计量管理	局分公司参与新建、扩建、改建、技术改造等项目的计量技术审查，新增商贸计量点和采输交接计量点的审批
	局分公司内部计量督查和考核，内部计量纠纷仲裁与处理
	局分公司计量人员的培训、考核、取证、复查、持证上岗的监督等管理工作
标准管理	局分公司标准体系的建立、修订，监督标准体系的运行和持续改进，编制标准工作年度计划并组织实施
	分公司企业标准制修订各阶段工作的组织协调并发布实施
	各类标准文本的配备及标准的宣贯

附件 2　某研究院岗位目录

基层				机关			
序号	三级组织机构	岗位信息		序号	三级组织机构	岗位信息	
		板块大类	岗位名称			板块大类	岗位名称
1	勘探一所	群团工作	党支部书记	1	领导班子	油气勘探	院长
2			党支部副书记	2			副院长
3		油气勘探	勘探所所长	3			资深高级专家
4			勘探所副所长	4			高级专家
5			油气地质	5			专家
6			勘探部署与跟踪	6		群团工作	党委书记
7	勘探二所	群团工作	党支部书记	7			党委副书记
8			党支部副书记	8			工会主席
9		油气勘探	勘探所所长	9		纪检监察	纪委书记
10			勘探所副所长	10		油气开发	高级专家
11			勘探部署与跟踪	11	组织人事科	人力资源	博管办主任
12			油气地质	12			组织人事科科长
13			地震资料综合解释及应用	13			组织人事科副科长
14			所综合管理	14			博管办副主任

续表

基层				机关			
序号	三级组织机构	岗位信息		序号	三级组织机构	岗位信息	
		板块大类	岗位名称			板块大类	岗位名称
15	勘探三所	群团工作	党支部书记	15	组织人事科	人力资源	培训管理
16			党支部副书记	16			社会保险管理
17		油气勘探	勘探所所长	17			薪酬与激励
18			勘探所副所长	18			干部人才管理
19			地震资料综合解释及应用	19	安全环保科	安全环保	安全环保科科长
20			油气地质	20			安全环保科副科长
21			勘探部署与跟踪	21			职业卫生管理
22			所综合管理	22		物资设备管理	物资设备科科长
23	勘探四所	油气勘探	副总地质师	23			物资设备科副科长
24		群团工作	党支部书记	24			设备资产管理
25			党支部副书记	25			物资供应
26		油气勘探	勘探所所长	26	党群工作部	群团工作	副总政工师
27			勘探所副所长	27			工会副主席
28			地震资料综合解释及应用	28			党群工作部主任
29			油气地质	29			党群工作部副主任

续表

基层				机关			
序号	三级组织机构	岗位信息		序号	三级组织机构	岗位信息	
		板块大类	岗位名称			板块大类	岗位名称
30	勘探四所	油气勘探	矿权评价与管理	30	党群工作部	群团工作	女工委主任
31			所综合管理	31			团委书记
32	储量规划所	群团工作	党支部书记	32			团委副书记
33			党支部副书记	33			工会办公室主任
34		油气勘探	储量规划所所长	34			工会管理
35			储量规划所副所长	35			党群管理
36			圈闭评价	36		纪检监察	纪委副书记
37			勘探规划	37			纪检监察科副科长
38			储量研究与评估	38		宣传	企业文化建设
39			科技情报与期刊	39			宣传管理
40	开发一所	群团工作	党支部书记	40	党政办公室	党政管理	党政办公室主任
41			党支部副书记	41			党政办公室副主任
42		油气开发	开发所所长	42			保密办公室主任
43			开发所副所长	43			保密办公室副主任
44			开发地质	44			行政后勤管理

续表

基层				机关			
序号	三级组织机构	岗位信息		序号	三级组织机构	岗位信息	
		板块大类	岗位名称			板块大类	岗位名称
45	开发一所	油气开发	油气藏工程	45	党政办公室	党政管理	文秘管理
46	开发二所	群团工作	党支部书记	46			文书管理
47			党支部副书记	47			综合管理
48		油气开发	开发所所长	48			信访稳定
49			开发所副所长	49	计划财务科	财务资产	计划财务科科长
50			开发地质	50			计划财务科副科长
51			油气藏工程	51			预算管理
52	物探一所	群团工作	党支部书记	52			资产管理
53			党支部副书记	53			财务管理
54		油气勘探	物探所所长	54	企业管理科	企业（法律）管理	企业管理科科长
55			物探所副所长	55			企业管理科副科长
56		油气勘探	地震资料目标处理	56			法制工作
57			地球物理技术方法研究	57			企业管理
58			地震资料采集设计	58	生产技术科（总工办）	油气勘探	副总地质师
59	物探二所	群团工作	党支部书记	59		油气开发	副总工程师

续表

基层				机关			
序号	三级组织机构	岗位信息		序号	三级组织机构	岗位信息	
		板块大类	岗位名称			板块大类	岗位名称
60	物探二所	群团工作	党支部副书记	60	生产技术科（总工办）	生产运行	生产技术科科长
61		油气勘探	物探所所长	61			生产技术科副科长
62			物探所副所长	62			生产运行
63			地震资料综合解释及应用	63		科技管理	总工办主任
64	评价研究所	群团工作	支部书记	64			总工办副主任
65			党支部副书记	65			科研管理
66		油气开发	评价研究所所长				
67			评价研究所副所长				
68			油气藏开发地震				
69			油气藏地质				
70			油气藏工程				

附件 3　某采气厂岗位目录

基层					机关			
序号	三级组织机构	四级组织	岗位信息：板块大类	岗位信息：岗位名称	序号	三级组织机构	岗位信息：板块大类	岗位信息：岗位名称
1	开发研究所		油气开发	开发研究所所长	1	领导班子	油气开发	厂长
2				开发研究所副所长	2			副厂长
3			群团工作	党支部书记	3		群团工作	党委书记
4				党支部副书记	4			党委副书记
5			群团工作	综合管理室主任	5	专家/副总师	安全环保	二级单位安全总监
6				综合管理	6		油气开发	副总工程师
7			油气开发	油气藏工程	7		工程技术	首席技师
8				采油气工艺技术	8		纪检监察	纪委副书记
9			工程技术	防腐工艺	9	党政办公室	党政管理	党政办公室主任
10				计量仪表技术	10			党政办公室副主任
11		管理区领导	党政管理	管理区经理	11		党政管理	文秘管理
12			群团管理	党支部书记	12		党政管理	行政后勤管理
13				党支部副书记	13			信访稳定
14			党政管理	管理区副经理	14	党群工作部	群团工作	党群工作部主任

续表

基层						机关			
序号	三级组织机构			岗位信息		序号	三级组织机构	岗位信息	
		四级组织		板块大类	岗位名称			板块大类	岗位名称
15	某采气管理区	三室一中心	综合管理室	党政管理	综合管理室主任	15	党群工作部	群团工作	团委书记
16					综合管理	16			团委副书记
17			经营管理室	企业（法律）管理	经营管理室主任	17			党群工作部副主任
18					经营管理	18			党群管理
19			技术信息室	工程技术	技术信息室主任	19			工会管理
20					技术信息室副主任	20		宣传	宣传管理
21					油气集输技术	21	纪检监察科	纪检监察	纪检监察科科长
22					油气田化学技术研究	22			纪检监察科副科长
23					电控仪讯技术	23			纪检监察
24				油气开发	采油气工艺技术	24	组织人事科	人力资源	组织人事科科长
25			生产运行中心	生产运行	生产运行中心主任	25			组织人事科副科长
26					生产运行中心副主任	26			劳动人事
27					生产运行	27			培训与人才管理

续表

基层						机关			
序号	三级组织机构		岗位信息		序号	三级组织机构	岗位信息	
		四级组织	板块大类	岗位名称			板块大类	岗位名称
28	某采气管理区	三室一中心 生产运行中心	生产运行	油地协调	28	组织人事科	人力资源	薪酬与激励
29			安全环保	安全管理	29	企业管理科	企业（法律）管理	企业管理科科长
30			物资设备管理	设备管理	30			企业管理科副科长
31		集气总站	工程技术	中控室操作	31		群团工作	机关党支部书记
32		集中监控站	工程技术	中控室操作	32			机关党支部副书记
33		某中心站	工程技术	采气工	33		企业（法律）管理	法律合同管理
34		某中心站	工程技术	采气工	34			企业管理
35		某中心站	工程技术	采气工	35			招投标管理
36		某中心站	工程技术	采气工	36	计划财务科	财务资产	计划财务科科长
37		某中心站	工程技术	采气工	37			计划财务科副科长
38		领导班子	群才工作	党支部书记	38			会计核算
39				党支部副书记	39			资金管理
40			党政管理	管理区经理	40		投资发展	投资计划
41				管理区副经理	41	生产技术科	油气开发	生产技术科科长

续表

基层						机关			
序号	三级组织机构			岗位信息		序号	三级组织机构	岗位信息	
			四级组织	板块大类	岗位名称			板块大类	岗位名称
42	某采气管理区	三室一中心	经营管理室	企业（法律）管理	经营管理室主任	42	生产技术科	油气开发	生产技术科副科长
43					经营管理	43			油气开发
44			生产运行中心	生产运行	生产运行中心主任	44		工程技术	采油气技术
45					生产运行中心副主任	45			油气集输技术
46					生产运行	46	生产运行科	生产运行	生产运行科科长
47					油地协调	47			生产运行科副科长
48				安全环保	安全管理	48			生产运行
49				物资设备管理	设备管理	49			油地协调
50		生产班组		工程技术	采气工	50		工程技术	地面工程
51	某采气（油）管理区	领导班子		党政管理	管理区经理	51	安全环保科	安全环保	安全环保科科长
52					管理区副经理	52			安全环保科副科长
53		三室一中心	综合管理室	党政管理	综合管理室主任	53			安全环保管理

续表

基层						机关			
序号	三级组织机构	四级组织		岗位信息		序号	三级组织机构	岗位信息	
				板块大类	岗位名称			板块大类	岗位名称
54	某采气（油）管理区	三室一中心	综合管理室	党政管理	综合管理	54	物资设备科	物资设备管理	物资设备科科长
55			技术信息室	工程技术	技术信息室主任	55			物资设备科副科长
56					技术信息室副主任	56			设备资产管理
57					油气集输管理	57			物资采购
58					生产数据管理	58			物资计划
59		生产班组		工程技术	综合维修工	59	安全环保监督站	安全环保	安全环保监督站站长
60					油气管道巡护工	60			安全环保监督站副站长
61					计量仪表工	61			安全监督
62					采气工				

第八章 某炼化企业C案例

案例概述

某炼化企业坚持“问题导向、服务战略、遵循规律、改革创新”工作原则，注重试点应用与解决岗位管理中存在的突出问题相结合，遵循科学的岗位评价理念和方法，在岗位价值评价试点工作中通过对标先进，对比某炼化合资企业采用的3维度10要素海氏评分法和试点采用的7因素17维度中国石化岗位价值评估模型，验证中国石化岗评工具的科学性。在评估岗位选取上，从建立岗位价值等级标准参照系的角度，确定了110个具有代表性和重叠度的关键岗位，涉及下属27家职能处室和二级单位，覆盖管理、专业技术和技能操作三支队伍序列，聚焦公司当前岗位价值定位矛盾较为突出的内、外操岗位。在岗评工作组织运行上，从组建专业工作小组，系统开展业务培训开始，从规范开展岗位说明书修订、明确岗位职责和任职条件入手，在严格按照《岗位价值评估操作手册》开展岗位评价的基础上，结合炼化企业特点，对部分评估指标进一步细化量化，通过岗位评价专家集体打分和独立打分相互验证的方式，积累经验，完善案例。在岗评结果运用上，建立真正适合本企业的岗位价值评价标准和评价方法，理顺了企业内部岗位价值关系。

一、企业基本情况介绍

该企业是集炼油、化工、塑料、化纤生产经营于一体，高度综合的现代化石油化工企业之一，企业生产系统分为石油炼制和基本化工原料生产（乙烯线、丙烯线、芳烃线）两个部分，共有炼油、化工、化纤、发电等主要生产装置63套，以及公用工程、环保、储运等配套装置和设施。截至2018年年末，在岗员工约9000人。

（一）企业外部环境与战略

在全球经济发展和管理不断创新的推动下，世界炼化企业生产经营管理正在发生深刻变化，跨入智能化生产和信息集成时代，生产和管理效率显著提高，生产成本明显降低。近年来，我国炼油化工产业面临着原油加工和乙烯产能逐年增加、化工市场竞争激烈等严峻形势。从国家“一带一路”、集团公司地区石化基地建设等战略性规划，以及党的十九大提出的大力支持实体经济发展等战略性部署来看，公司仍有很大的发展空间和潜力。

为服务公司转型升级、增强发展动力，充分调动职工积极性、增强企业竞争力的战略部署，实现建设“国内领先、世界一流”企业的战略目标，公司加快构建以管理人员能上能下、员工能进能出、收入能增能减为核心的市场化人事劳动分配机制，提升效率，激发活力，增强竞争力，打赢“人才储备战”。构建岗位管理体系，科学评价岗位价值成为提高人岗匹配效能和用工管理水平、破解“市场化分配机制尚未完全建立”难题的切入点。

（二）开展岗位管理的背景

基于满足炼化一体化生产规模体量大、涵盖“炼、化、塑、纤”长业务链条的生产经营需要，采用“三分机构”功能定位，实行“公司–管理部–联合装置（车间）”三级管理模式，推进“生产运行现场化、行政管理集约化、技术管理专业化”管控模式，结合流程化运行特点，在开展岗位管理前需要进一步明确各级组织的定位和职责划分。

1. 组织机构及岗位设置情况

公司采用“三分机构”功能定位、实行“公司–管理部–联合装置（车间）”三级管理模式，各层级按照各自功能定位开展工作，机构设置情况如下：

设置16个职能处室。其中，行政工作部门12个，党群工作部门4个；按职能和分工负责各项职能管理工作的策划、指导、协调、检查和考核；处室内设专业科室70个。

设置12个生产单位（辅助生产单位）。负责炼油、化工、化纤、热电、环保等生产过程管理；内设职能科室86个、联合装置（车间、研究所）等机构74个。

设置7个专业服务单位。为生产经营提供专业服务和保障；内设职能科室62个，下设车间（站）15个。

设立1家全资子公司。全资子公司接受公司委托开展对外投资企业的管理。

2. 岗位设置情况

（1）系统规范岗位设置

2002年，公司为了落实总部“三定”管理要求，促进人力资源管理科学化、规范化，夯实劳动用工管理基础，在全公司范围内进行广泛调研，在充分考虑技术进步和社会分工专业化趋势的基础上，首次对全公司岗位进行了较为全面、科学、系统的归类和划分，以全面客观反映公司劳动分工协作关系。

根据岗位职责特点，划分为职务岗位（345个）、技术和业务管理岗位（136个）、生产（服务）操作岗位（649个）三大类。其中：职务岗位大类包括：经营管理、党群管理、经济管理、人力资源管理、生产管理、设备管理、科研、行政事务8个分类；技术和业务管理岗位大类包括：党群管理、经济管理、人力资源管理、生产管理、设备管理、科研、行政事务7个分类；生产（服务）操作岗位大类包括：炼油、化工塑料、化纤、公用、工程建筑和机械制造、储运、科研、辅助生产、服务9个分类。

（2）动态调整岗位设置

2012年，公司根据管理体制调整、改革改制推进、信息系统运用等生产经营调整变化情况，以及构建三支队伍通道建设体系要求，遵循规范性、科学性原则，再次从岗位分析入手，全面梳理、优化岗位设置，进一步提升岗位设置的科学性和合理性。在充分考虑公司生产技术现状、机构层级、管理现代化水平等因素，通过岗位与职责匹配对应，重点从三个方面进行梳理、优化。一是对岗位职责内容有层叠的，按职责管理重心进行设岗，充分体现岗位名称与职责分工的关联性，避免产生岗位名称混淆、无序的状况。如生产类岗位：公司机关层面为生产管理、技术管理，二级单位生产科为生产管理、工艺管理，装置（车间）为生产运行管理。二是对操作技术和工艺相近、使用设备和工具相仿的岗位，进行合并和调整，避免岗位划分过细、职责切分过细现象的产生。如党务、宣传、组织、综合治理等九项职能，在大的二级单位范围内规范设置了党群管理岗、综合保卫岗两个岗位，小的二级单位合并为党群管理岗一个岗位。三是结合岗位调整情况，修订完善岗位分类分级及编码，在SAP-HR系统内实现岗薪联动。经过梳理优化调整，公司共设置经营管理岗位（基层以上管理岗位）376个，技术和一般管理岗位103个，技能（服务）操作岗位211个。

（3）探索建立岗位管理体系

2016年，为贯彻落实集团公司《关于深化用工制度改革的意见》，根据“精简高效三级管理”模式设置规划，结合技术进步、智能工厂建设规划，从建立与公司生产、经营发展规划相匹配的岗位管理体系要求出发，遵循“因事设岗、岗位最少、统一规范”的岗位设置原则，再次对专业技术和技能操作岗位进行全面梳理和优化，设置技术和一般管理岗位85个，技能操作与服务岗位323个。

3. 岗位说明书情况

2016年，在原有岗位说明书体系的基础上，统一开展岗位说明书的修订、完善工作，从公司领导到部室及基层生产操作岗位已形成完整统一的岗位说明书。在修订的过程中，进一步细化岗位职责；强化岗位任职资格、岗位核心能力的准确表述；对上岗人员需具备的专业能力通过学历、职（执）业资格证书、专业背景、工作经验等方面提出具体的要求；结合一体化管理体系对岗位提出的要求，同时对岗位特性进行补充说明。

4. 岗位价值评估情况

2002年起，公司在系统规范岗位设置的基础上，按照完善以岗位等级工资为主、逐步建立与市场价位接轨的企业薪酬制度、内部分配制度改革任务要求，2003~2005年采用要素评分法，按照上岗条件、工作责任、劳动强度、劳动环境四要素对管理、专业技术、技能操作三类岗位中的标杆岗位开展岗位价值评估。同类岗位间以标杆岗位作为对象，调整确定相应岗位定位；不同类别岗位间，以标杆性岗位为参照系，调整确定对应岗位定位，体现不同大类间岗位相对价值的可比性和公平性。根据岗位价值评估，确定经营管理类岗位18个岗位等级、专业技术岗位3个岗位等级、技能操作类12个岗位等级。

在此基础上，结合职称、技能等级系列初步构建公司基本薪酬体系，2011年，按照集团公司三支队伍人才发展体系改革试点职位体系层级划分要求，进一步完善基本薪酬体系。

5. 任职资格体系建设情况

2017年，根据集团公司深化人才发展体制机制改革试点建设要求，按照3D+E（角色描述、绩效表现、知识能力要求和工作经验）标准框架构建了专业技术和技能操作两大类岗位任职资格标准体系（包括能力素质模型）。

将专业技术序列划分为23个职群，将技能操作序列划分为38个职群，确定专业技术与技能操作序列职位必须具备的知识经验技能等，具体包括首聘条件和聘期要求两个时间维度，资质条件、知识技能、能力素质三个方面，定义了各职级要求，同时建立了任职资格评审机制，通过标准计分和选聘委员会（专家组）面试打分相结合的方式，可进行在岗和拟聘任人员的任职资格评审，提高人岗匹配度。

总的来说，公司组织架构、岗位设置、岗位说明书、任职资格和职业晋升等制度体系相对健全，岗位管理的制度体系建设初见雏形，但各环节之间的关联应用还未真正建立起来；已有的岗位价值分布是多年前岗评形成的，且评价方式是先分类后在各序列分别应用岗评结果，各业务领域间的统一性和平衡性不够；岗位价值与市场劳动价位不完全相符，公司岗位评价动态管理机制不够健全，有必要从岗位管理体系建设角度进行整体设计和完善。

（三）开展岗位管理优化的目的和意义

岗位管理优化是以优化岗位设置、完善岗位说明书为基础，以岗位价值评估为重点，通过开展科学规范的岗位价值评估工作，并将岗位评价的结果与公司岗位任职资格体系、晋升体系、薪酬体系等对接联动起来，构建系统化的岗位管理体系，体现岗位价值，实现因岗择人，在人与岗的互动中实现人与岗、人与人之间的最佳配合，以发挥企业中人力资源的作用，谋求劳动效率的提高，达到以下目的和意义：

1）有利于坚持以经济效益为中心，提高劳动生产率；

2）有利于调动员工劳动积极性；

3）有利于提高员工综合素质、优化员工队伍结构；

4）有利于动态转换、绩效联酬、科学合理、公开、公正、公平、简单易行、持续运作。

二、岗位管理案例分析

根据课题组总体安排，公司岗位管理试点工作优化了岗位设置，完善了岗位说明书的编写规范，重点验证了岗位价值评估方法的科学性和合理性。

（一）岗位设置优化

在组织相关人员深入学习《岗位设计方法论及工具箱操作手册》《岗位目录编制规范》等课题组成果的基础上，公司于2018年下半年起开展了岗位设置的优化工作。

结合贯彻落实集团公司对标先进实施“三定”方案落实要求，在保持与项目组《岗位目录编制规范》的管理岗位、专业技术岗位、技能操作岗位类别一致的前提下，综合运用岗位设置方法论及工具箱中“三单递进”梳理工具、“ARPCI”岗位分析工具、“五维融合”岗位诊断工具对下属二级单位内设科室机构岗位设置实施优化工作，采用岗位“任务清单”梳理、岗位职责边界厘清、岗位设置调整前后任务验证，优化了岗位设置。如，将综合办公室人力资源管理、教育培训、企业管理3个岗位合并为人力资源管理1个岗位，将生产技术科生产计划岗位合并至生产管理岗位，将设备科施工管理岗位合并至设备管理岗位，将党群办公室工会工作管理、党群管理、干部管理、宣传管理、纪委监察、保卫6个岗位整合为工会工作管理、干部管理、宣传管理、纪检监察（综合治理）4个岗位。

经调整优化岗位设置，公司共设置专业技术岗位130个、技能操作岗位338个，并于2018年12月发文实施。

2019年2月，公司继续对下属化工部、塑料部、涤纶部等8家生产单位基层组织和岗位设置进一步优化，运用岗位设置方法论及相关工具，开展新的组织机构的岗位设置和定员工作，建立动态岗位管理机制。

（二）优化岗位说明书

2018年，公司根据课题组研究成果《岗位说明书编制规范》的要求，在2016年颁布的《公司岗位说明书》的基础上，结合2017年颁布的《公司专业技术与技能操作序列任职资格标准》，补充完善原岗位说明书缺失要素，完成110个测评样本岗位的岗位说明书修订工作。

2019年，组织开展岗位说明书的全面修订完善工作。

（三）岗位价值评估

公司根据课题组《岗位价值评估操作手册》，在科学规范、企业适宜、公平公正等评价原则下，以中国石化岗评模型（SPE）为基础，根据公司的业务标准和管理规范，量化相应指标；选取典型岗位，采取统一核定和人员评价相结合的方式，选择各专业领域中高层领导组成评价委员会，集中开展岗评，如表8-1所示。

1. 成立岗位评价工作组

（1）领导小组

由公司领导担任组长，成员由人力资源处、组织部、企业管理处、党委办公室、总经理办公室、生产处、设备动力处、安全环保处负责人组成。负责审定公司岗位管理及相关工具开发课题实施方案，对涉及的重大问题进行协调和决策。

（2）工作小组

由人力资源处处长担任组长，成员由人力资源处、党委组织部、企业管理处及二级单位劳动人事业务骨干组成。主要负责课题实施方案的拟订，负责课题研究和试点工作的组织实施。

（3）评委会

评委会成员组成对岗评结果的有效性具有至关重要的影响。按照《岗位价值评估操作手册》中对专家的遴选原则，选取18位来自管理、职能、技术等专业领域的中层领导和技术专家组成评委会，各评委的职务、学历、专业技术职称等都达到较高水平，保证评价结果公正合理。

表 8-1　评委构成

序号	部门	岗位类别	职务（岗位）	学历	专业技术职务
1	总经理办公室（联发办）	中层领导人员	副总工程师	大学毕业	高级工程师
2	总经理办公室（联发办）	中层领导人员	副总工程师	硕士研究生毕业	教授级高级工程师
3	发展与科技处（工程处）	专业技术人员	环境监督管理专家	大学毕业	高级工程师
4	财务处资金科	专业技术人员	财务管理专家	硕士研究生结业	高级会计师
5	纪委（监察处、监事办）	中层领导人员	总法律顾问	大专毕业	高级政工师
6	设备动力处静设备科	专业技术人员	特种设备管理专家	硕士研究生毕业	高级工程师
7	炼油部设备科	专业技术人员	设备管理高级专家	硕士研究生毕业	教授级高级工程师
8	IT服务中心信息化管理科	专业技术人员	计算机应用专家	硕士研究生毕业	高级工程师
9	企业管理处（法律事务处）	专业技术人员	企业管理专家	大学毕业	高级经济师
10	生产处（能源办公室）技术科	专业技术人员	技术管理专家	大学毕业	教授级高级工程师
11	热电部综合办公室	专业技术人员	技术管理专家	大学毕业	高级工程师
12	质量管理中心质量管理科	专业技术人员	质量管理专家	大学毕业	高级工程师
13	人力资源处	中层领导人员	调研员	大学毕业	教授级高级经济师
14	人力资源处	中层领导人员	调研员	大学毕业	高级经济师
15	党委组织部（统战部、老干部办）	中层领导人员	调研员	大学毕业	高级政工师
16	炼油部综合办公室	基层领导人员	综合办主任	大学毕业	高级经济师

续表

序号	部门	岗位类别	职务（岗位）	学历	专业技术职务
17	芳烃部 综合办公室	基层领导人员	综合办主任	大学毕业	高级政工师
18	塑料部 综合办公室	基层领导人员	综合办主任	大学毕业	高级政工师

（4）工作机制

积极参加总部课题组组织的培训交流会、月度工作运行会、技术论证研讨会等，与总部课题组保持统一的思想认识，学习先进理念，保障研究和试点工作稳妥推进。

制订计划，跟踪落实。根据总部课题组的要求和部署，分解任务，倒排节点，责任到人，形成课题运行计划表，并建立跟踪督促机制。

建立内部工作例会机制。工作小组定期召开工作例会，通报工作进展情况，及时对出现的问题研究对策，并向总部课题组汇报。

2. 选取评估岗位

按照课题组《岗位价值评估操作手册》中标杆岗位选取规范及原则，样本岗位的选取在考虑有利于建立岗位价值等级标准参照系，尽可能地覆盖公司各个层面、各个条线，具有较高代表性和重叠度的关键岗位的基础上，坚持问题导向，适度聚焦公司当前岗位价值定位矛盾较为突出的相关岗位，在项目验证阶段为今后理顺内部岗位价值关系做好准备。

初期试评价64个岗位，样本岗位聚焦公司13家下属二级单位、29个基层部门；后新增36个样本岗位，聚焦10个机关职能部门、3个中心、1个科研性质的二级单位，最终正式评价又增加10个处级岗位，共110个岗位。其中：管理岗位30个、专业技术岗位40个、技能操作岗位40个。整体来看，样本岗位涉及27家二级单位和职能部门，横向覆盖管理、专业技术和技能操作岗位三支队伍，纵向覆盖操作工人、技术和职能管理人员、处级干部等各岗位层级，聚焦公司当前岗位价值定位矛盾较为突出的内、外操岗位，保证样本岗位全面完整的同时关注炼化企业的基础操作类岗位，确保岗评结果更具有说服力和验证性。

3. 初期试评价

2018年5月，公司在完成岗位目录梳理的基础上，选取具有代表性、覆盖面广、重叠度高的64个关键岗位作为样本进行试评价，一是应用课题组成果完善了岗位说明书，二是探索依据《岗位价值评估操作手册》开展岗位价值评估。

（1）实施岗评

首先，形成岗位评价工作底稿。岗位评价试点工作小组在对岗位价值评估方式方法有较深入理解的基础上，首先按照《岗位说明书编制规范》要求审核岗位说明书，再严格按照《岗位价值评估操作手册》对每个待评价岗位从7因素17维度逐一开展评价，将各岗位与评价要素密切相关的信息填充到对应位置，形成岗位评价工作底稿。

其次，进行评价打分。岗位评价试点工作小组按照岗位评价工作底稿共同对样本岗位进行岗位评价打分，对于样本岗位的每个评价要素经工作小组研究确定达成一致意见后填写评价结果，最终形成统一的一张评价打分表。

最后，对比验证。按照管理、专业技术、技能操作分类开展不同岗位间评价维度的对比验证，力争对所有岗位的评价保持同一标准和尺度。

（2）试评价结论

经对64个样本岗位评价结果分析，测试所采用的岗位价值评估模型能够准确反映管理、专业技术、技能操作三支队伍的岗位价值差异，能够准确反映同类别不同岗位间的岗位价值差异，采用一个评价工具能够满足公司的岗位评价工作需要。

（3）试评价的思考和总结

1）为了进一步夯实公司岗位评价试点基础，积累岗位评价工作经验，完善岗位评价试点方法，公司在前期64个样本岗位试点的基础上，增加样本岗位。新增样本岗位的选取侧重于公司机关职能部门岗位，以提高样本岗位的全方位代表性和结果的对比性。

2）试评价中以试评价工作小组为单元进行统一评价打分，不能充分体现评价主体之间的认识差异，且耗费的时间较长、效率较低，评价结果无法进行统计分析和对比，因此下一步应组成专业评委会进行单独评价打分，这也符合《岗位价值评估操作手册》要求的专家打分方式。

3）岗评的标准模型在应用的过程中对部分评价因素难免产生分歧，为了尽量规避评价主体认知差异对结果带来的误差，一方面采用工作底稿的方式，虽可有效增加评价的客观公正性，但同时工作量也比较大，特别是在岗位数较多的时候更难以实现；另一方面评委对各岗位在试评价中参考装置操作技能度对“解决问题难度”指标进行量化评价；在维度“6–1：解决问题难度”参照装置操作技能度得分进行量化评价。参考岗位任职的学历要求对“知识要求”指标进行量化评价。借鉴上海某炼化合资企业评价实践，在维度“4–1：知识要求”参照任职学历要求进行量化评价。从结果来看，量化后的打分接受度高且相对更客观，操作起来也较为简便，可在此基础上结合炼化企业特点对工作环境/风险进行量化。

4）岗位评价是一个系统的工作，除了需要科学的工具和专业的团队外，岗评相关的宣传动员、会场布置、培训解答等配套工作也很重要，让领导和员工认可岗评的重要性和必要性，有利于岗评各项工作的顺利开展，适当的会场布置、培训能够让岗评更高效。

4. 岗位评价模型与量化

（1）外部岗评模型学习对比

2018年4月，公司组织赴某炼化合资企业调研学习，学习其采用的3维度10要素海氏评分法（即分别从投入、过程管理和产出3维度、10要素对岗位进行综合评分，进而得出岗位的职级），以及通过岗位评价委员会以系统化的流程，客观的方式开展岗位评价，确定岗位职级的方式方法。

某炼化合资企业目前采用的岗位评价法与中国石化岗位价值评估模型SPE（7因素17维度）从大的范畴同属于因素计点评分法，经对比分析，二种评分法在维度和要素上是完全相互覆盖的，只是在要素赋值上存在差异（中国石化岗位价值评估模型新增的工作条件/风险因素除外）。

（2）中国石化岗评模型应用与量化

根据中国石化岗位价值评估模型（SPE）进行公司岗位评价，对于岗评模型中的7因素17维度，其中7个维度由公司根据岗位职责和公司管理制度进行量化统一核定等级，尽量保障评价结果客观公正，如表8–2所示。

表 8-2 中国石化岗位价值评估模型 SPE

序号	评价因素	评价维度	维度说明
1	人员管理	下属人数	无需评价人员单独进行打分，由人资处提供相关数据后进行核定
		下属类型	
2	成本控制	经营损失及决策风险责任	评价人员打分
		成本费用控制责任	
3	影响与贡献	影响程度	评价人员打分
		贡献度	
4	专业能力	知识要求	根据人员学历水平直接对应
		专业技术/技能	评价人员打分
5	合作能力	主要合作对象	评价人员打分
		合作界面	
		沟通协调	
6	创新与解决问题	解决问题难度	评价人员打分
		自我学习能力	
7	工作条件/风险	工作环境	评价人员无需单独打分，由人力资源部核定后进行统一评价
		职业卫生	
		安全风险	评价人员无需单独打分，由人力资源部依据风险管控办法进行统一评价
		环保风险	

具体量化标准如下：

1）人员管理：包括下属人数和下属类型，依据岗位价值评估操作手册的标准统一核定，由人力资源处以岗位说明书中相应的描述直接统一核定等级和得分。

2）专业能力：对于专业能力中的知识要求维度，根据岗位说明书中的任职要求进行量化评级，以各岗位最低学历要求为依据，对应知识要素等级，如表8-3所示。

表 8-3 专业能力——知识要求对照表

评价等级	评价指标	学历
A	简单知识水平	初中
B	一般的专业知识，需获取并掌握与工作相关资料	技校
C	专业化的知识，需了解业务领域的国际化运作规范和流程	大专
D	深层次的专业知识，领域内需要熟悉、掌握业务运作规范	本科
E	先进领域精深的知识，掌握国际化运作模式，能够推动国际合作工作的开展	研究生
F	多元而广博的专业知识，涉及多个领域，开拓、推动公司新业务发展，具备承担国际化项目及国际化运作的能力	—

3）工作条件/风险：

①工作环境是岗位比较明确且稳定的一个维度，由人力资源处以岗位说明书中相应的描述直接统一核定等级和得分。

②对于职业卫生、安全风险和环保风险，通过查找公司生产管理的相关标准和规范，可以发现与职业卫生、安全和环保风险相关联的相关规定，同时结合生产经营的实际情况，建立量化评价标准或直接根据岗位职责对应的风险进行评级，见表8-4。

表 8-4 工作条件 / 风险量化标准

<table>
<tr><th colspan="6">根据工作场所和《公司接触职业病危害因素岗位目录》评定</th></tr>
<tr><td rowspan="7">职业卫生</td><td rowspan="2">接触有害因素种类</td><td colspan="2">未纳入职业病危害因素岗位目录的岗位</td><td colspan="2">已纳入职业病危害因素岗位目录的岗位</td></tr>
<tr><td>办公地点远离厂区的（公司机关）</td><td>办公地在厂区附近的（二级生产部门）</td><td>二级单位生产部门、内操、装置、工艺等岗位</td><td>外操等直接操作类岗位</td></tr>
<tr><td>1种及以下</td><td rowspan="4">1级</td><td rowspan="4">2级</td><td>2级</td><td>3级</td></tr>
<tr><td>2种</td><td>3级</td><td>4级</td></tr>
<tr><td>3种</td><td>3级</td><td>4级</td></tr>
<tr><td>4种</td><td>3级</td><td>4级</td></tr>
</table>

续表

<table>
<tr><th colspan="6">根据《公司安全风险清单》评定</th></tr>
<tr><td rowspan="3">安全风险（仅一线生产和直接管理人员存在）</td><td>风险等级</td><td>重大风险</td><td>较大风险</td><td>一般风险</td><td>低风险</td></tr>
<tr><td>生产单位装置的直接管理人</td><td colspan="4">根据该处室所负责的装置最高级别风险进行描述和评定</td></tr>
<tr><td>直接操作岗位</td><td colspan="4">以岗位工作所涉及的设备相关的安全风险评级为准，涉及多个设备的同样选取最高级风险</td></tr>
<tr><th colspan="6">根据《公司环境风险清单》评定</th></tr>
<tr><td rowspan="3">环保风险（仅一线生产和直接管理人员存在）</td><td>风险等级</td><td>重大风险</td><td>较大风险</td><td>一般风险</td><td>无风险</td></tr>
<tr><td>生产单位环境风险源的直接管理人</td><td colspan="4">根据该处室所负责的环境风险源中最高级别风险进行描述和评定</td></tr>
<tr><td>直接操作岗位</td><td colspan="4">以岗位工作所涉及的设备相关的环境风险评级为准，涉及多个设备的同样选取最高级风险</td></tr>
</table>

5. 岗位评价开展的流程

以《岗位价值评估操作手册》的流程进行规范的岗评操作，可以达到较好的效果。公司共开展了三次岗评工作，初期采用专家集中评审的方式，对选取的64个岗位进行试评价；随后采用专家独立评审的方式，对增加的36个岗位再次进行试评价；最后再增加10个处级岗位，严格按照《岗位价值评估操作手册》开展110个样本岗位的岗评工作，总结出以下4个方面的经验做法，更有利于岗评工作开展。

（1）动员宣贯

开展岗评前的宣贯动员十分重要且必要，让评委专家了解认识岗评的重要性并要求大家认真严谨地进行评价，通过宣贯提高评委的积极性，有利于岗评顺利开展。

（2）岗评环境

在合适的岗评环境和范围下，以现场集中评价的形式，每位专家开展独立评价，尽量降低干扰因素，公司现场岗评工作在一天内完成评价，提高了评价效率和效果。

（3）岗评培训

开展岗评工具、系统集中培训，讨论的过程使评委充分了解岗评工具和标准，提高了后续评价的科学性和效率。

1）岗评工具培训：邀请熟练掌握岗评工具的外部专家，在岗评当天进行现场培训，并选取少许岗位进行试评价、答疑解惑，统一思想。

2）岗评系统培训：邀请课题组岗位价值评估系统应用专家，在评委掌握岗评标准和工具后，进行岗评系统的讲解培训，便于评委操作。

（4）岗评结果

岗评当天确认数据无误，并导出结果进行分析，保证数据完整有效。借助于岗评系统，专家评分结束后应立即进行结果统计，排除歧义数据；如果出现异常数据或偏差较大，可及时联系专家核对修正，最大限度保障数据的有效性。

6. 岗位评价的结果展示

本次岗位评价选取了110个典型岗位，根据岗位价值评估得分的分布，划分为6个区段，处级管理岗位位于最高分数段；职能类科长岗位得分要低于装置主任、生产技术科科长等负责生产业务、专业技术的科长；一般岗位中值班长、生产运行管理、安全技术管理等得分较高，而司炉、供水操作等操作类岗位得分较低；总体结果符合实际岗位价值贡献情况，如表8–5所示。

表 8–5　岗位价值评估得分的区段

岗评得分	岗位数量	岗位示例
750分（含）以上	10个	炼油部经理、生产处（能源办）处长、设备动力处处长、安全环保处处长、腈纶部经理、环保水务部经理、物资采购中心主任、企业管理（法律事务）处处长、审计处处长、培训与交流安置中心（退管办）主任
600（含）~750分	11个	装置主任、生产技术科科长、设备科科长、安全环保科科长、技术科科长、计划管理科科长、项目管理科科长、预决算科科长、运行维护科科长、会计科科长、战略研究科科长

续表

岗评得分	岗位数量	岗位示例
500（含）~600分	9个	项目审计科科长、职业卫生科科长、企业管理科科长、业务科科长、综合办主任、案件检查室主任、党群工作办主任、员工培训科科长、装置副主任（设备）
400（含）~500分	6个	常减压值班长、检修管理、生产运行管理、设备运行管理、安全技术管理、投资管理
300（含）~400分	61个	原油采购管理、工艺管理、仪表运行管理、财务管理、环境监督管理、销售业务、人力资源管理、文秘、芳烃抽提内操、常减压外操、湿式氧化外操等
300分以下	13个	聚合内操、司炉、腈纶回收外操、变电站副值班员、供水操作等

7. 岗位评价的效果总结

针对岗位价值评估得分结果，运用各种统计图表从不同维度进行数据统计分析，多角度论证岗位评价的效果，从而进一步总结有效经验以便推广应用。

（1）岗评得分分布与岗位层级呈正相关

将参与岗位评价的110个岗位的岗评得分按降序排序，形成分布图，如图8-1所示。从分布图可以看出，其中10个处长层级岗位的岗评得分分布在最高区域（750分以上），其次为20个科长层级岗位（500~750分），其余员工层级岗位则岗评得分分布在较低区域（500分以下），得分分值分布区间及趋势符合企业管理的层级规律。

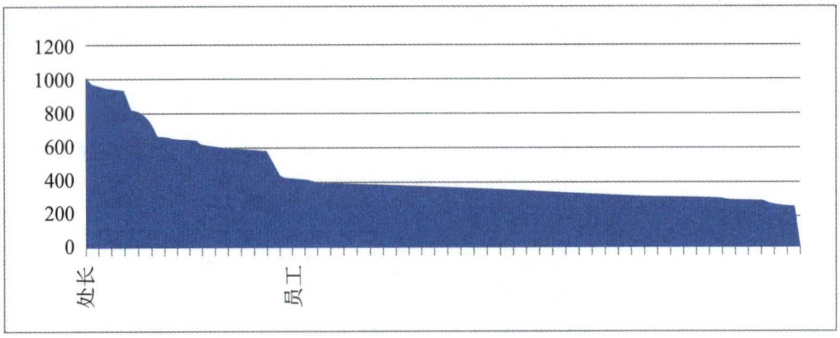

图8-1 岗评得分-职级图

（2）岗评得分分布反映岗位专业分类特点

按照岗位的专业分类进行分组，并统计各专业分类内的岗位岗评平均得分后，按照降序排序，形成分布图，如图8-2所示。为保证分析尺度的公平有效和可比性，剔除了处长及科长层级的管理岗位，仅统计分析员工层级的80个岗位。从各专业分类岗位的岗评得分分布图可以看出设备动力管理、科技管理、生产管理类等既对专业技能要求较高又负有一定管理职责的岗位得分较高，而供水供热、分析化验等工作相对侧重基础操作的岗位则得分较低，企业管理、人力资源管理、行政管理等得分则处于中间位置，说明岗位价值评估得分分布符合并能够反映各岗位的专业分类划分定位。

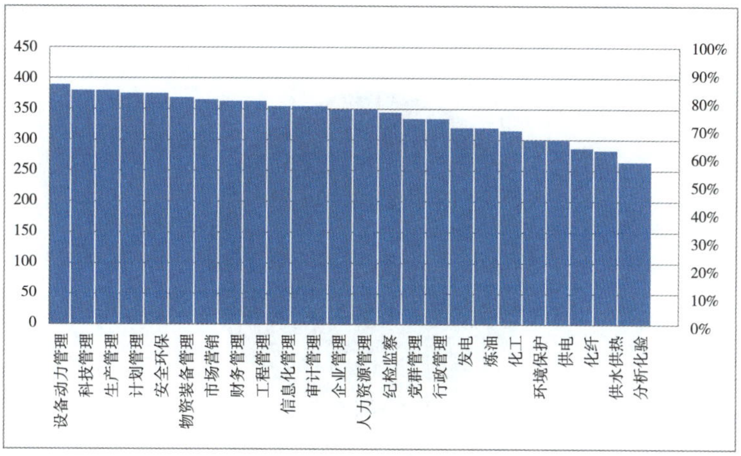

图8-2 岗评得分分布图

（3）规范操作下的岗评得分相对偏差合理可控

计算18位评委对每个岗位的岗位价值评估评分的相对偏差，并统计形成110个岗位岗评得分的相对偏差折线图，具体示意图如图8-3所示。从相对偏差数据分析来看，此次岗评评分相对偏差较小，控制在10%以内，基本上在5%左右浮动，说明18位评委对110个岗位相对价值的认知比较统一，岗位价值评估结果相对公正、客观、合理。

从岗位价值评估得分相对偏差分布图，如图8-4所示，相对偏差较大（超过8%）的岗位只有3个，分别为企管处处长、项目审计科科长、变电站副值班员，没有特定规律且只占到参与岗评岗位总数的2.7%，属于正常范畴不必特意调整。

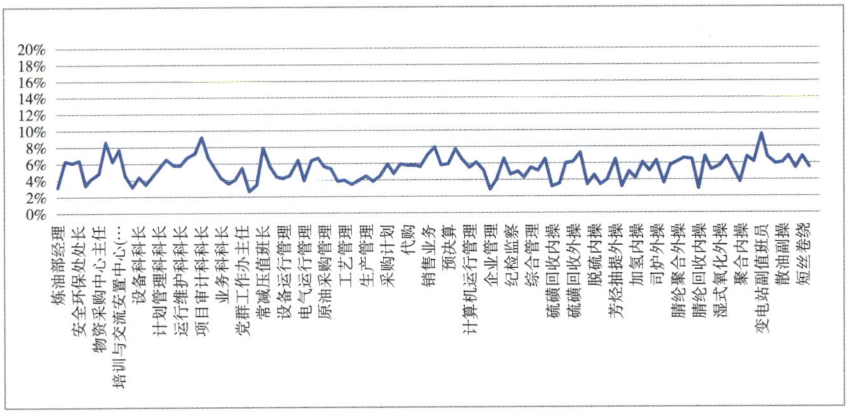

图8-3　岗评得分相对偏差折线图

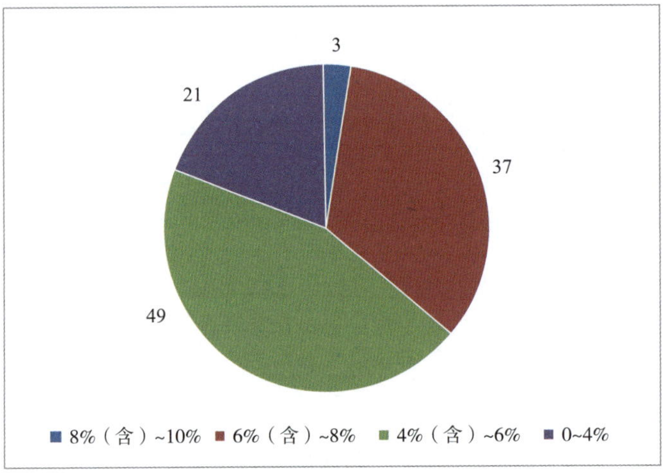

图8-4　岗评得分相对偏差分布图

在此基础上，再对各个岗位价值评估因素的评分相对偏差进行统计分析，发现相对偏差较大的评价因素集中在成本控制、影响与贡献度、创新与解决问题这几个评价因素指标上，为进一步降低相对偏差，下一步可继续对这几个评价因素进行评分依据标准量化的研究。

（4）可量化的岗评标准有效减少认知偏差

本次岗位价值评估实施过程中，“专业能力”指标同时采用了量化标准系统评分和专家评分两种方式，得出相应得分。计算110个岗位中该评价因素两种评分方式的得分偏差，并绘制折线图，如图8-5所示。

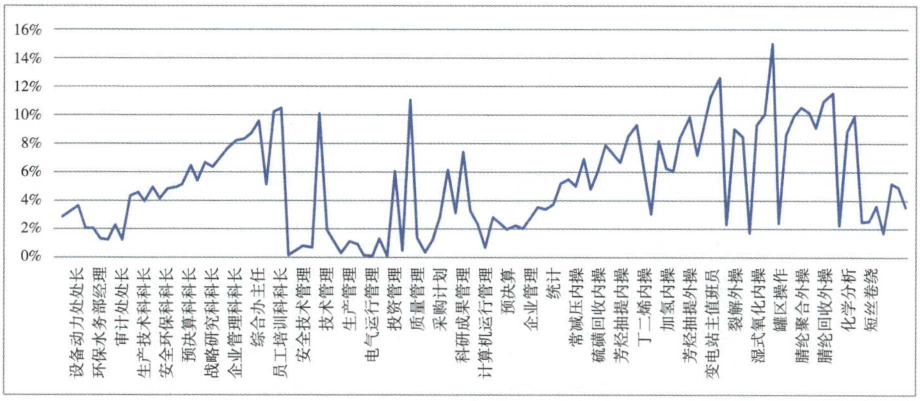

图8-5　量化-定性得分偏差折线图

计算两种评分方式得分偏差的算术平均值和中位值分别为5.13%和4.85%，集中趋势分布比较合理。

具体对比分析两种评分方式的得分偏差，可以发现得分偏差较小（低于5%）和得分偏差较大（超过10%）分布在以下岗位，见表8-6。

表8-6　偏差分布

两种评分方式得分偏差	具体岗位
低于5%	生产运行管理 设备运行管理 生产经营计划 工艺管理 电气运行管理 仪表运行管理 设备管理 财务管理
高于10%	检修管理 变电站主值班员 脱硫内操 脱硫外操 腈纶聚合外操 重整外操 腈纶回收外操 湿式氧化外操

从表8-6可以看出，对于比较常见的专业技术岗位，如生产经营计划、设备管理、财务管理等，“专业能力”这一评价因素指标的主观评价与量化得分的偏差较小，基本保持一致；而对部分专业操作性较强的生产一线岗位来说，“专业能力”这一评价因素指标的主观评价偏差较大，会对岗位价值评估结果产生一定影响。这主要是由于参与岗位价值评估评委的认知不足造成的，对于炼化制造企业常见通用的岗位，其性质特点易于理解，所有评委都对岗位能力素质要求认识比较充分和统一；但部分生产一线岗位具有特殊性，没有相关工作或管理经验的评委难以充分了解或把握岗位的专业操作性及能力素质要求，从而出现偏差较大的情况。由此可见，对评价因素的评分依据标准量化十分有必要，可以尽可能减少对特殊、专业岗位的认知偏差。

（5）各评价因素得分反映不同类型岗位的价值分布

通过雷达图可以更清晰地了解一个岗位在不同岗位价值评估因素维度上的得分情况，从而全面直观地分析岗位价值特性。在110个参与岗评的岗位中，炼油部岗位有12个，且涵盖了处级、科级管理岗位和不同的专业技术及一线操作岗位，因此选取炼油部的经理、装置主任、安全技术管理、常减压外操这4个典型岗位绘制岗位价值评估因素指标得分雷达图，进行对比分析，如图8-6所示。

从这4个岗位的各评价因素得分雷达图的整体来看，各岗位对专业能力要求都是比较高的。此外，处级管理岗位除工作风险、工作条件的评分相对较低外，其余因素均相对较高；科级管理岗位的专业能力要求较高外，各评价因素分数分布相对均衡；专业技术岗位及一线操作岗位的人员管理、成本控制、影响与贡献的得分相对较低；一线操作岗位的工作风险、工作条件的得分相对最高。

（6）评委组成多元化同时应侧重中层领导人员

本次参与岗评的18位评委，包括中层领导人员（6位）、基层领导人员（3位）和专业技术人员（9位）。将上述炼油部四个典型岗位的岗位价值评估结果，按照不同岗位类别评委的评分进行统计和对比分析，如图8-7所示，可以看出基层领导人员评分普遍要高于其他两类，中层领导人员和专业技术人员的评分较为持平，整体偏差较小处于合理范围内。评分差距产生的主要原因为不同岗位类别评委的经验、站位不同。

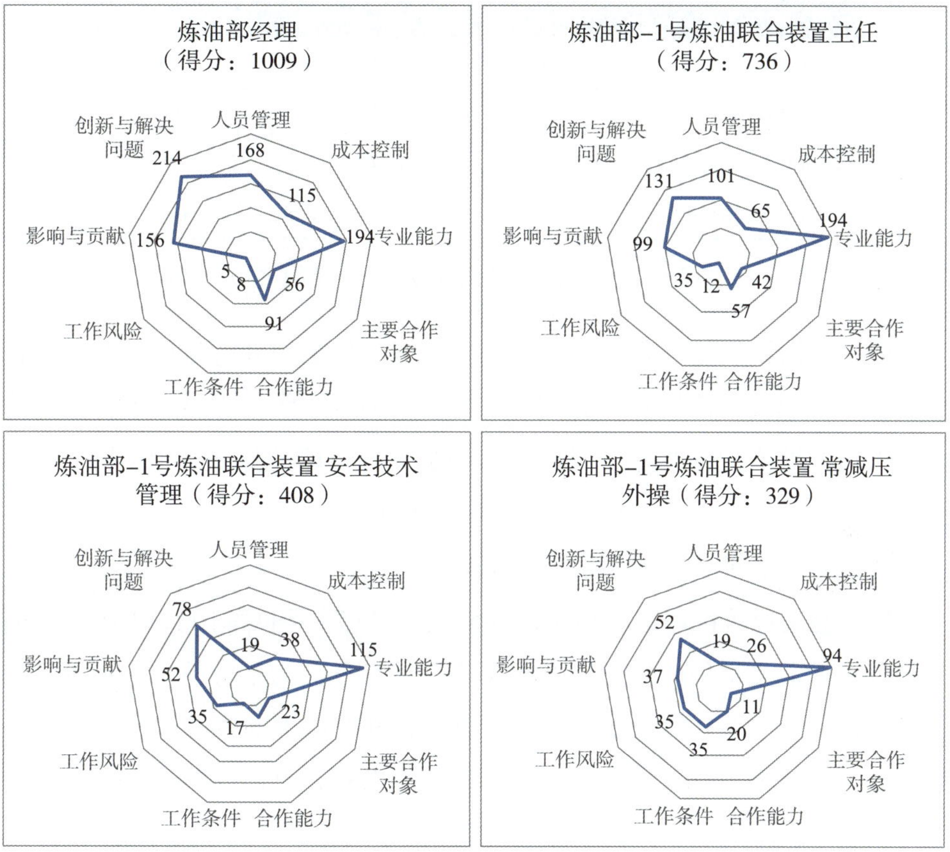

图8-6 各因素得分雷达图

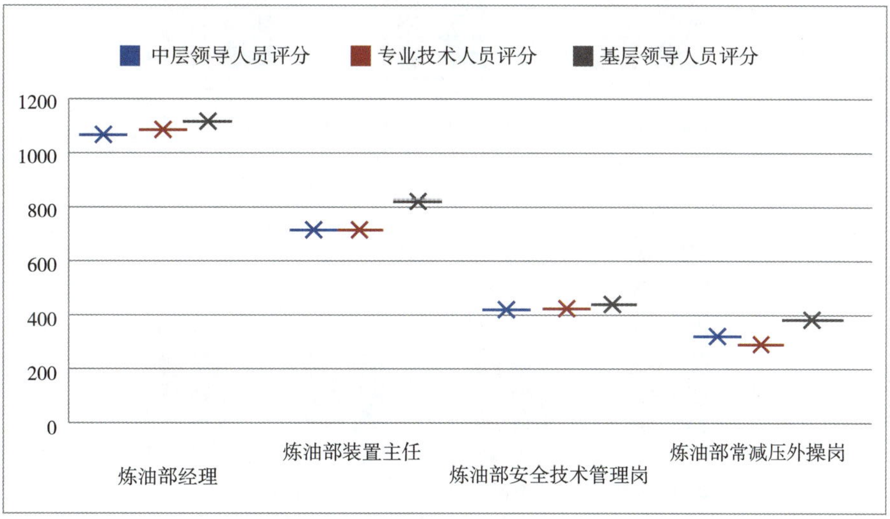

图8-7 不同岗位类别评委评分分布

岗位名称	中层领导人员评分	专业技术人员评分	基层领导人员评分
炼油部经理	1068	1086	1116
炼油部装置主任	715	718	816
炼油部安全技术管理岗	420	421	437
炼油部常减压外操岗	316	288	378

图8-7　不同岗位类别评委评分分布（续）

因此，在岗评实施过程中十分有必要选取不同层面和背景的评委，以保证评分公平、合理、全面性及代表性；并且应加大中层领导人员的比重，因为中层领导人员既有不同条线基层岗位工作经验又有管理经验，对于不同层级、专业类型的岗位和企业经营管理的认识和理解更充分。

（7）评委的不同部门岗位背景未造成本位主义

本次参与岗位价值评估的18位评委分别来自15个不同部门、13个不同岗位，可以划分为职能类部门岗位和生产技术类部门岗位。为了分析评委所处部门岗位对岗位价值评估得分的影响，选取了塑料部内的3个职能类部门岗位和设备动力处的4个生产技术类部门岗位的得分进行对比分析，具体如图8-8所示。

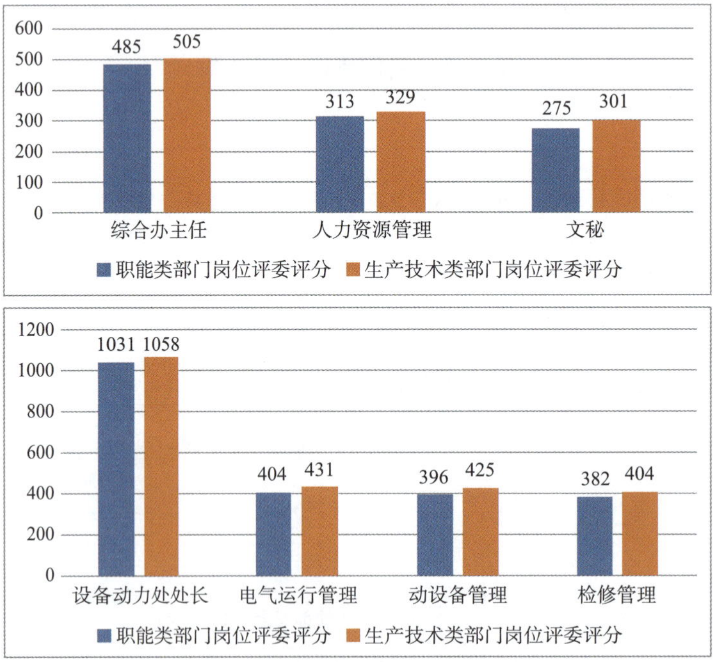

图8-8　不同部门评委评分分布

由柱形图对比可知，来自生产技术类部门岗位的评委评分整体上高于来自职能类部门岗位的评委评分，这种评分差距是由于评委对岗评体系及工具的理解和运用差异所造成的，未受到自身部门岗位的影响，整体结果来看没有产生本位主义的现象，相对客观公正。

三、岗位管理成果应用

（一）结合岗位设置优化，推动高效用工

2018年，公司对标先进实施“三定”，推动劳动定员水平进一步提升，2018版专业技术、技能操作岗位定员分别为1753人、4349人，比2016版专业技术、技能操作岗位定员（2159人、5405人）减少406人、1056人。

（二）根据岗评结果划分岗位类别，体现岗位价值差异

以本次评价的110个岗位为例，共划分为6类岗，其中处级岗位为一类岗，科级岗位可划分为二类岗、三类岗，普通员工划分为四类、五类、六类岗，在不同职级间根据岗位价值拉开一定差距。本次岗评划分岗位类别如下（见表8-7）：

表8-7　岗位类别分布表

岗位类别	岗位序列		
	管　理	专业技术	技能操作
一类岗	炼油部经理、生产处（能源办）处长、设备动力处处长、安全环保处处长、腈纶部经理、环保水务部经理、物资采购中心主任、企业管理（法律事务）处处长、审计处处长、培训与交流安置中心（退管办）主任		

续表

岗位类别	岗位序列		
	管　理	专业技术	技能操作
二类岗	装置主任、生产技术科科长、设备科科长、安全环保科科长、技术科科长、计划管理科科长、项目管理科科长、预决算科科长、运行维护科科长、会计科科长、战略研究科科长		
三类岗	项目审计科科长、职业卫生科科长、企业管理科科长、业务科科长、综合办主任、案件检查室主任、党群工作办主任、员工培训科科长、装置副主任（设备）		
四类岗		检修管理、生产运行管理、设备运行管理、安全技术管理、投资管理	常减压值班长
五类岗		电气运行管理、科研成果管理、战略研究、原油采购管理、生产经营计划、动设备管理、工艺管理、技术管理、生产管理、仪表运行管理、设备管理、采购计划、工艺研究、质量管理、采购、环境监督管理、财务管理、销售业务、营销管理、施工管理、预决算、分析管理、计算机运行管理、内部审计、人力资源管理、企业管理、职业卫生管理、统计、纪检监察、教育培训、综合管理、工会工作管理、文秘	硫磺回收内操、裂解内操、常减压外操、常减压内操、硫磺回收外操、脱硫外操、芳烃抽提内操、脱硫内操、散油主操、变电站主值班员、芳烃抽提外操、丁二烯内操、气柜回收内操、加氢内操、丁二烯外操、重整内操、司炉外操、腈纶聚合内操、裂解外操、腈纶聚合外操、湿式氧化内操、加氢外操、腈纶回收内操、重整外操、腈纶DCS操作、湿式氧化外操

续表

岗位类别	岗位序列		
	管 理	专业技术	技能操作
六类岗			腈纶回收外操、司炉、聚合内操、化学分析、气柜回收外操、变电站副值班员、罐区操作、聚合外操、散油副操、纺丝操作、供水操作、短丝卷绕、实验操作

（三）根据岗位价值高低，完善人才成长通道地图

由于岗位价值差异在不同岗位序列设置差异化的职级起点和终点，关键性岗位本身的任职要求和贡献相对较高，在岗位层级设置上相应较高，而岗位价值较低的基础性岗位只需要一般性的专业人才即可满足生产工作需要，职位层级的上限设置相对较低。如，以本次110个岗位建立起的成长通道地图、完善公司职位设置如下（见表8-8）：

表 8-8 岗位等级表

岗位等级	一类岗	二类岗	三类岗	四类岗		五类岗		六类岗	
				专业技术	技能操作	专业技术	技能操作	专业技术	技能操作
12	处级			首席专家					
11				高级专家	首席技师				
10		科级		专家		高级专家			
9			科级	主任师	主任技师	专家			
8				副主任师		主任师	主任技师	专家	
7				主管师	主管技师	副主任师		主任师	
6				助理师	技师	主管师	主管技师	副主任师	
5					高级工	助理师	技师	主管师	主管技师

续表

岗位等级	一类岗	二类岗	三类岗	四类岗		五类岗		六类岗	
				专业技术	技能操作	专业技术	技能操作	专业技术	技能操作
4						业务员	高级工	助理师	技师
3							中级工	业务员	高级工
2							初级工		中级工
1									初级工

在此基础上，完善公司职位设置地图，明确各岗位在人才成长通道中的职级高度，如图8–9所示。

（四）完善公司基本薪酬体系

2011年，集团公司组织开展薪酬改革，公司建立了与岗位挂钩、与职位挂钩的基本薪酬等级表。

示例如下（见表8–9）：

表 8–9　三支序列薪酬等级表

基本薪酬等级	管理序列	专业技术序列	技能操作序列
18	中层正职C、中层副职A	专家A	
17	中层副职B	专家B	首席技师A
16	中层副职C	专家C	首席技师B
15	基层正职A	主任师A	首席技师C、主任技师A
14	基层正职B	主任师B	主任技师B
13	基层正职C	主任师C、副主任师A	主任技师C

2018年，公司根据环境监督管理岗位在110个样本岗位评价中与原油采购管

职类（大）	岗位参考	职级高度					
		主管师/主办	副主任师/主管	主任师/高级主管	专家	高级专家	首席专家
市场营销	营销管理、经销计划、销售业务、市场信息、合同管理、销售服务	■	■	■	■		
资本运营	资本市场研究策划、投资者关系	■	■	■	■		
	投资管理、情报信息	■	■	■			
生产经营管理	物流管理、物资配送	■	■	■			
	船长、轮机长、大管轮、大副、机务管理	■	■				
	质量管理	■	■	■			
	分析研究、分析管理、水质管理	■	■	■	■		
	计量技术管理、计量设备管理、统计	■	■	■			
	工艺管理、技措管理、能源管理、水质管理、质量管理、技术管理	■	■	■	■	■	■
	生产调度、生产管理、生产计划、生产调度长	■	■	■			
	生产运行管理	■	■	■			
	设备运行管理、设备管理、设备综合管理、水质管理、LDAR检测管理、固定资产管理、设备技术管理	■	■	■	■	■	■
	静设备管理、防腐设备管理、特种设备管理、管岗设备管理	■	■	■	■	■	■
	动设备管理、状态监测管理	■	■	■	■	■	■
	检修管理、预决算、合同管理	■	■	■			
	检验设备管理、设备管理、辅助设备管理	■	■	■			
	电气设备管理、电气运行管理、电气管理、继电保护	■	■	■	■	■	
	仪表管理、仪表运行管理	■	■	■	■	■	
	项目管理、技措管理、环保评价、计划、招投标管理	■	■	■	■		
	施工管理（多部门）、工程监督验收、安全技术管理	■	■	■			
	职业卫生管理、安全技术管理（多部门）、HSE监督、环保管理、环保监测	■	■	■	■	■	

图8-9　专业技术序列职位地图

理、工艺管理、仪表运行管理、财务管理、销售业务岗位处于同一定位区间的评价结论，对矛盾比较突出的环保岗位进行重新价值定位，将环保岗位由B级调整为A级，基本薪酬等级相应上调一级，共涉及公司专职环保管理专业技术人员

19人。通过岗位价值再评估，解决了公司环保专职人员配备难、有生产技术经验的优秀人员不愿从事的人岗匹配难题。

2019年，公司在全面梳理岗位说明书、开展岗位价值评估的基础上，全面完善基本薪酬等级设置，完善基本薪酬体系。

（五）完善任职资格标准模型

以修订完善的岗位说明书为基准，重新审视各岗位职责、任职要求，结合人才成长通道地图，反哺《公司专业技术与技能操作序列任职资格标准》，完善各职位序列的任职资格标准。

在此基础上，结合三项制度改革的要求，按照岗位职责和任职资格标准开展量化聘期考核，实现竞争上岗，破解各类人员职位能上不能下、薪酬能增不能减、员工能进不能出的难题。

（六）运用激励手段推进岗位设置的不断优化

2019年，公司将开展以“全流程操作”为主题的“一岗多能”培训，引导技能操作人员在夯实本岗位操作技能的基础上，逐步掌握本联合装置（车间）内其他岗位的工艺操作、设备使用与维护、应急处置、事故处理等技能，为实现统筹用工、岗位优化提供支撑。

1）运用岗位设置的方法论，寻找可以优化的岗位，在此基础上，提出“一岗多能”培训的具体实施范围。

2）运用岗位评价的结果，对于通过培训具备“一岗多能”操作能力的员工给予不同的奖励，如，通过操作A、B和C以下等级外操岗位能力考评的，奖励标准分别为1400元、1200元、1000元；通过内操岗位上岗考评的，奖励标准为对应外操岗位奖励标准上浮400元。

3）在多数人员具备“一岗多能”能力的基础上，实现岗位的优化合并，经岗位价值重新评估后执行新的基本薪酬和奖金待遇，推动岗位设置的不断精简优化。

（七）在新成立的单位系统应用课题成果

2019年，公司成立碳纤维事业部，搭建扁平化管理组织架构，结合碳纤维事业部研发、生产、销售一体化职能定位，科学设计基于流程的岗位设置，运用最新的岗位说明书模板规范职能，清晰任职条件。全面开展岗位评价，科学评价岗位价值，配套运用成长通道地图、基本薪酬体系和任职资格标准，搭建碳纤维事业部岗位管理体系。

第九章　某销售企业D案例

案例概述

该企业运用课题组研发的岗位设计方法论和工具，按照精简高效原则，优化省、市两级公司组织机构，合理设置岗位，两级机关共压减245人。同时，对现有油库业务流程进行分析，结合油库六项技能工作要求，推进油库大班组改革，将泵房岗、发油岗和装卸岗等8个岗位合并为收发油操作岗，调度岗合并到班组长岗，划出“大作业班”，实现了对技能操作序列的大班组改革。此外，该企业实行“专业化+矩阵式”的岗位设置模式，建立三类地市公司岗位模板，规范岗位说明书，全面开展岗位价值评估。采取立意抽样方法，按照有行业共性、系统内企业可参照以及社会有参照的原则，抽取了省公司68个、分公司50个代表性岗位，组织省公司和分公司中层干部分别进行岗位价值评估，并借助高校研究力量，与广东财经大学合作，利用系统聚类分析，引入认知权重调整，按照行政类、专业类和技术类三种类型进行认知修正，对不同类型且工作性质和内容差别较大的岗位分别进行评分，将分值置信度提升为80%，使岗评结果更加贴近企业实际，形成了6级岗位层级，为构建岗位图谱、探索市场化薪酬和引进职业雇员等应用方向提供支撑。

一、企业基本情况介绍

该企业1998年7月整体上划归中国石油化工集团公司，目前下设13个机关管理部门、3个专业中心、21家地市级分公司和1家仓储分公司。截至2018年年底，在营加油站2200多座、易捷便利店2000多家、在营油库29座和县区经营管理部100多个。该企业获评“中国石化十佳先进党委”、首批“中国石化绿色企业”，并且连续6年获评中国石化销售公司“标杆企业”。

（一）岗位管理基础

根据集团公司和销售公司深化改革和转型发展的总体部署，近年来该企业以适应市场竞争和企业战略规划为导向，倡导“满足经营需要”和“向先进标杆看齐”的工作理念，稳步推进组织人事、劳动用工、薪酬分配和人才开发等人力资源改革工作，以科学合理的人力资源配置推动人力资本和经营管理协同创效，实现了劳效、销量和利润三提升。

自2011年以来，该企业全面实施省市两级机关的岗位优化和职能调整工作，持续理顺省市两级机关部门职能和业务操作流程。在“三定”基础上，重新拟定省市公司机关196个岗位的岗位说明书，明确岗位职责和任职标准，分类并规范市公司的岗位名称。此外，对21个地市公司分大、中、小三类在职位层级基础上统一岗位设置，统一岗位工作内容和标准。

2017年，该企业全面搭建三支队伍的能力素质模型与岗位任职资格体系（如图9–1和图9–2所示）。通过战略演绎、资料研读和关键人员访谈等方法搭建管理、专业技术和技能操作序列职位的能力素质模型共40个，其中管理序列5个、专业技术序列33个、技能操作序列2个。同时，采用“岗位人员梳理+咨询公司整合优化”的方式，在3D+E理论基础上搭建起省市差异化和岗位明确化的

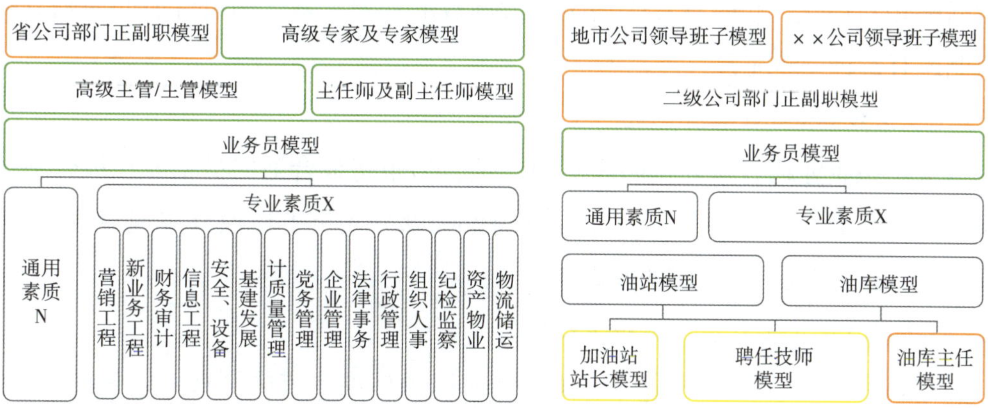

图9–1　能力素质模型搭建框架图

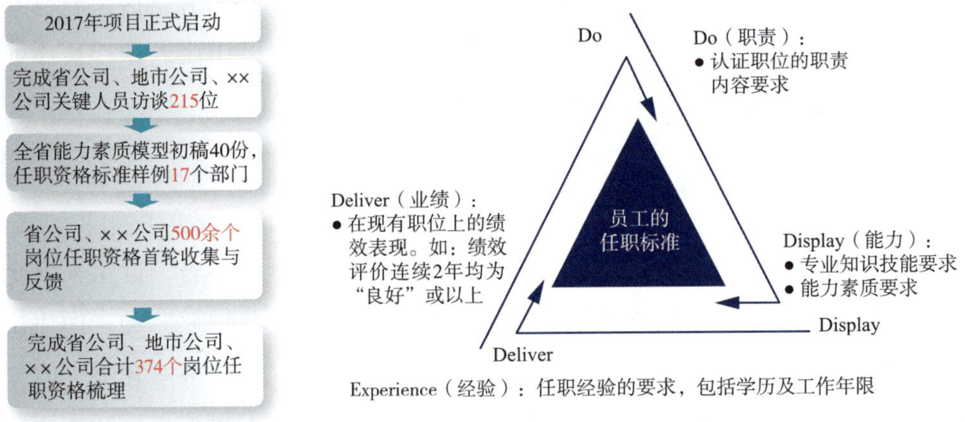

图9-2 任职资格体系搭建流程图及3D+E模型

任职资格体系。共完成374个岗位任职资格的梳理，其中省公司196个、地市公司90个、仓储公司88个。

（二）岗位管理存在问题

结合企业实际，该企业人力资源管理工作进行了大量探索，也取得了一些成绩。但是，由于各方面因素的制约，在岗位管理方面仍然存在着一些问题，主要表现为：

1. 岗位薪酬未能完全反映岗位价值

尽管薪酬体系在逐渐朝着市场化方向改进，但是受传统体制的影响。其岗位薪酬相对僵化，仍然存在平均主义大锅饭的现象，基于岗位价值的激励分配机制还有待进一步完善。

2. 岗位–人员匹配有待进一步优化

虽然该企业通过对外招聘和对内调整，力争将最合适的员工放在最合适的岗位上，但是由于各种原因，在部分岗位和部分人员上还没有实现最佳配置，岗位–人员匹配度仍有一定的改进空间。

3. 岗位优化工作有待进一步细化

2011年以来，该企业在岗位整合优化以及标准化方面开展了大量的工作，取得一定效果，为全系统提供了可供借鉴的先进经验。但是，不同岗位之间的分层分级还不够细化，缺乏足够用于指导操作的工具和方法。

二、岗位优化设计案例分析

（一）项目与改革模式交叉验证

1. 油库“大作业班”制岗位改革

运用课题组研发的岗位设置工具箱，验证油库“大班组”改革模式的合理性。同时，通过油库“大班组”改革来验证岗位设置工具箱的应用性。

2. 岗位工作任务梳理

油库作业班原有12个岗位，如表9-1所示，通过岗位设置工具箱中“三单递进”工具梳理改革前后职责，实现职责无空白点。

表 9-1 工作职责细分表

序号	现有岗位	工作任务	对应的细分职责
1	门卫岗	负责外来车辆、人员进出的验证登记放行工作	做好公司、油库等办公、生产区域的门禁保卫工作，确保安全无事故
		检查进出库车辆的防火罩并寄存火种等物品	
		做好交接班和值班记录工作	
2	发油岗	发油前检验提油凭证	负责油库油台油料收发工作，检查督促提油车辆遵守有关安全、装载技术、容器清洁度等方面的规定
		安全快速完成发油任务，填写发油记录	
		掌握油品质量、安全知识及油罐车情况	
		负责本岗位设备的保养	
3	巡检岗	巡查监督作业人员岗位责任制、操作规程的落实情况	负责对管理的作业现场进行反复检查，掌握作业情况
		对重点要害部位勤问勤查勤巡回	
		准确填写巡检记录	
4	检定岗	正确使用计量标准器，做好维护保养工作	负责对油库计量器具定期送检及维护、保管等工作；准确及时传递各类报表

续表

序号	现有岗位	工作任务	对应的细分职责
4	检定岗	按时完成计量器具的检定工作，根据检定结果出具证书和标识，完整保存检定原始记录和相关资料	负责对油库计量器具定期送检及维护、保管等工作；准确及时传递各类报表
		按要求开展计量器具日常管理工作	
5	计量岗	准确计量油品，监控收发情况	负责油品收、发、存的计量工作，对油品盈亏进行分析临控；准确及时传递各类报表
		根据作业指令单执行流程变换操作	
		负责动罐作业前后计量及三天不动罐计量	
		妥善保管和使用计量器具	
		严格控制油罐、管线、闸阀等主要设备的巡查	
6	泵房岗	熟悉工艺流程，正确操作泵房设备	执行泵浦操作规程和操作指令，密切注意泵浦运行各数值变化并做好记录
		负责泵房设备的管理和保养	
		泵房运作时定时全面检查并做好记录	
		保持泵房清洁，工具摆放整齐	
7	装卸岗	服从调度计划安排，安全地快装快卸	执行操作规程和有关安全管理制度，做到安全地快装快卸
		收发油期间密切巡查监控装载动态	
		正确使用及维护相关设备	
8	仓管岗	做好油料数量管理和作业量统计工作	根据成品油收发计划督促检查班组业务收发岗位责任制和工作计划的落实，实现安全生产；对油品盈亏进行分析监控；准确及时传递各类报表
		查核累计总计量资料及发油报表，验证提油单及单据凭证	
		准时准确地完成账表工作	

续表

序号	现有岗位	工作任务	对应的细分职责
8	仓管岗	负责油料收发存各环节的损耗管理	根据成品油收发计划督促检查班组业务收发岗位责任制和工作计划的落实，实现安全生产；对油品盈亏进行分析监控；准确及时传递各类报表
		定期盘点，核查监督计量员工的工作情况	
9	质检岗	准确提供化验项目的质量数据并出具油品质量证明	负责进出库油品化验，质检室设备仪器维护保养、试剂管理，化验仪器的送检工作
		负责购置、保养、定期检查化验室仪器、试剂等	
		按规定期限妥善保管油样、质量证书等并及时上报报表	
10	调度岗	做好油料收发计划的落实，下达收发油料命令	成品油收、储、发工作到位，成品油供应及时，不出现断油状况；油品质量达到省公司要求的合格标准
		向公司及油库报告吞吐情况	
		收油前核查收货凭证，安排油品化验	
		收油后办理验仓手续	
		追踪油品质量动态，发放油品质量化验合格证	
11	班组长	负责班组全面管理，担任班组的防火责任人	严格按照公司及油库的各项管理制度，安全作业，确保本班工作顺利安全的开展；对出现问题的作业及时处理并上报
		定期组织班员学习培训	
		负责设备、仪器、工具等管理	
		检查督促班员的工作完成情况并组织月度工作总结	
12	维修岗	使用、保养、修理油库有关设备并做好记录	按时、按质、安全完成各项设备设施检维修工作任务，对作业、安全情况及时做好记录
		操作前要做好防护措施并按安全规定操作	
		负责修理间的环境卫生	

3. 确定工作流程

运用ESIRA流程诊断工具对现有流程进行诊断分析，从而确定业务新流程。对比改革前后流程，发现流程完备无缺失，改革具有先进性，如图9–3和图9–4所示。

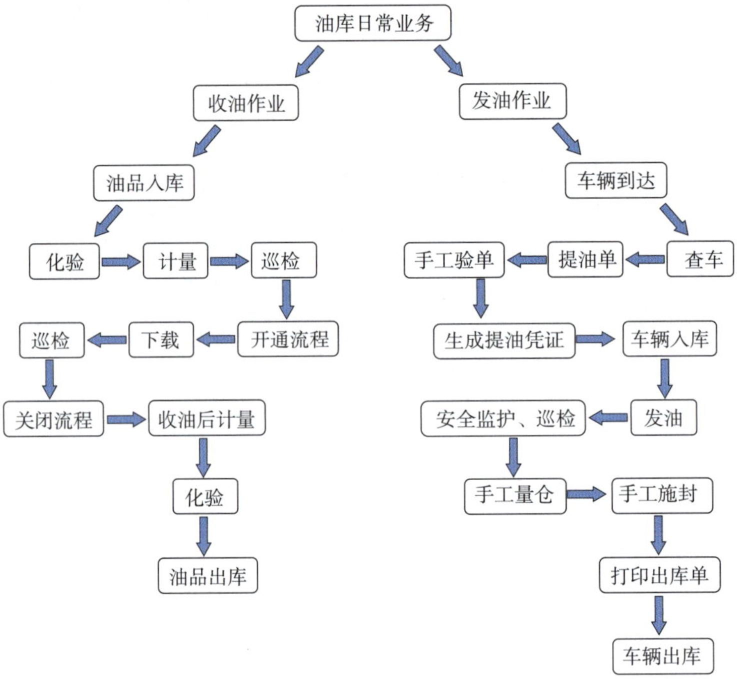

图9–3　改革前业务流程图

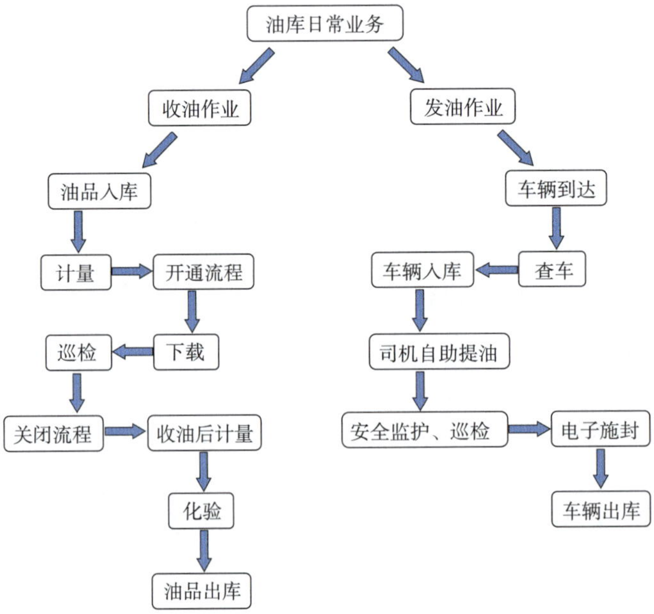

图9–4　改革后业务流程图

4. 岗位角色分析

运用ARPCI岗位分析工具，对技能操作序列的岗位角色进行分析，建立两维矩阵并匹配角色定位，呈现出改革优化清单：第一，维修岗缺失重要环节A（审核）或者R（主办），可以考虑撤出“大作业班”；第二，泵房岗、发油岗、装卸岗、巡检岗、门卫岗、仓管岗、检定岗和计量岗等8个岗位多体现为参与配合，重要环节R（主办）较少；第三，调度岗与班组长岗职责相近，有时候能相互替代；第四，信息化改造减轻了巡检、计量和账务处理等业务的工作量。结合“大作业班”设置原则，巡检、计量和账务处理岗位具备合并的可行性，如表9-2所示。

表 9-2　技能操作序列岗位任务优化表

主要工作职责		门卫岗	发油岗	巡检岗	检定岗	计量岗	泵房岗	装卸岗	仓管岗	质检岗	调度岗	班组长岗	维修岗
业务运行流程	车辆登记与检查	R	P									A	
	计量油品		I			R				I	C	A	
	泵浦操作			I			R					A	
	装卸油品		P	I				R				A	
	巡回检查		P	R		P	P	P				A	
	油品化验									R	C	A	
	发油		R	I		I		P				A	
油料数量损耗管理						P			R		C	A	
账务处理及盘点			I			P			R		I	A	
三天不动罐计量			I			R			I		I	A	
计量器具定期送检					R	I						A	
落实油料计划			I	I		I	I	I	I	I	R	A	

续表

主要工作职责	门卫岗	发油岗	巡检岗	检定岗	计量岗	泵房岗	装卸岗	仓管岗	质检岗	调度岗	班组长岗	维修岗
下达油料收发命令		P	P		P	P	P	P	P	R	A	
安排化验与验仓					P			I	P	R	A	
设备保养	P	P	P	P	P	P	P	P	P	P	P	P
班组HSSE管理	P	P	P	P	P	P	P	P	P	P	R	P
班组突发事件处置	P	P	P	P	P	P	P	P	P	P	R	P
组织学习培训	P	P	P	P	P	P	P	P	P	P	R	P

5. “五维融合”诊断验证

从五个维度对技能操作序列进行合并的可行性验证，证实：以“优化岗位设置，提高人均劳效”为目标，坚持“大作业班”的设置理念是科学的；把原来12个岗位整合为收发油操作岗、质检岗和班组长岗共3个岗位是合理的；将油库传统的单一性职能班组整合为多功能拓展型专业化团队，实现“大作业班”模式具有较强的应用性（见表9–3、图9–5~图9–7）。

表 9–3 “五维融合”分析清单

维度	门卫岗	发油岗	巡检岗	检定岗	计量岗	泵房岗	装卸岗	仓管岗
岗位是否相容	是							
专业/工种	操作工							
主要职责描述	做好门禁保卫工作	负责油库油台油料收发工作	对管理的作业现场进行反复检查	负责计量器具定期送检及维护工作	负责油品计量及损耗分析工作	执行泵浦操作规程和操作指令	保证安全地快装快卸	负责账表工作以及油品损耗管理

续表

维度	门卫岗	发油岗	巡检岗	检定岗	计量岗	泵房岗	装卸岗	仓管岗
工作流程	车辆审核登记→检查防火罩→寄存烟火→放行	油罐车安全检查→发油	巡回检查→填写巡检记录	计量器具检定→出具证书和标识→保存原始记录	收油前计量→数据录入→收油后计量→录入数据	开泵→记录数值→关泵	通知来油→装卸油品→验仓	账务管理→油品损耗管理→盘点
工作饱和度	4小时	4小时	2.5小时	2.5小时	4小时	3小时	4小时	2.5小时

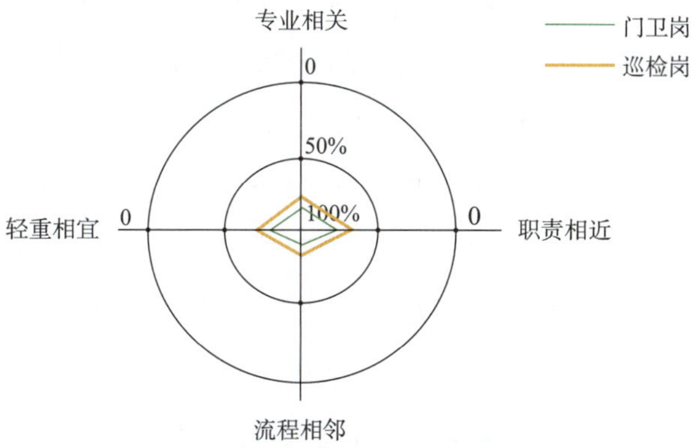

图9-5　门卫岗、巡检岗的五维验证

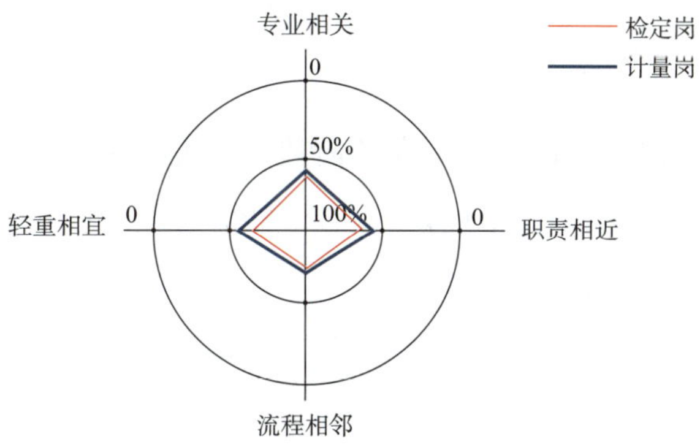

图9-6　检定岗、计量岗的五维验证

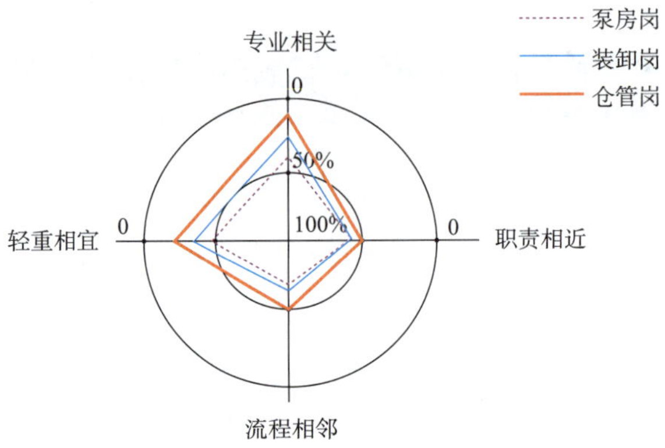

图9-7 泵房岗、装卸岗、仓管岗的五维验证

（二）机构及岗位优化成效

集团公司岗位设置工具箱具有较强的可适用性。2019年，该企业将运用工具箱推动“三定”管理工作，按照精简高效原则，进一步优化省、市两级公司组织机构，合理设置岗位。预计优化后机关人员占用工总量7.0%，降低0.7个百分点。在省公司层面，共设置13个机关部门、3个专业中心和176个岗位。在176个岗位中，机关岗位161个，机关内设机构岗位15个。在市公司层面上，一类公司（3个地市）设9个管理部门，机关岗位72个；二类公司（14个地市）设7个管理部门，机关岗位58个；三类公司（4个地市）设4个管理部门，机关岗位41个。此外，在部分县区设置经营管理部，全省数量控制在100个左右。在经营管理部一般设负责人、客户经理和综合管理员三类岗位。加油站设置站长、主管和营业员（一级、二级）三类岗位。

三、岗位价值评估案例分析

岗位价值评估分成六个阶段：准备阶段、评估系统设计、评估培训、岗位试评估（第一轮）、正式评估（第二轮）、总结整理阶段。具体方案如图9-8所示。

（一）准备阶段

准备阶段对整个岗位价值评估过程起着至关重要的作用，它为评价系统的

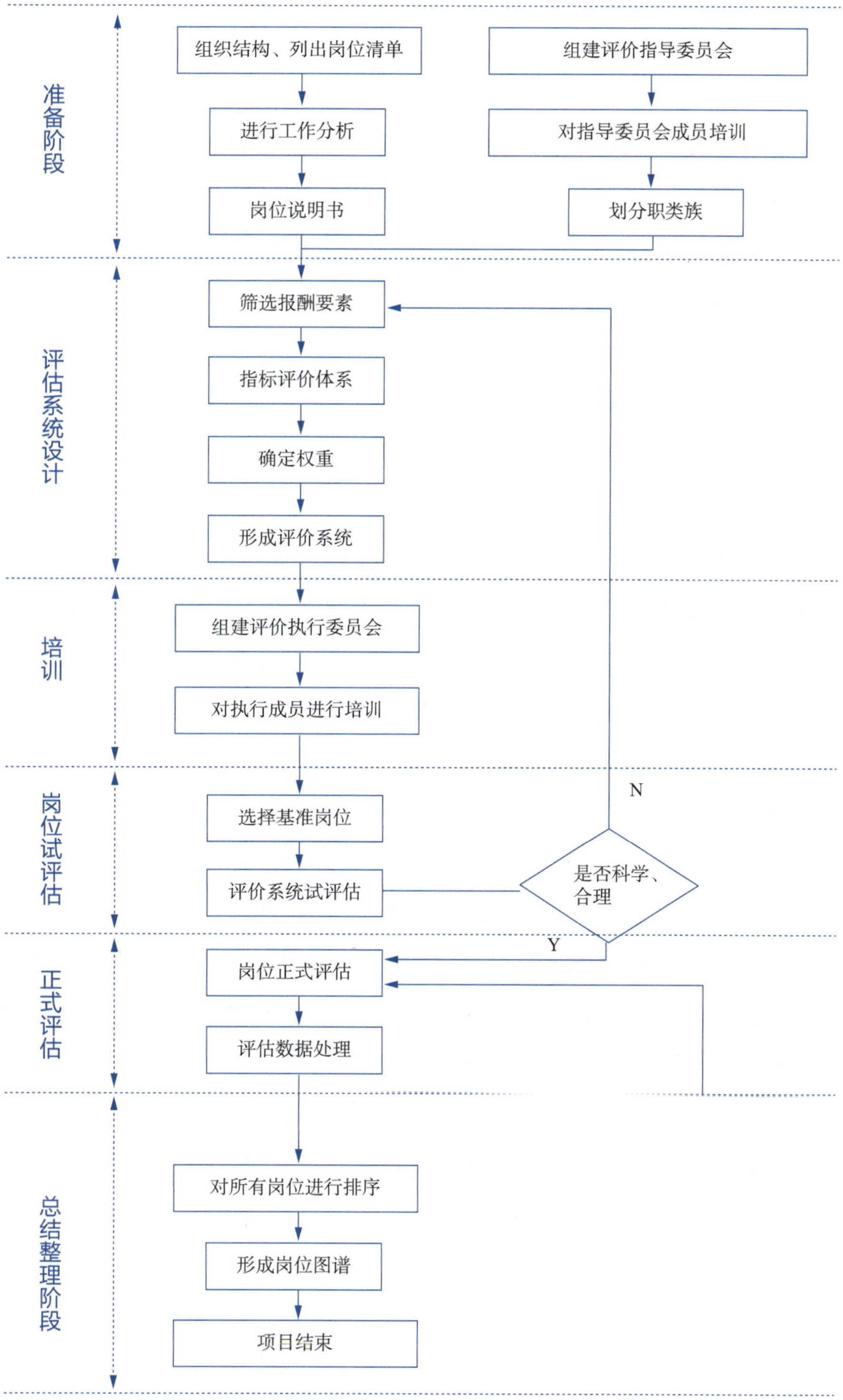

图9-8 岗位价值评估方案示意图

设计提供了基础资料，使得系统设计得更加客观、合理。这一阶段主要包括如下内容：

1. 列出岗位清单

在这个子阶段，主要仔细研究两张图：一是企业的组织结构，画出组织结构图，为每个岗位界定一个岗位名称，以便以后进行评价。二是梳理企业的生产业务流程，画出业务流程图，充分了解在每个流程节点上每个岗位的重要作用和设置目的等。在此基础上，列出企业所有岗位的目录，形成工作分析和岗位评价的基础。

2. 进行工作分析

进行工作分析的目的是形成岗位说明书，因为岗位说明书是岗位评价系统设计的基础资料。

岗位说明书一般由两部分组成：一是岗位描述；二是任职资格。岗位描述包括：①基本资料，包括岗位名称、等级、编码、定员标准和上下级关系等；②岗位职责；③监督与岗位关系；④工作内容与要求；⑤工作权限；⑥劳动条件与环境；⑦工作时间等。任职资格包括：①资历、工作经验和学历条件；②身体条件；③心理品质要求；④专业知识和技能要求等。

3. 组建评价委员会

评价委员会由高层管理者、人力资源处成员和外部专家组成，主要工作是组织评价人员、召开评价会议、设计评价模型、处理评价数据并撰写评估报告等。评价委员会委员的主要职责有：熟悉符合企业本身的岗位价值评估模型；进行岗位价值评估并保证评估过程的客观公正性；为被评估员工解释评价过程及评估结果，使员工充分理解岗位价值评估工作。

4. 对评价委员会进行培训

此处的培训只是针对评价指导委员会成员，培训的目的是让成员了解：①进行岗位价值评估的必要性，获得高层支持；②岗位价值评估的内涵和评价系统设计的方法等。

（二）评估系统设计阶段

评估系统的设计主要涵盖两个方面：一是遴选岗位要素，建立评估指标体系；二是根据不同要素、指标的重要程度确定权重系数。

1. 培训阶段

培训主要有两个内容：一是在准备阶段对评价委员会的培训，主要是战略思维的构建，这是大局方向的掌握；二是对评价成员的培训。主要是岗位评价系统细节的培训。评价成员是对每个岗位进行打分评价的主要人员，他们对评价系统的理解准确与否直接影响到最终评价结果的精确与客观性，因此需要进行详细的培训。

2. 第一轮评估：预评估

考虑到岗位价值评估系统建立以后是否符合企业的需要、实际评价过程中是否存在偏差等情况，为避免出现在企业所有岗位都评价完毕后才发现系统问题的情形，企业在进行全部岗位的评价之前应该进行岗位价值试评估。

（1）评估对象选择

从熟悉程度上看，基准岗位的选择尽可能是评价成员比较熟悉的岗位，这样更容易理解岗位价值评估的内涵。从岗位类型上来看，基准岗位的选择最好是不同层次的岗位都要涉及。

根据评价委员会建议，第一轮评估选择省公司和某分公司的部分岗位作为预评估对象，评估成员为各部门负责人，具有更好的代表性。预评估岗位见表9–4和表9–5。

表 9–4　省公司预评估岗位

部　门	岗　位
总经理办公室	总经理办公室主任
	文字秘书岗
	保密管理岗
	行政秘书岗
党群工作处	党群工作处处长
	党务管理岗
	工会及青年管理岗

续表

部门	岗位
财务资产处	财务资产处处长
	预算与分析岗
	资产管理岗
	出纳员
	资金往来核算岗（兼上市部分债权债务管理）
人力资源处	人力资源处处长
	组织干部管理岗
	福利管理岗
	教育培训管理岗
企业管理处	企业管理处处长
	企业管理岗
	诉讼管理岗
信息管理处	信息管理处处长
	信息安全管理
	信息网络管理岗
	应用系统开发管理岗
发展规划处	发展规划处处长
	投资管理岗
	工程预算管理岗
	招投标及物资采购管理岗
数质量科技处	数质量科技处处长
	质量管理岗
	科技及节能管理岗
	计量监督管理岗

续表

部门	岗位
安全设备处	安全设备处处长
	安全综合管理岗
	环保及施工安全管理岗
经营管理处	经营管理处处长
	市场信息及营销策划管理岗
	购销存平衡及资源管理岗
	成品油外采结算及供应商管理岗
	价格管理岗
审计处	审计处处长
	财务审计岗
	工程审计岗
监察处	监察处处长
	信访举报及案件监督岗
	效能监察及风险防控岗
离退休管理处	离退休管理处处长
	省本部离退休管理岗
实物资产处	实物资产处处长
	土地及权属管理岗
零售中心	零售中心经理
	零售营销策划岗
	规范化管理岗
	客户服务及综合管理岗
非油品经营管理中心	非油品经营中心经理
	经营管理岗

续表

部门	岗位
非油品经营管理中心	商品结算及合同管理岗
	便利店运营管理岗
商业客户中心	商业客户中心经理
	价格及销售管理岗
	大客户服务管理岗
物流中心	物流中心经理
	配置资源调度岗
	燃气管理岗
	运杂费管理岗
互联网商务中心	互联网商务中心主任
	商务开发岗
	营销管理岗
	资金结算岗

表 9-5 市公司预评估岗位

部门	岗位
经理办公室	经理办公室主任
	文字秘书岗
	档案管理岗
	企业管理岗
	诉讼及合同法律事务管理岗
党群工作部	党群工作部主任
	党建管理岗
	群工管理岗
财务资产部	财务资产部主任

续表

部门	岗位
财务资产部	预算管理岗
	资产核算与管理岗
	费用及资金往来核算岗
	税务管理岗
	出纳岗
人力资源部	人力资源部主任
	队伍建设管理岗
	人工成本及绩效管理岗
	福利与离退休管理岗
	招聘及培训管理岗
信息管理部	信息管理部主任
	系统管理岗
	网络管理岗
发展部	发展部主任
	工程项目管理岗
	预结算管理岗
	招投标管理岗
安全部	安全部主任
	安全督查岗
	环保管理岗
	证照管理岗
纪检监察部	纪检监察部主任
	案件检查及党风教育岗
	效能监察及案件审理岗
物业管理部	物业管理部主任
	实物资产管理岗

续表

部　门	岗　位
零售管理部	零售管理部主任
	零售营销管理岗
	规范化管理岗
	零售客户管理岗
	数质量管理岗
非油品经营部	非油品经营部主任
	非油品营销管理岗
	商品结算管理岗
	运营管理岗
业务部	业务部主任
	计划及考核管理岗
	直批营销管理岗
	营销调度管理岗
合资企业管理部	合资企业管理部主任
	经营管理岗

（2）岗位价值评估维度设计

采用中国石化岗位价值评估模型（SPE），结合销售企业岗位具体实际，对部分因素和维度进行微调，将“成本控制/效益体现”改为“财务管理”，“销售收入/成本费用控制”改为“成本费用”，具体参见表9–6。

表 9–6　岗位价值评估维度设计

维度	二级维度
人员管理	下属人数
	下属类型
财务管理	经营损失及决策风险责任
	成本费用

续表

维度	二级维度
影响与贡献	影响程度
	贡献度
专业能力	知识要求
	专业技术/技能
合作能力	主要合作对象
	合作界面
	沟通协调
创新与解决问题	解决问题难度
	自我学习能力
工作条件与风险	工作环境
	职业卫生
	安全风险
	环保风险

（3）第一轮评估基准结果

1）基准结果描述：

从得分结构（见图9-9和图9-10）来看，省、市公司机关岗位评价结果相同，各处室负责人岗位得分排在前列，骨干核心岗位排在中间，服务类岗位排

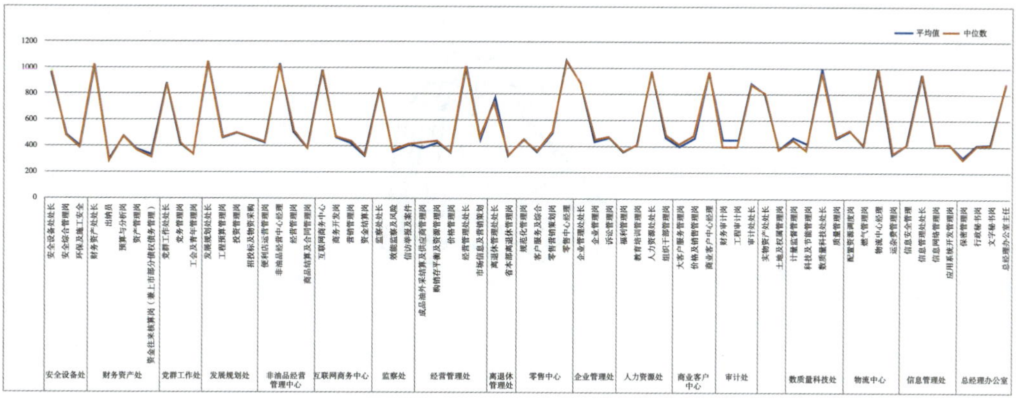

图9-9　省公司各岗位得分图

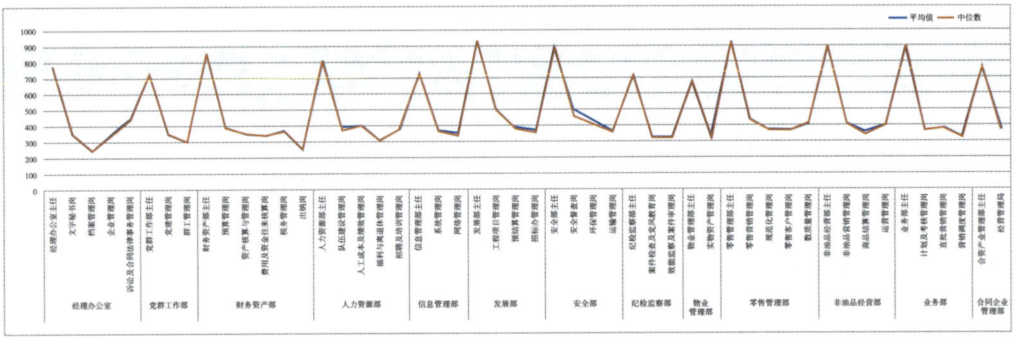

图9-10　市公司各岗位得分图

在后半区，每个部门间的趋势大同小异；评分与级别密切相关，处长级别岗位的评分与普通级存在明显跳跃。从平均分来看，处长级别岗位比同部门其他岗位高出两倍之多。

通过雷达评分图（见图9-11和图9-12）可以了解到各个岗位在人员管理、成本控制、影响与贡献、专业能力、合作能力、学习与问题解决、工作条件和安全环保风险等8个维度上的得分情况。

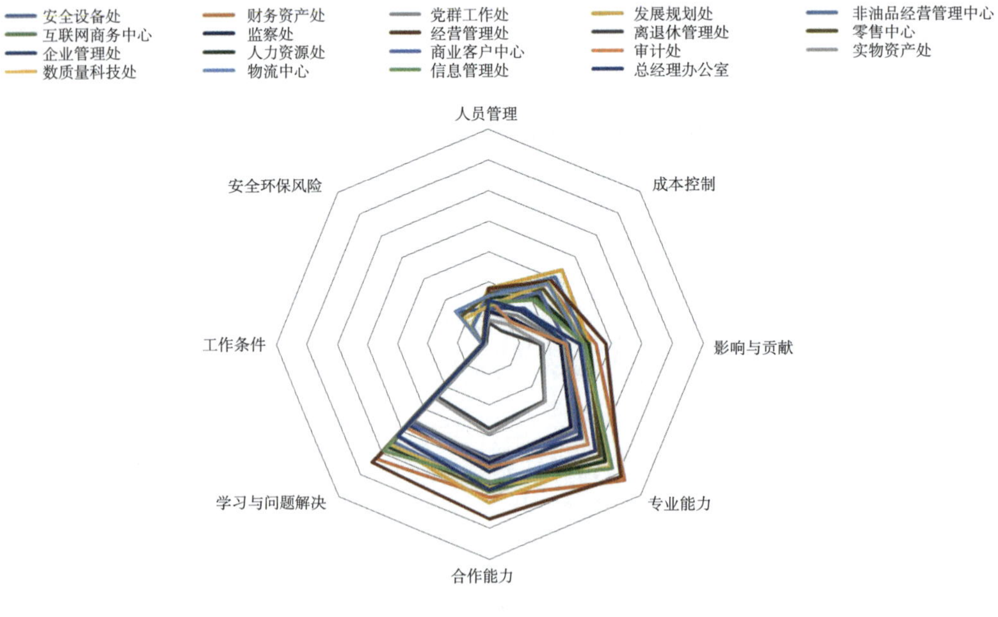

图9-11　省公司各岗位评分雷达图

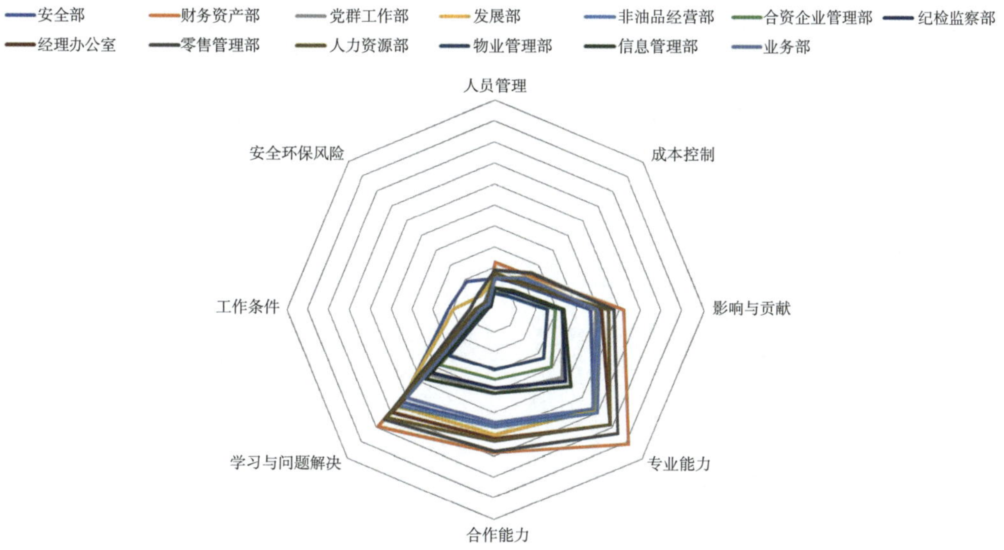

图9-12　省公司各岗位评分雷达图

2）岗位分层分析：

在岗位价值评估的基础上，根据岗位分层思路结合岗位属性，采用离差平方和法（Ward法）计算平均得分距离，将数据聚成六类：核心岗位A、核心岗位B、主体岗位A、主体岗位B、普通岗位A和普通岗位B。其具体树形图如图9-13所示。

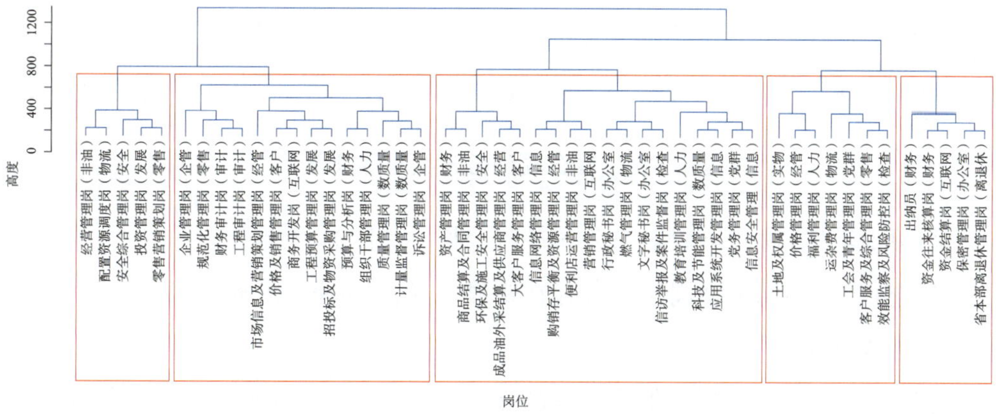

图9-13　省公司岗位聚类树形图

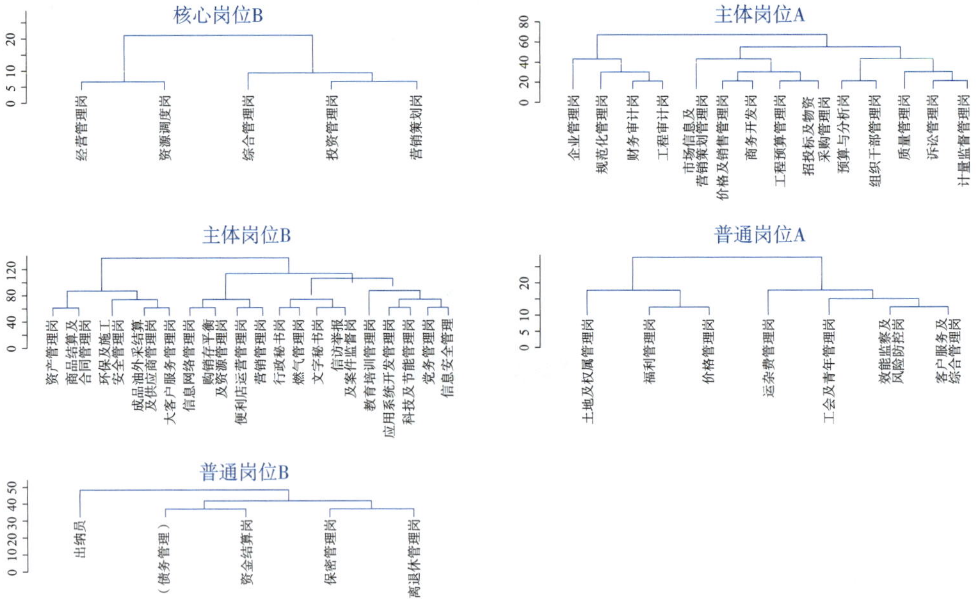

图9-13 省公司岗位聚类树形图（续）

经过分类，不同类别岗位得分存在明显差异，如图9-14所示。

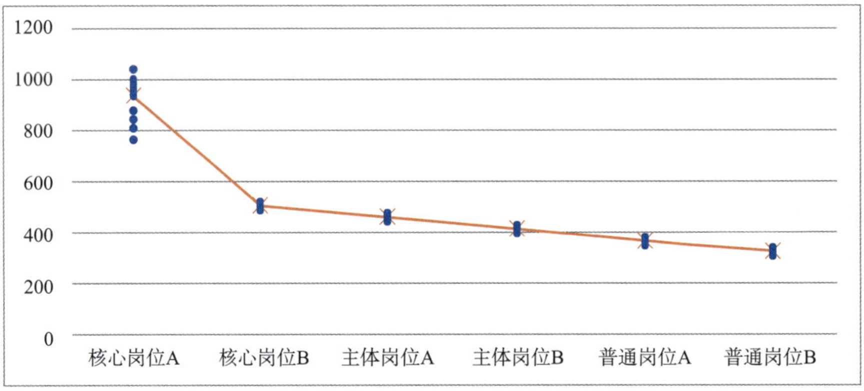

图9-14 省公司岗位分类与得分图

采用同样的方法，可以对市公司进行分析，如图9-15所示。

经过分类，不同类别岗位得分存在明显差异，如图9-16所示。

3）数据纠偏：

首先，为了消除极端值对数据的影响，对各岗位数据进行上下5%缩尾处理。

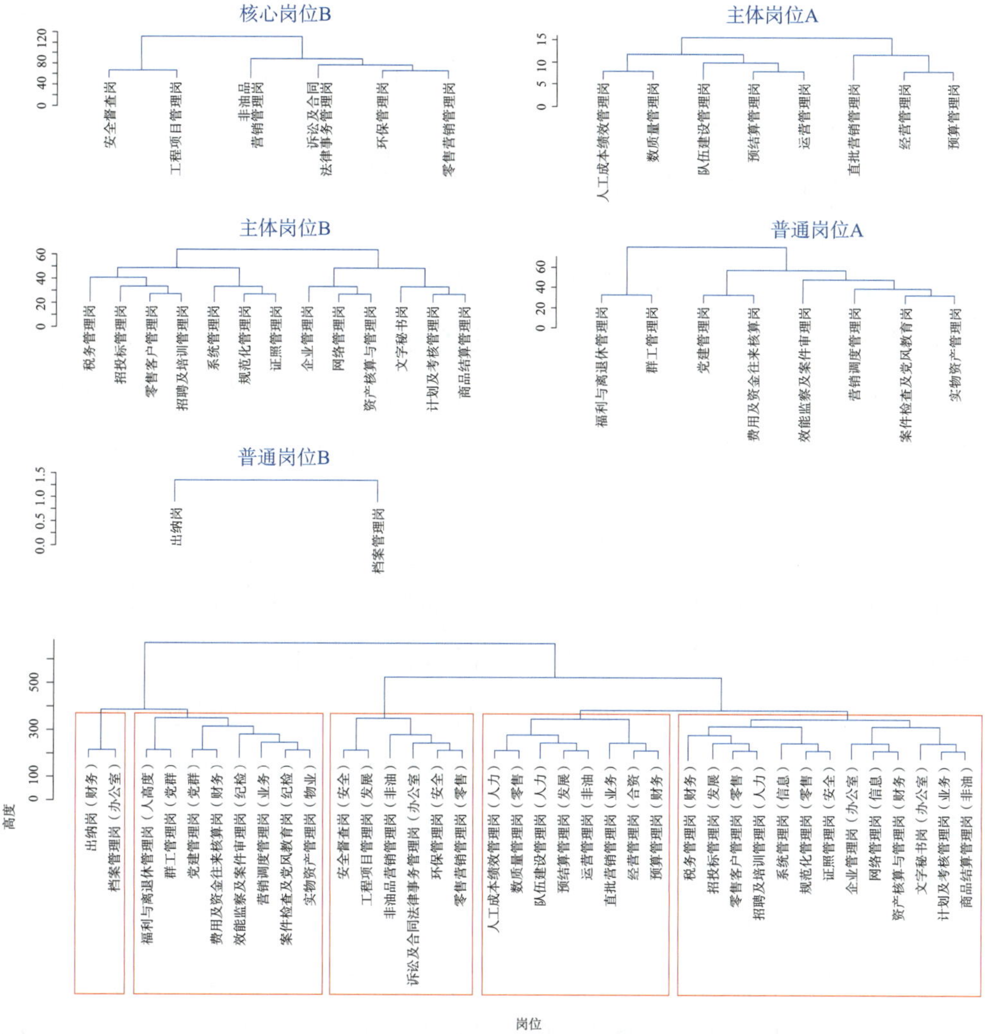

图9-15　市公司岗位聚类树形图

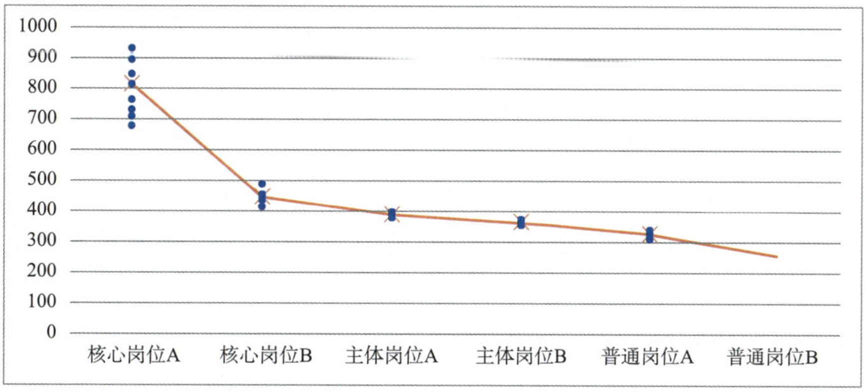

图9-16　市公司岗位分类与得分图

其次，针对相互打分关系发现，对于各自所在部门的打分明显高于其余部门。因此，为克服本位主义的影响，去掉同部门对自己的打分。

最后，由于不同类别的岗位间工作内容差别较大，会存在一定程度的认知差异，所以将岗位分成三类：行政类、专业类、技术类。

（4）对预评估的总结

第一轮岗位价值评估在整体上是成功的，主要体现在：在调查对象上，对各部门负责人进行问卷调查，具有更好的代表性；在分析方法上，基于聚类方法进行岗位分层，具有良好的适用性；在稳健检验上，采用多种方式处理潜在偏误，具有较好的稳定性；在应用方向上，可以对职业雇员适用岗位等进行拓展应用，具有较好的应用性。

预评估过程中，发现普遍存在着两大问题：一是认知偏差问题，即同时评价不同类型岗位过程中的锚定偏误，岗位评价数量过多时评价者存在焦躁疲惫。为此提出分类型逐次评估的解决方法，即根据岗位性质采用专业、技术、行政三种类型，并对三种类型岗位进行逐次评估；二是本位主义问题，评价者对本部门岗位的评分往往过高，为此提出加权与筛选解决方法，即根据不同岗位类型进行加权评价，根据抽样特点剔除本部门评价结果。

3. 第二轮评估：正式评估

（1）正式评估的开展

将省公司、专业公司（某分公司）、某分公司（大公司）和某分公司（小公司）作为典型代表，进行全面系统的岗位价值评估。将岗位分为行政、专业和技术三种类型，分类逐次进行岗位价值评估。这样做的优点是每次评估同一类型岗位，具有较好的可比性。从结果来看，正式评估取得了较好的效果，主要体现在：

1）用变异系数比较两次评估结果，发现一致性显著提高。

在概率论和统计学中，变异系数是概率分布离散程度的一个归一化量度，其定义为标准差与平均值之比。变异系数越小，意味着离散程度的测度值越小，共识度越高。

针对省市公司两轮评估过程中变异系数的比较来看，无论是总体情况还是分类型来看，第二轮评估的变异系数都显著下降，说明评估改进方法发挥了作

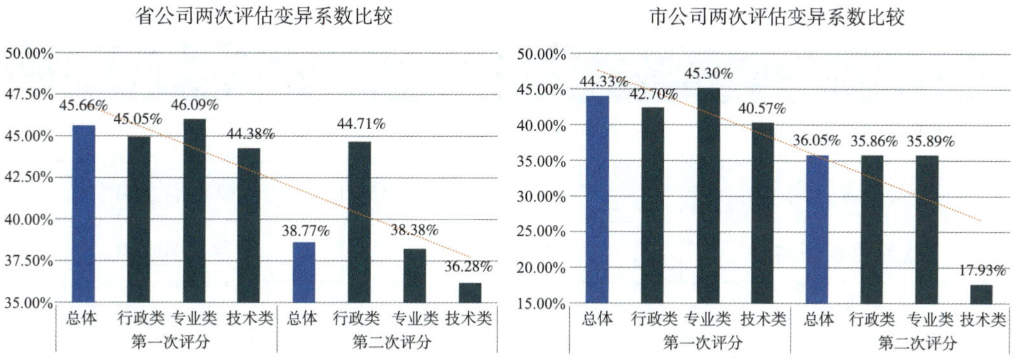

图9-17 两次评估变异系数比较

用，如图9-17所示。

2）比较相同岗位分层情况。

在第二轮评估中，提取同为市公司的某分公司（大公司）和某分公司（小公司）评估结果，比较相同岗位的分层是否存在显著差异，结果如表9-7所示。

表 9-7 某分公司（大公司）和某分公司（小公司）相同岗位比较

岗位（中位数）	大公司	小公司
工程项目管理岗	核心岗位B	核心岗位B
零售营销管理岗	核心岗位B	核心岗位B
网点发展管理岗	核心岗位B	核心岗位B
预算管理岗	关键岗位B	关键岗位B
职业卫生管理岗	关键岗位B	关键岗位B
费用及资金往来核算岗	主体岗位A	主体岗位A
企业管理岗	主体岗位A	主体岗位A
税务管理岗	关键岗位B	关键岗位B
营销调度管理岗	主体岗位A	主体岗位A
预结算管理岗	关键岗位B	关键岗位B
招投标管理岗	关键岗位B	关键岗位B
党建管理岗	关键岗位B	主体岗位B

续表

岗位（中位数）	大公司	小公司
非油品营销管理岗	关键岗位A	关键岗位A
安全督查岗	核心岗位B	关键岗位B
规范化管理岗	关键岗位B	主体岗位B
内控管理岗	关键岗位A	主体岗位B
人工成本及绩效管理岗	关键岗位A	关键岗位B
商品结算管理岗	主体岗位A	主体岗位B
数质量管理岗	关键岗位A	关键岗位B
文字秘书岗	关键岗位B	主体岗位B

（2）第二轮评估基准结果

某分公司（大公司）和某分公司（小公司）两家分公司设置相同的岗位共20个，20个岗位中大多数在两个公司分层是一致的。少数岗位略有差别，体现为某分公司（小公司）的层级低于某分公司（大公司）的层级。

整体上，相同岗位具有类似的分层，说明评估结果具有内在的稳定性。从个别岗位上看，小公司的层级低于大公司的层级，说明评估结果较为准确反映了同一岗位在不同公司之间的相对重要性，即相同岗位在小公司的工作量要更小一些。

通过对第一轮评估过程的认真分析和总结、对第二轮评估的细致规划和精心组织，岗位价值评估效度得到了显著提高，为岗位价值分析提供了可靠的基础数据支持。

4. 基于评估结果的应用（成果）：岗位图谱

岗位与得分图如图9–18所示。

基于省公司、专业公司、大公司和小公司的汇总结果，岗位评估的结果从平均值和中位数都可以看出，每个部门岗位之间存在不同程度的相似性。

通过运用聚类分析法，按照评估结果展现的特定标准，把数据集分割成不同的类别，把相似程度较大的岗位聚合为一类。按照这个方法，我们对全部岗

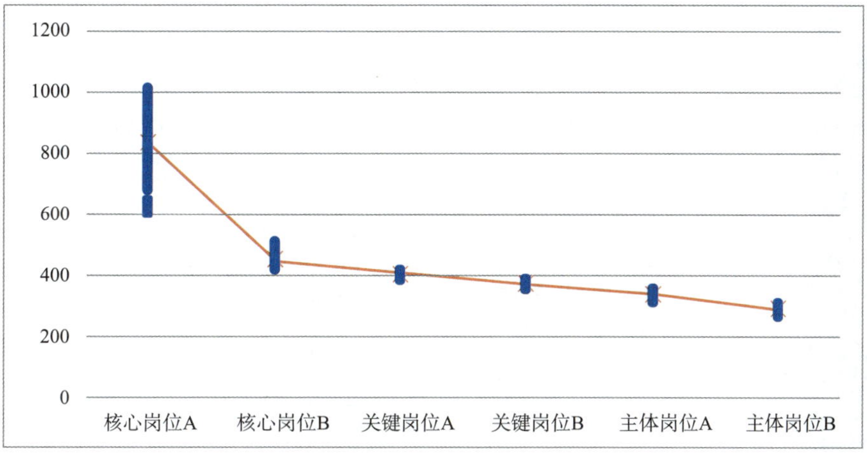

图9-18 岗位与得分图

位进行了分层，将岗位分为核心岗位A、核心岗位B、主体岗位A、主体岗位B、普通岗位A和普通岗位B。将岗位图谱进行整理，结果见表9-8。

对于上述结果，主要有如下几点讨论：第一，各类公司相同岗位基本上具有相同的分层，体现在现有岗位分层结果整体上具有较好的一致性。例如，在领导岗位中，各部处领导职位都属于核心A；在一般岗位中，档案管理岗都属于普通B。

第二，以某分公司（大公司）和某分公司（小公司）作为市公司代表，评价结果兼具了可比性和实用性。对于完全相同的岗位，大公司和小公司大部分一致，少数情况下存在着不一致。表现为相同设置岗位分层中小公司略低于大公司1～2个层级，原因在于在岗位职责相同的情况下，作为小公司工作量相对较少，因此岗位分层相对略低。

在岗位价值评估的基本原理中，岗位价值取决于岗位工作性质与业务量。具体为：一是岗位工作性质中内容越多、越复杂，价值越高。二是岗位业务量越大，价值越高。一方面，大公司和小公司完全相同的岗位中，工作性质是一致的，小公司工作量略小，因此岗位价值略低；另一方面，小公司存在着岗位集成情况，因此在部分情况下，小公司工作性质更多、更复杂，从而也提升了岗位价值。

第三，基于岗位分层结果，采用修正方法进一步提高准确性。由于岗位价

表 9-8 岗位图谱

类别	省公司	大公司	小公司	专业公司
核心A	总经理办公室主任（办公室）、总经理办公室副主任（办公室）、党群工作处处长（党群）、党群工作处副处长（党群）、财务资产处处长（财务）、财务资产处副处长（财务）、人力资源处处长（人力）、人力资源处副处长（人力）、企业管理处处长（企管）、企业管理处副处长（企管）、信息管理处处长（信息）、信息管理处副处长（信息）、发展规划处处长（发展）、发展规划处副处长（发展）、数质量科技处处长（数质量）、安全设备处处长（安全）、安全设备处副处长（安全）、经营管理处处长（经营）、经营管理处副处长（经营）、审计处处长（审计）、审计处副处长（审计）、离退休管理处处长（退休）、离退休管理处副处长（退休）、实物资产处处长（实资）、零售中心经理经理（零售）、零售中心副经理（零售）、非油品经营中心经理（非油）、非油品经营管理中心副经理（非油）、商业客户中心经理（商客）、商业客户中心副经理（商客）、物流中心经理（物流）、物流中心副经理（物流）、互联网商务中心主任（互联网）、互联网商务中心副主任（互联网）、监察处处长（监察）	安全部主任（安全）、财务资产部副主任（财务）、财务资产部主任（财务）、党群工作部主任（党群）、发展部副主任（发展）、发展部主任（发展）、非油品经营部副主任（非油）、非油品经营部主任（非油）、合资企业管理部主任（合资）、纪检监察部主任（监察）、经理办公室副主任（办公室）、经理办公室主任（办公室）、零售管理部副主任（零售）、零售管理部主任（零售）、人力资源部副主任（人力）、人力资源部主任（人力）、物业管理部主任（物业）、信息管理部主任（信息）、业务部副主任（业务）、业务部主任（业务）	主任（综合）、副主任（综合）、主任（业务）、副主任（业务）、主任（财务）、主任（安发）、副主任（安发）	经理办公室主任（办公室）、党群工作部主任（党群）、财务资产部主任（财务）、人力资源部主任（人力）、信息管理部主任（信息）、发展基建部主任（发展）、发展基建部副主任（发展）、安全环保部主任（安全）、安全环保部副主任（安全）、纪检监察部主任（纪检）、储运管理部主任（储运）、储运管理部副主任（分管计量账务）（储运）、储运管理部副主任（分管调度）（储运）、检验鉴定中心主任（检验鉴定）

续表

类别	省公司	大公司	小公司	专业公司
核心B	预算与分析岗（财务）、费用管理岗（财务）、税务管理岗（财务）、组织干部管理岗（人力）、人事调配管理岗（人力）、人工成本管理岗（人力）、企业管理岗（企管）、诉讼管理岗（企管）、公司法律事务管理岗（企管）、项目建设管理岗（信息）、投资管理岗（发展）、工程预算管理岗（发展）、招投标及物资采购管理岗（发展）、工程项目管理岗（发展）、质量管理岗（数质量）、计量管理岗（数质量）、隐患治理及安全生产费用管理岗（安全）、综合督察大队长岗（安全）、市场信息及营销策划管理岗（经营）、成品油外采管理岗（经营）、燃气外采管理岗（经营）、零售营销策划岗（零售）、视频监控主任岗（零售）、经营管理岗（非油）、业务开发及管理岗（非油）、营销管理岗（非油）、价格及销售管理岗（商客）、营销策划及经营分析岗（商客）、配置资源调度岗（物流）、商务开发岗（互联网）	安全督查岗（安全）、工程项目管理岗（发展）、零售营销管理岗（零售）、品类管理岗（非油）、设备管理岗（安全）、诉讼及合同法律事务管理岗（办公室）、投资管理岗（财务）、网点发展管理岗（发展）、资金监控岗（财务）	零售营销管理岗（业务）、工程项目管理岗（安发）、网点发展管理岗（安发）	自控管理岗（信息）、HSE综合管理岗（安全）、计量管理岗（检验鉴定）、隐患治理及施工安全管理岗（安全）、环保管理岗（安全）、油品数量管理岗（储运）

续表

类别	省公司	大公司	小公司	专业公司
关键A	文字秘书岗（办公室）、行政秘书岗（办公室）、党务管理岗（党群）、宣传管理岗（党群）、价格管理岗（财务）、信用及资金监控岗（财务）、股权投资管理岗（财务）、教育培训管理岗（人力）、维稳管理岗（人力）、三基制度岗（企管）、绩效管理岗（企管）、信息安全管理（信息）、信息网络管理岗（信息）、应用系统开发管理岗（信息）、安全综合管理岗（安全）、应急与风险管理岗（安全）、环保及特殊作业管理岗（安全）、购销存平衡及资源管理岗（经营）、成品油外采结算及供应商管理岗（经营）、资源协调及综合管理岗（经营）、经营分析及日常营销监控管理岗（经营）、审计督导岗（审计）、案件审理岗（纪委）、资产处置及非上市清理整顿管理岗（实资）、规范化管理岗（零售）、零售绩效考核岗（零售）、零售计划管理岗（零售）、零售价格管理岗（零售）、便利店运营管理岗（非油）、大客户服务管理岗（商客）、计划及考核管理岗（商客）、燃气销售管理岗（商客）、营销管理岗（互联网）、运营分析岗（互联网）、运营管理岗（互联网）、营销策划岗（互联网）、发展规划岗（互联网）、信访举报及案件监督岗（监察）	非油品核算岗（财务）、非油品营销管理岗（非油）、供应链管理岗（非油）、合资财务岗（合资）、环保管理岗（安全）、会计稽核岗（财务）、经营风险监控岗（业务）、库存商品核算岗（财务）、内控管理岗（财务）、人工成本及绩效管理岗（人力）、数质量管理岗（零售）、往来管理岗（财务）、维修管理岗（零售）、委托管理岗（零售）、文化宣传管理岗（党群）、新业务开发管理岗（非油）、薪酬管理岗（人力）、用工及统计管理岗（人力）、油品清账岗（财务）、运营管理岗（非油）、证照管理岗（发展）、制度考核岗（合资）、资源调度管理岗（业务）、综合管理岗（财务）、综合管理岗（非油）	系统与网络管理岗（综合）、批发直销营销管理岗（业务）、安全设备管理岗（安发）、环保及证照管理岗（安发）	党务管理岗（党群）、稽核管理岗（财务）、组织干部管理岗（人力）、用工管理岗（人力）、劳资管理岗（人力）、设备管理岗（发展）、消防及安保管理岗（安全）、督查管理岗（安全）、物流费用计划管理岗（储运）

续表

类别	省公司	大公司	小公司	专业公司
关键B	内控及综合管理岗（财务）、投资资金管理岗（财务）、考核分配管理岗（人力）、劳动用工及合同管理岗（人力）、技能鉴定管理岗（人力）、ERP系统管理岗（信息）、信息云平台管理岗（信息）、电子商务开发管理岗（信息）、计量监督管理岗（数质量）、天然气数质量岗（数质量）、承包商及设备管理岗（安全）、燃气外采结算及供应商管理岗（经营）、计划及考核管理岗（经营）、市场净化及配打工作管理岗（经营）、财务审计岗（审计）、工程审计岗（审计）、全省离退休综合管理岗（退休）、土地及权属管理岗（实资）、加油卡管理岗（零售）、零售线上业务管理岗（零售）、安全管理岗（零售）、网点维修岗（零售）、加油站委托管理岗（零售）、品类管理岗（非油）、财务管理岗（非油）、数据统计及系统管理岗（非油）、物流管理岗（非油）、客户综合管理岗（商客）、一、二次船舶调度岗（物流）、铁路调度岗（物流）、管输调度岗（物流）、零配调度岗（物流）、配置资源结算及统计岗（物流）、合同管理岗（互联网）、会员管理岗（互联网）、大数据岗（互联网）、效能监察及风险防控岗（监察）	党建管理岗（党群）、督查管理岗（零售）、队伍建设管理岗（人力）、规范化管理岗（零售）、后勤管理岗（物业）、计划及考核管理岗（业务）、加油卡管理岗（零售）、经营管理岗（合资）、零售客户管理岗（零售）、税务管理岗（财务）、文字秘书岗（办公室）、系统管理岗（信息）、预结算管理岗（发展）、预算管理岗（财务）、招聘及培训管理岗（人力）、招投标管理岗（发展）、证照管理岗（安全）、直批营销管理岗（业务）、职业卫生管理岗（安全）、资产核算与管理岗（财务）、资源调配岗（零售）、综合管理岗（安全）、综合管理岗（零售）	人工成本及绩效管理岗（综合）、数质量管理岗（业务）、非油品营销管理岗（业务）、预算管理岗（财务）、税务管理岗（财务）、预结算管理岗（安发）、招投标管理岗（安发）、职业卫生管理岗（安发）、安全督查岗（安发）	企业管理岗（办公室）、合同法律事务管理岗（办公室）、文化宣传岗（党群）、内控管理岗（财务）、财务审计岗（财务）、预算与分析岗（财务）、投资资金管理岗（财务）、税务管理岗（财务）、资产管理岗（财务）、工程造价审计岗（财务）、费用核算岗（财务）、新技术应用管理岗（信息）、仪控管理岗（信息）、信息仪表维护岗（信息）、系统管理岗（信息）、网络管理岗（信息）、数据库管理岗（信息）、招投标管理岗（发展）、工艺项目管理岗（发展）、电仪自控项目管理岗（发展）、土建项目管理岗（发展）、计量体系管理岗（检验鉴定）、质量管理岗（体检）、证照管理岗（安全）、职业卫生管理岗（安全）

续表

类别	省公司	大公司	小公司	专业公司
主体A	工会及青年管理岗（党群）、资产管理岗（财务）、资金收支管理岗（财务）、财务信息系统管理岗（财务）、会计报表管理岗（财务）、会计稽核岗（财务）、IC卡核算与管理岗（财务）、非油品业务核算与管理岗（财务）、日常运营管理岗（财务）、股权管理岗（财务）、法律事务管理岗（财务）、存续报表及财务管理岗（财务）、福利管理岗（人力）、合同管理岗（企管）、视频监控系统管理岗（信息）、ERP程序开发岗（信息）、便利店系统管理岗（信息）、加油卡IC系统管理岗（信息）、科技及节能管理岗（数质量）、质量监督管理岗（数质量）、环保及施工安全管理岗（安全）、综合督察管理岗（安全）、价格管理岗（经营）、省公司购销存统计管理岗（经营）、审计计划管理岗（审计）、经营管理审计岗（审计）、工程审计管理岗（审计）、廉政教育及党风监督岗（纪委）、执纪审查岗（纪委）、医疗室医生岗（退休）、费用及车船管理岗（实资）、资产出租管理岗（实资）、客户服务及综合管理岗（零售）、零售信息系统管理岗（零售）、他有我营站管理岗（零售）、商品结算及合同管理岗（非油）、润滑油及批发大客户管理岗（非油）、业务信息系统应用管理岗（商客）、直分销电子商务营销管理岗（商客）、经营基础管理岗（商客）、燃气管理岗（物流）、运杂费管理岗（物流）、库存监控管理岗（物流）、承运商管理岗（物流）、品类品控岗（互联网）	案件检查及党风教育岗（监察）、费用及资金往来核算岗（财务）、福利与离退休管理岗（人力）、企业管理岗（办公室）、群工管理岗（党群）、商品结算管理岗（非油）、实物资产管理岗（物业）、视频监控管理岗（零售）、网络管理岗（信息）、效能监察及案件审理岗（监察）、营销调度管理岗（业务）	用工管理岗（综合）、企业管理岗（综合）、营销调度管理岗（业务）、客户管理岗（业务）、出纳员（财务）、费用及资金往来核算岗（财务）、零售营销核算管理岗（财务）、非油品核算管理岗（财务）	文秘岗（办公室）、文书管理岗（办公室）、行政管理岗（办公室）、本部物业协调及管理岗（办公室）、工会管理岗（党群）、费用管理岗（财务）、出纳岗（财务）、培训管理岗（人力）、福利管理岗（人力）、人事考核管理岗（人力）、工程预结算管理岗（发展）、物资采购管理岗（发展）、工程费用管理岗（发展）、纪检管理岗（纪检）、监察管理岗（纪检）、质量体系管理岗（检验鉴定）、标准体系管理岗（检验鉴定）

续表

类别	省公司	大公司	小公司	专业公司
主体B	保密管理岗（办公室）、档案管理岗（办公室）、文印岗（办公室）、出纳员（财务）、资金往来核算岗（财务）、档案管理岗（财务）、独立单位核算岗（财务）、开票员（财务）、资产核算岗（财务）、费用核算岗（财务）、存续核算岗（财务）、商品核算岗（财务）、电商核算与管理岗（财务）、SAP系统信息管理岗（人力）、桌面系统运维岗（信息）、办公与视频会议系统管理岗（信息）、业务公开岗（纪委）、省本部离退休管理岗（退休）、医务管理员岗（退休）、药师岗（退休）、后勤建设管理岗（实资）、后勤物业安全管理岗（实资）、视频监控管理岗（零售）、配送管理岗（商客）、资金结算岗（互联网）	出纳岗（财务）、档案管理岗（办公室）	文字秘书岗（综合）、党建管理岗（综合）、规范化管理岗（业务）、非油品运营管理岗（业务）、非油品巡店管理岗（业务）、商品结算管理岗（业务）、IC卡管理岗（业务）、资产管理岗（财务）、内控管理岗（财务）、直销批发核算管理岗（财务）	人事信息管理岗（人力）、人事档案管理岗（人力）、工程资料档案管理岗（发展）

值评估存在可能的误差，为进一步提高评估结果的准确性，可以进一步采用修正方法。拟采取综合修正方法，邀请专家、公司高层和公司专业人员评议，并将三者评议结果相结合，进而对岗位评估结果进行修正。

（三）总结

1. 岗位价值评估过程需要精心设计，以尽可能提高评估结果的一致性

针对岗位价值评估过程中的认知偏差，采用分类逐次评估来降低偏差度；针对岗位价值评估过程中的本位主义，采用统计校正方法提高有效性；积极做好岗位价值评估结果的效度检验，结合比较分析，增强结果的稳健性。

2. 针对岗位层次划分，通过聚类方法获得了岗位图谱

将全部岗位层次通过统计聚类方法，建立了全省系统岗位图谱，主要包括：核心岗位A、B；关键岗位A、B；主体岗位A、B。

3. 地市级公司岗位分层结果具有内在一致性，可以在大公司基础上进行套用

从大公司和小公司的岗位价值评估及分层结果来看，相同或类似岗位的分层结果有很强的相似性。在操作层面上，鉴于大公司岗位最为全面，地市级公司的岗位分层可以在大公司基础上进行套用。

四、探索岗评结果应用方向

（一）基于岗位分层优化绩效分配

岗位价值评估可推进薪酬与市场化接轨，创新多元化薪酬体系。岗位价值评估为绩效分配提供了新的参考点，基于岗位价值评估设置基准薪酬点，结合岗位价值和岗位分层结果改进优化绩效分配，有助于实现优岗优酬。

（二）基于岗位分层为职业成长、精准培训提供依据

岗位分层提供了一个清晰的职业成长路径。人力资源部门可以基于岗位图谱来设计晋升路线图，员工职业生涯规划可以在不同层级岗位轮换实现职业成长。

岗位价值评估对各个岗位需要的能力维度进行了精确衡量，通过岗位雷达

图揭示了各维度的具体情况，因此基于岗位价值评估的能力维度提供精准化培训成为可能，通过面向岗位的定制化培训来改进以往漫灌式培训的缺陷。

（三）基于岗位分层推进多元化用工形式

岗位分层指明用工模式优化的战略方向，有助于识别哪些岗位可以进行整合，实现大岗位设置；哪些岗位可以开展职业雇员改革，制定系统方案；哪些岗位可以持续推进业务（服务）外包。这些岗位关键特征包括：岗位分歧度大、专业水平要求高以及市场化程度高，可在此基础上制定多元化用工形式改革的系统方案，包括薪酬体系、招聘录用、考核评估、发展机制和退出机制等。

（四）基于改革在转型发展中逐步“落地”

在新成立的公司、合资公司和职业经理人管理的公司中，可在岗位设置、薪酬体系和人员招聘上进行试点应用，尝试建立先进的用工薪酬体系，推进岗位价值评估应用“落地”。

第十章 某科研企业E案例

案例概述

该企业结合科研单位管理实际，通过“三单递进”梳理工具、“ARPCI”岗位分析工具、“五维融合”岗位诊断工具，检验了岗位设置的合理性，将岗位数量由153个优化至126个。采取“岗位+职位”管理方式，技术子序列按照专业领域、专业、研究方向三级岗位梳理，将岗位细化为5个专业领域、12个专业及37个研究方向。组织专家开展岗位工作分析，梳理部门职责清单，从部门职责清单中选取岗位职责，形成单位岗位说明书。为增强岗位价值评估模型在科研院所的适用性，体现科研岗位价值差异，促进科研成果转化、重难点问题的解决，组织科研骨干与咨询公司进行专家访谈，优化了评价维度、权重与指标定义，主要完善“创新与解决问题”“专业能力”“影响与贡献”等刻度说明，降低了岗评模型中“工作条件”等评价因素的权重，增加了“影响与贡献”维度的权重，统一组织开展内部岗位价值评估，通过对岗评数据分析与处理，提升岗评数据的可信度，并在此基础上合理确定不同岗位之间的相对价值差异，为集团公司科研单位实施岗评积累了宝贵经验。

一、企业基本情况

该企业是中国石化从事油气地球物理技术研发的专业研究机构，主要面向总部、油公司、海外及工程公司提供物探技术支撑和服务，定位于中国石化石油物探技术发展参谋部、物探高新技术和核心技术研发中心、物探专业软件研发及推广中心和重大物探工程技术支持中心。

（一）机构与人才队伍

单位实行扁平化管理模式，现有中层机构16个，其中机关部门7个、二级单位9个。目前用工总量434人，其中：管理人员47人、专业技术人员355人、技能操作人员32人，专业技术人员占比82%；享受政府特殊津贴专家6人、集团公司突出贡献专家6人、闵恩泽青年科技人才奖10人。

（二）服务能力与核心技术

截至2018年年底，单位拥有固定资产总值7.4亿元。配备有国际领先的地球物理模拟、岩石物理测试等实验装备，建有中国石化最大的地球物理云计算中心，常规三维数据（含叠前时间偏移）年处理能力20000km^2、三维逆时深度偏移数据年处理能力5000km^2。单位先后构建了5大科技创新管理体系、研发了6大核心技术和12项特色技术，打造了4个软件产品系列，形成了八大综合应用成果，正日益成长为中国石化物探科技创新和技术支撑的中坚力量，有效支撑了“三北一川两海”地区的勘探开发。

二、工作背景与目标

（一）岗位管理课题背景

按照岗位管理“三化”“四统一”“三提高”目标，该单位作为科研板块试点单位，承担岗位管理体系构建和岗位价值评估模型试点应用任务。通过开展岗位管理及岗位价值评估工作，确定了单位各岗位间的相对价值，形成岗位价值链；同时，探索形成了集团公司统一框架下适应科研单位特点的岗位价值评价应用案例。

1. 岗位管理现状

2017年，开展了新一轮“三定”优化，采取“岗位+职位”的岗位管理方式，通过组织分析法、流程优化法、综合定岗法等岗位分析方法，完成单位岗位优化设置。其中，对于专业子序列推行“一岗多责、一专多能”的大岗位设置，对于技术子序列采取专业领域（职群）、专业（主序列）、研究方向（子序列）三级岗位设置方式，按专业领域设置院首席专家，按专业设置高级专家，按研究方向设置专家及以下岗位。

与综合性科研院所相比，该单位业务领域较窄，因此岗位目录优化需要将专业进一步细分至研究方向。以地球物理科研岗位为例，首先，划分物探理论、物探方法、物探应用、物探软件、战略与信息等5个专业领域；其次，划分地震波传播规律、物探交叉学科、地震成像、储层地球物理、地震资料采集、地震资料处理、地震资料解释、软件架构、软件研发、战略与情报、高性能计算、信息技术等12个专业；最后，划分物理模拟、数字模拟、岩石物理分析、自动化处理、智能化解释等37个专业技术研究方向。

2. 岗位管理存在的问题

综合分析，现行岗位管理主要存在三个方面问题：

一是需要进一步验证内部岗位设置的合理性问题。2017年开展的岗位“三定”优化工作，主要是依靠单位自身力量，从岗位实际工作角度出发开展的梳理与整理工作，在专业理论导入、专业工具运用与验证方面存在缺憾。

二是规范与完善岗位说明书，在格式模板、编写规范等方面予以完善和统一。经过内部整理发现，单位现行岗位说明书模板在要素完整性、统一性方面存在不足。

三是现行采用的“岗位+职位”的岗位管理模式，主要突出本岗位内的纵向发展与提升，但在同层级岗位没有体现价值差异，岗位内部公平性存在缺失。

（二）岗位管理目标

按照“系统开展、问题导向”的原则，着重解决以下五个问题：

1. 在岗位设置优化方面

引入课题组“三单递进”梳理工具、“ARPCI”岗位分析工具、“五维融合”岗位诊断工具开展验证，检验“三定”岗位设置的合理性。

2. 在岗位说明书优化方面

引用课题组“岗位说明书编制规范”，统一岗位说明书的撰写规范与要求，并通过内部培训提升各部门对于岗位说明书撰写水平。

3. 在岗位价值评估方面

在中国石化岗评模型（SPE）基础上，优化评价维度与指标定义，使之更适用于科研单位岗位的使用，并统一组织开展内部岗位价值评价活动。

4. 在岗评结果分析方面

通过对岗评数据分析与处理，提升岗评数据的可信度，并在此基础上合理确定不同岗位之间的相对价值差异。

5. 在总结实施方面

总结岗位管理课题实施经验，在集团公司科研单位范围内实施分享。

三、案例分析

本次岗位管理工作内容分为两个方面：一是岗位管理相关理论研究；二是岗位管理优化实施。其中，优化实施按五个步骤予以开展，分别是岗位设置优化、岗位说明书优化、岗位价值评价、岗位价值评价结果分析以及岗位等级划分。

（一）岗位设置优化

本次岗位设置优化主要是按照项目组“三单递进”梳理工具、“ARPCI”岗位分析工具、“五维融合”岗位诊断工具开展验证，检验“三定”岗位设置的合理性。

1. “三单递进”梳理工具验证

开展岗位分析时，对地球物理实验中心岗位设置进行了调整，增加了物探交叉学科理论研究，减少了物模制作、实验设备维护等岗位。按照“三单递进”梳理工具对地球物理实验中心岗位分析，物探交叉学科理论、物理模拟研究、数值模拟研究、岩石物理分析等4个岗位任务清单都承接了部门主要职责，部门职责清单中未出现缺位现象，岗位设置比较合理，如表10-1所示。

表 10-1　“三单递进”工具验证案例

部门	部门职责	职责细分	对应的岗位	改进方向或建议
地球物理实验中心	负责组织开展地球物理基础理论研究，为物探核心技术研发提供基础性的理论应用基础。组织开展岩石物理测试和分析、地震数值模拟、地震物理模拟和岩石物理特征、地震波传播规律及地震响应特征等基础研究；开展相关测试和试验装置的软硬件设计开发及基础材料的研制	负责地球物理基础理论与物探前瞻性基础性新技术、新方法的探索研究工作，推进科研成果快速转化	物探交叉学科理论	无
		负责地震物理模拟新技术和新设备的研发工作；负责利用地震物理模拟技术在地震采集、处理和解释等相关领域的应用	物理模拟研究	无
		负责地震数值模拟技术、建模技术研发和实用化等研究工作；负责利用地震数值模拟技术在地震采集、处理和解释等相关领域中的应用	数值模拟研究	无
		负责岩石物理基础理论和理论模型的研究工作，负责岩石物理在物探新方法新技术研发中的应用	岩石物理分析	无

2. “ARPCI”分析工具验证

计划财务部原来设置有计划财务部主任、计划财务部副主任、计划与统计、资金管理、成本费用管理、财务稽核、预算与档案管理、内控管理、资产管理、税务与报表管理等10个岗位。随着集团公司财务共享的持续推进，需要对岗位目录进行“一专多能、一岗多能”的大岗位设置。

运用“ARPCI”的工具进行分析，将计划财务部的工作职责按照审批（A）、主办（R）、参与（P）、咨询（C）、告知（I）的方式分解至各岗位。以“投资计划”为例，该项工作由计划财务部副主任岗位负责起草编制（R），资金与预算管理岗、成本与重大专项管理岗参与编制（P），价税与报表管理、费用与资本管理了解工作（I），计划财务部主任负责指导编制（C），院长负责审批投资计划（A），如表10-2所示。

表 10-2　“ARPCI”工具验证案例

工作职责	院长	计划财务部主任	计划财务部副主任	成本与重大专项管理	价税与报表管理	费用与资本管理	资金与预算管理
投资计划	审批（A）	咨询（C）	主办（R）	参与（P）	告知（I）	告知（I）	参与（P）
财务预算决算	审批（A）	主办（R）	参与（P）	参与（P）	参与（P）	参与（P）	参与（P）
会计管理		审批（A）	参与（P）	参与（P）	参与（P）	主办（R）	参与（P）
成本管控		审批（A）	参与（P）	主办（R）	参与（P）	参与（P）	参与（P）
资金管理		审批（A）	告知（I）	参与（P）			主办（R）
税务管理		审批（A）	告知（I）		主办（R）		
资产管理		审批（A）				主办（R）	
经济分析		审批（A）	主办（R）	参与（P）	参与（P）	参与（P）	参与（P）
财务稽核		审批（A）		主办（R）		主办（R）	
综合统计		审批（A）	参与（P）	主办（R）	主办（R）	主办（R）	主办（R）

经过验证，“ARPCI”工具能够优化业务流程，理清岗位职责边界，将计划财务部岗位调整为计划财务部主任、计划财务部副主任、成本与重大专项管理、价税与报表管理、费用与资产管理、资金与预算管理等6个岗位，如表10–3所示。

表 10-3　计划财务部岗位调整表

部门	原有岗位	修订后岗位
计划财务部	计划财务部主任	计划财务部主任
	计划财务部副主任	计划财务部副主任
	计划与统计	成本与重大专项管理
	资金管理	价税与报表管理
	成本费用管理	费用与资本管理
	财务稽核	资金与预算管理
	预算与档案管理	

续表

部门	原有岗位	修订后岗位
计划财务部	内控管理	
	资产管理	
	税务与报表	
小计	10个	6个

3. “五维融合”岗位诊断工具验证

岗位分析时，认为地震成像技术研究所中提高信噪比研究和提高分辨率研究岗位研究方向过窄，两个岗位职责相近，存在合并的可行性。运用“五维融合”岗位诊断工具验证：①岗位相容性分析：符合内控管理制度，不存在不相容岗位；②专业相关分析：同属地球物理专业；③职责相近分析：同属资料预处理环节，主要研究提高资料处理的质量，职责相近度较高；④流程相邻分析：地震资料处理流程和处理方法相邻，使用的技术比较接近；⑤轻重相宜分析：都是从事技术研发工作，岗位划分过细，不利于开展综合研究工作。因此，将两个岗位合并为提高信噪比和分辨率研究岗（表10–4）。

表 10–4　“五维融合”分析表

“五维融合”分析	岗位相容	专业相关	职责相近	流程相邻	轻重相宜	平均分
提高信噪比研究岗 提高分辨率研究岗	5	5	4	4	4	4.4

说明：维度赋分由低到高为1~5分，平均分高于4分，建议合并；3~4分之间的情况，建议部门再予以综合讨论与权衡。

4. 更新单位岗位目录

结合课题组岗位设计方法论和工具箱，对单位“三定”岗位目录进行了优化调整。按照“专业相关、职责相近”的原则，对管理岗位增加了组织机构名称，删除部分兼职岗位；合并部分专业技术序列岗位。经过梳理，单位岗位目录优化调整至126个。

5. 岗位说明书优化

原岗位说明书主要按照职位说明书模板进行编制，主要体现职位层级的任职条件。根据课题组岗位说明书修订规范，以部门为单位，开展岗位任务清单梳理，并在统一的岗位说明书模板基础上，从岗位基本信息、岗位设置目的、岗位职责、岗位权限、工作目标、工作关系、任职条件、工作条件和HSSE风险等九个方面进行分析，经过反复修订形成了单位岗位说明书汇编。

6. 岗位价值评估实施

（1）岗位价值评估操作流程

本次岗位价值评估工作按照课题组评价流程与步骤说明及《岗位价值评估手册》，分为四个步骤，依次是岗评前期准备、岗评实施方案策划、岗评培训与试评价、岗位正式评价。

第一步：岗评前期准备

前期准备主要包括内部岗位清单梳理以及岗位职责梳理。此项工作在岗位设置优化，岗位说明书优化阶段已经完成。

本次岗位价值评估选取标杆岗位90个。其中，机关部门中层正职8个，二级单位中层正职8个，技术岗位36个，专业岗位38个。为确保最终岗位评价结果的可比性，技术岗位统一选取副主任师层级、专业岗位选取主管层级进行评价。

中层副职岗位、专家类岗位、党工团类岗位不纳入本次岗评范围，后续采用插入法确定岗位等级。通常，中层副职较中层正职降低1个等级，专家类岗位对照中层副职等级、高级专家对照中层正职等级，党工团岗位参照其对应管理岗位等级的相互关系后采用插值法进行嵌入。

第二步：岗评实施方案策划

岗评实施方案策划主要包括岗评工具调整、岗评现场参与人员安排以及岗评现场会务安排。

第一，岗评工具调整。本次岗位价值评估模型在课题组研发的SPE模型基础上，针对科研单位特点，“定制”科研类岗位的岗位价值评估模型。本次科研单位评价模型修订，主要从维度调整、权重调整和指标刻度描述三个方面进行优化，突出岗评模型在科研单位应用的特点。

维度调整：根据科研单位对于创新的要求，将维度“自我学习能力”调整为“创新与自我学习能力”。

权重调整：将“工作条件”维度权重由100分调整至50分，“影响与贡献”维度权重302分调整至352分。

指标刻度调整：对“影响度”根据科研生产贡献程度调整了指标定义描述，并同时兼顾技术岗位与专业岗位的平衡；对“主要合作对象”根据科研单位特别增加了合作对象范围，如：总部人员、甲方人员、学术组织等；对“创新与自我学习能力”根据科研创新要求，增加不同指标层级对于创新的要求。

第二，岗评现场参与人员安排，主要由评委组、专家组、顾问组、工作组构成，其相关人员与职责为：

评委组主要由单位领导、部门正职构成，主要职责是学习岗评理论与工具，介绍本部门各岗位的工作职责、任职要求等内容，以及对所有列入岗评范围的岗位进行打分评价。

专家组主要由单位课题组成员、集团公司其他单位人力资源部门领导或专家构成，主要职责是学习、观摩本次现场岗位评价工作，并提出相关指导与改进完善建议。

工作组主要由本单位人力资源部人员、系统技术支持人员组成，主要职责是统筹安排本次岗评现场的会务组织与服务，并确保岗评系统正常使用。

外部咨询顾问主要职责是导入岗评理念、培训岗评模型，解答评委疑问，并引导评委完成岗评工作。

第三，本次岗评现场会务安排，包括会务准备与日程安排。

会场安排在外部封闭式开展，现场采用分组方式，每个小组评委5~6人。相关会议材料包括：会议手册（打印稿）、岗位价值评估教材（打印稿）、岗评工具（打印稿）、试评价用表（电子版）、正式评价用表（电子版）。

整个岗评现场实施安排在1个工作日内完成，主要有4个环节，具体流程与安排如表10-5所示。

表 10-5　岗位现场安排

序号	工作任务	时间	详细内容
1	领导致辞	10分钟	介绍岗评工作的目的与要求

续表

序号	工作任务	时间	详细内容
2	岗评培训	90分钟	开展岗评理念导入、岗评工具培训以及问题解答
3	岗评试打分与纠偏	90分钟	岗评工具试评价以及评价结果纠偏，评价标准校准
4	正式岗评	240分钟	评委独立开展正式岗评

第三步：岗评培训与试评价

岗评培训主要由咨询顾问开展岗评理念导入、岗评工具培训以及问题解答。由于大部分评委是第一次接触岗位价值评估，所以在培训中，首先需要从政策导向、问题导向、分配导向等几个方面阐述现阶段国有企业开展岗位价值评估的必要性和重要性，从根本上让评委能够接受和理解本次工作的背景、目的和意义；其次是讲解岗评工具，重点介绍不同维度与指标的定义与评价标准；最后是解答现场评委提出的各种问题。

试评价主要是加深评委对岗评工具的理解和掌握。每个小组先选择某一个部门作为试打分对象，由顾问带领各小组按照评价维度逐一打分。在打分过程中，顾问负责解答各小组提出的疑问。待所有维度打分完毕后，由小组组长介绍试打分结果以及组内打分经验，由顾问进行点评，尽可能地达到校准与统一评价标准的目的。

第四步：岗位正式评价

原则上，每个部门根据岗位数量安排10~15分钟介绍岗位情况，正式评价期间评委不再相互讨论和交流。本次岗评以部门为单位，逐个进行。首先由各部门正职介绍本部门每个岗位的主要工作职责、工作权限、合作界面与难度、专业知识技能要求、学习要求、工作中面临的主要难度以及工作条件等情况，并介绍每个岗位在部门内部的初步价值排序。然后，评委可以根据岗位情况再向介绍人进行询问。最后，由评委对该部门岗位进行打分。

（2）岗位价值评估结果分析

1）置信度分析：

在评估过程中，由于评委对岗位定义以及评价要素的理解存在差异，因此对某些岗位要素的打分分值存在一定差异，不具有代表性。为了确保岗位评价的科学性和一致性，需要由工作组对岗位评估数据进行逐一统计分析，针对存在异常的分析结果，直接剔除偏离度大的异常数据，采用取众数法得出每个岗位的评估因素结果。

评估分值是否需要处理的判断依据是看这组参数的置信度。按《岗位价值评估手册》要求取置信水平满足95%，变异系数应小于0.25。针对变异系数大于0.25的情况，采取对原始分值进行“去掉最高和最低分”的处理，得出“修正后算术平均值”。如果此次计算变异系数仍大于0.25，则再重复一次计算，直至变异系数小于0.25，则此时的算术平均值为有效平均值。

在对本次列入岗评范围的90组岗位评估数据分析后发现，85组岗评数据的变异系数低于0.25，即符合置信水平要求。另外5组岗评数据的变异系数大于0.25，即不符合置信水平要求，如表10–6所示。

表 10–6　变异系数分布表

变异系数	<0.1	[0.1,0.15)	[0.15,0.2)	[0.2,0.25]	>0.25
岗位分布数	2	32	34	17	5

其中，5组不符合置信水平要求的岗位分别是，秘书与企管、文秘、离退休管理岗、治安保卫岗、物业管理岗。对5组岗评数据采取技术处理后（剔除最高得分和最低得分），5组岗评数据均能符合变异系数低于0.25的要求。

2）结果分析：

经过置信度分析与结果处理后，得到岗位价值评价最终得分，进一步开展数据的结果分析，一般分析维度可以按岗位层级和岗位类别进行单维度、交叉维度分析。

①中层正职岗评结果及分析（图10–1）：

中层正职岗评最高分为981分，最低分为806分，最高分与最低分相差175分，中层岗位存在较大的区分度。

机关部门中层正职岗评最高分为918分，最低分为806分，最高分与最低分相差112分，机关部门中层岗位存在一定的区分度。

二级单位中层正职岗评最高分为981分，最低分为854分，最高分与最低分

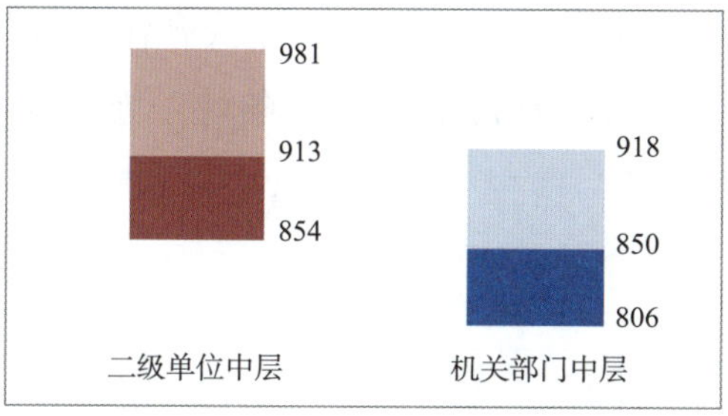

图10-1 中层正职评分结果示意图

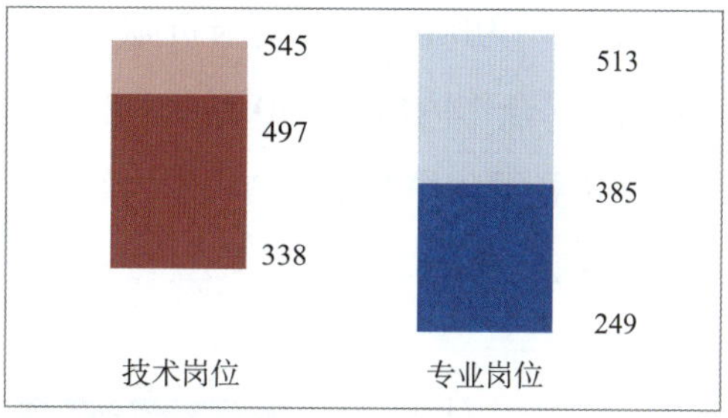

图10-2 专业技术类岗位评分结果示意图

相差127分，二级单位中层岗位存在一定的区分度。

二级单位中层正职岗评得分平均分为913分；机关部门中层正职平均分为850分。二级单位中层正职和机关部门中层正职岗评得分有一定重叠度。

②技术岗位和专业岗位岗评结果及分析（图10-2）：

技术岗位岗评最高分为545分，最低分为338分，最高分与最低分相差207分，技术岗位存在较大的区分度。

专业岗位岗评最高分为513分，最低分为249分，最高分与最低分相差264分，专业岗位存在较大的区分度。

技术岗位岗评得分平均分为497分；专业岗位岗评得分平均分为385分。技术岗位和专业岗位岗评得分有一定重叠度，且前者平均分高于后者。

（3）岗位价值评估总结

1）中国石化岗位价值评估模型（SPE）能较好地评价出科研单位岗位价值大小，本次列入岗位范围90个岗位，从整体结果可以看出，岗评结果符合向技术类岗位倾斜的导向和实际效果。

2）中国石化岗位价值评估模型（SPE）能够评价中层正职岗位之间的价值差异，总体呈现出二级单位正职高于机关部门正职的分布趋势，体现出向业务倾斜的导向，同时两者之间形成一定重叠度，体现出兼顾平衡的效果。

3）中国石化岗位价值评估模型（SPE）能够评价二级单位岗位、机关部门岗位之间的价值差异，总体呈现出技术岗位高于专业岗位的分布趋势，体现出向技术倾斜的导向，并在两者之间形成一定重叠度，体现兼顾平衡。

4）对中国石化岗位价值评估模型（SPE）中“7因素”进行变异系数分析，除人员管理因素根据岗位说明书统一打分，不做变异系数分析以外，“成本控制/

效益体现”为0.14，“影响与贡献”为0.22，“专业能力”为0.24，“主要合作对象”为0.42，“合作内容”为0.27，“创新与解决问题”为0.24，“工作条件”为0.28，其中，“主要合作对象”“合作内容”“工作条件”这三个评价因素变异系数较大（图10–3）。

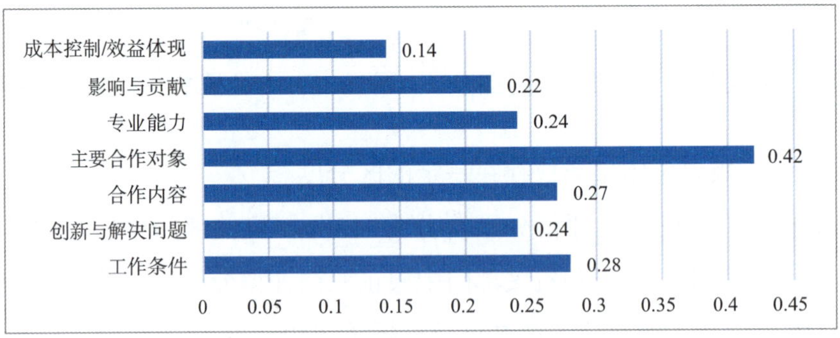

图10–3　各岗位的评分维度的平均变异系数

对结果进一步分析，可以发现原来认为存在打分区分难度的“影响与贡献”“专业能力”“创新与解决问题”等因素，在经过岗评培训、试打分及纠偏之后，已经能够拉开合理差异，得到有效运用。而“主要合作对象”“合作内容”“工作条件”等因素，由于各评委不掌握具体岗位的工作界面与状况，导致受现场岗位介绍情况的影响程度较高。例如，某部门中层在介绍岗位时着重强调了该岗位经常出差与加班，评委打分可能会适当提高。所以，在岗评培训时要特别注重合作的定义，以及在岗位说明书中再细化具体岗位的合作对象、工作条件等内容，明确评分依据。

7. 岗位等级划分

（1）岗位等级划分的意义与步骤

由于岗评工具公差、岗位打分的误差都可能导致岗位价值评估得分存在误差，直接应用岗评得分可能会存在一定程度不合理的情况。所以，通常需要将岗评结果转化为岗位等级来予以体现和实际应用。

岗位等级划分是将岗位价值相近的岗位纳入同一个岗位等级，主要步骤包括：首先，根据参与岗评的岗位评价得分划出等级差异；其次，将未参与岗评岗位按照相应规则确定岗位等级；最后，根据内部岗位发展通道构建岗位等级基本框架。

（2）参与岗评岗位的等级划分

1）中层正职岗位的等级划分：

中层正职岗位根据分数区分为3个等级，其中：二级单位正职划分3个等级，机关部门划分2个等级。具体如表10-7所示。

表 10-7　中层正职岗位等级划分表

分值区间	岗位分类		二级单位	机关部门
[930,1000)	二级单位正职A类	—	地震处理解释中心主任 地球物理软件研究所所长 油藏地球物理研究所所长 地震成像技术研究所所长	
[860,930)	二级单位正职B类	机关部门正职A类	地球物理实验中心主任 地震采集技术研究所所长 地球物理信息中心主任 物探战略规划研究所所长	科研生产部主任 技术推广部主任
[800,860)	二级单位正职C类	机关部门正职B类	基地综合服务部主任	计划财务部主任 人力资源部主任 院长办公室主任 纪检审计部主任 党委办公室主任

2）技术类岗位的等级划分：

技术类副主任师岗位根据岗评分数划分2个等级，区分为副主任师A类和副主任师B类。具体如表10-8所示。

表 10-8　技术类副主任师岗位等级划分

二级单位	副主任师 A 类 [500,600)	副主任师 B 类 [350,500)
地球物理软件研究所	软件设计岗 需求分析岗 软件开发岗	软件测试岗 软件推广与技术支持岗
地震采集技术研究所	地震采集方法与设计岗	野外地震采集岗

续表

二级单位	副主任师 A 类 [500,600)	副主任师 B 类 [350,500)
地震成像技术研究所	偏移成像研究 速度建模研究 近地表研究 提高信噪比与分辨率研究	
物探战略规划研究所		规划与情报研究 物探期刊编辑 标准化研究 图书档案管理
油藏地球物理研究所	反演与储层预测研究 微地震监测研究 油藏描述与建模研究 地震地质综合评价 综合地球物理研究 开发地震研究	
地球物理实验中心	地震物理模拟研究 岩石物理分析研究 物探交叉学科理论研究 地震数值模拟研究	
地球物理信息中心		高性能集成与运维岗 信息系统运维岗 信息系统开发岗
地震处理解释中心	深度域处理岗 圈闭评价与描述岗 时间域处理岗 储层预测与反演岗	构造解释岗 特殊处理岗 层序地层岗 技术推广岗

3）专业类岗位的等级划分：

专业类主管岗位根据岗评分数划分2个等级，区分为主管A类和主管B类。具体如表10–9所示。

表 10-9 专业类主管岗位等级划分

机关部门	主管A类 [350,500)	主管B类 [250,350)
院长办公室	科研装备采购 秘书与企管 综合管理 综合秘书 文书与档案	
党委办公室	组织建设 宣传与统战 文秘 群团管理	
人力资源部	干部管理 人才培训开发管理 薪酬福利管理 劳动管理	
计划财务部	成本与重大专项管理 资金与预算管理 价税与报表管理 资产与计划管理	
科研生产部	科研项目管理 外事管理 科研成果管理 QHSE体系管理 知识产权管理 科研装备与考核	
技术推广部	市场管理及服务 技术软件推广服务 HSSE管理	
纪检审计部	纪检监察 审计与法律 内控管理	
基地综合服务部	离退休管理岗	治安保卫岗 物业管理岗 房产与土地管理岗 水电工 车队管理岗 行政事务人员 汽车驾驶员

需要注意的是，科研项目管理主管A类的得分高于副主任师A类的得分设定区间，但是为了考虑控制专业类岗位的等级划分数量，仍然按照主管A类等级确定。

4）未参与岗评岗位的等级确定规则：

纪委副书记、工会副主席按院长助理等级确定；

中层副职岗位按本部门正职岗位等级降低1个等级确定；

二级单位党总支书记、党支部书记按本单位正职等级确定；

二级单位党总支副书记、党支部副书记按本单位副职等级确定；

团委书记按机关部门正职B类等级确定。

5）整体岗位等级设置：

结合参与岗评岗位的等级划分结果，结合单位人才成长通道以及未参评岗位等级确定规则，初步制定了整体16个等级的岗位等级体系，具体如表10-10所示。

表 10-10 单位岗位等级表

发展通道	管理序列	专业技术序列			
		技术岗位		专业岗位	
16	院长、党委书记	集团公司首席专家			
15	党委副书记、纪委书记、工会主席、副院长、总工程师	集团公司高级专家			
14	院长助理、副总师、纪委副书记、工会副主席	首席专家			
13	二级单位A类正职（党总支书记、党支部书记）	高级专家（技术）A类	—	—	—
12	二级单位B类正职（党支部书记） 机关部门A类正职 二级单位A类副职（党支部副书记）	专家（技术）A类	高级专家（技术）B类	高级专家（专业）A类	—

续表

发展通道	管理序列	专业技术序列			
		技术岗位		专业岗位	
11	二级单位C类正职 （党支部书记） 机关部门B类正职 机关部门A类副职 二级单位B类副职 （党支部副书记） 团委书记	—	专家 （技术） B类	专家 （专业） A类	高级专家 （专业） B类
10	二级单位C类副职 （党支部副书记） 机关部门B类副职	—	—	—	专家 （专业） B类
9		主任师A类	—	—	—
8		副主任师 A类	主任师 B类	高级主管 A类	—
7		—	副主任师 B类	主管 A类	高级主管 B类
6		—	—	—	主管 B类
5		主管师 A类	—	—	—
4		助理师 A类	主管师 B类	主办 A类	—
3		技术员 A类	助理师 B类	助理员 A类	主办 B类
2			技术员 B类	业务员 A类	助理员 B类
1					业务员 B类

四、成果总结

（一）课题成果

通过本次岗位管理课题研究，形成了以下成果：

1）通过内部分析以及使用项目组“三单递进”梳理工具、“ARPCI”岗位分析工具、“五维融合”岗位诊断工具，进一步优化了部门岗位设置，形成了126个基准岗位。

2）通过外部顾问开展岗位说明书编写培训以及审阅修订，进一步规范与完善了126个岗位的岗位说明书。

3）基于中国石化岗位价值评估模型（SPE），优化建立了适用于科研单位的岗位价值评价模型，通过岗位价值评价结果验证，已经具备了向其他科研单位推广的条件。

4）通过科学化、系统化的岗位价值评价工作，明确了部门中层之间、技术岗位与专业岗位之间的相对价值差异。

5）通过岗位等级划分，结合已建立的人才成长通道，初步设计了整体岗位等级体系，形成了岗位等级表。

（二）经验总结

1. 关于岗位价值评估模型的进一步优化

人员管理维度的权重分布可以适当降低。根据岗评结果数据分析，二级单位中层正职岗位的得分差距主要体现在人员管理幅度，其他维度的得分基本趋同。

影响与贡献、专业能力、创新与解决问题等偏定性评价的维度，评价刻度的描述应尽量转化为本单位“内部语言”来描述，降低由于评委对评价刻度理解差异所导致的结果偏差。

模型调整工作应在内部工作组中充分讨论、听取意见的基础上开展，并且挑选部分典型岗位进行评分验证，确保各维度指标在应用层面具备识别度和操作性。

2. 关于岗位价值评估现场组织的优化

1）在试评估阶段需参照正式评估流程进行，同时应鼓励评价小组内部讨论与交流，充分发表意见。沟通过程中，各位评委才能加深对模型的认识与理解，有助于正式岗评顺利开展。

2）在正式岗评阶段，部门负责人介绍本部门岗位的环节对岗位评估结果有直接的影响。所以各部门应高度重视且充分准备。工作组在制定部门评价顺序时，应提前与机关部门和二级单位的负责人进行沟通。如有条件，可以进行排演，给后续部门树立标准模板。

3）岗位价值评价模型的使用顺序，可以从量化指标开始，再进入到定性评价指标，“由易入难、循序渐进”，便于整体推进。为提高岗评结果的准确性以及岗评工作效率，针对量化指标，专家组可提前将分值打好，正式评价时，评委只需对定性评价指标进行打分。

4）如果正式岗评使用自制岗评软件，需提前确保会场网络正常，如上传数据出现问题，应及时向技术支持人员寻求帮助，不能自行关闭软件或断开网络。

附件：1. 单位岗位目录

2. 技术类岗位说明书参考模板

3. 管理岗位说明书参考模板

4. 中国石化岗位价值评估模型（SPE）调整明细

附件 1　单位岗位目录

单位	设置岗位					
院领导班子	院长（A10001）	党委书记（A10002）	党委副书记、纪委书记、工会主席（A10003）	副院长（A10004）	总工程师（A10005）	
助理、副总师	院长助理（A20001）	副总工程师（A20002）	副总经济师（A20003）	安全总监（A20004）		
	集团公司高级专家（A20012）	首席专家（A20013）				
机关-其他	纪委副书记（A20005）	团委书记（A20006）	工会副主席（A20007）	党总支书记（A20008）	党总支副书记（A20009）	
院长办公室	院长办公室主任（A30001）	院长办公室副主任（A30002）				
	秘书与企管（B20001）	文书与档案（B20002）	科研装备采购（B20003）	综合秘书（B20004）	综合管理（B20005）	
党委办公室	党委办公室主任（A30003）	党委办公室副主任（A30004）				
	组织建设（B20006）	宣传与统战（B20007）	文秘（B20008）	群团管理（B20009）		
人力资源部	人力资源部主任（A30005）	人力资源部副主任（A30006）				
	干部管理（B20010）	薪酬福利管理（B20011）	人才培训开发管理（B20012）	劳动管理（B20013）		

续表

单位	设置岗位					
计划财务部	计划财务部主任（A30007）	计划财务部副主任（A30008）				
	成本与重大专项管理（B20014）	价税与报表管理（B20015）	费用与资本管理（B20016）	资金与预算管理（B20017）		
科研生产部	科研生产部主任（A30009）	科研生产部副主任（A30010）				
	科研项目管理（B20018）	科研成果管理（B20019）	知识产权管理（B20020）	科研装备与考核管理（B20021）	外事管理（B20022）	QHSE体系管理（B20023）
技术推广部	技术推广部主任（A30011）	技术推广部副主任（A30012）				
	HSSE管理（B20024）	市场管理及服务（B20025）	技术软件推广服务（B20026）			
纪检审计部	纪检审计部主任（A30013）	纪检审计部副主任（A30014）				
	纪检监察（B20027）	审计与法律（B20028）	内控管理（B20029）			
地震采集技术研究所	地震采集技术研究所所长（A40001）	地震采集技术研究所副所长（A40002）	党支部书记（A20010）			
	采集方法与设计岗（B10001）	野外地震采集岗（B10002）	综合事务管理（B20030）			

续表

单位	设置岗位					
地震成像技术研究所	地震成像技术研究所所长（A40003）	地震成像技术研究所副所长（A40004）	党支部书记（A20010）	党支部副书记（A20011）		
	偏移成像研究（B10003）	速度建模研究（B10004）	近地表研究（B10005）	提高信噪比与分辨率研究（B10006）	综合事务管理（B20030）	
油藏地球物理研究所	油藏地球物理研究所所长（A40005）	油藏地球物理研究所副所长（A40006）	党支部书记（A20010）	党支部副书记（A20011）		
	反演与储层预测研究（B10007）	油藏描述与建模研究（B10008）	微地震监测研究（B10009）	综合地球物理研究（B10010）	地震地质综合评价（B10011）	综合事务管理（B20030）
地球物理软件研究所	地球物理软件研究所所长（A40007）	地球物理软件研究所副所长（A40008）	党支部书记（A20010）	党支部副书记（A20011）		
	需求分析岗（B10012）	软件设计岗（B10013）	软件开发岗（B10014）	软件测试岗（B10015）	软件技术支持（B10016）	综合事务管理（B20030）
物探战略规划研究所	物探战略规划研究所所长（A40009）	物探战略规划研究所副所长（A40010）	党支部书记（A20010）			
	规划与情报研究（B10017）	物探期刊编辑（B10018）	标准化研究（B10019）	图书档案管理（B10020）	综合事务管理（B20030）	
地球物理实验中心	地球物理实验中心主任（A40011）	地球物理实验中心副主任（A40012）	党支部书记（A20010）			

续表

单位	设置岗位					
地球物理实验中心	地震物理模拟研究（B10021）	地震数值模拟研究（B10022）	岩石物理分析研究（B10023）	物探交叉学科理论研究（B10024）	综合事务管理（B20030）	
地震处理解释中心	地震处理解释中心主任（A40013）	地震处理解释中心副主任（A40014）	地震处理解释中心总工程师（A40015）	党总支书记（A20008）	党总支副书记（A20009）	
	时间域处理岗（B10025）	深度域处理岗（B10026）	特殊处理岗（B10027）	构造解释岗（B10028）	层序地层岗（B10029）	储层预测与反演岗（B10030）
	圈闭评价与描述岗（B10031）	室主任（A50001）	室副主任（A50002）	综合事务管理（B20030）		
地球物理信息中心	地球物理信息中心主任（A40016）	地球物理信息中心副主任（A40017）	党支部书记（A20010）			
	信息系统运维（B10032）	信息系统开发（B10033）	高性能计算系统集成（B10034）	高性能计算系统运维（B10035）	综合事务管理（B20030）	
基地综合服务部	基地综合服务部主任（A40018）	基地综合服务部副主任（A40019）	党总支书记（A20008）	党总支副书记（A20009）		
	离退休管理岗（B30001）	治安保卫岗（B30002）	物业管理岗（B30003）	车队管理岗（B30004）	房产与土地管理岗（B30005）	综合事务管理（B20030）
	汽车驾驶员（C10001）	电工（C10002）	行政事务人员（C10003）			

附件 2　技术类岗位说明书参考模板

<table>
<tr><td>岗位名称</td><td colspan="3">偏移成像研究</td><td>岗位编码</td><td>B10003</td><td>岗位序列</td><td>技术子序列</td></tr>
<tr><td>所属部门</td><td colspan="3">地震成像技术研究所</td><td colspan="2">专业/工种</td><td colspan="2">油气勘探</td></tr>
<tr><td>直接上级</td><td>副所长</td><td>汇报对象</td><td>所长、副所长</td><td>直接下属</td><td>无</td><td>下属人数</td><td>无</td></tr>
<tr><td>岗位设置目的</td><td colspan="7">根据部门业务发展战略，在上级领导的指导下，开展地震偏移成像方法技术研发和特色模块开发工作，完成偏移成像科研项目技术攻关，达到偏移成像技术创新和成果转化的目标</td></tr>
<tr><td rowspan="7">岗位职责</td><td colspan="2">工作职责</td><td colspan="5">工作任务</td></tr>
<tr><td colspan="2" rowspan="3">技术研发</td><td colspan="5">承担偏移成像科研项目，开展偏移成像技术研究</td></tr>
<tr><td colspan="5">跟踪偏移成像领域国内外科技动态，开展偏移成像方法研究</td></tr>
<tr><td colspan="5">协助制定偏移成像技术发展规划、攻关目标和计划</td></tr>
<tr><td colspan="2" rowspan="2">软件开发</td><td colspan="5">开展偏移成像软件模块集成</td></tr>
<tr><td colspan="5">开展偏移成像软件测试与维护</td></tr>
<tr><td colspan="2">方法应用</td><td colspan="5">协助承担生产项目，开展偏移成像技术支持和偏移成像处理</td></tr>
<tr><td rowspan="3">岗位权限</td><td colspan="2">人事权限</td><td colspan="5">无</td></tr>
<tr><td colspan="2">财务权限</td><td colspan="5">无</td></tr>
<tr><td colspan="2">业务权限</td><td colspan="5">工作的建议权、知情权，工作质量的监控权</td></tr>
<tr><td rowspan="3">工作目标</td><td colspan="7">1．完成承担的科研生产项目及经济考核指标</td></tr>
<tr><td colspan="7">2．完成偏移成像技术研发、软件开发与测试工作</td></tr>
<tr><td colspan="7">3．完成偏移成像的生产应用及推广工作</td></tr>
<tr><td rowspan="4">工作关系</td><td colspan="2" rowspan="2">内部关系</td><td colspan="5">院内相关管理人员、专业技术人员</td></tr>
<tr><td colspan="5">部门负责人、科室负责人、项目组技术人员</td></tr>
<tr><td colspan="2" rowspan="2">外部关系</td><td colspan="5">石化系统内业务相关部门、业务服务的甲方人员</td></tr>
<tr><td colspan="5">石化系统外业务相关部门、有关院校和科研机构人员</td></tr>
</table>

续表

<table>
<tr><td rowspan="5">任职条件</td><td>专业学历</td><td colspan="5">大学本科及以上学历，地球物理相关专业</td></tr>
<tr><td>资质证书</td><td colspan="5">无</td></tr>
<tr><td>知识技能</td><td colspan="5">掌握地球物理专业知识，熟悉偏移成像流程及方法，具备偏移成像技术研发能力</td></tr>
<tr><td>工作经验</td><td colspan="5">一年以上工作经验</td></tr>
<tr><td>个性特质</td><td colspan="5">具有良好的身体素质，能够适应工作环境</td></tr>
<tr><td rowspan="3">工作条件</td><td>工时制度</td><td colspan="5">标准工时制</td></tr>
<tr><td>工作地点</td><td colspan="5">室内</td></tr>
<tr><td>职业卫生</td><td colspan="5">不存在潜在人身危险</td></tr>
<tr><td rowspan="2">HSSE影响</td><td>安全风险</td><td colspan="5" rowspan="2">无</td></tr>
<tr><td>环保风险</td></tr>
<tr><td>编制人</td><td></td><td>编制部门</td><td>地震成像技术研究所</td><td rowspan="2">编制日期</td><td rowspan="2"></td></tr>
<tr><td>审核人</td><td></td><td>审核部门</td><td>人力资源部</td></tr>
<tr><td>备注</td><td colspan="6"></td></tr>
</table>

附件 3　管理岗位说明书参考模板

<table>
<tr><td>岗位名称</td><td colspan="3">人力资源部主任</td><td>岗位编码</td><td>A30005</td><td>岗位序列</td><td>管理序列</td></tr>
<tr><td>所属部门</td><td colspan="3">人力资源部</td><td colspan="2">专业/工种类别</td><td colspan="2">人力资源管理</td></tr>
<tr><td>直接上级</td><td>分管院领导</td><td>汇报对象</td><td>院领导</td><td>直接下属</td><td>部门员工</td><td>下属人数</td><td>××人</td></tr>
<tr><td>岗位设置目的</td><td colspan="7">依据国家有关劳动、人事、薪酬等方面的法律法规和单位人力资源发展战略，在上级领导的指导下，组织开展人力资源规划、招聘与配置、培训与开发、绩效考核、薪酬福利、员工管理等工作，为实现单位人力资源合理配置和高效运行提供有力保障</td></tr>
<tr><td rowspan="10">岗位职责</td><td colspan="2">工作职责</td><td colspan="5">工作任务</td></tr>
<tr><td colspan="2">人力资源规划</td><td colspan="5">根据单位中长期发展规划，制定人力资源发展规划</td></tr>
<tr><td colspan="2">招聘与配置</td><td colspan="5">根据单位业务发展需要和人才结构，组织开展人才引进、人员调配等工作</td></tr>
<tr><td colspan="2">培训与开发</td><td colspan="5">根据专业需求和人才培养需要，编制单位培训计划并组织实施</td></tr>
<tr><td colspan="2" rowspan="2">干部管理</td><td colspan="5">根据经营管理需要，负责干部队伍建设，开展中层干部选拔任用工作</td></tr>
<tr><td colspan="5">负责后备干部队伍建设，做好后备干部的培养工作</td></tr>
<tr><td colspan="2">绩效考核</td><td colspan="5">负责绩效目标制定与落实</td></tr>
<tr><td colspan="2">薪酬福利</td><td colspan="5">负责落实工资发放、劳动合同管理等工作</td></tr>
<tr><td colspan="2">职称评审</td><td colspan="5">负责职称评审、学术技术带头人和其他荣誉称号人员的评荐工作</td></tr>
<tr><td colspan="2"></td><td colspan="5"></td></tr>
<tr><td rowspan="2">岗位权限</td><td colspan="2">人事权限</td><td colspan="5">对部门员工的考核、评价权
对部门员工奖惩、岗位调整决定权
对部门员工和各项业务工作的指挥权
对部门员工出勤的监督权</td></tr>
<tr><td colspan="2">业务权限</td><td colspan="5">人力资源业务方案的建议权
部门所有业务工作管理的决策权</td></tr>
<tr><td rowspan="2">工作目标</td><td colspan="7">1. 全年部门工作任务与考核指标，完成率100%</td></tr>
<tr><td colspan="7">2. 全年费用指标控制，完成率100%</td></tr>
</table>

续表

工作关系	内部关系	指导部门员工做好人力资源管理工作			
		负责与集团公司、政府部门的人员沟通协调			
	外部关系	负责与集团公司、政府部门的人员沟通协调			
		负责与院内其他单位、部门的人员沟通协调			
任职条件	专业学历	大学本科及以上学历			
	资质证书	中级及以上专业技术任职资格			
	知识技能	掌握人力资源管理知识，具有较好的领导、沟通、组织协调能力			
	工作经验	从事3年以上管理工作经验			
	个性特质	具有良好的身体素质，能够适应工作环境			
工作条件	工时制度	标准工时制			
	工作地点	室内			
	职业卫生	不存在潜在人身危险			
HSSE影响	安全风险	无			
	环保风险				
编制人		编制部门	人力资源部	编制日期	
审核人		审核部门	人力资源部		
备注					

附件 4 中国石化岗位价值评估模型（SPE）调整明细

评价因素		评价指标说明	
		修改前	修改后
人员管理	下属人数	略	略
	下属类型	略	略
成本控制	经营损失及决策风险	略	略
	成本费用控制责任	略	略
影响与贡献	影响程度	略	略
	贡献度	1. 贡献度有限：不容易辨别贡献； 2. 部分：容易辨别的贡献、对成功有间接但较小的影响； 3. 部分重要：容易辨别的贡献、对成功有间接但重要的影响；一般员工划分在等级1~3； 4. 直接：做出的行动决定结果的成功与否； 5. 重要：对主要结果的成功有显著贡献；部门负责人一般划分在等级4~5； 6. 主要：对决定主要结果的成功具有权威性	1. 贡献度有限：不容易辨别贡献； 2. 部分：参与科研生产项目；容易辨别的贡献； 3. 部分重要：主要承担某一专业方向内科研生产项目；对成功有间接但重要的影响； 4. 直接：承担科研生产攻关或带领专业发展；直接决定成功与否； 5. 重要：组织重大科研生产攻关或统筹学科发展；对成功有显著贡献； 6. 主要：在科研领域具有权威影响与贡献：对决定成功具有权威性
专业能力	知识要求	略	略
	专业技术/技能	略	略
合作能力	主要合作对象	对象范围：内部人员、客户、供应商、政府、其他	对象范围：对象范围：内部人员、客户（总部人员、甲方客户、学术组织）、供应商、政府、其他
	合作范围	略	略
	沟通协调	略	略

续表

<table>
<tr><th colspan="2" rowspan="2">评价因素</th><th colspan="2">评价指标说明</th></tr>
<tr><th>修改前</th><th>修改后</th></tr>
<tr><td rowspan="2">创新与解决问题</td><td>解决问题难度</td><td>略</td><td>略</td></tr>
<tr><td>创新与自我学习能力</td><td>1. 对自我学习能力不作要求；
2. 有时需了解部分新知识、新信息；
3. 需要及时了解相关的新知识、新信息；
4. 有时需将新知识、新信息应用于岗位工作的改进；
5. 经常需将新知识、新信息应用于岗位工作的改进；
6. 随时跟踪相关知识和信息的更新、发展动态，及时改进工作；
7. 将新知识、新思想应用到分析制定部分产业的发展规划；
8. 追踪相关知识和信息的发展，研究、制定公司发展规划；</td><td>1. 对自我学习能力不作要求；
2. 有时需了解部分新知识、新信息；
3. 需要及时了解相关的新知识、新信息；
4. 需将新知识、新信息应用于岗位工作的改进；
5. 需将新知识、新信息、新技术应用于岗位工作的改进，并能够创新性使用；
6. 随时跟踪行业新知识、新信息、新技术的发展动态，及时创新方法或技术改进岗位工作；
7. 将新知识、新思想应用到分析制定企业发展规划，推动科技创新与科技成果转化；
8. 追踪行业知识和信息的发展，参与制定国家行业发展规划，引领学科领域科技创新</td></tr>
<tr><td rowspan="4">工作条件/风险</td><td>工作环境</td><td>略</td><td>略</td></tr>
<tr><td>职业卫生</td><td>略</td><td>略</td></tr>
<tr><td>安全风险</td><td>略</td><td>略</td></tr>
<tr><td>环保风险</td><td>略</td><td>略</td></tr>
</table>

第十一章 某工程企业F案例

案例概述

针对企业“部门+项目”的矩阵式管理特点和“高学历、高职称、高知识密集度”的人力资源结构特点，以“大岗位”设置理念为指导，以部门业务流程为主线，区分部门和项目业务界面，构建“部门主建、项目主用”的人才标准体系。明确“岗位”和“职位”的公司级定义，即岗位对事，与业务工作紧密相关；职位对人，与人才成长通道和人才标准紧密相关。开展岗位价值评估理论研究，搭建适合企业特点的岗位价值评估模型，形成要素、等级、分值共同作用的岗位评价因素方案，分阶段推进岗位价值评估工作，科学分析岗位价值评估数据，建立了全岗位价值图谱。发挥岗位管理和职位管理协同效应，通过优化设计岗位说明书，将岗位价值评估结果引入人才成长通道职位中，使岗位管理工具（岗位说明书）与人才成长通道职位管理工具（人才标准）有效结合。发挥岗位管理基础支撑作用，通过与薪酬激励、通道职位、项目角色人才标准以及“学习地图”的结合，引领员工立足岗位实践，基于“学习地图”的人才培训体系中成长成才，实现“支撑战略、服务发展、人企共赢”的人力资源管理理念。

一、企业基本情况介绍

该企业是新中国首家石油炼制与化工设计单位，主要开展以工程设计为主体，从工程研发、工程咨询、技术许可、工程设计、智能工厂建设、项目管理到工程总承包的一站式服务业务，覆盖石油炼制、石油化工、煤制油与煤化工、天然气净化液化与储运、生物能源等领域。65年来，先后完成了上百家炼油化工企业2200余套炼化装置的工程设计和工程总承包，所有项目均一次开车成功，助力打造了一大批产品质量先进、规模结构合理、运行安全稳定的具有较强竞争力和发展力的炼化企业，积累了丰富的工程设计和项目管理经验，培养了一大批优秀的技术和管理专家，在工程设计与建设、项目管理等领域树立了品牌。

（一）公司经营发展的特殊性

近年来，公司紧紧抓住行业大发展的机遇，技术创新和工程转化能力得到了长足进步，工程项目的数量、规模和难度位居全球工程公司前列。但在业务基础建设、工程研发能力、产品服务质量、工程设计优化和项目管理水平等方面仍然存在很大进步空间，尤其是在当前的行业形势下，日益激烈的市场竞争、持续加大的效益指标压力与公司创效能力之间的矛盾愈发突出，人才的数量、质量与目标任务之间的矛盾愈发凸显。作为高知识、高技术密集度企业，人才是公司发展、事业进步的第一资源，是最核心的竞争力。构建更加完善合理的岗位管理体系，有助于进一步优化人力资源配置，形成人岗相宜、人尽其才的局面，有效发挥员工主观能动性，不断提高劳动生产率，为实现公司高质量发展提供坚强的人才保障。

（二）公司矩阵式结构的特殊性

矩阵式结构，是在一个机构之机能式组织形态下，为某种特别任务，另外成立专案小组负责，此专案小组与原组织配合，在形态上有行列交叉之式。在企业管理中矩阵式结构可以将企业中各部门有效地结合为一体，解放各部门间的限制，达到部门间更好就资源进行全面的沟通与协调，集中实现一个任务目标。但矩阵式结构也有诸如组织结构稳定性差、职责边界不清、人员变动频繁等方面的问题。正是基于矩阵式结构这些不足的存在，该企业在总结多年矩阵式项目管理经验的基础上，希望通过开展岗位管理，优化公司职能管理和项目管理当中一些不利企业高质量发展的因素，让矩阵式结构的一些消极因素影响最小甚至可以忽略，同时将矩阵式结构的积极因素突显出来，不仅能有效支撑企业战略目标，也能服务项目执行和公司发展，更能成为人力资源开发的发动机。

（三）公司人才结构的特殊性

人才是企业发展的第一资源。该企业始终坚定不移地实施人才强企战略，通过工程实践与岗位成才的紧密结合，不断加大中青年科技和工程建设领军人才、国际化经营人才的培养力度，锻造了一批适应国内外市场竞争的高素质工程咨询、工程研发、工程转化和企业经营管理的“三高”人才队伍。除了现有人才队伍，公司每年还会从国内外著名高校吸引近百名优秀硕士、博士研究生补充未来人才队伍。如此多的高智力人才聚集，对企业发展是好事，可是对于人力资源管理来说却是一个不小的考验。这种考验倒逼企业必须夯实岗位管理基础，在“三高”人才管理上走出一条符合企业特点的路，调动好“三高”人才的积极性和主动性，释放出“三高”人才队伍的活力和潜能，为公司发展提供足够人力资源保证。

二、企业岗位管理现状

（一）基本情况

1. 岗位管理的情况

根据国家、集团公司相关规定，基于公司业务发展和生产运营管理需要，2015年，公司修订完善了运营管理标准、项目管理标准和技术标准三大标准体系文件，建立了509个业务流程图，岗位体系设置较为完善，岗位名称、岗位编号、工作概述、岗位要求、岗位类别和用工配置较为规范。基于项目管理的需要，公司将设计人、校核人、审核人、专业负责人等项目系统岗位纳入公司各相关部门的岗位设置当中，形成了较为完善、较为规范的岗位设置，并通过编制公司《部门职责规定》《岗位设置及岗位职责规定》《项目系统岗位设置及岗位职责规定》等运营管理标准，使公司岗位设置成为持续规范且不断提升的基础工作之一。

2. 岗位说明书的情况

在较为完善和规范的岗位设置基础上，2015年完成了现有岗位说明书的编制，包括岗位编号、岗位系列、岗位目的、任职资格、岗位职责、安全责任、保密要求、工作权限、工作关系等内容，岗位说明书的模板是在参考国内外同类公司和相关咨询公司建设的基础上，结合公司的企业文化和工作实际而设计的。

3. 岗位价值评价的情况

公司岗位价值主要是通过岗位职责承担者们的综合贡献来体现，通过绩效考核等工具评价岗位职责承担者的综合贡献，逐渐形成了公司认可的三大类别部室，即专业室、生产经营管理及支持部门和职能管理部门。对三大类部室的价值评估成为公司人力资源管理的工作基础，而针对岗位本身价值的系统性评价并未开展。

4. 岗位任职资格体系的情况

在公司2015版岗位说明书中，对岗位任职资格规定较为详细，内容包括学历、经验经历、职称、注册资质、职业素养、专业知识、业务能力。基于项目管理的需要，针对设计人、校核人、审核人、专业负责人等项目系统岗位专门制定了公司《项目系统岗位任职资格标准》的运营管理标准文件。

5. 岗位晋升体系的情况

经过65年的发展，公司建立了具有国际标准的层次精简的岗位层级体系，分别是公司高层正职、公司高层副职、公司中层正职、公司中层副职、公司基层。精简的岗位层级体系体现了公司扁平化的管理思想和高效的反应机制。根据项目执行需要，公司一直精心培育矩阵管理模式下的项目系统岗位层级体系，并通过明确项目系统岗位资质标准规范认定项目系统岗位晋升资格，保证项目执行关键人员满足高质量项目管理水平的需要。

（二）岗位管理的待优化点

1. 岗位设置待优化点

随着公司业务的不断发展，各种类型项目的不断增多，公司职能管理与项目管理过程中的矛盾在项目系统岗位中表现较为突出，像设计人、校核人、审核人、专业负责人等项目系统岗位在人员配置时，很多专业技术人员通常拥有多个项目系统岗位，工作内容在不同的岗位间不停地切换，最终形成了“一岗多人，一人多岗”的局面，这种情况在参与项目的专业技术人员中表现更加明显，可优化的空间更加宽广。

2. 岗位职责划分待优化点

随着岗位分析、岗位设置、岗位评估等岗位管理体系的建立，公司需要在岗位职责方面做好“大”与“小”，“松”与“紧”的优化，切实体现岗位管理体系的思想与理念，真正实现有效承接公司战略的目的。

3. 岗位说明书待优化点

公司在2015年建立了基于当时岗位设置的岗位说明书，现在来看在“实用性”和“简洁性”方面有待提高和优化。岗位说明书需要实现从“好看”到“好用”的转变，进而实现岗位管理人人关注，岗位优化持续不断的局面。

4. 岗位任职资格标准待优化点

随着公司业务的不断发展壮大，人力资源管理专业性的不断增强，岗位管理体系的不断创新，公司不再从岗位属性出发确定岗位任职资格标准，不再简单描绘岗位任职要求，不再严格通过岗位任职资格标准界定岗位的层级，而是从员工属性出发，在特定的工作领域内，根据任职标准，对员工业绩效果进行认定，对员工现有能力和潜在能力进行认定，对员工职业素养进行认定。特定工作领域是指员工所属的特定岗位与职位，特定表明任职资格相关性，也表明了每个任职资格都是定制的，必须围绕特定工作领域开展标准制定，这样的标准就不是一个通用标准或普适标准，而是多个标准构成的标准体系。

5. 岗位管理的流程待优化点

岗位管理是人力资源价值创造的重要环节之一，岗位管理流程优化不应该仅仅是人力资源管理者的职责，而应该成为企业价值创造者—专业技术人才—重点关注的对象，也应该是专业技术人才推动管理持续进步的媒介。岗位管理流程优化需要结合岗位设置、岗位说明书、任职资格标准等方面实现可视化、信息化、规范化，从而为推动企业发展提供持续不断的动力。

（三）开展岗位管理的必要性

随着全球化竞争愈发激烈、公司核心资源日益知识化的发展趋势，人力资源的价值性、独特性、难以模仿性以及组织化程度得到进一步挖掘和拓展，人力资源越来越成为公司的“主动性”战略资产，从而客观上要求：人力资源必须围绕公司战略这个核心，立足公司竞争能力的提高和竞争优势的获取，一方面要关注公司的工作任务和岗位管理，另一方面要关注员工的意愿、能力和行为，通过系统性地优化岗位管理等人力资源价值创造过程，逐步建立以“岗位”和“人”为基本单元的子系统，两大子系统相互适应、相互作用，以双螺旋的形式持续优化，从而形成人力资源价值创造的源泉，为公司的基业长青提供充满活力和竞争力的人力资源支持。

三、岗位设置案例分析

（一）岗位设置的原则

岗位设置一定要服从于公司总体战略目标，符合公司价值观和企业文化。公司基于中国石化战略目标，坚定不移地实施创新驱动、共享合作、服务增值、文化强基四大发展战略，用“一起，做更好的”企业核心价值观和“宽松融洽，严格规范，竞争创新，乐业奉献”的企业文化为打造世界一流工程公司而不懈奋斗。基于此，公司确立了以下岗位设置原则：

1. 战略优先、因事设岗原则

设置岗位既要关注公司内外部环境、岗位现状，又要着眼于公司管理基础和战略目标。按照部门职责而非项目职责范围划定岗位，不因人设岗，岗位和人是设置和配置的关系，不能颠倒。

2. 规范原则

建立健全公司对岗位管理的统一认识，讲“普通话”，规范岗位名称及职责范围，但对脑力劳动岗位的设置不宜过细。

3. 统一原则

在公司整体战略下应实现岗位的明确分工，在分工基础上有效地整合，使各岗位职责明确又能在上下左右之间同步协调，以发挥最大的组织效能。

4. 最少岗位数原则

控制岗位数量，既能最大限度地节约管理成本，又能尽可能地缩短岗位之间信息传递时间，精简高效，提高公司的战斗力和市场竞争力。

（二）岗位设置的方法

从岗位设置实践情况来看，岗位设置的常用方法有组织分析法、关键使命法、流程优化法、标杆对照法等方法。在优化岗位设置时，公司综合使用了组织分析法和流程优化法。基于公司发展战略，对现存的组织机构模式及组织机构设置进行了科学性和合理性评价，对业务流程进行梳理，对岗位目的、主要职责、绩效等进行分析，进而对岗位设置数量、名称及岗位间的关系等方面进行优化和协调。

（三）岗位设置优化的流程

1. 岗位设置的目标

根据集团公司“三化、四统一、三提高”工作目标要求和人事部提出的具体试点要求，公司基于人力资源价值创造理论，结合分四步创建世界一流的战略目标，通过综合运用组织分析法和流程优化法对岗位设置进行优化，目的是实现“构建规范统一、体现公司特点的岗位管理体系、建立人才标准和人才学习地图”。

2. 组织机构设计或调整

组织机构设计或调整是根据企业发展目标把企业管理要素配置在一定的方位上，确定其活动条件，规定其活动范围，形成相对稳定的科学管理体系，企业组织机构设计没有固定的模式，需要根据企业生产技术特点及内外部条件而有所不同，但是无论具体形态如何不同，总的要求还是要从企业实际出发，选择和确定企业的组织结构，保证企业稳定、高效地进行生产经营活动。

公司的组织结构及运行是在中国石化总体战略指导下进行的，以“盘活资源、激发活力，减少管理节点、提高工作效率”为目标，持续推进组织机构改革，明晰管理职责，释放资源潜力和改革红利，为增强核心竞争力提供了组织保障。成立工程咨询部，在为企业提供优质服务、挖掘新的市场机会的同时，以此为平台，推动公司由以设计为主体的工程公司向以咨询驱动、能够提供更高品质、更高价值的服务型工程公司转型。成立工程技术研发部，创新科技研发孵化器工作机制，推进项目注册制和首席负责人制，加快科技成果创新与科技成果转化为先进工业生产力的步伐，积极培育新的核心竞争能力，厚植发展新优势。成立设计部，强化工程设计管理，在设计管理标准、设计方案优化、设计过程管控、设计本质安全等方面下大功夫，让每一个设计成品都具有优质“基因”，强化集成化、协同化和智能化设计，并逐步形成新的设计管理体系。成立开车管理部，健全试车开车管理和业务建设体系，打造从咨询规划、工程设计、物资采购、施工建设到试车开车的全流程服务链条。对职能管理部门进行优化调整的同时，公司同步完成了专业室合并重组，大力促进同类专业深度融合，统筹配置资源，彻底解决了重组以来炼化专业分设的问题，为全面提升生产经营能力和水平奠定了坚实基础，取得了显著成效。重组费用估算室，强化费用估算和大数据库建设等工作，提升概预算工作水平，提高工程成本预算准确率和项目竞争力。

3. 业务流程梳理

业务流程是指企业生产经营活动在正常情况下不断循环流动的程序和过程。为实现目标，企业可以有不同的流程，这就存在一个采用哪种流程的优选问题。因此在业务流程梳理时，需要对流程进行分析、对比、择优确定，即优化业务流程。优化业务流程的标准是流程时间短、岗位少、人员少、费用少、界面少。

2015年，公司已经拥有公司运营管理、项目管理和技术管理三大标准体系，基于三大标准体系已经梳理过509个业务流程。2017年，公司根据劳氏质量认证体系对业务流程进行了大面积的再梳理，梳理出包括方针和目标管理、市场开发、生产计划管理、项目执行、技术管理、知识管理、沟通管理、人力资源管理、财务管理、外部资源管理等11大类共668个流程图，进一步明确了部门、岗位在业务流程中的责任及界面关系，为岗位设置的优化打下坚实的基础。公司业务流程梳理范围如图11-1所示。

4. 岗位分析

岗位分析是通过系统全面的信息收集手段，全面了解、系统分析、针对性研究企业内各个岗位的性质、任务、职责、劳动条件和环境以及承担本岗位任务应具备的资格条件的一项常规性技术。

岗位分析的内容包括岗位目的（为什么要设这个岗位？岗位的主要作用是

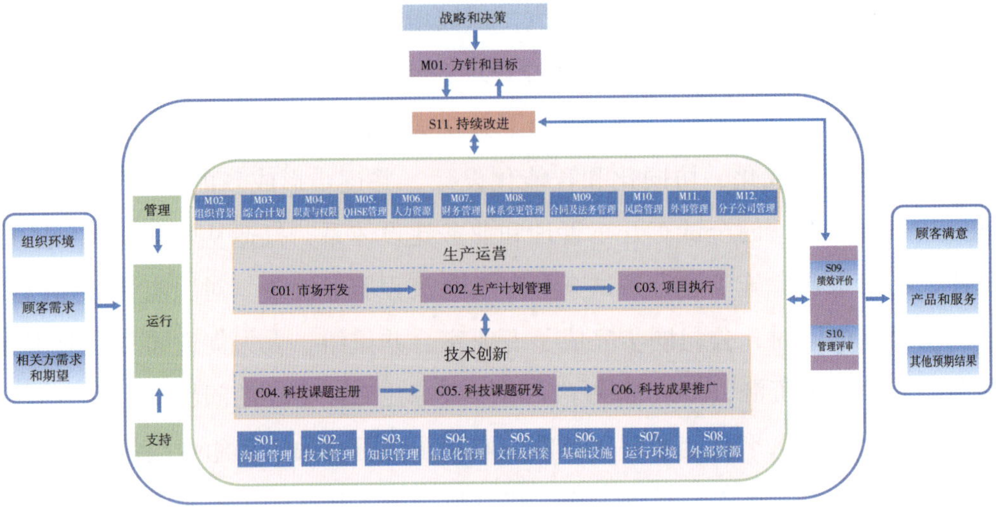

图11-1 公司业务流程梳理范围

什么？）、主要职责（岗位承接了组织的哪些工作内容，明确相对应的权利与责任？）、预期绩效（工作应该达到什么成效？）和资格标准（任职者的学历、职称、资质、经验经历、知识、能力、业绩、职业素养等人才标准要素是什么？）、所需资源和外部环境（管理什么资源或人员？管理幅度有多大？能够获得多少指导，处于组织中的什么位置？）等。

岗位分析遵循三个原则：一是对岗分析，而不是对人；二是关注应该做什么，而不是正在做什么；三是关注岗位对合格任职者的要求，而不是现在岗位任职者的情况。

岗位分析的核心是工作职责的梳理和优化，这项工作具有复杂而细致的特点，主要通过两步完成：部门职责列举与优化、岗位职责列举与优化。

（1）部门职责列举与优化

按照由上至下分解的方法，在公司战略的指导下，通过组织机构调整和业务流程梳理，列举并优化部门职责。列举部门职责要确保公司所有职责均已涵盖且职责足够清晰。优化部门职责时重点关注部门间的职责界面和业务流程在部门间的衔接。部门间的职责界面不清，协作配合效率就低下，业务流程部门间衔接不上，信息流或产品流就成了“断头路”，公司职责就无法落地，进而影响公司生产效益。

（2）岗位职责列举与优化

在总结过去岗位职责列举经验的基础上，遵循岗位设置理念，依据部门职责列举岗位职责并确定岗位名称和数量。岗位职责的列举要确保部门的重要职责均已涵盖，并且岗位间的职责界限清晰。岗位数量的确定要符合岗位设置原则，基于部门职责范围，在一定的配置模型辅助下通过与部门协调沟通而形成的。岗位名称的确定要体现标准化、规范化，确定时以业务为主线、工作分析为基础，从组织机构设置出发，按板块分类别确定一些通用的岗位名称，岗位名称尽量简化，职务、职位名称不写入岗位名称，岗位名称统一表述为“××岗”，从而实现了一岗多人，岗位名称在企业内外部共享。

优化岗位职责时需要重点关注岗位工作的扩大化、丰富化和类型化。岗位工作扩大化，目的是使岗位工作范围、责任增加，改变员工对工作感到单调、乏味的状况，含横向扩大化和纵向扩大化；岗位工作丰富化，目的是充实岗位工作内容，增加岗位技术含量；岗位工作类型化，目的是使企业直线管理模式下部门岗位职责和项目矩阵管理模式下项目岗位职责做明显界定与划分，使岗位职责的类型更加清晰明确。

（四）岗位设置的成效

经过岗位设置优化，公司从关注岗位数量和人员配备到关注岗位质量和人才标准，从“一岗一人”的配置理念转向“一岗多人”的配置理念，从公司组织机构和项目组织机构岗位职责交叉管理转向公司的部门岗位职责与项目的角色职责清晰衔接。

1. 强化了部门和项目的业务矩阵关系

公司通过在有关部门内设置项目类大岗位和明确项目角色派出部门这种方式，使岗位管理更加贴近公司业务，更加体现工程公司的矩阵管理特点。目前公司设置的项目类大岗位数量有61个，同时根据项目管理的需要，已经形成包括项目管理、控制、质量安全、设计、采购、施工、开车、报价、财务、IT、人力资源、行政等12大类的70个项目角色。

2. 实现了“岗位+职位”两位一体

公司用人才标准项取代岗位任职资格项，创造性地设计了公司独特的岗位说明书，实现了岗位的“事”和通道职位的“人”的相互作用、有机结合，从而丰富了岗位管理手段，为有效配置人力资源，积极开发智力资源创造了充足的条件。公司的岗位说明书简洁、有效，集中展现了“岗位+职位”二位一体的岗位管理体系，实现了岗位的全覆盖，同时也为岗位管理信息化、人才标准体系建设和构建人才学习地图等人力资源工作打下了坚实的基础。目前，公司已经编制完成266个岗位的岗位说明书，岗位类别分为管理类、工程设计类、工程管理类、通用专业类和操作类，岗位说明书包括岗位名称、编号、岗位信息、目的、工作关系、安全责任、保密要求、工作权限等内容。岗位说明书样表见附件。

3. 实现了规范统一

规范统一是指从岗位设置到落地执行以规范的理论、方法和工具进行。岗位设置完成后，基本实现了岗位管理与企业战略相统一，与其他人力资源管理工作相统一，与各部门执行策略相统一，与员工对岗位内涵的理解相统一。

4. 体现了公司特点

岗位设置的过程和结果带有明显的公司特征，比如组织机构的调整、岗位设置方法选择，业务流程的优化体现的是公司扁平化的组织结构特点和项目团队工作方式；岗位的设置原则和岗位分析过程中职责列举体现的是公司较高管理水平下的人本管理思想，更加注重“三高”人才表现出的高素质化、高自主性、高创造性、高自由性和高成果性特点。体现公司特点还表现在岗位设置的成果具有很强公司特点，特别项目类大岗位的设置与岗位说明书的创新设计将上述特点从岗位设置过程一直延续到岗位设置完成，甚至持续到整个岗位管理的生命周期。

四、岗位评价案例分析

（一）岗位评价的原则

岗位价评是在岗位设置的基础上，按照一定的衡量标准，对岗位的工作任务、繁简难易程度、责任风险大小、所需资格条件等方面进行系统的评估，从而判断该岗位在组织中相对价值大小的过程。为了保证岗位价评实施工作的顺利开展，提高岗位评价的科学性、合理性和可靠性，在企业实施岗位评价时要注意遵守以下原则：

1. 系统性原则

所谓系统性，就是岗位评价要素选择要相互作用、相互依存但又有所区别，每个要素可以构成子系统，而子系统本身又从属于所有要素组成的更大的系统。这种系统基本特征是整体性、目的性、相关性、环境适应性。

2. 标准化原则

所谓标准化，就是衡量岗位职责的实施者对组织贡献的大小以及对岗位评价的技术方法或程序或形式做出统一规定，在规定范围内，作为评价工作中共同遵守的准则和依据。岗位评价的标准化具体表现在评价指标的统一性、各评价指标的统一评价标准、评价技术方法的统一规定和数据处理的统一程序等方面。

3. 企业化原则

所谓企业化，就是在系统性和标准化的基础上，结合企业实际情况，在一定的约束条件下，寻求企业的最佳方案。企业在现有的内外部环境中生存，都会有自己专属的发展条件，只有企业利用好各自的条件发展适合自己的评价系统，每个岗位、每个人才能得到应有的最优化发展，整个企业也将会得到最佳的发展。因此，企业化的原则不但要体现在岗位评价各项工作环节上，还要反映在岗位评价的具体方法和步骤上，甚至落实到每个人身上。

（二）岗位评价的方法及工具选择

岗位价值评估方法上，国际通用的评估方法有四种：分类法、排序法、因素比较法、要素计点法。公司期望通过岗位价值评估工作，对核心岗位进行岗位价值评估，确定各岗位职级带宽，并厘定所属职群（主专业）带宽，建立内部公平机制，为人才发展工作提供数据依据。因此选择使用要素计点法进行。

要素计点法中，国际上广为使用且具有影响力的工具有海氏评估系统（HAY Scheme）、美世国际职位评估系统（IPE，International Position Evaluation）、翰威特职位评估体系（Job Link）和韬睿惠悦全球职等系统（GGS，Global

Grading System）等四种。如表11-1所示。

表 11-1　四种主要的要素计点法评估工具

岗位评估系统	海氏评估系统（HAY）	美世国际职位评估系统（IPE）	翰威特职位评估体系（Job Link）	韬睿惠悦全球职等系统（GGS）
开发时间	1951年	20世纪90年代	20世纪60年代	20世纪90年代
开发地点	美国	美国	美国	美国
开发公司	HAY	CRG&SKF	Hewitt Associates Inc	Watson Wyatt
客户分布	全世界约有9000家机构，世界500强的1/2，跨国公司和国内知名管理咨询公司的大部分	欧洲、亚洲，被授权的中国企业约有1000余家，其中90%以上为跨国企业，其余为国内机构	遍布全球约40个国家或地区，客户主要包括《财富》500强中约150家公司	遍布全球约30个国家或地区，客户约有3000家公司

海氏评估系统强调知识创造价值的理念，强调岗位因所承担的责任而设置，而责任的承担是由知识技能的投入、解决问题的过程而产生的，相应的评估要素设置也源自这样的理论框架。其操作相对复杂，要求评估人员具备一定的能力，评估时需要消耗大量的时间、人力与物力，适用不同规模的公司，尤其是勘察、开发、设计以及研发等知识密集型公司。

IPE系统从岗位对公司的影响角度来衡量岗位的相对价值，也即岗位所应承担的责任，岗位责任的承担又归因于知识、沟通、创新以及风险等维度。其操作简单，评估过程简单，但是评估内容繁多，需要大量的评估资源，适合规模较大型的公司，尤其是劳动密集型公司。

Job Link体系岗位要素选择客户化，针对不同的企业可进行要素调整，特别是针对手工类、生产类和运输类岗位，可将他们所不具有的财务指标责任转化为工作条件和体力劳动两个要素。Job Link体系在四个方法中操作最为简单，需要较少的评估资源，因而适用于中型或小型公司。在大型公司中使用时，可能会造成大量职位等级相同、等级不清的情况。

GGS以组织规划原则为系统构建的核心，紧密地连结公司的发展战略。电脑软件的处理方式可以迅速处理大量数据，在大公司中的应用效果更加明显。进行职等段归类后，可以有效地确定跨区域、跨业务、跨地域公司的职位等级。但是其操作最为复杂，特别是其繁多的术语与等级划分，要求评估人员有一定的能力与专业素质，这是该方法使用时最大的制约因素。四种岗位评估方法的使用范围如表11–2所示。

表11–2　四种岗位评估方法的使用范围

评估方法 影响要素	海氏评估系统（HAY）	美世国际职位评估系统（IPE）	翰威特职位评估体系（Job Link）	韬睿惠悦全球职等系统（GGS）
类型	知识	劳动	知识/劳动	知识/劳动
公司规模	大中小	大中	中小	大中
评估资源	充足	充足	较小	充足

经过比较发现，这四种评估工具各有特色，并不存在最佳方案，每一种评估工具都有一定的适用条件和范围，并且岗位价值评估准确性依赖于对企业自身特点的准确把握和评估工具的正确使用。

在外部咨询公司推荐下，经过综合分析公司选取了基于要素计点法的岗位价值评估工具，这种工具具有一定的全面性（将企业的各个岗位的评估要素分解成28个因素）、可信性（28个指标分成若干个等级，较好地精细量化评价）和群策性（整个计分过程是多人计分行为，属于群体公决，结果易接受）。如图11–2所示。

因素岗位评价工具的评价因素分三个维度，分别是责任方面、知识技能方面、岗位性质方面。责任方面是对岗位承担的责任、组织工作的重要性进行综合评估，具体因素包括风险控制责任、经营收入责任、服务质量安全责任、成本/费用控制责任、指导监督责任、决策责任、法律责任、成本节约责任、组织责任、内部协调责任、外部协调责任等11项标准要素，总分值为500分。知识技

责任因素	知识技能因素	岗位性质因素
权重：500	权重：400	权重：300
1.1风险控制责任	2.1学历要求	3.1工作压力
1.2经营收入责任	2.2工作经验要求	3.2体力辛苦程度
1.3产品质量/安全责任	2.3知识多样性	3.3脑力辛苦程度
1.4成本/费用控制责任	2.4专业技术知识技能	3.4工作紧张程度
1.5指导监督责任	2.5管理知识技能	3.5工作时间特征
1.6决策责任	2.6语言文字能力	3.6工作地点特征
1.7法律责任	2.7工作复杂性	3.7工作环境特征
1.8工作结果责任	2.8工作灵活性	3.8职业病或危险性
1.9组织责任	2.9开拓创新能力	
1.10内部协调责任		
1.11外部协调责任		总分值：1200分

图11-2　因素岗位评价标准要素池

能方面是对岗位必须具备的资质、技能进行综合评估，具体因素包括学历要求、工作经验要求、知识多样性、专业技术知识技能、管理知识技能、语言文字能力、工作复杂性、开拓与创新能力等9项标准要素，总分值为400分。岗位性质方面是对岗位工作实际开展所需的表现进行综合评估，包括环境、时间等特征，具体因素包括工作压力、体力辛苦程度、脑力辛苦程度、工作紧张程度、工作时间特征、工作地点特征、工作环境特征、职业病或危险性等8项标准要素，总分值为300分。三项因素合计标准分值为1200分，每项要素都有明确的定义描述和不同分值的等级，等级通常分为5级，每级的分值因要素的不同可能有所差异，所有这些因素、要素、等级、分值等共同组成了岗位评价因素方案。

（三）岗位评价的实施

岗位评价实施分为两个阶段，准备阶段和实施阶段。准备阶段分为访谈调研、调整评价工具、试评估三个步骤，实施阶段分为选定评估角色、实施评估、结果修正三个步骤。

在准备阶段，公司首先精心挑选了12个职群（主专业）的17位具有丰富工作经验的总监级别的代表参加咨询公司专家对他们的访谈，访谈的主要内容是关于个人的岗位、职责、具体工作内容和过程。然后咨询公司专家根据访谈了解到的情况在因素岗位评价标准因素池中选取了24项评价要素（工作灵活性、体力辛苦程度和职业病或危险性三个要素没有被选择，工作时间特征与工作地点特征两个要素进行了合并）作为公司岗位价值评估要素，同时调整了三大因素的分值权重，将责任因素权重由500分调整为560分、知识技能因素由400分调整为430分、岗位性质因素的权重由300分调整为250分，总分值由1200分调整为1240分。最后，公司选取了11位部门负责人，对28个岗位的24项要素进行了试评估，试评估的结果以岗位宽带柱状图呈现。如图11-3所示。

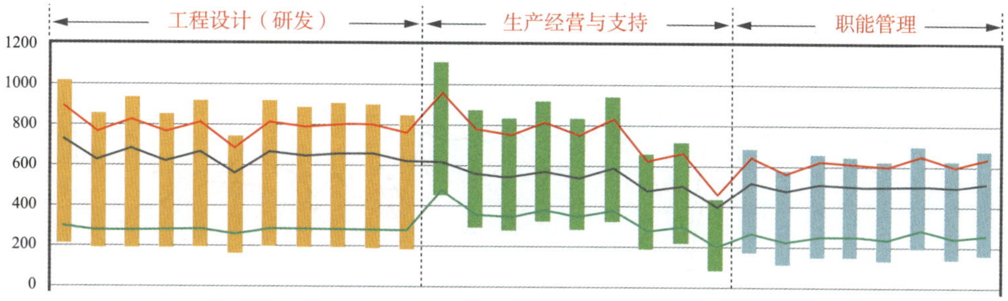

图11-3 试评估结果总览示意图

试评估结果总体来说符合公司岗位特征，但是从岗位类别看也有些不足之处，咨询公司专家针对不足之处对评估因素进行了轻微调整，主要是在岗位性质因素中增加了工作模糊性要素，同时调整了部分要素的分值，这样在三大因素权重不变的前提下，总分值提高到1320分。

在正式评估的实施阶段，结合部门设置和试评估岗位情况，公司首先选取了38个正式评估岗位，这些岗位分布在每个部门，有的具有可比较性，有的具有标志性，有的具有普遍性。然后确立了组织/讲解方、岗位评价小组和岗位评价监督审核等相关团队。组织/讲解方主要由咨询公司专家担当，岗位评价小组成员主要由公司领导和各部门负责人组成，岗位评价监督审核成员主要由课题组和人力资源部相关人员组成。岗评当天，在组织/讲解方的讲解和监督下，按照《公司部门岗位设置及岗位职责规定》和《公司岗位评价因素定义及分级表》要求，25位岗位评价小组成员用了5个多小时对38个岗位进行了评价打分。

公司岗位价值正式评估收集有效评价25份，每份有1900个数据，共有47500

个数据。在数据处理过程中，咨询公司对原始数据只进行了最高和最低分排除，没有采用更多的数据处理技术，尽量保证数据的客观性和原始性，各项因素的分值最终以去掉极值后的平均分为统计结果。

（四）岗位评价的结果

公司岗位评价结果是以整体分布和各领域排布的折线图形式展现的。折线图是由各岗位评价的上限、下限分值构成，下限代表着进入本岗位实现基本岗位职责产生的相对价值，上限代表着进入本岗位实现最重要岗位职责产生的相对价值，上、下限的带宽代表了岗位的相对价值区间。如图11–4所示。

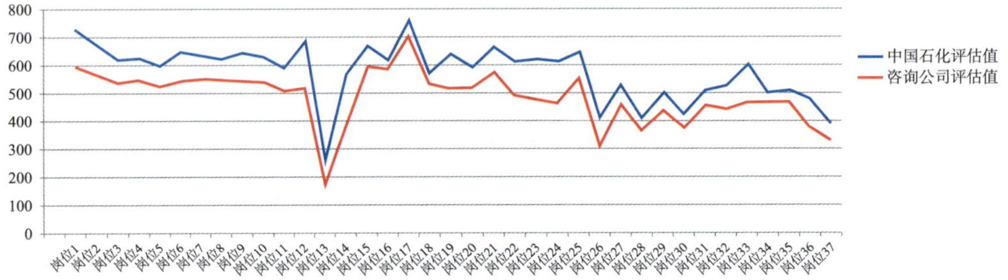

图11–4 岗位评估数据处理结果图

岗位评价的另外一项成果是验证了中国石化岗位评估工具在公司的适应性。在上述岗位带状价值评估结果的基础上，公司选取了其中的8位评估人，按照《中国石化岗位评估操作手册》的要求，对其中37个岗位做了点状评估，最后将原有的带状价值评估结果转换成点状图，并与中国石化岗位评估结果进行了比较，结果如图11–5所示。

可以看出，中国石化岗位价值评估模型与咨询公司评估模型的评价结果价值趋势基本相同，数据重合度高达79%。从岗位价值评估的结果来看，中国石化岗位价值评估的结果趋势是适用于公司的，具有很强的使用价值。

（五）岗位评价的效果

1. 明确了岗位的当前价值

因素岗位评价工具给出了评价岗位的当前价值。通过整体分布、领域排布

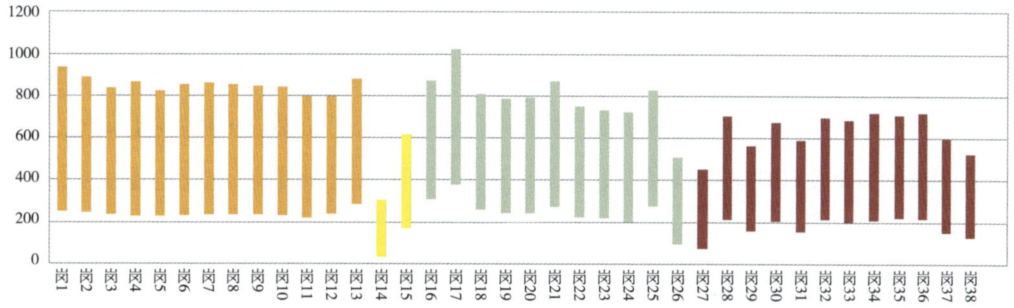

图11-5 中国石化岗位评估工具在公司的评估情况

岗位价值评估分数下限，代表评委心中此岗位最低要求与职业起点
岗位价值评估分数上限，代表评委心中此岗位的最高要求与职业终点

基本展现了各岗位之间相对价值，也明晰了岗位相对价值与心理价值的差距，明确了目标岗位的未来价值提升空间和紧迫性。

2. 岗位评价结果的必然性

岗位评价有客观性因素也有主观性因素。客观性体现在岗位职责的准确性，岗位评价程序和标准的统一性，主观性体现在评估人对评估岗位职责的理解的正确性，评估人的心理状态和评估人的视野范围。岗位评价时要解决好岗位职责的准确性、岗位评价程序和标准的统一性，同时在选取岗位评价人时要注意评价人视野和心理状态，在岗位价值评估中，通过预先发放材料、现场解读等方式确保评估人对岗位职责理解的正确性。这样形成的岗位评价结果就一定是必然性的，这也是不同的岗位工具展现近乎相同结果的原因。

五、岗位管理案例分析

（一）岗位管理的原则

1. 支撑战略，服务发展

岗位管理与职位体系管理、绩效体系管理、培养发展体系管理、薪酬激励体系管理等共同组成了人力资源管理体系，它支撑着经营理念、人才理念、创新理念，影响着企业的战略目标，是公司价值观和愿景体现，因此公司在岗位管理方面结合公司实际，提出坚持“支撑战略，服务发展”的原则。

2. 注重质量，轻视数量

岗位管理是企业业务流程优化的结果，反过来岗位管理又可以促进企业业务流程优化，进而支撑企业战略目标的实现，因此岗位数量的多少有时会根据企业的发展阶段和内外部环境决定，但是岗位质量提升则是企业内部必须坚持的原则。

3. 动态管理，优化配置

岗位管理是一个持续不断优化的过程，动态的岗位管理有利于企业适应市场变化，与公司通道职位和项目角色的有效结合，可以合理配置人力资源。在“岗位+职位”的两位一体岗位管理体系下，坚持动态管理，优化配置的原则，结合绩效考核制度、员工晋升制度，制定不同岗位、不同职位层级评价标准，完善、规范和落实人才发展机制，创造“人人皆可成才”企业文化。

（二）岗位管理的应用

1. 岗位评估结果应用

岗位价值评估结果应用通常有三种方式，一是区分岗位等级，用明确的岗位等级代替简单的行政级别。二是确认岗位的相对价值，建立员工晋升通道。三是改善企业的劳资关系，创造薪酬的内部公平性。但无论怎么应用，都是为了解决企业管理的困惑。

近几年，在集团公司人事部的领导下，公司无论从人才成长通道体系建设还是从薪酬体系框架运行情况来看，企业和员工对公司人力资源管理体系有一定的认可度，但也存在着诸如有些岗位的人员对自身岗位价值和重要性认识不足等现象。究竟如何区分不同岗位对企业的重要性？同一岗位的人对企业的价值是否一样？不同领域或专业的职业起终点有什么差别？

为解决上述困惑，经过充分研讨，公司创造性提出了岗位价值评估结果的应用方式，即运用岗位价值评估结果确定岗位的相对价值与职位起终点，这种应用方式间接地达到了上述三种评估结果综合应用的效果，是具有公司特点的原创方案。

为充分发挥岗位管理和职位管理的协同效应，公司通过岗位说明书的优化设计，创造性地将岗位价值评估结果牵引到人才成长通道的职位中，使岗位管理工具——“岗位说明书”与人才成长通道职位管理工具——“人才标准”有效结合，做到知行合一、协同推进，进一步明确了岗位和职位的关系，理清了管理的界面关系，为更好地发挥岗位管理体系和人才成长通道体系作用打下了坚实的基础。

2. 岗位管理与职位、薪酬和人才开发体系的衔接

岗位管理是人力资源管理的基础平台之一，与绩效、薪酬、人才开发等其他人力资源管理体系相互关联，有机统一。因此岗位管理过程不是一项独立工作，而是要站在公司全局的战略高度，从“支撑战略、服务发展”的理念出发，统筹考虑岗位与职位、薪酬、人才开发的作用机制。

在岗位与职位体系衔接上，公司适时地建立了“部门主建，项目主用”的人才标准体系，制定了部门和项目不同作用的人才标准，分别是通道职位人才标准和项目角色人才标准，内容包括基本条件、专业能力、职业素养内容。

在岗位与薪酬体系衔接上，公司坚持以岗位和职位共同决定固定的基本薪酬（即工资），以项目角色等实际工作绩效决定灵活的非基本薪酬（即奖金）。这样的薪酬体系得到了公司上下的认可，有效地推动了公司的项目执行和业务发展。

在岗位与人才开发体系衔接上，公司通过发挥岗位与职位、薪酬等协同效应，有效引领各类人才立足岗位，沿着人才标准规划的发展方向，在公司人才学习地图的帮助下不断提高和进步，使广大员工对自身成长路径有了更清晰的理解。

（三）岗位管理的关键事项

岗位管理过程中，公司遇到了很多难点，比如构建岗位管理体系时“大岗位”设置理念要想真正落地，必须摒弃“一人一岗”设置理念的干扰；岗位设置和命名时必须防止岗位与职位的关系混乱；在引入岗位价值评估时必须清晰价值评估的定位与应用；在中国石化岗位价值评估工具应用到科研设计单位时必须为评估人解析重点和难点，注意大岗位的评估方法和评估标准。以下两个方面值得重点关注：

1. 岗位管理的统一性与灵活性

集团公司岗位管理是通过SAP-HR系统等形式进行规范，集团下属公司的发展阶段、业务特点、面对的外部环境和人才队伍均有所不同，而这些因素会对岗位管理产生一定的影响，因此不同企业要根据统一的理念、方法，结合自身特点灵活地构建契合本企业的岗位管理体系。解决好岗位管理灵活性和原则性问题对岗位管理乃至生产管理意义重大。

2. 项目组织与部门组织之间的协作关系

项目组织通常是临时性的，部门组织是常设性的，对于工程公司和科研单位来说，临时性的项目组织是公司主要的常态化生产管理方式，公司采用了矩阵式的组织管理模式，解决了临时组织与常设组织的岗位关系。这个特点与集团公司下属某些公司有所不同，不能适应于所有公司。

（四）岗位管理的成果

1. 建立了“岗位+职位”两位一体岗位管理体系

通过岗位管理的实践，“岗位”针对“事”，“职位”针对“人”的理念深入人心，岗位与职位的有效结合就是人与事的融合匹配的过程，这就构成了岗位管理工作的最重要成果，即“岗位+职位”两位一体岗位管理体系的建立。“岗位+职位”两位一体的岗位管理体系解决了岗位与职位概念模糊和相互割裂的问题，解决了岗位设置不规范、不标准的问题，能实现岗位价值评估的实际应用以及岗位管理信息化和可视化。

2. 建立了“部门主建，项目主用”的人才标准体系

人才标准是公司岗位设置优化的必然结果，也是岗位管理体系重要组成部分。为实现“大岗位”的设置理念，公司明晰了人才标准，丰富了岗位任职资格，通过岗位职责扩大化和丰富化积极发挥专业技术人员的价值创造作用。公司的人才标准分为两部分，一部分为通道职位人才标准，一部分是项目角色人才标准。

通道职位人才标准覆盖公司全体员工，适用于所有岗位任职者，对选拔、使用、考核、激励人才具有引领性作用，可以有效促进人才开发和自我发展，但又必须以岗位为基础，是“岗位+职位”有机统一体。编制通道职位人才标

准时，需要把岗位与职种（子专业）进行对照关联，以职群（主专业）或职种（子专业）为编制单元，按照集团公司人才成长通道的职位逐级编制人才标准。目前公司已经编制完成67个通道职位人才标准。通道职位人才标准包括名称、编号、版本、职位定位、职位等级、人才标准要素等内容。

项目角色人才标准覆盖项目执行员工，适用于所有项目角色任职者，对选拔、使用、考核、激励人才具有导向性作用，可以提升项目执行和项目管理的效果。项目角色人才标准为项目执行而存在的，以岗位为基础，但又不完全依存于岗位，是岗位有效管理和灵活运用的重要载体。编制项目角色人才标准时需要按照项目管理的规律进行合理分类，目前公司已经编制完成70个项目角色的人才标准，项目角色人才标准包括名称、编号、版本、职位定位、职位等级、人才标准要素等内容，与通道职位人才标准在形式上保持统一。

（五）岗位管理的效果

1. 人力资源管理逐渐转向专业化和战略化

无论是岗位设置还是岗位评价，都有很多的理论和方法，而这些理论和方法为人力资源管理者提供了多种可供选择的岗位管理工具。这些管理工具有很多的使用条件，也有很多的影响因素，不仅需要人力资源管理者具备专业的人力资源知识，还要具备一定的企业管理知识，不仅要有丰富的人力资源从业经验，还要有必备的参与公司战略、技术管理、项目管理等工作的经历，不仅要有从事人力资源管理的热情，还要有思考、解决人力资源矛盾的能力。这些条件、要求和因素客观上正促使人力资源管理者不能只局限于传统的人事管理工作和知识结构，必须更新自己的知识结构、工作范围和思维习惯，逐渐走向专业化和战略化人力资源管理，这样才能深入有效地开展岗位管理工作，从而获得从源头上为企业管理提供人力资源解决方案的机会。

2. 人力资源活力增强，潜能逐渐释放

“岗位+职位”两位一体岗位管理体系的和“部门主建，项目主用”的人才标准体系分别从企业和员工的角度打开了职业生涯规划的大门，为人力资源活力增强和潜能释放注入了足够的动力。

从企业角度出发，岗位管理使公司的生产运营得以有效支撑，在支撑公司

生产运营的过程中，通过“部门主建，项目主用”的人才标准体系增强了员工的内在活力，参与部门工作的员工必须在部门业务建设过程中专心投入、释放潜能才能获得公司的认可，参与项目工作的员工必须展现出精益求精、解决问题的能力才能获得更多更重要的项目执行机会。

从员工角度出发，岗位管理不仅让员工在部门里有了“家”的归属感，也让员工在项目里有了“业”的成就感，这样的归属感和成就感一定程度上满足了员工的心理需求。而“岗位+职位”两位一体的岗位管理体系和“部门主建，项目主用”的人才标准体系与其他人力资源管理措施的协同作用就会在员工当中逐渐形成“鲶鱼”效应，人力资源的活力和潜能就是在这种“鲶鱼”效应中逐渐增强和释放。

3. 企业管理水平和效率得到进一步提高

岗位设置的过程客观上会助推公司战略落地，明确机构设置及作用机制、清晰职责划分和界面关系，优化业务流程，岗位评价的过程某种程度上会助推人才标准和人才培养机制的形成。这些岗位管理的影响过程都是客观存在的，无论是人力资源管理者还是其他企业管理者必须要从主观上积极思考岗位管理的影响，这些影响的解决方案就是企业管理水平和效率提升的关键。

通过岗位管理，公司正在将“人才强企工程”和“三项制度改革”蓝图变成现实。诸如公司人才“学习地图”构建、高端引领计划、提质强基计划和培养集聚计划正在成为公司人力资源部及各部门的重要工作内容，诸如针对项目执行开展的多种用工形式探索和收入分配改革正在成为人力资源部和各项目试点的方向和关注的重点。

六、总结与展望

通过进行岗位分析、规范岗位设置、完善岗位说明书、实施岗位价值评估等一系列工作的开展，公司岗位管理体系不断优化和完善，初步破解了岗位管理中存在的一些难题，提升了人力资源管理科学化水平。在此基础上，公司将结合“人才强企工程”的深入推进，进一步发挥岗位管理体系的导向和激励作用，推动员工在岗位实践磨砺和岗位价值创造中成长成才，并结合人才标准体系建设和“学习地图”开发应用，将岗位管理与人才职业生涯发展充分融合，健全完善分层分类的差异化人才培养模式，促进员工业务水平和素质能力的全面提升。随着岗位管理体系和配套机制的不断健全完善，公司人力资源专业化精益化管理水平必将得到显著提升，人才作为企业发展第一资源的能动作用必将进一步发挥，从而有效支撑企业发展战略，提升公司核心竞争力，为建设基业长青的世界一流工程公司提供更加坚实的人才保障。

附　录　集团型企业岗位管理工作指引

岗位管理是人力资源管理体系建设的重要基础，也是企业业务发展与人力资源管理之间的桥梁和纽带，对提升人力资源水平管理、提高全员劳动生产率、促进企业发展具有重要意义。根据人力资源管理“支撑战略、服务发展、人企共赢”的总体要求，紧紧围绕建设世界一流企业的战略目标，推进岗位管理的专业化、系统化和科学化，在总结岗位管理实践经验和先进做法的基础上，以岗位管理课题研究成果为支撑，就进一步加强岗位管理制定本指引。

一、建立分级管控体系，扎实推进岗位管理建设实施

（一）总部

1. 制定总部岗位管理办法和配套的工作规范，构建科学化、系统化、差异化的岗位管理体系。

2. 牵头组织研发岗位设置和价值评估工具及模型，统一岗位说明书、岗位目录等各类管理规范模板，编制相关操作手册。

3. 指导事业部、直属单位建立和完善岗位管理制度，扎实开展岗位管理工作。

（二）事业部

1. 根据总部岗位管理规定和要求，结合业务特点、发展阶段、经营方式等实际，制定事业部岗位管理制度和规定。

2. 指导所辖企业完善岗位管理制度，建立符合板块特点的岗位管理模式，有序推进岗位管理工作。

3. 总结推广企业科学实践和先进经验，夯实岗位管理基础。

（三）所属企业

1．根据总部和事业部岗位管理规定和要求，持续修订完善岗位管理制度，制定单位岗位管理办法，形成科学、规范、高效的岗位管理体系。

2．依据岗位管理方法工具，结合单位实际，依次开展岗位设置优化、岗位目录编制、岗位说明书修订、岗位评估、岗位竞聘等工作。

3．发挥岗位管理的基础作用，推动在人力资源管理方面中的应用。

4．对标行业先进，积极探索优化岗位管理的有效做法，持续提升岗位管理水平。

二、开展岗位设置与优化，实现人力资源与岗位的协调与匹配

（一）岗位设置原则

1．因事设岗。从企业职能出发，基于常态化的工作需要，按照部门职责范围科学合理设置岗位，而不能“因人设岗”。

2．合理分工。依据业务流程、工作模块或专项任务进行部门职责分解，直到每一项具体工作，合理确定到每一个岗位。

3．有效协作。从整体出发考虑上下左右协调配合的关系，发挥集体的智慧和团队的力量，从而创造出更高的劳动生产力。

4．最少数量。在考虑合理的管理幅度和专业跨度的同时，最大限度地节约人工成本，尽可能缩短岗位之间的信息传递时间，提高组织运行效率。

5．相斥分离。按照内控管理要求，对不相容岗位进行分离，实现组织制衡，降低经营与管理风险。

6．特殊优先。对于涉及国家法律法规、总部管理办法或上级单位相关规定的，则优先适用此类要求设置岗位。

（二）岗位设置常规步骤

1．明确企业的发展战略。主要包括企业的内外部环境和组织战略目标。同时，围绕实现战略目标，确定近期目标及主要工作流程。

2．明确企业的管控模式。围绕发展战略和核心业务需要，依据所处行业特

点、公司治理水平、企业经营能力、市场竞争力，科学设计管控模式，一般分为财务型、战略型、操作型三种类型。

（1）财务型管控模式。指集团公司对下属企业充分授权，对企业具体经营基本不加干涉，以财务指标考核、控制为主。

（2）战略型管控模式。指集团公司对下属企业部分授权，通过控制企业的核心经营层，使其业务活动服从于集团整体战略活动。

（3）操作型管控模式。指集团公司对下属企业进行直接管理，特别强调公司经营行为的统一、公司整体协调成长和对行业成功因素的集中控制与管理。

3. 明确企业的组织结构。根据企业资源配置方式和信息分享机制，以“精干总部机关、压减管理层级、缩短管理链条”为目标，构建与之相适应的组织结构。积极探索矩阵式、平台式、网络型、团队型等新型组织形式，逐步实现科层制刚性组织结构向分享式柔性组织结构的转变，持续提升组织活力和运行效率。

（1）传统企业科层制刚性组织结构。主要包括直线型、职能制、事业部制和子公司制组织结构。

（2）现代企业分享式柔性组织结构。主要包括团队型、矩阵制、网络型、平台式、多维立体组织结构。

（3）影响组织结构的要素。主要包括企业战略目标、任务环境、员工素质、技术差异、成长特性。

4. 合理设置岗位。运用组织分析法、关键职责分析法、流程优化法、标杆对照法等岗位设置方法，明确各部门的职责以及在职责上的决策流程与汇报关系，运用“三单递进”梳理工具将职责进行细化，分解到各个具体的岗位上，形成岗位任务，完成岗位设置。

（1）组织分析法。从整个组织的愿景与使命出发，先设计一个基本的组织模型，然后再分层分类进行岗位设置。适用于大型企业的大范围重组项目。

（2）关键职责分析法。按照企业各职能模块中所包含的子模块确定分工，并进一步确定岗位，即从战略到组织、到部门职能、到岗位职责的层层分解。适用于对关键岗位进行设置。

（3）流程优化法。根据新的信息系统或新的流程系统对工作进行优化。这种方法可以确定新的工作，适用于较小的项目范围，重要在实施一个新的管理信息系统时应用。

（4）标杆对照法。广泛收集同行业、同等规模企业岗位设置情况，深入分析研究，以此为参考进行本企业的岗位设置。适用于不太精确的项目范围。

在实际应用中，往往综合运用以上几种定岗方法进行岗位设置。

5. 明确岗位定员。采取一定的程序和科学的方法，对确定的岗位进行各类人员的数量及素质配备。

（1）定额定员法。根据工作量和劳动定额来计算员工数量的方法。

（2）效率定员法。以企业人均销售额（或营业额、利润等财务指标）等效率指标确定企业整体定员或某一类人员的定员的方法。

（3）设备定员法。按设备定员，即按工作地开动设备台数和工人看管定额来确定定员人数。

（4）比例定员法。指按照企业职工总数或某一类人员总数的比例来确定岗位人数的方法。

（5）岗位定员法。根据工作岗位的多少、各岗位的工作量大小、工作班次等因素确定定员人数的。它主要适用于看管大型联动设备的人员、自动流水线生产的岗位定员；也适用于有一定岗位，但没有设备、又不能实行劳动定额的人员。

（6）标杆定员法。参照同行业或竞争对手的定员水平来制定本企业定员的方法。

（7）博弈定员法。让各部门在总量定员的框架内提出各部门的定员需求，再按照一定的规则确定定员水平的过程。

（8）专家综合调整法。组织熟悉企业内部定员管理的专家去综合确定企业总体定员和各层各类岗位定员的方法。

（9）预算控制法。该方法是西方企业流行的定编方法，它通过人工成本预算控制在岗人数，而不是对某一部门内某一岗位的具体人数做硬性的规定。

（三）岗位优化流程及工具

当企业有重大战略调整、新管理理念导入、技术引进与创新时，人力资源部门牵头成立项目组，结合工作轮换、工作扩大化、工作丰富化等工作设计方法，运用“三单递进”梳理工具、ESIRA流程诊断工具、ARPCI分析工具、“五维融合”诊断验证工具，明晰部门职能、优化岗位及编制、界定岗位职责，着力解决组织机构职责分工过细、职能交叉重叠等突出问题，实现岗位设置融合业务、效率最大、界面最少、设置最优。

1．首先运用“三单递进”自上而下依次梳理单位的“业务清单”、部门（班组）的“职责清单”和岗位的“任务清单”。通过对“三单”的梳理分析，划清单位业务边界，澄清部门职责分工，厘清岗位任务和流程，提出岗位设置优化建议和方向，校正组织体系中存在的“缺位”“错位”和“越位”现象，确保职责承接的单位业务“详尽而无交叉”，岗位承接的部门职责“穷尽而无遗漏”。具体操作流程分为资料收集、梳理分析、岗位优化三个步骤，最终输出岗位优化设置对照表。

2．以优化业务流程为目标，在岗位任务清单梳理过程中运用ESIRA工具（清除、简化、整合、重排、自动化）开展流程诊断，减少流程中非增值活动，调整流程中的核心增值活动，确定新的流程，促进效率提升。具体操作流程分为流程描述、对照分析、流程优化、结果输出四个步骤。

3．“三单”梳理完成后，运用ARPCI工具开展岗位分析，根据岗位在履行每项工作职责中担当的任务和角色，分别按照A（审批）、R（主办）、P（参与）、C（咨询）、I（告知）予以定位，分析、澄清工作执行过程中岗位之间的职责关系，厘清岗位职责边界。具体操作流程分为建立矩阵、定位角色、匹配标注、结果输出四个步骤。

4．针对使用“三单递进”梳理或ARPCI分析工具时，导出的职责相近、工作饱和度不高、角色定位不明晰等有合并必要性的岗位。通过五个维度（岗位相容、专业相关、职责相近、流程相邻、轻重相宜）对两个或者多个岗位之间进行比对，诊断和验证合并的可行性，合并或撤销工作内容或地点相近、工作量不饱和的岗位。具体操作流程分为“五维”描述、内控判断、建立坐标、定位刻度、结果输出五个步骤。

在具体应用中，几个工具既可以作为一个整体，依次使用、因果推进，也可以结合企业自身的实际情况，选择其中的某一个工具。

三、编制岗位目录和设置规范，提升岗位管理标准化水平

（一）编制岗位目录

坚持“分类科学、分级清晰、标准统使用方便”的原则，依据岗位目录模板，事业部牵头组织直属单位编制本板块的岗位目录，明确岗位在哪个序列、类别和层级，形成覆盖全面、标准清晰、设置科学的岗位图谱，提升岗位管理标准化水平。

1．岗位分类分级。横向上，将岗位分为管理、专业技术（包括专业子序列和技术子系列）、技能操作三个序列，并分别按照专业、职业（工种）明确划分类别；纵向上，按照组织架构层级进行岗位分级。对于传统科层制企业可按照现有组织架构，分为集团总部、直属单位、二级单位等层级；对于新兴的共享制、项目制、矩阵制及扁平化管理的企业，可结合企业实际划分岗位层级或不进行岗位分级。

2．岗位名称。按既定规则对岗位进行标准化、规范化命名，便于统一管理，提升岗位识别度。从岗位序列角度出发，分类别设定一些通用的命名规则，岗位名称统一表述为“××岗”。

3．岗位编码。通过统一编码，赋予每一个岗位唯一的“身份号码”，形成岗位标准化数据库，为岗位检索、信息统计分析提供依据。岗位编码采用英文字母和数字相结合，“企业代码+岗位序列代码+岗位层级代码+岗位代码”的方式分类逐级进行编排。

（二）编制岗位设置规范

岗位设置规范以基层专业队（车间、站库）为单元进行编制，主体为表格形式。每项要素的编制要统筹做好与相关制度的衔接与承接，遵循岗位管理的自身规律与专业要求，体现业务发展的前瞻性与人力资源管理的先进性。

1．岗位设置。以岗位设置方法论和工具为指导，按照一岗多责、大岗位设置原则，突出专业特点，坚持流程优化，适应技术进步，强化职责梳理和流程优化，合理确定岗位名称及数量，实现相同专业队岗位设置规范、统一。

2．岗位编码、名称、序列。要与企业的岗位目录相一致，相关规则详见岗

位目录编制的要求。

3. 岗位类别。依据岗位重要程度、技术含量、工作环境、所需资格条件等岗位特性，将岗位划分为关键岗位、主体岗位、普通岗位三个类别。

4. 用工配置。依据法定用工形式和用工配置规范合理配置用工，以建立用工配置市场化机制为重点，有序推进劳动用工制度改革。

5. 岗位定员。坚持与专业队伍定员标准相衔接、与安全生产要求相匹配，同时充分考虑外部项目倒班轮休、新业务开拓人才储备与接替等具体情况，结合技术先进、设备、业务量等因素，参考岗位评估与工作量测定情况，合理确定定员，并依据企业实际进行动态调整。

6. 专业/主体。明确岗位所对应的主体及相关专业或工种，便于企业在岗位用工选拔配置、后备人才储备接替，以及人员队伍结构统筹优化等方面提供方向和依据。同时，根据“大岗位”设置需要，一个岗位也可能涉及多个相关专业或工种。

7. 倒班方式。在遵守国家有关劳动法律法规、保障员工休息休假和身心健康的前提下，对连续性生产岗位实行多班制。多班制是指每天组织两班或两班以上的员工轮流生产，实现合理使用劳动力，提高设备利用率。

8. 涉密、敏感、不相容岗位。强化对涉密、敏感及不相容三类岗位的动态管理。

四、编制岗位说明书，实现岗位信息的规范化、程序化管理

立足岗位工作需要，按照“7W1H”的编制原则，依据岗位说明书模板，事业部组织企业在深入开展工作分析的基础上，修订完善岗位说明书，为企业的招聘录用、目标管理、绩效考核、岗位评估、工作分派以及制定职业培训规划等提供原始资料和科学依据。

（一）主要内容

包括岗位基本信息、岗位设置目的、岗位职责、岗位权限、工作目标、工作关系、任职条件、工作条件和HSSE风险、编制信息等十项内容。

（二）基本要求

1. 岗位说明书填写应该针对“岗位”，而非针对岗位上的“人”。

2. 对岗位的分析、描述应该着重那些“应该”做的，而非“目前正在”做的工作。

3. 岗位说明书要体现岗位长期及经常性的工作，而不是短期或临时性工作。

4. 岗位说明书是对岗位的分析提炼，而非岗位的明细。

5. 岗位说明书要体现一定的前瞻性。

（三）填写规范

1. 岗位基本信息。是本岗位区别于其他岗位的基本标志，主要包括岗位名称、岗位编码、岗位序列、所属部门、专业/工种、上下级岗位和其他相关信息。

2. 岗位设置目的。是用简练而准确的语言高度概括本岗位在单位及部门中存在的目的。

3. 岗位职责。是岗位所需要履行的、长期的、经常性的、占用大量时间的应该做的主要工作。

4. 岗位权限。指企业授予岗位任职者对本岗位工作所涉及的人、财、事的处置权力以及开展与工作相关活动的决定权。岗位权限对应岗位职责，责权应统一。

5. 工作目标。指本岗位任职者工作完成的效果，即每一项工作职责的绩效考核标准，可从定性指标或定量指标两个方面进行描述。

6. 工作关系。描述了一个岗位与内部上下级、外部相关岗位之间的工作联系，具体可以分为“内部关系”“外部关系”。

7. 任职条件。包括专业学历、资质证书、知识技能、工作经验、个性特质。

8. 工作条件。体现岗位的工时制度、工作环境和对任职者适应环境的基本要求。

9. HSSE风险。主要描述本岗位出现工作疏忽或违章时，对安全或环境造成危害的可能性，包括安全风险和环保风险两个方面。

10. 编制信息。包括编制人、编制部门、编制日期、审核人等信息。

五、开展岗位评估，明晰岗位在企业中相对价值关系

坚持“相对量化、对岗不对人、一致性、适宜性”的原则，运用岗位价值评估模型，以岗位说明书为基础，以2年为周期，开展岗位评估，为优化人员配置、绩效管理、薪酬福利、人才成长和培训开发提供科学依据。

（一）岗位评估模型

模型主要包涵人员管理、成本控制/效益体现、影响与贡献、专业能力、合作能力、创新与解决问题和工作条件/风险等7个因素以及区分各因素级别的17个维度，每个维度赋予相应分值。

1．人员管理。该因素主要衡量本岗位的管理幅度和人员管理的复杂程度。

2．成本控制/效益体现。该因素是指岗位职责所承担的经营决策风险、销售收入或成本控制责任。

3．影响和贡献。该因素衡量本岗位职能对整体工作的影响程度和贡献度。

4．专业能力。该因素是指从事本岗位工作必须掌握的知识和专业能力。

5．合作能力。该因素包括本岗位开展正常工作交往的主要对象，与他人工作联系的频繁程度，以及与他人合作方面的要求。

6．创新与解决问题。该因素指本岗位的工作内容、工作过程和方法的复杂程度，在解决问题过程中对岗位任职者自我学习能力的要求。

7．工作条件/风险。该因素是衡量在常规工作状态下的岗位工作环境、职业卫生情况，在按照规范进行操作的前提下岗位存在的安全风险和环保风险。

（二）实施岗位评估工作

事业部组织板块内企业积极开展岗位评估。企业结合自身特点和需求，按照“科学评估、全员参与、全程公开”的原则，定期开展岗位评估。评估过程可通过召开启动会、组织修订和学习岗位说明书、推选评委和岗位陈述代表、合理确定评委比例等方式，让员工深度参与其中，确保评估的专业性、员工的认同感和结果的公平性。

（三）严格岗位评估工作程序

企业成立岗位评估委员会和相关工作组，严格制定实施方案。按照评估准备、工作启动、培训与试评估、正式评估和报告编写等五个阶段组织开展。

1．评估准备阶段。制定实施方案，进一步完善岗位说明书，做好岗位评估资料和样表的准备工作。

2．工作启动阶段。召开动员会，推选评估评委组成员和岗位陈述代表。

3．培训与试评估阶段。开展评估培训和试评估工作，进一步完善评估方案和程序。

4．正式评估阶段。依次进行宣读说明、代表陈述、评委打分、统计结果、表格回收和数据封存。

5．报告编写阶段。工作组对评估数据进行统计分析，编写岗位评估分析报告，并将岗位评估情况向岗位评估委员会进行报告。

六、开展岗位竞聘，增强人岗匹配度

坚持全员参与、竞争择优、全程公开原则，以岗位需求为导向，积极开展岗位竞聘，编制岗位竞聘实施方案，明确竞聘岗位及资格条件，规范流程及环节，推进员工岗位能上能下，激发人力资源活力，推动队伍结构和用工配置的持续优化，最大限度实现人岗匹配。

（一）成立竞聘工作组织。企业结合工作实际，可成立竞聘工作领导小组、竞聘方案起草小组、竞聘监督小组、竞聘考核评价小组四个工作小组，赋予不同的职责，确保岗位竞聘工作有序推进。

（二）制定竞聘方案。由竞聘工作领导小组牵头，竞聘方案起草小组组织制定岗位竞聘实施方案，按照民主程序，反复征求员工代表意见，对方案进行修订完善，及时发布并做好方案实施的宣传解释。包括竞聘组织机构、公布竞聘信息（竞聘岗位、要求、人数及竞聘人员范围）、岗位竞聘报名、报名资格审查、考核评价方式及标准、竞聘实施程序和实施时间、公布竞聘结果、结果应用等内容。

（三）组织竞聘报名。在竞聘监督小组监督下，竞聘考核评价小组按照岗位竞聘条件、任职资格、报名者相关资料及《岗位竞聘申请表》，对报名人员进行资格初审，将符合条件的报名人员上报竞聘工作领导小组，并进行公示。

（四）考核评价。考核评价可采取考试考核、民主评价或综合评价等不同方式进行，具体采用方式结合企业经营生产情况及工作模式特点，按照《岗位竞聘实施方案》要求执行。

（五）公布结果。按照竞聘岗位人数，综合考核评价结果，确定岗位拟聘人选，在竞聘单位公示栏内公示，一般为5个工作日。

（六）结果应用。对于竞聘上岗的员工，由人力资源部或组织人事部门办理岗位调整或任职手续。对于竞聘后未上岗的员工，要高度重视其情绪感受和个人发展等问题，设身处地做好一人一事的思想工作，鼓励其尽快调整心态与状态。同时，经征求员工意愿，视情况妥善做好其培训、转岗、退出岗位、解除劳动合同等事宜，确保整体工作平稳运行。

七、推进岗位管理应用，发挥在人力资源管理中的作用

（一）发挥在人力资源规划中的作用。根据公司发展战略规划，以岗位管理为基础，运用岗位设置和价值评估工具，重点分析关键岗位、高价值岗位，理顺岗位链和人才链，明确企业在人员数量、素质和结构方面的目标和差距，制定相应的人才引进、培养、储备、薪酬激励和员工管理策略，助推三项制度改革有序实施，为实现企业战略目标提供充分有效的人力资源供给。

（二）发挥在人员招聘中的作用。根据企业发展阶段、层次类型的不同，以岗位素质要求为基础，对所需工作岗位的职责和内容进行准确界定，为应聘者提供有关工作职责、工作环境、工作要求的真实信息，方便其选择最有利于自己发展的工作岗位，从而节约企业的资源，帮助企业尽快吸引合格的应聘者，减少应聘者求职的盲目性，降低招聘成本。

（三）发挥在培训开发中的作用。总部以岗位体系为基础，以服务员工成长为目标，指导事业部和企业分级分类建立岗位胜任力模型。企业根据岗位所在行业、环境等特点，针对不同岗位要求，通过对优秀与一般业绩人员的行为特点的对比，提取岗位需要的胜任力素质，突出员工素质提升，分类设置通用能力模块和共性资格标准，分别制定各项素质的不同要求，提高员工培训和人才开发的针对性，通过岗位练兵、转岗培训、产销研一体化培养开发等，培育员

工复合技能，为推进业务转型发展和人员优化配置提供有力支撑。

（四）发挥畅通人才成长通道中的作用。结合企业人才通道建设，根据岗位对组织战略的支撑力度和岗位职责复杂程度，建立岗位职级宽带图谱，实现岗位序列与人才成长通道序列对应、岗位价值与人才成长通道职级对应，明确三支队伍序列间的横向流动规则，促进纵向晋升与横向流动相协同，畅通人才成长通道，合理配置人力资源。

（五）发挥在薪酬绩效管理中的作用。以岗位评估为基础，将岗位管理成果运用于薪酬管理，依据岗位之间相对应价值关系，与市场薪酬进行匹配，加快收入水平与市场逐步接轨。针对现行基本薪酬制度运行中存在的问题，持续完善薪酬管理制度，构建为岗位价值、能力水平、业绩贡献付薪的薪酬体系。以岗位说明书为基础，制订员工绩效目标、绩效考核指标和绩效改进计划，调整优化关键绩效指标（KPI）设置，建立公平公正的绩效考核体系，促使员工提高能力素质，改进工作方法从而达到更高的个人和组织绩效水平。

八、强化岗位管理日常运行，为提升人力资源管理水平提供保障

（一）强化组织领导。各直属企业应充分认识岗位管理的重要性、必要性和紧迫性，切实加强组织领导，做好调查研究，结合企业实际，建立健全内部岗位管理体系，制定、完善岗位管理规章制度，编制各类岗位管理规范，积极探索岗位管理有效做法，推进岗位管理在人力资源业务中的深入应用，不断提升岗位管理水平。

（二）强化工作指导。总部和各事业部应加强对直属企业岗位管理的工作指导。总部构建岗位管理体系，指导事业部、直属单位建立和完善岗位管理制度。事业部根据统一模板和编制规范，结合板块企业特点，组织企业编制各类岗位规范，指导所辖企业建立和完善岗位管理制度。

（三）强化动态管理。企业应当不定期地对单位岗位设置情况进行调查分析，结合生产管理方式改变等情况，对不符合岗位设置原则的岗位及时进行优化调整。根据员工技能提高、素质提升以及技术进步等因素，通过撤岗、并岗及时优化岗位设置，使岗位间工作量均衡，工作负荷达到要求，进一步减少岗位用人，优化工作流程，提高劳动效率。

（四）强化信息化水平提升。企业应持续推进“管理制度化、制度流程化、

流程信息化”，不断完善岗位制度体系，规范工作流程，强化与人力资源信息系统接轨应用，进一步提高岗位信息对人力资源管理决策的支撑作用。

附件：1. 基于战略的定岗模型

2. 岗位设置工具箱简介

3. “三单”资料收集表

4. 部门职责常见诊断问题

5. ××岗位任务ESIRA流程优化表

6. 岗位ARPCI分析示意图

7. 岗位“五维”信息表

8. 岗位目录模板

9. 岗位命名规则

10. 岗位设置规范模板

11. 岗位说明书模板要点注释

12. 岗位说明书编制流程图

13. 岗位说明书、岗位价值评估模型对应图

14. 岗位价值评估模型

15. 岗位竞聘流程图

16. 岗位竞聘申报表示例

附件1

基于战略的定岗模型

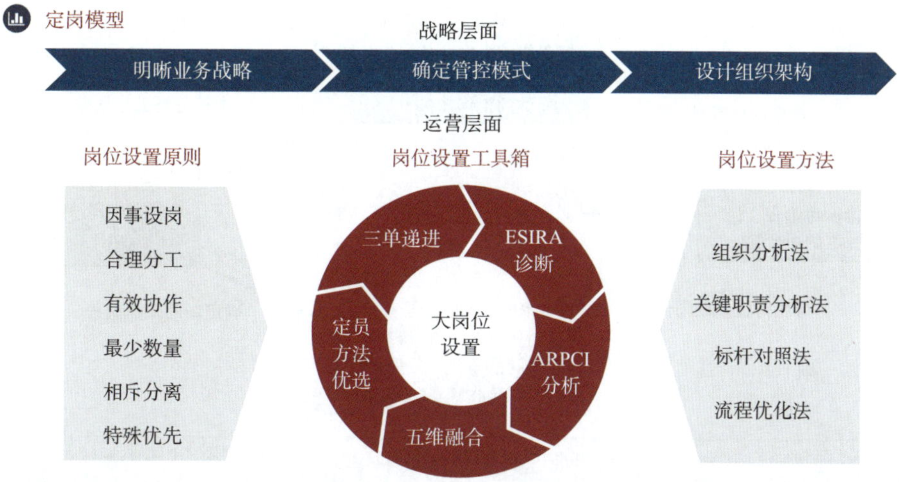

定岗模型由战略层面和运营层面两部分构成，向前延伸到组织企业战略、结构设计与管控模式确定，向后延伸到定员方法优选，通过系统总结岗位设置应遵循的通用方法和路径，推行“大岗位”管理，实现抓一体（岗位）、带两翼（机构、定员），拓宽人力资源从业者开展岗位设计工作的全景视角。

附件2

岗位设置工具箱简介

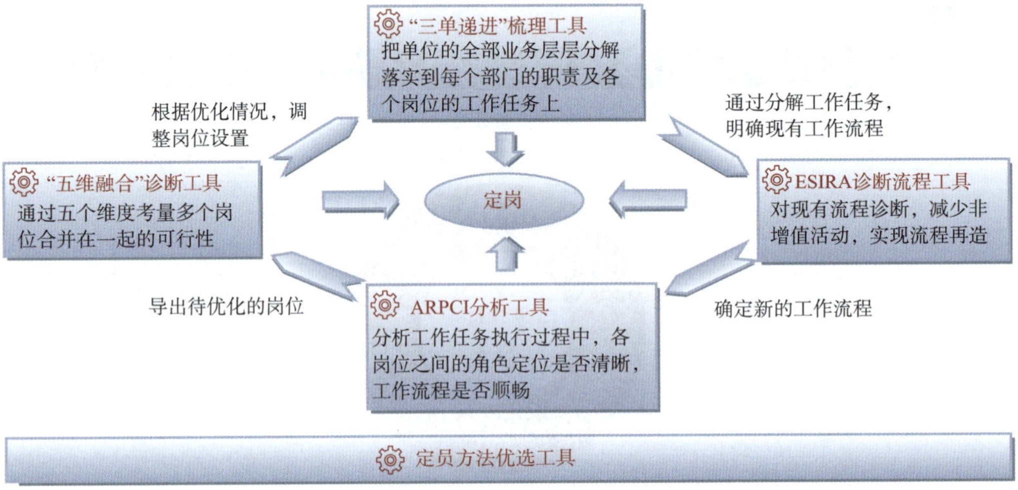

岗位设置工具箱包括“三单递进”岗位梳理、ESIRA流程诊断、ARPCI岗位分析、“五维融合”岗位诊断和定员方法优选等5个工具。具体来讲，就是通过使用“三单递进”梳理工具，将单位所有的业务通过部门职责的分解全部落实在岗位的任务上，描述岗位工作过程，明确现有工作流程；再运用ESIRA流程诊断工具对现有流程进行诊断，减少非增值活动，实现流程再造；接着利用ARPCI分析工具，分析、澄清工作执行过程中各岗位之间的职责关系，厘清岗位职责边界；然后针对岗位分析过程中发现的工作内容交叉、工作量不饱满等问题，运用“五维融合”工具，调整岗位设置，形成岗位清单。最后，根据岗位优化情况，合理确定定员。

附件3

“三单”资料收集表

××单位业务清单

序号	单位目前业务
1	
2	
3	
4	
……	

经相关人员讨论后填写，通常用名词性短语来概括，表达本单位的主要业务和管理职能。例如：人力资源管理。

××部门职责清单

序号	部门目前职责
1	
2	
3	
4	
……	

可由部门负责人或指定人员组织填写，格式为名词性短语。例如：薪酬保险、员工培训等。

××岗位任务清单

序号	岗位目前任务
1	
2	
3	
4	
……	

可由岗位人员或指定人员进行填写，格式为“动词+事项”，避免使用模糊性动词。例如：编制单位“三定”方案。

附件4

部门职责常见诊断问题

问题	表现形式	具体描述	主要原因
缺位	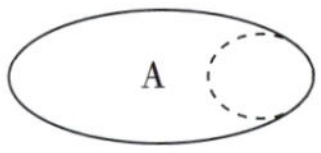	➢有些事情无人管理、无人过问、出了问题无人负责 ➢存在管理与工作分配的“死角” ➢新设部门工作内容尚不明确	➢组织架构设置不完整 ➢部门职责不全面
错位	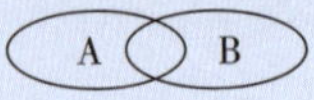 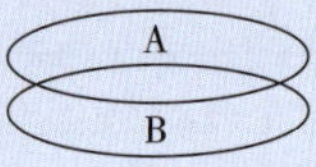 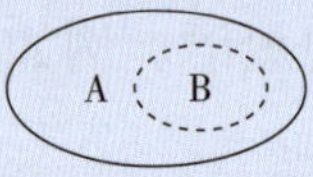	➢同一层级部门的职能存在交叉 ➢不同层级部门的职能存在重叠 ➢应该由一部门负责的职能现在由另一部门负责 ➢同一件事由多部门负责、多头领导	➢部门职责、工作界面不清晰 ➢部门职责系统性不够、权威性不够
越位	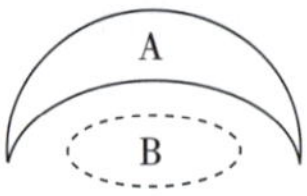	➢上层部门越俎代庖、不愿放权 ➢下层部门大包大揽，越权行事，A部门名存实亡，对B部门失去控制	➢权责体系尚不匹配 ➢工作流程有待优化

附件5

××岗位任务ESIRA流程优化表

原则	清除 E	简化 S	整合 I	重排 R	自动化 A
	先找出并清除非增值活动	清除非必要活动后，简化剩下活动	简化任务后，通过整合来保障流畅性	对工作的顺序进行重新科学排列	利用信息技术提升流程速度
流程节点					
优化后流程的说明					

附件6

岗位ARPCI分析示意图

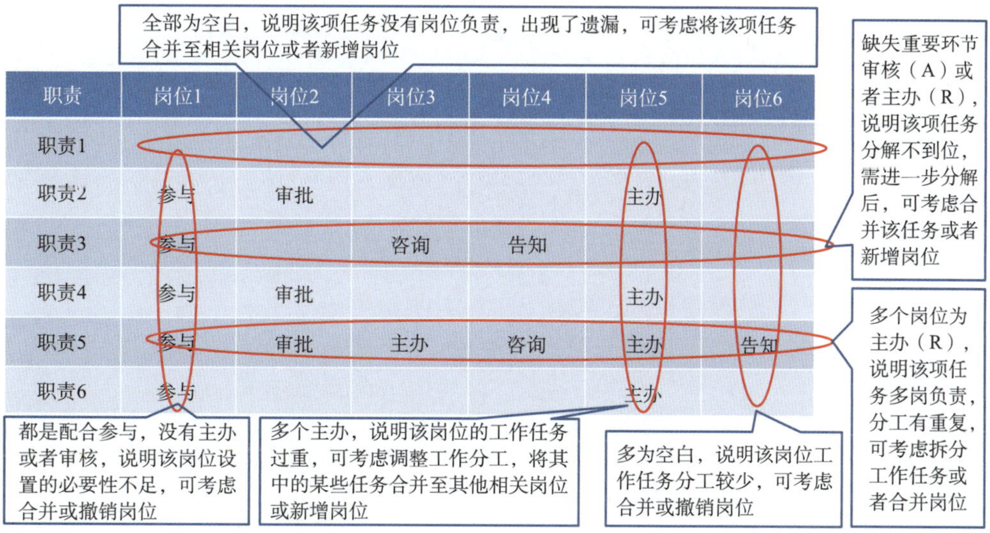

附件7

岗位“五维”信息表

维度	岗位 1	岗位 2	岗位 3
岗位是否相容			
专业/工种			
主要职责描述			
工作流程			
工作饱和度			

附件8

岗位目录模板

岗位层级		岗位序列								
管理层级	内部机构	管理			专业技术			技能操作		
		类别 1	类别 2	……	类别 1	类别 2	……	类别 1	类别 2	……
第一层	机关									
	机关职能部门									
	机关职能部门内设机构									
第二层	机关									
	机关职能部门									
	机关职能部门内设机构									
	……									
第三层	机关									
	机关职能部门									
	……									
第四层	……									

附件9

岗位命名规则

序号	岗位序列	类别	岗位名称	示例
1	管理		职能/业务领域/组织名称+职务+岗	人力资源处处长岗、采油管理区经理岗
2	专业技术	基层团队负责人	组织名称+组长/队长/主任+岗	政工组长岗、井下作业队队长岗
3	专业技术	其他专业技术人员	主要职责关键词+岗	政工岗、地质技术岗
4	技能操作	基层团队负责人	组织名称+站长/班长+岗	采油站站长岗、仪表班班长岗
5		其他技能操作员工	工种名称+工或装置+操/操作+岗	钳工岗、天然气净化装置外操岗
6	其他	销售类	社会惯用称谓+岗	销售经理岗
7		社会化岗位	社会惯用称谓+岗	司机岗

附件10

岗位设置规范模板

序号	岗位编码	岗位名称	岗位序列	岗位类别	用工配置	主体及相关 / 工种	岗位定员	倒班方式	涉密、敏感、相容岗位
1									
2									
3									
4									
5									
……									

附件11

岗位说明书模板要点注释

<table>
<tr><td>岗位名称</td><td colspan="3">××岗，按照本企业目录编制规范填写</td><td>岗位编码</td><td>按照本企业岗位目录中的岗位编码填写</td><td>岗位序列</td><td>管理/专业技术/技能操作</td></tr>
<tr><td>所属部门</td><td colspan="3">××部（厂、科、区、队、室、组、站）</td><td colspan="2">专业/工种</td><td colspan="2">管理和专业技术岗位参照岗位目录中岗位分类的一级类别填写，技能操作岗位填写相应工种，例如：行政管理、石油工程、采油工等</td></tr>
<tr><td>直接上级</td><td>岗位直接汇报的上级岗位，即直接主管，一般只有一个填写岗位名称，请不要填写任职者的名字</td><td>汇报对象</td><td>岗位在工作中涉及到的上级岗位，可能会有多个，确定到具体岗位</td><td>直接下属</td><td>填写具体岗位名称，请不要填写任职者的名字，没有下属填写“无”</td><td>下属人数</td><td>填写直接下属和间接下属总数，没有下属填写“无”</td></tr>
<tr><td>岗位设置目的</td><td colspan="7">➢“岗位设置目的”是用简练而准确的语言来描述本岗位在单位及部门中存在的目的和作用。
➢描述结构：“在（依据、政策）…/根据…范围内/指导下/影响下，做……（工作），达到……（目标）”
➢填写要领：1. 在完成该岗位主要工作职责的编写后，较为容易进行岗位设置目的的编写。
2. 应与本岗位的层级相挂钩，实事求是，不要夸大</td></tr>
<tr><td rowspan="2">岗位职责</td><td colspan="2">工作职责</td><td colspan="5">工作任务</td></tr>
<tr><td colspan="2">➢对岗位主要工作内容的高度综合概述</td><td colspan="5">➢“工作任务”是指本岗位日常所从事的主要活动，可根据情况进行分类描述，即对应一项工作职责可以有多项的内容描述</td></tr>
</table>

续表

岗位职责	➢描述结构：名词+动词 例如：日常工作安排 HSSE管理 计划组织实施	➢描述结构："动词+名词（名词性短语）+解释性短语，组织开展或协助完成……工作" 1. 动词：始终以行动为导向，使用行为动词，要求体现责任承担程度和职责完成方式； 2. 名词（名词性短语）：谓语所指动作的实施对象，体现动词的作用，即干什么； 3. 解释性短语：核心成果（目标），工作职责的最终成果是什么，可以解答为什么要进行该项工作。 ➢填写要领： 1. 需要注意的是每一个岗位都会承担多项工作职责，建议按照履行职责占用的时间或者职责的重要程度排列编写。一般来说，管理类和专业技术类工作建议按照工作重要程度进行编写，技能操作类尤其是重复性工作建议按照占用工作时间进行编写。 2."解释性短语"并非必须填写的结构，具体视工作任务而定。 3. 工作任务一般控制在12项以内，反映该岗位员工80%以上工作时间从事的主要工作内容，特别需要注意的是临时性的工作不列入工作任务中。 4. 描述时要使用准确规范化的动词，具体可参考岗位说明书编写参考动词表。在不同的层级应该有不同的描述，应避免采用模糊化的动词，如"负责""管理"等，避免歧义。 例如：对于"设备保养工作"，"采油班长岗"应为"组织、安排、参与抽油机的维保工作，……"，"采油运行岗"应为"根据日常工作安排，协助做好抽油机的除锈、刷漆等保养工作，……"。 5. 尽量避免使用简称或者缩略语，以便于不熟悉本企业、本行业的人都能读懂。 例如：根据生产经营计划，组织开展或协助完成……工作，确保…… 组织完成……工作 协助……工作

续表

<table>
<tr><td rowspan="3">岗位权限</td><td>人事权限</td><td rowspan="3">➢“岗位权限”可以理解为保证岗位职责的完成所必须具备的权力。如没有相应权限，填写“无”。
➢描述结构：“具有（处理、对）……事项的××权”
➢填写要领：
1. 需要注意的是岗位的权力是有一定范围的，即在什么范围内享有此项权力。
2. 需要详细说明具有何种权限。
3. 对于权限等级的界定如下：
·无：无此相关权限要求
·建议：提供参考意见
·决定：提供重要意见并进行审核或审批
例如：具有对各部门的人事任免的决定权
具有对工程施工监督权
对直接下级人员绩效的考核权</td></tr>
<tr><td>财务权限</td></tr>
<tr><td>业务权限</td></tr>
<tr><td>工作目标</td><td colspan="2">➢“工作目标”指本岗位任职者在工作期内工作完成的效果。
➢描述结构：“……工作顺利完成，无违章操作，无安全事故”
“（完成）……工作，及时率100%/准确率100%/完成率100%等”
➢填写要领：
1. 工作目标设定应由本岗位上级主管岗位与岗位任职者共同商议确定。
2. 有明确具体的结果或成果。
3. 对于可以量化的考核标准可以包括质量、数量、时间性或成本等。
例如：无员工违规违纪，无影响队伍稳定事件发生
油水井资料录取全准率达到98%以上
全年油气产量指标，完成率100%</td></tr>
</table>

续表

工作关系	内部关系	➤“工作关系”是指描述一个岗位与内部上下级岗位、与企业外部相关岗位之间的工作联系。具体可分为“内部关系”、“外部关系”，内部关系就是指本岗位在上下级岗位中，接受哪个岗位指导、监督，以及可以指导和监督哪个岗位，与外部相关岗位的关系，就是指其对本岗位的工作的影响，它可以反映出岗位工作的复杂性和难易程度。 ➤描述结构：“××岗（部门）：指导、完成、做好、配合、协助完成……工作” ➤填写要领：通过对该岗位在工作中涉及到内外部关系进行梳理明确，较为容易对该岗位内、外部关系进行编写。 例如：××岗（上级主管）：汇报、请示各项工作 ××岗（部门下属）：组织、监督……工作施工 ××部门（科室）：配合完成……工作 ××单位：上报……资料、报告
	外部关系	
任职条件	专业学历	➤描述结构：“取得硕士及以上学历××专业”“取得本科学历××专业”“取得大专学历××专业”“取得中专学历××专业”“取得技校/高中学历”
	资质证书	➤描述结构： 针对管理岗、专业技术岗：取得××系列相关专业××级及以上专业技术任职资格、HSE证等 针对技能操作岗：取得××（工种）职业技能等级证高级技师（技师、高级工、中级工、初级工）、特种作业证、HSE证、压力容器操作证等 如无明确要求，填写“无”
	知识技能	➤描述结构： “了解、熟悉、掌握、熟练运用、精通……（专业知识、技能），具备较好/较强、很好/很强、出色……能力” ➤填写要领： 1．专业知识举例（包括但不限于）： 财务管理：会计学、审计学、统计学、财务管理、会计电算化等

续表

任职条件	知识技能	法律：合同法、劳动法、税法、会计法、专利法、安全生产法、环保法、计量法等 质量管理：ISO9000标准、质量管理体系等 人力资源管理：人力资源规划、绩效管理、薪酬管理、培训管理等 营销管理：市场营销、营销渠道管理、价格管理、市场调查、市场策划、品牌管理等 生产管理：生产计划、生产调度、生产安全、现场管理、生产工艺管理、生产成本控制等 2. 专业技能举例（包括但不限于）：会计电算化软件使用技能、专业绘图器械的使用技能、网络应用技能、网络维护技能、专业软件能力开发技能、生产计划编制技能、产品营销技能、商务谈判技能、客户开发技能、质量管理技能、会计核算技能、统计分析技能、专业外语翻译技能、美工设计技能、××设备维修技能等 3. 通用技能举例（包括但不限于）：计算机基础操作技能、办公软件操作技能、公文写作技能、谈判沟通技能、信息搜集技能等 4. 能力素质举例（包括但不限于）：领导能力、沟通能力、组织协调能力、团队协调能力、人际交往能力、判断和决策能力、创新和解决问题能力、培育辅导能力、计划和执行能力、市场开拓能力、客户服务能力、风险控制能力、考核执行能力、影响力、学习能力、应变能力、谈判能力等 5. 如无明确要求，填写“无” 例如：精通石油工程知识，熟悉经营管理、财务管理等方面的知识，熟练掌握office办公软件，具备较强的沟通、协调能力
任职条件	工作经验	➢描述结构： “从事××年（及）以上××（相关）专业工作经验” 如无明确要求，填写“无” ➢填写要领： 1. 专业可参考“任职条件”指标中“知识技能”有关专业举例 2. 工作经验分类： ・一般工作经验：社会工作经验

续表

任职条件	工作经验	·相关岗位工作经验：与岗位相关的工作经验 ·行业工作经验：在本行业中的工作经验 ·管理工作经验：从事管理的工作经验 例如：从事3年及以上采油管理工作经验
	个性特质	➢描述结构： “具备良好的身体素质，能够适应室内（一线野外、沙漠、高空、井下作业、高温、冰冻等）工作环境，无重大疾病隐患，四肢健全、视力良好等” 例如：具备良好的身体素质，能够适应一线野外工作环境，无重大疾病隐患，四肢健全、视力良好等
工作条件	工时制度	➢描述结构： “标准工时制、综合计算工时制或不定时工作制” 例如：标准工时制
	工作地点	➢描述结构： “室内、室外；城镇、乡村；国内、国外；丘陵、山区、沙漠及海洋等” 例如：办公室
	职业卫生	➢描述结构： “常处高温（高湿、噪声、低温、冰冻等）环境下，有时需接触有毒有害物质（气体）等，配备劳动保护用品，存在（不存在）潜在人身危险或有××职业病危险” 如无明确要求，填写“无” 例如：常处一线野外环境下，配备劳动保护用品，不存在潜在人身危险
安全环保影响	安全风险	例如：基本不会引起伤害事故、很少发生伤害事故，基本不会对环境造成污染
	环保风险	

续表

编制人		编制部门		编制日期	
审核人		审核部门			
备注					

附件12

岗位说明书编制流程图

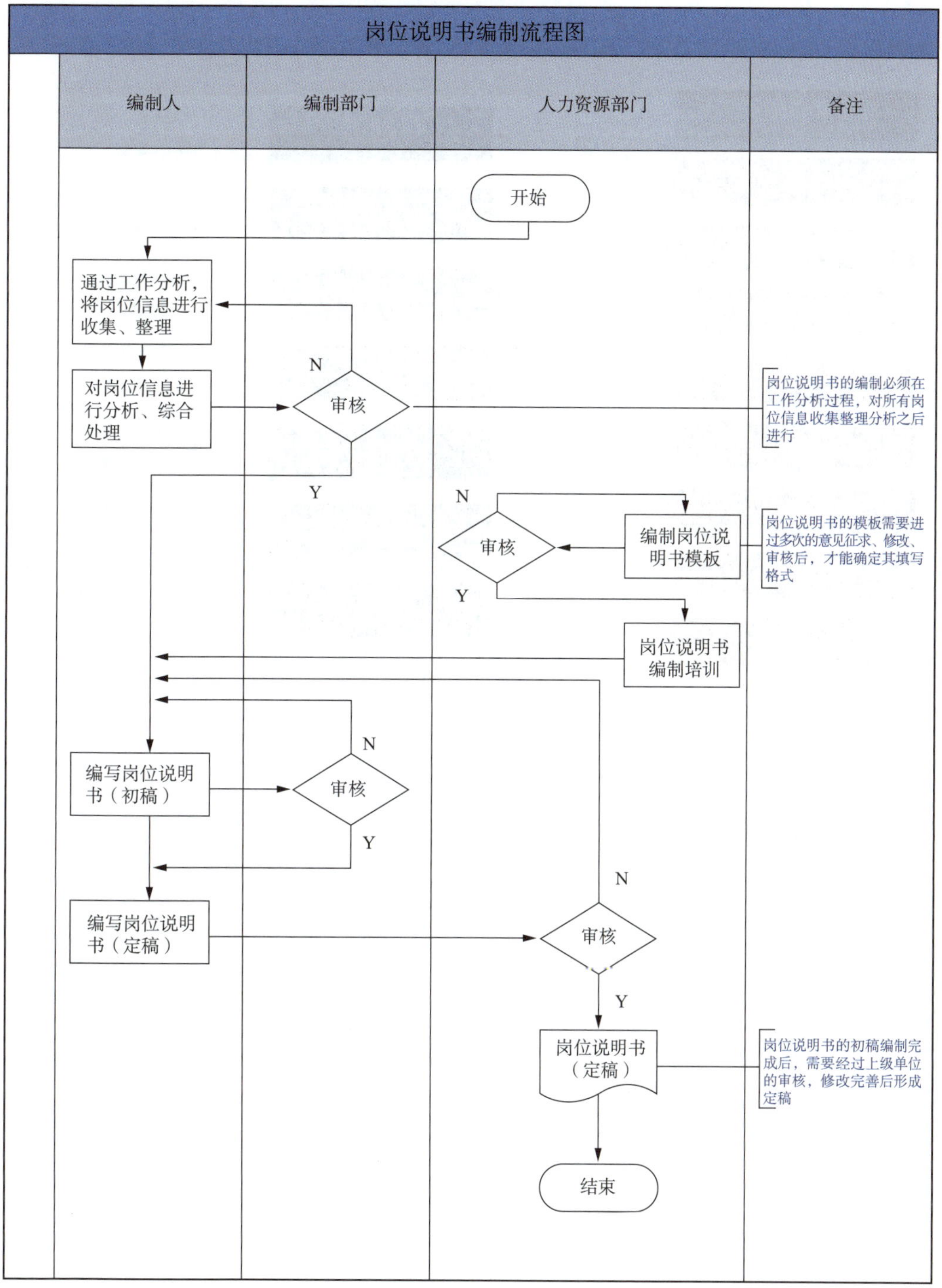

附件13

岗位说明书、岗位价值评估模型对应图

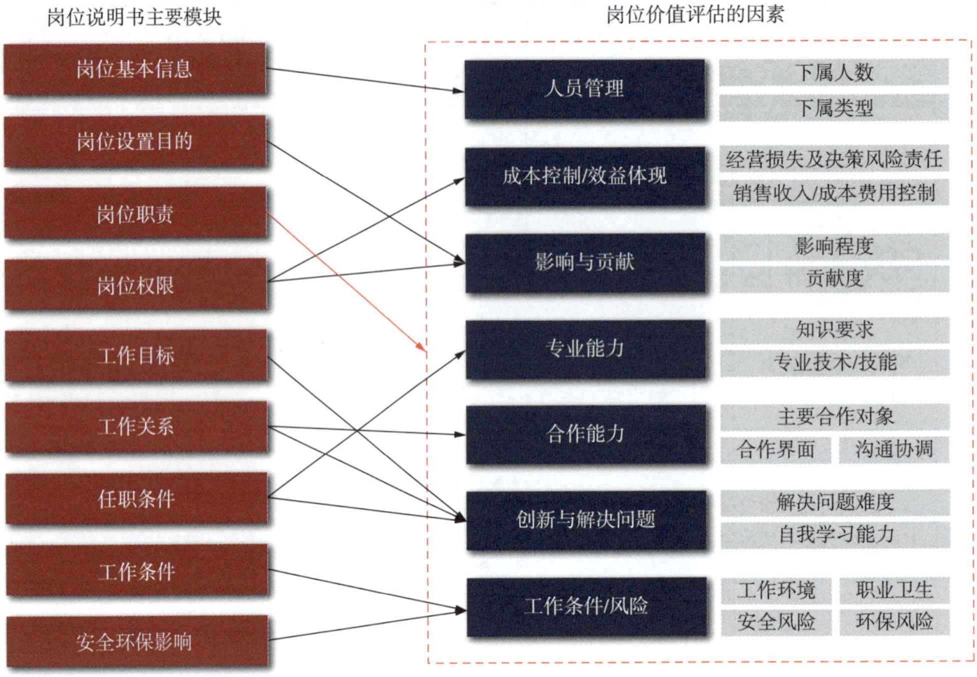

附件14

岗位价值评估模型

序号	评估因素	评估维度	总分	权重
1	人员管理	下属人数	202	10.0%
		下属类型		
2	成本控制/效益体现	经营损失及决策风险责任	202	10.0%
		销售收入/成本费用控制责任		
3	影响与贡献	影响程度	302	15.0%
		贡献度		
4	专业能力	知识要求	404	20.0%
		专业技术/技能		
5	合作能力	主要合作对象	202	10.0%
		合作范围	202	10.0%
		沟通协调		
6	创新与解决问题	解决问题难度	404	20.0%
		自我学习能力		
7	工作条件/风险	工作环境	50	2.5%
		职业卫生		
		安全风险	50	2.5%
		环保风险		
总　分			2018	100%

附件15

岗位竞聘流程图

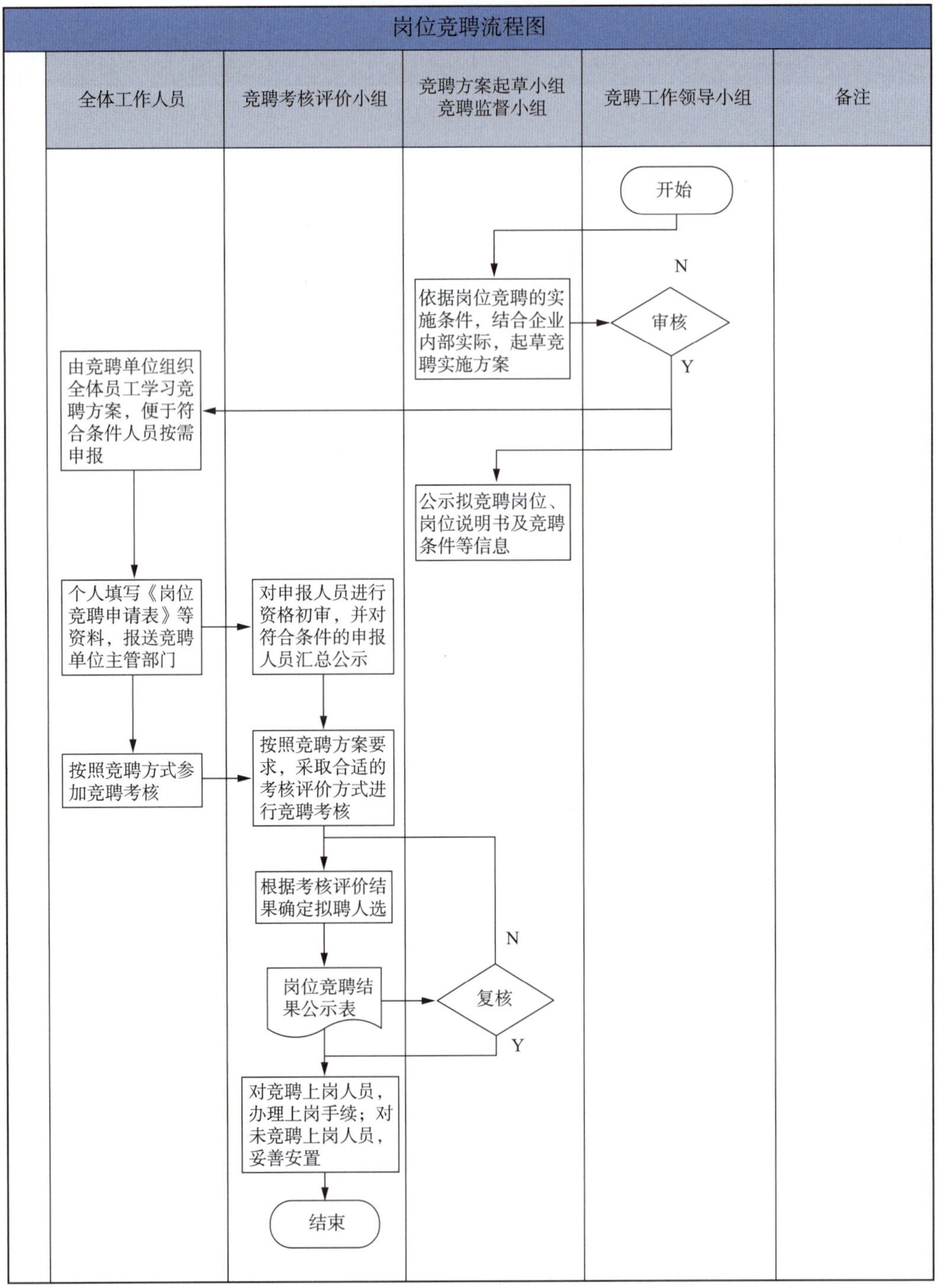

附件16

岗位竞聘申请表示例

劳动合同号：××××××

<table>
<tr><td>姓名</td><td>张三</td><td>性别</td><td>男</td><td>出生年月</td><td>198401</td><td>参加工作时间</td><td>200807</td></tr>
<tr><td colspan="2">所属单位（班组）</td><td colspan="2">采油管理区工程组</td><td>岗位</td><td>工程技术岗</td><td>政治面貌</td><td>中共党员</td></tr>
<tr><td>学历</td><td>本科</td><td colspan="2">毕业学校及专业</td><td colspan="4">中国石油大学（北京）石油工程专业</td></tr>
<tr><td colspan="2">专业技术资格/职业技能工种、等级</td><td colspan="3">工程师</td><td>取得时间</td><td colspan="2">2014年11月</td></tr>
<tr><td colspan="2">竞聘岗位</td><td colspan="3">地质技术岗</td><td>拟竞聘岗位取证情况</td><td colspan="2">工程师</td></tr>
<tr><td colspan="2">主要工作简历</td><td colspan="6">2008.07–2009.07 采油管理区实习 技术助理
2009.08–2013.12 采油管理一区1#计量站 采油大班岗
2014.01–2015.06 采油管理一区1#计量站 采油站站长岗
2015.07至今 采油管理一区工程组 工程技术岗</td></tr>
<tr><td colspan="2">获奖情况</td><td colspan="6">2009.07获得采油厂新分大学生优秀实习员工荣誉称号
2011.01获得采油厂采油工技能竞赛第三名
2014.07获得采油厂优秀共产党员荣誉称号
2016.03获得采油厂×××项目科技进步二等奖</td></tr>
<tr><td colspan="8">（以上内容是由本人填写并确认）
以上信息确认属实
本人签字（手写）：张三</td></tr>
<tr><td colspan="8">基层班组负责人签字（手写）：李四</td></tr>
</table>

参考文献

reference

[1] 埃里克·普里恩等. 工作分析：实用指南. 朱舟，朱营译.[M]. 北京：中国人民大学出版社，2015.

[2] 边文霞. 岗位分析与岗位评价：实务、案例、游戏[M]. 北京：首都经济贸易大学出版社，2011.

[3] 付亚和. 工作分析[M]. 上海：复旦大学出版社，2004.

[4] 郭京生，朱国成，袁家海，赵长财. 企业岗位管理[M]. 北京：经济管理出版社，2017.

[5] 李刚. 组织的进化（第二版）[M]. 北京：电子工业出版社，2018.

[6] 李丽丽. 基于岗位评价技术的企业工资制度设计[D]. 华北电力大学（北京），2010.

[7] 李铁骑. 关于加强组织建设以促进国有企业生存发展的研究[D]. 北京：对外经济贸易大学，2005.

[8] 李文辉. 工作分析与岗位设计[M]. 北京：中国电力出版社，2014.

[9] 刘梦琦. 岗位价值评价方法及其实证应用研究[D]. 华北电力大学（北京），2018.

[10] 刘昕. 薪酬管理（第三版）[M]. 北京：中国人民大学出版社，2011.

[11] 彭剑锋. 战略人力资源管理：理论、实践与前沿[M]. 北京：中国人民大学出版社，2014.

[12] 彭剑锋. 职位分析技术与方法[M]. 北京：中国人民大学出版社，2004.

[13] 王雷. 岗位价值要素选择及其评价应用研究[D]. 上海：同济大学，2007.

[14] 王振. 要素计点法在企业岗位价值评估中的应用研究[D]. 青岛：中

国海洋大学，2010.

［15］萧鸣政．工作分析的方法与技术［M］．中国人民大学出版社，2002.

［16］邢壮.基于岗位分析与评价的W所薪酬体系设计［D］.西安：西安电子科技大学，2017.

［17］曾素梅，葛玉辉．国内岗位评价方法的最新研究成果分析［J］．管理观察，2012（27）：21–22.

［18］张海滨．Z对外贸易公司岗位价值评估与调整［D］．武汉：华中科技大学，2007.

［19］朱勇国．工作分析．第2版［M］．北京：高等教育出版社，2014.

［20］朱勇国，孔令佳．组织设计与岗位管理［M］．北京：首都经济贸易大学出版社，2015.

［21］朱远．A集团岗位管理优化研究［D］．南京：南京师范大学，2013.

［22］朱燕．岗位管理中的岗位评价研究［D］．南京：河海大学，2004.

［23］朱晔．岗位评价释义及岗位评价技术研究［J］．中国人力资源开发，2005（7）：16–20.

后 记

postscript

结合本次课题研究与实践，岗位研究成果要在后续的完善和应用中实现预期效果，还必须在以下三个方面下功夫，可以概括为“343”：

一、从总体设计上，要把握好三个定位

一是岗位要与战略和业务紧密结合。岗位是一组工作任务的集合，是在公司发展战略指引下，从业务层层分解而来，与流程紧密关联，通过对岗位的梳理诊断与分析，实现对流程的优化与再造，从而让人力资源更好聚焦战略、衔接业务，真正做到支撑战略、服务发展。二是岗位管理要与人力资源管理的各环节联动。岗位管理与人力资源各模块密切关联，比如岗位任职资格是招聘配置与员工能力开发的重要依据，岗位职责是绩效指标提取与确定的重要来源，岗评结果是薪酬支付的重要参照，等等。因此，岗位管理的过程中既要始终聚焦以用为本，同时也要注重在具体应用中去检视和反馈岗位管理的质量与效能，只有做到了两位一体，才能更好地打牢岗位管理这个基础。三是岗位管理是三项制度改革破题的切入点。国有企业三项制度改革已经不是新课题，迟迟没有破题，既有体制也有机制的原因。戴厚良董事长曾经多次强调“三定”工作是三项制度改革的基础，其中机构逐步向大部制、扁平化、强调提升组织运行效率的方向发展，岗位作为业务价值链条的关键节点，也逐步向大岗位方向迈进，定员则更强调精干高效、往机器化智能化替代发展。对绝大部分企业而言，组织架构相对是稳态，而岗位还具备较大的潜力可挖掘，牵一发动全身，基于岗位职责的绩效考核、实现人岗匹配的岗位竞聘决定了员工能上能下和能进能出，岗位价值又部分决定了薪酬能增能减，所以岗位是三项制度改革破题的关键所在。

二、从组织运行上，要协同好四个层面力量

一是企业领导层面，岗位管理工作要得到企业领导班子的重视、参与和支持，要将岗位管理工作作为“一把手”工程来推动，这是做好此项工作的首要前提。二是业务部门层面，岗位管理工作不是人力资源一个部门的事情，要充分调动各业务线条的人员参与的积极性，要让业务领导或专家作为工作推动的骨干力量，要让业务部门作为承担任务的责任部门，打造齐抓共管协调联动的工作推进大格局，从而实现工作能推进、结果能落地、实效有保障。三是人力资源层面，围绕岗位管理的核心流程，牵头做好整体工作的专业指导与组织协调，既要做流程标准及方法论的专家，熟练掌握岗位设置、岗位评价的方法与工具，为岗位说明书编制、组织岗位评估、数据处理等方面提供技术支持，还要做工作推进的总调度和协调员，及时与业务部门加强沟通，保障各项工作按照既定的工作节点统筹推进。四是外部顾问层面，根据企业需要可引入外部顾问，作为教练角色，输出经验方法，帮助辅导解答疑难问题，提供相关理念思路培训，协同发力配合开展工作。

三、在内部运作上，要平衡好三个关系

一是统一与灵活的关系。课题组研发的有关方法和工具，大多是立足于一般适用的原则，为企业提供了一种标准化的解决思路，企业在具体工作中应结合自身实际进行灵活运用，也可对有关工具按需选用或进行适应性调整。二是当前与未来的关系。岗位的价值随着企业发展阶段、战略方向、业务调整等变化而变化，并非一成不变，随着未来现代企业组织架构越来越柔性，岗位的工作任务也会越来越灵活，同时很多操作类工作可能会逐渐被机器替代，相应的岗位面临合并或者消失，由此带来岗位设置调整和价值重塑，因此岗位管理工作也必须面向未来、与时俱进，结合企业内外部环境变化进行适时调整。三是过程与结果的关系。岗位管理工作的研究与推进，需要各个层次多个方面的协同发力，而行动同步的前提是认识同步和思想同向，要注重相关部门和人员的全程参与，并在广泛参与中凝聚共识、积聚力量，通过对过程的管理来促进结

果的达成，从而实现岗位管理工作的有序高效推进。

结语

本课题在岗位管理体系和方法工具方面做了较为系统的研究，也在一些企业进行应用，取得了一定的成果。但是作为人力资源管理的重要基石，要充分发挥岗位管理的基础作用、撬动三项制度改革的杠杆作用、提升人力资源管理的推动作用，还有很多工作要做，特别是要加快管理体系制度化、流程化、信息化进程，加大工具方法推广使用力度，同时结合不同板块、不同层级、不同企业的特点持续深入开展研究和落地，真正助推专业化、市场化、高效能、高质量人力资源管理体系建设，支撑世界一流企业建设。